HERMES

在古希腊神话中，赫耳墨斯是宙斯和迈亚的儿子，奥林波斯神们的信使，道路与边界之神，睡眠与梦想之神，亡灵的引导者，演说者、商人、小偷、旅者和牧人的保护神……

西方传统　经典与解释 **HERMES**
Classici et Commentarii

亚里士多德注疏集
Corpus Aristotelicum
cum commentariis

刘小枫◎主编

亚里士多德《政治学》中的教诲

Aristotle's Teaching in the *Politics*

［美］托马斯·潘戈　Thomas L. Pangle　｜著

李小均　｜译

華夏出版社

古典教育基金·蒲衣子资助项目

"亚里士多德注疏集"出版说明

在马其顿宫廷长大的亚里士多德（公元前 384－322 年，其父曾任亚历山大大帝祖父的御医）17 岁赴雅典留学（公元前 367 年），师从柏拉图凡二十年，直到先师去世；公元前 343 年，亚里士多德回马其顿任亚历山大傅保。亚历山大登基后，亚里士多德重返雅典开办吕凯昂学园（公元前 335 年），讲授诸学，流传下来的讲稿奠定了西方学问的基本形态，史称西方学问的第一集大成者——亚里士多德的好些哲学术语，如今也已成为我国学述的常用词。

在我国的西学研究中，古希腊学术研究一向寂寞，唯亚里士多德例外，从未遭受冷落：吴寿彭先生自知天命之年发奋翻译亚里士多德，历时三十年，垂译后学，其濯滋甚；苗力田先生主持翻译亚里士多德全集，嘉惠学林，模范昭明。

"知典型之在望，亦可以感发而兴起"。观当今西方学界亚里士多德研究进展，始知我国研究之差距不可谓不大。我辈后学理当追前辈德范，自励身心，再图精进。"亚里士多德注疏集"旨在从两方面推进我国的亚里士多德研究：从笺释入手完善亚里士多德汉译全集，采西人各家经诂纬织亚里士多德诠解——汉语学术欲究西学根柢，非如此不可。

古典文明研究工作坊

西方典籍编译部乙组

2009 年 5 月

目　录

引言　亚里士多德教诲的修辞策略 ……………………… 1

　　解读亚里士多德"讲稿"遇到的挑战／1

　　亚里士多德与历史语境的关联／8

　　理论研究给法治带来的危害／10

　　古典的共和主义对现代的共和主义／12

　　现实中的立法缺陷／17

　　哲人的超公民美德／26

第一章　政治的特殊性和至高性［卷一］ …………… 33

　　亚里士多德的论辩过程／35

　　方法的转变／37

　　城邦的自然性／39

　　财产问题／52

　　奴役的自然基础／55

　　批判希腊合法的奴役／63

　　自然的获取技艺与非自然的获取技艺／68

　　家庭中的政治和君主统治技艺／82

　　回顾与前瞻／90

第二章　历史上最好的政体［卷二］ ………………… 92

　　批判柏拉图／93

　　批判法勒亚／104

　　批判希朴达摩／107

　　最受尊崇的希腊政体／110

　　非洲政治生活的高峰／119

　　梭伦的雅典民主政体／124

第三章　政体间的正义争论［卷三］ ·················· 127

关于公民的争论 / 128

共同利益的标准 / 134

政体有多重要? / 137

好人对好公民 / 142

有德之人共和城邦的不切实际 / 156

人的政治本性问题 / 162

关于分配正义的争论 / 174

民主政体的理由 / 179

政治哲学走上前台 / 189

绝对君主制是最好的政体? / 201

再次突然过渡 / 214

第四章　改良现实中的政体［卷四至卷六］ ·········· 216

政体分类的新方法 / 218

一场有意义的失败实验 / 223

各种民主政体和寡头政体 / 229

指导民主政体和寡头政体中政治家的基本原则 / 232

现实中的贵族政体、共和政体和僭主政体 / 234

最好且可行的共和政体 / 241

三种组织功能 / 251

共和政体的毁灭与保全 / 258

君主政体的毁灭与保全 / 274

民主政体和寡头政体的反思 / 282

第五章　绝对最好的共和城邦［卷七至卷八］ ·········· 292

最值得选择的生活 / 295

最好共和城邦的前提条件 / 311

政体的本题 / 317

教　育 / 332

参考文献 ·· 346

人名索引 ·· 363

引言　亚里士多德教诲的修辞策略

[1]《亚里士多德〈政治学〉中的教诲》，这个书名以一种比表面看上去更全面的方式提出了本书独特的方法。这里的"教诲"有两重含义。本书的主旨是，亚里士多德极力想教导我们的政治哲学内容与其高超的教学活动形式密不可分，在整个教学活动中，他都极力鼓励我们参与。亚里士多德身体力行地将教学内容和教学形式有机结合，为政治哲人提供了榜样，告诉他们在讲演和写作中应该如何传达教诲。换言之，亚里士多德对于政治实践活动的公开研究，是具有高度自觉意识的政治实践形式，是高度自觉地干预政治生活。如果我们没有密切注意亚里士多德接近潜在学生并与之对话的那种足资典范的审慎方式——他知道这些学生能力不同，需求各异，身处各种对立冲突的政体语境或与其抗争——我们就学不到这个哲人极力传达给我们的关于政治理论和政治实践以及理论和实践之间紧张关系的重要教诲。此前，现代学人大都没有理解《政治学》中这一条曲折的教育之路，因为，除了极少例外，解读都没有认识到哲人亚里士多德心理上微妙而多元、语言上诙谐而严肃、伦理上富于公民责任感的教育沟通方式，也没有对此教育沟通方式进行回应和挑战。

解读亚里士多德"讲稿"遇到的挑战

在我们见到的非残篇的那部分作品中，亚里士多德为其书面沟通选择的修辞方式是讲稿——[2]尽管后来被当成著述刊布做了修订，① 但还是偶尔会有明显痕迹，折射出原初的演说面貌："听众"是一群"有闲"或"在校"的贤良。② 不同于柏拉图或色诺芬的对话录，也不同于诗人的戏剧和史家的叙事，亚里士多德这种书写方式让人觉得他是对正在讨论的基本问题直接给出了答案。亚里士多德的讲稿或著述，尽管其探讨的性质避免了武断，但自古以来却以教条而出名——这种印象被托马斯·阿奎那和许多当代阐释者以不同形式强化。③ 当然，不可否认，亚里士多德学派的伦理政治著作强烈支持（通过扩展而加强了）那种"美好"的"贤良"观；在最理想的情况下，这些贤良就是他们社会共同体的领袖和"良心"。只是慢慢地，特别是在受苏格拉底启迪的问题和质疑的引导下，读者或许才能看清这种最初的刻意印象是多么不完整，然后，他们才会发现亚里士多德的方式，亚里士多德设计了有教育意义的表面现象来遮蔽，但同时又诱人走向一条更艰难但也更自由的、辩证的上行之路。要走上这条路绝不容易或安全。有些深刻的阐释者认识到，亚里士多德暗中有强烈质疑与挑战的倾向；他们将这归因于亚里士多德隐蔽的激进怀疑论。因此，笛卡尔将亚里士多德和柏拉图做了对比之后说："他们之间没有区别，只不过，柏拉图追随老师苏格拉底，坦荡地承认他从来没能够发现其实确凿的东西，因此只满足于书写在他看来是可能的东西"；"亚里士多德不那么坦荡，尽管他做了柏拉图二十载学生，基本学说与老师无异，但他完全改变

---

① Lord 全面分析了现有的传播证据和对这些证据的评论之后总结说（1986，159），"极少有真正证据表明，《政治学》不是出自亚里士多德之手的内容连贯的著作"。参见 Lord 1984，8–17，他提醒我们参考 Moraux 1973，1. 3–94；Galen 1822，4. 758；Newman 2. xxxvi–viii and 3. 164–165；Ross 1923，17；Weil 1960，55；Dufour 1991，1. 17；Kraut 2002，4n3。

② 原初语境最醒目的提示是在 *Sophistical Refutations* 结尾 184b2–8；参见 Diels 1888，492–497；Susemihl 1900，1508–1509；Düring 1966，32–36；Bien 1968–1969，290–298；Bodéüs 1993，83–86，90–91。

③ 《政治学》的情况，参见 Johnson 1990；Miller 1995；Saunders 1995。不同程度质疑这种《政治学》的学说解读的学者包括 Mansfield 1989，27–28；Lindsay 1992；Saxonhouse 1996，116–117；Bates 2003，7–9；Burger 1995 and 2008，4，18–21。

了阐述的方式，将它们当作真实确凿的东西写出来，即使他看起来根本不是那么认为的。"（《哲学原理》，作者的信）蒙田的看法更偏激。在总结长期研究亚里士多德的心得体会时，他写道（1967，211；《随笔》，2.12），亚里士多德是"最大的教条主义者；① 但我们从他那里学到和知道了一些东西，正好构成了更多怀疑的契机。人们经常看见他故意躲在暧昧的浓雾后面，因而人们摸不清他的观点。事实上，这正是一种积极的怀疑论"（对观 Robinson 1995，70）。帕斯卡尔在评价亚里士多德的政治著作时没有那么极端。他认为，学者们往往对亚里士多德（和柏拉图）至少是政治哲学写作中的微妙而丰富的滑稽转变视而不见，[3] 尽管这样说是对的，但帕斯卡尔却由此暗示，亚里士多德（与柏拉图一样）始终没有严肃的政治理论："柏拉图和亚里士多德一时兴起撰写《法义》和《政治学》，只是游戏之作。那是他们生活中最没有哲学味也最不严肃的部分"。事实上，"那就像是为疯人院制订规则"。"如果他们假装谈起它们像是在谈起一件大事，那是因为他们知道，听他们谈话的那些疯子自认为是君王。他们让这些疯子进入他们的学说，为的是节制这些疯子的疯狂，尽量少些危害。"（《思想录》条533，帕斯卡尔1963）

许多一流思想家和作家总结的亚里士多德的写作特征，提供了当代许多学术阐释急需的良药。② 但这些总结在我（审慎的眼光）看来是片面的。我打算表明，亚里士多德用了这样一种方式建构他的文本：如果我们认真对待他布置在表面上的烟幕，成为他的对

---

① Sextus Empiricus 在 *Outlines of Pyrrhonism* 开头的名言："至于哲学中的研究对象，有人说是发现真理……因发现真理而出名的这些人，有个特定的称谓'教条主义者'，比如亚里士多德周围的人。"

② 少数几个非常重要的人尽管认识到亚里士多德写作的矛盾性质，但没有充分认识到他写作中重大的因而是挑衅性的内在矛盾，更没有赏识其中的幽默，玩味其中的教诲：参见 Newman, 1. 480 - 481；Bremond 1933；Voegelin 1957；Düring 1966（尤其 23 - 24，20）；Aubenque 1962 and 1980；Baracchi 2008。

话伙伴，耐心而顽强地去解谜，那么，我们将走向一条远离怀疑论之路。这条路通向一种理解政治本性的澄澈知识；这种政治受到渴望德性（胡塞尔所呼吁的"最早的社会学"，1965，93）的影响。那种知识尽管表面上很滑稽，但对人类生活有着极其严肃的意义。

亚里士多德在《尼各马可伦理学》开头几页插入关于方法论的题外话，提供了一些有启发的，也有点儿暧昧的线索来解释他"讲稿"的教育性质，解释他不同层次的听众（他将听众视为是期待或想象中的接受者）。在有关方法论的第一次题外话中，① 亚里士多德他解释了"题材"所允许的"清晰话语"。"政治学研究的高贵正义事物包括了不一致性和可变性，以至于它们看起来不是自然存在而是约定俗成"。让我们失望的是亚里士多德没有承诺他将处理这个令人不安的表象。② 相反，他补充说，"美好的事物也有可变性"（他没有提到美好的事物像正当高贵的事物那样引起"不一致性"，也没有提到美好的事物看起来不是自然存在而是约定俗成的）。关于他心目中的美好事物的可变性，他特别指明如下："许多人受的伤害源于美好的事物：因为有人因财富而亡，有人因勇气而丧"。因此，有两个东西是"最可欲的"。首先，"在谈到那些事物及其基础时，我们只是大略显示真相"（美好事物真正的真相——正当事物和高贵事物真正的真相，[4]特别是从研究"正当高贵事物所包含的巨大不一致性"中得到的真正真相——可能对某些人或许多人有害）。其次，"在谈到只是大多数运用的事物时，我们可以在那些

---

① NE 1094b11 – 1095a12；引用亚里士多德作品使用的是 Bekker 页码和行码；未标注书名的引文均出自《政治学》；*Nicomachean Ethics*（《尼各马可伦理学》）缩写为 *NE* 或 *Ethics*（《伦理学》）；*Eudemian Ethics*（《优台谟伦理学》）缩写为 *EE*；亚里士多德的 *Constitution of Athens*（《雅典政制》）缩写为 *Ath. Const.*；*Rhetoric*（《修辞学》）缩写为 *Rhet*。

② 亚里士多德在《伦理学》中只有一次直面传统主义的挑战，不过很短，语焉未详：NE 1134b18 – 1135a15。参考阿尔法拉比（*Alfarabi*）in Philosophy of Plato and Aristotle (2001*a*) 中对亚里士多德《伦理学》的评论。

事物的基础上，得出同样的结论"。亚里士多德继续暗示，在谈起那些事物的时候，他将提供某种劝导性言辞，这些言辞更接近于人们从"高明的修辞家"那里接受的东西，而不是数学家那里所要求的证明：那样一个很不完美的"精确"程度，恰是"实际事物展示出来的特质"。在接下来明显的重复中（《伦理学》1098a26－31），亚里士多德谈到他伦理著作的特征，将之与对木匠（木匠与数学家形成对照）具有重要性的东西相比：两者都追求"正确"，但前者"在某种程度上对任务有用"，而后者追求"所是，或是某类东西——因为他是真理的沉思者"。亚里士多德因此促使我们明白，在他的伦理和政治著作中，对成为"真理的沉思者"的关心很大程度上必须与对实际问题的关心结合起来。

　　亚里士多德在有关方法论的第一次题外话中还表达了另一要点，这是对他主要面对的听众的（诙谐）警告。他事实上"定下了场景"，我们必须在这样的场景想象接下来的演讲。他宣布，年轻人不属于他的听众。年轻人应该离场，或不应该继续听讲。他合适的听众是具有"高贵判断能力"的长者，因为——不像年轻人和某些老人——他们有来自"那种教育"的非科学的知识，"那种教育"包括实践经验，包括使情感屈从于实践理性的统治。或正如亚里士多德在接下来的重复中（1098b3－4）指出，德性的"首要原理"引起了"某种习性之人的研究"。在第二次关于方法论的题外话中，亚里士多德进一步说明了他严格限制听众人选的意义（《伦理学》1095a30－1095b13）。他说，他将继续以此为基础或首要原理，所以没有必要再问"为什么或为什么那样？"因为这些道理在"生性高贵，关心高贵正当事物以及一般政治事物"的人看来道理很明白。将年轻人从听众中排除出去，当然有助于避免一再摆脱解释为什么习惯性的意见事实上就是正确。但亚里士多德接下来立刻承认，或许有听众不同意这种限制：亚里士多德暂时将注意力放在这样的听众身上。这表明他不能像他希望的那样严格限制听众。他要求那样一个捣蛋鬼听几行名诗，[5]接下来他就（不准确地）引用了赫西俄德(《劳作与时日》，293，295－297；第294行被漏掉）。他强调自己赞同这些话，以此暗示他（与赫西俄德）的听众层次极为不均（Lindasy 2000，442－443）。在他引用的诗句中，人分成三等：第一等"最优秀，他们凭智力独立思考一切"；（第二等是）"高贵的人"，"听得进别人的好言劝说"；第三等即最低等的是"无用的人"——"既不独立思考，也不听人劝，只是将（所闻）储藏在激情中"。亚里士多德首要的听众显然是第二等人，能够被亚里士多德的说理——"诉诸激情的东西"——打动。但在这里，亚里士多德表明，他不会对"最优秀的人"视而不见，这第一等人凭智力独立思考一切，不依靠权威——因此总是问"为什么"。

他的讲稿必须被理解为试图在不同的层面上同时交流，因为不同层次的读者有不同的心理期待或要求；这也是亚里士多德在《形而上学》卷二中对演说进行简短专题处理的主要方式（994b32ff——我们在此看到，那些想象中的伦理学讲座的听众，与想象中形而上学讲座的听众，并不像我们可能最初想的那样有很大的区别）。"讲稿，"亚里士多德指出，"有符合听众固有伦理习性的效果"；[1]"我们要求听到的内容符合我们的习性；否则，听到的"就将是"不可知和奇异的东西"，因为正是"熟悉的东西，才是可知道的"。正是"法律"，[2]"使早已确立的东西的力量清晰"：在"与法律相关的事物中，由于我们固有的伦理习性，神秘的事物和属于童年的事物比我们关于那些事物的知识力量更大"。因此，"如果不以精确的方式言说，有些人将不会接受听到的东西"；于是

---

[1] 同样参见 *Rhet.* 1300a30ff："由于大家都接受那些针对他们伦理习性说话的话语，接受与他们伦理习性相似的话语，所以，说话者如何利用话语，才能显得既符合他们身份，也符合他们的话语，这并非不清楚。"

[2] 阿威罗伊（Averroes）在校注（译自阿拉伯语，参见 Pines 1979，102－103）中强调，亚里士多德在此和在《形而上学》（*Metaphysics* 1074b3－5）中所谓的"法律"首先指的是宗教。这个观点被 Albertus Magnus 1960 ad loc. 和 Marsilius 1. 在 10.3 接受。

"有人要求引用诗人的话为证"。换言之，"一群人要求一切事物都应该精确的分析；而另一群人因为精确的分析而感到痛苦——要么是因为他们不能理解，要么是因为他们将之看成是闲言碎语；因为精确的分析有这样的效果，在有些人看来，它缺少自由"（对观《政治学》1337b15－17）。"因此，"[6]亚里士多德最后说，"有必要教导所有那些维度如何被人接受，因为不可能同时追求科学和科学的典型方法——而且两者都不容易把握"。

最后一句话表明，如果我们要充分把握亚里士多德内容的教诲，那么努力接受他修辞策略方面的"教诲"是多么重要（对观Bodéüs 1993，97－100，114）。这要求我们牢记他有两类不同层次的听众，因此有两种非常不同的交流：一类听众至少开始被合法习性统治——这种在神秘事务方面的合法习性是童年时就从诗人那里习得的——他的对精确的分析感到痛苦，因为他们理解不了精确的分析，或者对其有高贵的反感；另一类听众的性格已经成熟到需要科学的精确，或许还需要具体的例子（只要具体的例子有助于阐明话题）。在他关于方法论的题外话中提到数学家时，亚里士多德反复暗示他对后一类听众的关心。但是，尽管他对后一类听众表现出更大的智性方面的尊重，亚里士多德同时强调，这些听众不仅需要学习他修辞技艺的教诲，而且要学习这门技艺的原理。除非这些受了科学训练的听众学习完以上两方面内容，否则，他们将不仅发现这些演讲令人不快，而且将错过哲人亚里士多德最严肃的教诲。听众中受过科学训练的人必须学会辨认那些早就在（和由）"法律"奠定的"神秘的事物和属于童年的事物"的力量。只有在认识到法律——包括与成文法一样多（如果不是更多）的未成文法——的心理力量的基础上，受过科学训练的听众才能开始认真批判地反思打动他们内心的东西。逐渐意识到这一点为何以及如何支配着亚里士多德丰富的修辞策略，成为他们真正自知的关键。只有通过修习学习城邦的知识，他们才能获得真正的自知，因为"人天生是政治动物"。

亚里士多德与历史语境的关联

《政治学》为我们提供了一种对社会生活形式的最全面可用的分析。在那种社会生活形式中，且通过那种社会生活形式，人类能最全面地发展和揭示他们作为政治的——即作为自我统治的、共和的——动物的本性。那种社会生活的关键前提涉及公民数量、教育和城邦聚居。当然，要获得独立，就需要足够数量的人参与军事防卫。但更具有说服力的是，需要公民能够做出集体判断，[7] 按照美德公正分配官职和荣誉（及耻辱）。这要求公民能够可靠地确定彼此的性格（但这并不必然意味着公民需要相互熟识或"面对面"地生活）。① 遍布在地中海沿岸的成百上千的城邦都满足这些条件，它们从许多代人之前开始，一直到亚里士多德生活时代（公元前384—332）都存在。因此，亚里士多德将他对政治生活科学分析的焦点放在地中海地区和他所生活时代的城邦由于时空与他接近，因此便于他开展研究。

这提供了哲学的解释，为什么我们在《政治学》中没有发现，亚里士多德提到他自己所处的历史政治语境中戏剧性的政治进展

---

① 1326a6 - 24；1327a1 - 3；1276a26 - 31；1270a29 - 34。另参见柏拉图 *Laws* 738d - e, *Rep.* 423。关于雅典公民人口的过度膨胀带来的负面影响，参见伊索克拉底的 *Antidosis* 171 - 172 和修昔底德 8. 66. 3。臭名昭著的锡巴里斯城邦，亚里士多德在 1303a28 - 33 处提到了它的内讧，人口可能就有五十万：公元前 510 年，它就毁在比它小得多的邻邦克罗顿手下（Keyt 1999, 89）。卢梭简洁有力地重新阐释了关于真正自由公民社会基本规模要求的古典教诲的核心：*Second Discourse*，Epistle Dedicatory 开头；另参见乔治·爱略特小说《罗慕拉》中"序言"更为雄辩的重述；托克维尔赞扬了中世纪欧洲，尤其是法国南部自治城市的公民活力（*L' ancient Régime et La Révolution* 1. 4, 2. 3, and "Appendix"）；Bradley 1991, 15 - 16；对比孟德斯鸠更为含混的教诲：SL 2. 2 和 11. 6，第 25 和 28 段。这基本观念对于新近善于思考的政治学家来说也是明显的，可见于 Dahl（1970, 160 - 161, 164 - 165；Sartori 1987, 317）："最乐观的城邦是或应该是中等规模的城邦，比邻邦要大，但比大型城邦要小"。"为了阻止和最终逆转大型城邦影响，我们应该有意识地计划防止城邦变得太大，学会一切技艺中最伟大的一门技艺——即建设伟大而非巨大的城邦的技艺——必须考虑的东西。"

——这个问题历来让现代学人大惑不解。[①] 亚里士多德写作时，正值希腊人在喀罗尼亚之战（公元前 338）中被马其顿人击败。这为独立的希腊城邦敲响了命运的丧钟。尽管这场战争没有扑灭城邦中自治的公民生活，但它是这一悲剧结局的开始。[②] 不久之后，亚历山大大帝征服了希腊，将之变成他帝国的一部分；有强大的证据表明，亚里士多德卷入了新帝国中心的马其顿宫廷活动。[③]

但是，从《政治学》中完全看不到这样的痕迹。[④] 无论他可能多大程度上卷入同时代的外交和政治活动（Chroust 1973，1. 155 – 176），作为政治哲人和理论家的亚里士多德关注的不是他所处的堕落的政治环境。他关注的是对在那些情况下——人类永恒的政治本性最完全地显露于言行——关于完全自觉的城邦在表达和期望方面的批判性研究。只有在那样研究的基础上，才能充分评估，因而正

---

① SH（46）表达了"我们的惊奇和无助，以我们能用的方式不能满意解释"为什么"亚里士多德与马其顿宫廷的关系完全没有影响他的政治理论"。同样参见纽曼 2. xxxiii："《政治学》中最令我们惊奇的莫过于这个事实，尽管明显写于喀罗尼亚战争之后，这本著作几乎只关心希腊各小城邦及其政体。"我们不妨补充说，当亚里士多德用现在时谈论政治时，他没有注意希腊各城邦已经丧失了独立。

② Rhodes 1986，章 8；O'Neil 1995，章 5；关于亚里士多德生前和死后不久（384—322 BC）希腊政治生活衰败的生动写照，可先后阅读普鲁塔克三传：Phocion（402—318 BC），Demosthenes（384—322 BC），Demetrius（337—283 BC）。

③ 因此，希腊的共和国"已经被马其顿帝国性质的君主政体所取代"，这是"历史事实，但碰巧遭到亚里士多德的忽视"，该说法显然很荒诞（Popper 1945，2. 1；Gomperz 1973，3. 298）。用 Bernays 的话说（1881，41），"亚里士多德这样的政治头脑，又有得天独厚的政治视角，必然密切关注历史的走向；更何况，他在学院的知己 Hermias of Atarneus 就是 Phillip 公开的政治工具。"另一方面，在晚古时期有流传很广的传说（参见最有名的普鲁塔克的亚历山大传和第欧根尼·拉尔修的亚里士多德传），亚里士多德是亚历山大大帝的老师，但这个传说没有得到时代上接近亚历山大、也提到过亚历山大师承和教育之可信的作家的证实：Chroust 1973，1，章 9 – 13，尤其是章 10（"亚里士多德真的是亚历山大的首席帝师吗？"）。

④ 孟德斯鸠，SL 29. 19 和黑格尔 1995，2. 210；Bernays 1881，40 – 42；Oncken 1964，1. 15ff，189ff，2. 272ff——被 Bendixen 1860，517 驳斥；Spengel 1863，2. 57 – 58（649 – 650）；Henkel 1872，89n19，97n26；Hug 1881；Bradley 1991，13 and 53n；Kraut 2002，6 – 12。亚里士多德在 1327b30 处可能对马其顿帝国投去简短一瞥。

确理解在不那么有利的时空（正如我们所处的时空）中的政治生活。① 从这个超历史的视角，亚里士多德清晰地洞察出哲学与政治语境之间关系，存在如下重要而永恒的普遍特征：哲学研究带来的自由，不可避免地伴随着严峻风险，削弱健康公民社会的根本信仰。苏格拉底的命运生动地证实，政治共同体意识到这威胁后，很可能反应过度，动用恐吓性力量进行防卫，反过来对政治哲人构成威胁。② 因此，政治哲人——只有他们才能完全理解这种无所不在的复杂的政治张力——的责任是既要操纵又要缓解虔诚的公民美德和有德性的哲学怀疑论之间互补性的对抗。[8] 政治哲人利用高明的交流方式完成了这一任务；他们高明的言说和写作方式安全而有效地传达了他们批判性的研究。

理论研究给法治带来的危害

在对历史上最早的著名政治理论家米利都的希朴达摩（Hippo-damus）的一个重要观点进行批判时，亚里士多德勾勒出了政治哲学研究带来的第一个危害。③ 亚里士多德说，希朴达摩"希望对自

---

① 麦金泰尔（MacIntyre 1981, 149）说，"亚里士多德不懂城邦生命的易逝，因为他几乎不懂一般的历史"；这句话武断地假定反驳（麦金泰尔没有提供反驳）了亚里士多德或明或暗（《政治学》1451b5 – 11）关于"一般的历史"哲学和科学价值不大的判断。麦金泰尔的话代表了二十世纪历史教条主义的观点（另一个代表性观点，参见 Saunders 1999 138 – 139 对 Simpson［1997, xxi］如何逃避当代历史教条主义者的批判）。类似的十九世纪的历史教条主义者的观点，参见明显属于新黑格尔派的 SH 47。正如我们将看到，亚里士多德敏锐地意识到，同时也很关心公民共和城邦本身具有衰败的普遍倾向，因为它不可避免要走向极端民主制（尤其参见 1286b21, 1293a1ff.; 1298a31; cf. Polansky 1991, 329 – 331）。麦金泰尔对《政治学》的贬低态度，Yack（1984）已经论证。

② 另参见普鲁塔克的 Cato the Elder，尤其是 12. 4 – 5 和 22 – 23：加图"认为苏格拉底不只是个夸其谈之徒，还会变得暴力，也有能力设法成为僭主，奴役雅典，败坏道德和公民，吸引他们接受与法律相违的观点"。

③ "没有从政的实际经验而创制出最好城邦制度的第一人"——1267b22ff.，尤其是 1268b25 – 126a28；列奥·施特劳斯（L. Strauss 1964, 17 – 23）提醒读者注意批判希朴达摩这部分的重要性，他在论《政治学》的文章中用了大量篇幅阐明该批判及其含义。

然整全进行研究"，以此获取引导政治创新的理论家（不是实践的政治家—公民）的名声。此外，希朴达摩建议"立法表彰发现对城邦有利之物的人"。亚里士多德认为，这条建议不但"不安全"，而且带来"另一个需要研究的复杂问题"。亚里士多德关注的是《法义》中所隐含的改良建议。亚里士多德说，法治或守法，其力量完全来自传统中生长出来的根深蒂固的习性："法律能见成效，全靠民众服从，而遵守法律的习性须经长期的培养。"① 长期以来的传统需要灌输共同的虔诚，我们所敬畏的法律不仅是"古老的"法律，而且是"先人的"法律。如果公开质疑现存法律的正义和智慧，尤其是倘若这种质疑带来了法律的改变，甚至造成了政体的改变，那么，这种敬畏中至关重要的精神习性必将动摇。

但另一方面，正如在这个关键的段落中表明，公民的健康要求培育关于法律的智慧，除了聪明的（不只是习惯性的）保守，还要注意可能出现的审慎的改良，特别是影响深远的改良。除非对传统法律和现行政体有批判性的深入反思，否则这一切都是不可能的。这点无疑是正确的，不只是因为亚里士多德在此说古代有些法律"太简单"，甚至"太原始""太单纯"，更普遍而深刻的原因是，"我们追求的不是与先人保持一致而是善"（对观西塞罗《法律篇》2.40）。

由于公民生活的根基受政治和法律理论研究的威胁，作为理性政治动物的公民自然对政治和法律的研究有更高的要求。② 真正把握政治研究社会语境根本真相的政治哲人，[9]必须认识到，尽管"有些法律有时候应该改变，但对于以其他方式来研究的人来说，

---

① 1269a20–21；参见托马斯·阿奎那. 以及在 ST IIa IIae，引97，条2 中对此观点及其意义的强调。参见伊索克拉底的 *Antidosis* 82–83 和尼采的《人性的，太人性的》（*Human, All-Too-Human*），条227："所有国家和社会等级：阶级、婚姻、教育、法律，它们的力量和存在全靠戴镣铐的精神对它们的信仰——因此全靠理性的缺失，尤其是靠禁止关于理性的问题。"

② 关于柏拉图对这问题的提出与解决，参见《法义》卷1–2。

似乎还是需要谨慎"（1269a14）。尽管每个社会都有独特的传统需要维护，但一切健康的共和城邦都认同一些核心的普遍观念——关于伦理、宗教和公民义务——因而负责任的哲人在发表的著述中和在对城邦的真正基础进行批判性研究时，必须尊崇这些观念。

不过，要像亚里士多德那样全面理解这个问题，我们必须设法同情地把握亚里士多德激发健全公民生活的抱负中法律的广泛道德功能。为了这样做，我们必须尽力将自己从主要塑造我们自由精神的现代共和主义中解放出来。我们必须以开放的观念接受古典共和主义的挑战。我们必须将亚里士多德的思想和引导十八世纪启蒙运动的那些哲人思想之间的差异突显出来；正是后者构成了我们自由宪政文化的基础。①

古典的共和主义对现代的共和主义

在最冷静的时刻，启蒙时期的政治理论家们默默地认同亚里士多德的责难：公开批判政治理论研究会给法治带来威胁。② 但现代的理性主义者发出的批评之声，是以改良甚至革命的名义，改良或推翻现有的公民生活方式。比起亚里士多德或一般的古典理性主义者，这些现代的理性主义者对批判性的哲学研究和宪政法治和谐共处这种可能的前景更有信心。在最深刻的道德层面上，这是因为他们与古典政治哲学对于健康公民社会所渴望的德性性质以及培养那种德性所需要的立法存在深刻的异议。

现代自由主义即便在其最"唯心"之处（康德1970，74，112–113；133–135）也努力将公民美德和正义缩减为一些规则和行

---

① Simpson 1998，149；另参见151n35及37，153。亚里士多德的共和理论对启蒙时期的自由理论的挑战，如何可能提升我们当代对正义的民主思维，这方面有启迪性的论述参见 Sandel 2009。

② 参见普布利乌斯对杰斐逊的批判（*Federalist* no. 49）；SL，序言和26. 23，19. 2 – 3，11. 2；休谟1985，32 – 36和47 – 53。

为特征。在他们眼中，公民美德和正义明显是集体保存自由和富足的必要手段，因此（如果说不是同于）也是近于明显需要用来实现集体自利的最根本的东西。群体的伦理教育需要做的只是培养有序的情感表达，几乎任何理性的人都可接受和完成这样的情感表达。灵魂在自我克服或自我超越方面的教育并不是公共政策必要或审慎的目标。① [10] 正如康德著名的论断所言，只要足够精明，魔鬼组成的社会也能建立和维系正当的宪政秩序。②

　　从古典的角度来看，这种做法尽管形式各异，但都是在贬低甚至强暴公民美德和正义——人们体验到公民美德和正义不仅是作为手段，而且是作为目的，作为美好生活的主要成分。集体保存自由和富足，不是德性作为目的之手段的真正特征；相反通过提供机会过一种正义的有德性的生活，发现了其获取自由最高的价值；这种生活主要被理解为是完美和幸福的，它们都要求积极参与集体的自治。

　　在这种真正的意义上，伦理和公民美德或许仅仅被描述为一种形式非常含混的自利。德性事实上是幸福的构成要素；但个体是作为对整个共同体幸福的贡献者而获得幸福的。亚里士多德说，"那

---

　　①　参见洛克（1963，14）："我认为共同体是人组成的社会，目的只是获得、保持和推进他们自己的公民利益……我所谓的公民利益指的是生命、自由、健康和闲逸；拥有外在的东西，诸如金钱、土地、房屋、家私等等……官员的权限施行只是为了这些公民利益；一切公民的权力、权利和统治权，只能局限这个唯一的关心：推进公民利益"。

　　②　康德（1970）"永恒的和平"，112-113；同样参见约翰·亚当斯的 *Defence of the Constitutions of the United States* 的结尾（1851—1856，6：221）："共和制在一群互相监视的强盗中是否可能存在，或许没有办法证明"；休谟在 "Of the Independency of Parliament" 的开头说，"在设计任何政府制度时……应该把每个人都视为是恶棍，他们的一切行为只有私人利益这个目的。我们必须用私人利益来统治他们，使他们配合公共利益，尽管他们贪得无厌、野心无边"（1985，14-15，25，31，41-43，45——对比55和549）。在他对亚里士多德《政治学》的总结中，黑格尔（1995，2.209）对比了古典和现代的自由政治理论和生活：在现代自由秩序中，"无人真正在讲整体的意识，为整体服务；因为个体真正被认为只是个体，他所有的关心是保护自己的个体性，所以他不知道如何去为整体服务；在现代，个体只是为自己获得了自由，只享受公民自由——即资产阶级而非公民意义上的自由"。

些为政治共同体生产和保存了幸福及其成分的东西，我们称之为"——在最全面和最高贵的意义上——"正义之物"；作为致力于这种共同体意义上幸福的正义，"是完美的德性，因为拥有这种德性的人，在与他人相处中能够利用德性，而不仅仅只为自己"；"正因为如此，唯有德性的正义似乎是他人的善，因为它与他人相关"。由于统治者"是正义的守护者"，他"因此为他人劳作"；"因此，他们说正义是他者的善"（《伦理学》1129b17 – 19，31 – 33，1130a4 – 9）。如此来看正义，要求艰难赢得的精神统治强大的、原始的、寻常的情感，这些情感表达了个人的自爱和狭隘的自我关心。情感的强大引力往往压倒对值得景仰的有德的公民生活的引力；这种公民生活表达的情感，与伦理的和公民的实践理性一致，并服从这种实践理性。

正如亚里士多德在《伦理学》卷二（1103a14ff.）开始论述伦理美德时强调，就其出现或在不受阻挡的成熟和接下来自动维持的成熟活动而言，这种情感与实践理性的一致是不自然的，也不能凭某种意志行为生成。相反，伦理美德的习得和维持，就像弹好竖琴，需要严格、漫长和持续的锻炼，需要不断练习，克服内外强大的自然诱惑，不放纵自我。反过来，自我放纵的行为充满了邪恶：正如"把房子盖好，就是好的建造师；盖不好，就不是好的建造师"；"美德也是如此：[11]通过积极与人打交道，我们中有些人变得正义，有些人变得不义；通过参与危险的行为，我们就习惯于觉得害怕或胆大，于是，有些人变得勇毅，有些人变得怯懦；我们在与欲望和愤怒打交道时也是一样"。因此，"我们从童年时就开始养成的习性，不是没有区别；相反，这些习性区别很大：不，区别就是一切"（《伦理学》1103b7 – 25）。"人们以为，他们是否正义取决于自己，因此保持正义是容易的；但并非如此。""同样的，他们以为，辨别正义和不义不需要智慧"；但事实上，知道"如何做正义之事，如何分配正义，比知道如何保持健康还重要"（《伦理学》1137a4 – 14）。不仅在年轻时，而且持续终身，需要日复一日、年复一年地锻炼，才能保持行为中的精神气质。这些精神气质构成了伦理美德——或者说，至少构成了自制；自制是主要的、有效的、真正的美德（对观《伦理学》卷七）。

这类实际的伦理教育虽然不会消失，但若没有得到法律的强制性支持，将受到严格限制和妨碍。正是立法者，① "使公民养成习惯，公民才变好，这是每个立法者的基本愿望；但许多的立法者都功亏一篑，误入歧途"。② 对这一教诲更全面的重述，是《伦理学》结尾所传达出的主要信息；亚里士多德从那里过渡到《政治学》。亚里士多德说（《伦理学》1179b4 – 9，23 – 31），理性的言说和书写的美德只对少数心灵高洁的年轻人有极大的影响。"情感往往看起来并不服从理性，而是服从力量。"因此，"法律必须指导抚育年轻人的成长和锻炼"。"我们年少时碰巧得到的正确抚育和督导可能是不够的"；"我们成人后仍需锻炼，养成对同样事物的习性：我们需要法律来维持这种锻炼"③。法律为什么对无论老幼的伦理教育如此重要，主要原因在于其可怕的惩罚产生的心理力量。这些惩罚与集体的荣辱相连，但也有别："因为许多人服从管制而非说理，服从惩罚而非良行。"（《伦理学》1180a4 – 5）"这是许多人的本性，不服从敬，但服从畏；避免做卑鄙的事，不是因为羞耻，而是因为怕惩罚。"（《伦理学》1179b11 – 15）

对畏惧法律的惩罚是伦理习性养成的关键动机的强调，如何与我们刚才聚焦的《政治学》中的那段话联系在一起（在那里，亚里士多德强调，[12] 习性是法律唯一的力量，因此也是法律惩罚的唯一力量）？我们在此绕的是一个美好而非邪恶的圈子。这两段话放到一起，或许暗示了畏惧和习性之间辩证的互动关系，特别是在健

---

① Bodéüs（1993，3）强调，亚里士多德使用"nomothetes"一词包括了"法语词 législateur 的复数含义"："政治共同体将定义利益的强制性规范的重任委托给的那些个体，潜在地包含了所有成年公民。"（参见 NE 1141b25 和 Bonitz 488）

② NE 1103b3 – 5。

③ NE 1179b31 – 1180a4；另参见《政治学》1333b4 – 5；Lord 1990，209。

康共和城邦的守法中：畏惧合法的惩罚是这种习性的关键要素及原因；这种习性导致了对引起畏惧的法律惩罚的强制实施。换言之，全体公民在最有德性（最有习性）的成员的引导下，必须将威胁和惩罚强加于自身（特别是对其中不那么成熟和不那么有德性的大多数）。每个公民必须参与威胁他的同胞，用他自己感觉到被威胁的那些法律对其实施制裁。

在我们公民文化中，由于古典的共和观念已经暗淡，所以需要进一步的详细说明。亚里士多德流传至今的关于立法的阐述，只出现在《政治学》中第七和八卷对最好政体的简略描述中，因此，为了获得法律如何可能起到栽培美德之作用的生动而具体的图像，我们需要对观柏拉图的《法义》和普鲁塔克的《吕库古传》（对观《雅典政制》42 和 Bradley 1991，39–40，55–56）。

首先，通过要求定期参与审议、行政和判决的议事会，法律能够使成年公民养成公共服务的习惯。这些集会，包括选举会，能够用法律来规定和执行，以便培养公平、真实的习性，合理表达愤怒、骄傲和欲望。其次，立法强制参与军事活动，能够培养勇毅、守纪、忠诚的习性以及坚固的公民友谊。合法要求参与包括才艺竞演的宗教庆典，能够培养家庭间的友爱习惯，同时培养对发人深思的技艺作品和优雅智慧的鉴赏；通过返使富人赞助公共活动，法律能够激励富人（同时在他们的榜样作用下激励穷人）培育慷慨大方、品味高雅的习性。提倡节约的法令能够使公民养成习惯，心平气和地抵制财富可能带来的个人奢侈品的诱惑，等等。

法律和守法不仅能产生美德，还是美德最高的表达。正如我们先前指出，当亚里士多德说，"那些为政治共同体生产和保存了幸福及其成分的东西，我们称之为正义之物"，他在此所指的那些"东西"，主要是法律；因此，他将在最丰富意义上的正义之人等同于"合法的正义之人"：那样一个人的生活受法律的引导和激励，也帮助他执行法律（对观柏拉图《法义》730d）。"法律对一切事发话"（因为"凡法律指挥不了的东西，它就禁止"）；[13] "法律规定，人应该按照美德生活，不能按照邪恶生活"；"构成整全美德的事物是合法的事物，为了共同体的利益，应该为教育立法"；"法律规定要做有勇气之人的行为"，"有节制之人的行为"，"有贤良之风的行为"；"同样地，要与其他对美德或邪恶的做法一致，培育美德，禁止邪恶——如果合理地立法，就能起好作用；如果仓促立法，就会起坏作用"。①

所有这些都意味着，比起现代宪政思想所承认的，法律的伦理教育功能更为强大充实——对于谨守共享传统信仰的合法伦理习性，有更强烈和全面的需求。② 在一个充满活力的公民社会，公开质疑法律，危险相应会更大；哲人有更严肃的责任，利用审慎的修辞来进行批判性的研究（对观柏拉图《法义》634d 和上下文）。

现实中的立法缺陷

亚里士多德简短地暗示过，"如果仓促立法"，法律的崇高功能就发挥不出来；这个暗示最终证明包含了令人不安的复杂性。因为在《伦理学》的结尾，在我们已经引用过的那些段落中，在他摆出立法技艺的根本伦理使命之后，亚里士多德突然令人吃惊地表示了严峻的怀疑，究竟多少人会非常严肃地追求这个使命？"只有在斯巴达等少数几个城邦"，他遗憾地说，"看起来立法者才关注抚育和训练"。在"大多数城邦"，相比之下，立法者"对那样的事务都不关心，每个人按自己的想法生活，就像独目巨人那样，'将神法交给子女和妻子'"。③

通过这一段话，我们第一次碰到亚里士多德的思想齿轮发出的刺耳挑衅声。在向《政治学》过渡的过程中，或者在全面阐述他关

---

①　NE 1129b11 – 25，1130b23 – 26，1138a7；另参见 1102a8 – 13。

②　Bodéüs 1993，4，54 – 57，61；Miller 1995，357 – 358；Simpson 1998，149 – 155。

③　NE 1180a24 – 29，引自荷马的《奥德赛》（*Odyssey*）9.114 – 115；另参见《政治学》1333b5ff。

于立法和政治技艺的教诲时，亚里士多德突然让读者看见，立法技艺的高贵召唤和对那召唤近乎普遍的令人失望回答之间，存在着差距。他用一种幽默的消化不良夸张地说（对观《伦理学》1102a8 - 12）：似乎最文雅的家庭不过是荷马笔下"四散的"、原始的、野蛮的、食人族一样的——尽管非常虔诚的——独目巨人！① 因此，有那么片刻，亚里士多德突然撩开面纱，揭露出关于法律的一个颠覆性真理，[14] 从充满敬意的关于法律的叙述——这些叙述装饰着他对法律的大多数讨论，尤其是他更早前在卷五中对作为"完美德性"之合法正义的专题论述——走到了对立的极端。在卷五中，他宣称，"大多数合法的事物都来自作为整体之美德的命令"，"显然，一切合法的事物在某方面都是正义的"（《伦理学》1130b22 - 23，1129b12；我们现在发现"在某方面"这个不起眼的修饰语的重要性）。几页过后，亚里士多德承认法律运用于特定情况时，公平必须对它进行"校正"，这个事实会引起"麻烦"，他庄重地向我们保证，尽管法律总是讲通则，即便"不可能如此正确做到的"地方依然如此，但法律并不因此"忽视错误；法律并不因此变得不正确——因为错误不在法律，也不在立法者"（《伦理学》1137b16 - 18）。我们进一步回想到，在开始阐述诸美德时，亚里士多德说，"每个立法者的基本愿望就是通过习性使公民变好"（《伦理学》1103b4 - 5）。在《伦理学》的结尾，也就是《政治学》的序幕，他一反先前反复赞扬和捍卫一切法律和立法者，亚里士多德加剧了论述的复杂性。亚里士多德的意图是什么？他准备带我们去哪里？他想让我们思考什么？我们可以从这个惊人的例子中学到什么修辞教诲？从《伦理学》到《政治学》，随着我们教育的深化，我们对政治生活和法律的看法将发生怎样的改变？

---

① 独目巨人是"自荷马以来的'野人'原型"（Kullmann 1991，97n，他指引我们参见欧里庇得斯 *Cyclopes* 118ff.）。亚里士多德在《政治学》（1252b23 - 24）的开篇再次引用基克洛普斯同样的话，作为城邦出现之前野蛮人的典范。

经过仔细思考，我们现在看到，在《伦理学》卷五对作为合法的正义的主题讨论中，亚里士多德向法律的最高理想致意。我们或许可以正当地揣测，亚里士多德对古典共和城邦中实际立法的真正看法，介于两个极端之间的某个地方：一端是他通常对法律和立法者的溢美，一端是他在此一闪而过的、滑稽而刻薄地将最实际的法律制度等同于食人族一样的、虔诚的、独目巨人式的父权制度。当然，亚里士多德没有暗示，假如法律没有达到其崇高的伦理使命，就要求它放弃那使命，或者证明我们有理由放弃那使命。他得出了一个相当复杂且令人困惑的实际结论："倘若关怀是公共的、正确的，那当然最好，"但"看起来，对于每一个人来说，促进自己的孩子和朋友的美德是合适的"。"不过，"亚里士多德立刻补充道，"从刚才已说的来看，如果大家都精通立法的技艺，似乎能更好地做到这点。"因为"显然，共同关心的事物能够通过法律来实现，借助高尚的法律，人民会变得正派——不管这法律是成文法还是未成文法，看起来都没有区别；［亚里士多德更加奇怪地补充说］，无论人们是否受过教育，［15］或在音乐、体育或其他追求方面有什么区别"。（《伦理学》1180a30 – 1180b3）

"立法的技艺"在其最高层次上是作为美德教育而存在的，现在突然被同化进其他的教育，一个专家能够随时私下利用它们施之于个体。因此，亚里士多德继续谈到将立法技艺付诸实践，不是培养公民立法者，而是将其变成好家长；后者在家庭空间追求"立法技艺"，作用明显胜过前者：① "因为正如在城邦中，合法的习俗有力量，在家庭中，父亲的话语和习惯也有力量——而且更有力，因

---

① Lord 1990，211。Swanson（1992）正确地批评了阿伦特（1985）及其追随者如波考克（1975，尤其参见550）无条件地提高政治而贬低家庭和个体，这是对亚里士多德不公平的解读；这种对亚里士多德的故意误读亦见于阿甘本2005（参见Finlayson 2010）。参见哈贝马斯1977，13：阿伦特的"实践概念与其说是亚里士多德不如说是马克思意义上的实践"；另参见Pitkin 1982；Zuckert 1983；Salkever 1990，169 – 173，179 – 183，1991；Mara 2000，854。

为血缘和善行，因为家庭成员之间天生就有感情和孝道"。但是，亚里士多德只字未提传统宗教教育在家庭伦理教育中的重要性。（父亲"将神法教给子女和妻子"，在这里是与近乎原始的、独目巨人变态的立法技艺相联系。）亚里士多德还列举了私人行为立法技艺的巨大优势："适宜个体的教育有别于那些公共或共同的教育，正如像在医术中"；所以，"私下里针对个人的关怀照料，看起来更精确——因为每个人得其所宜"。但是，亚里士多德表明，他并不认为父亲的情感纽带或者个体对自身的关注，比立法—教育的专业知识更重要。正是后者，才是唯一真正核心的东西（亚里士多德因此打开了通向这种可能性之门，父亲或许不是自己子女的最好的教育者——对观柏拉图《苏格拉底的申辩》20a－b，24d－25c）："能在各种情况下最好照料每个人的人，会成为医师和体育教诲，他们是世界的智者，知道什么适合所有人，或适合某类人（因为科学据说是或就是关于共同的东西）"；因此，"可能有人希望照料他人，使他人多少变得更好，他应该设法精通立法的技艺，如果正是通过法律我们会变得更好"如果我们正是通过法律变得更好。因为"无论谁来到面前，都能将他放在高贵的状态，这不属于任何人，如果属于任何人，那么也只属于权威"（《伦理学》1180b3－28）。

　　亚里士多德继续强调，我们应密切注意积极参与政治的政治家的经验和证词的重要性。他严厉批评智术师对这些方面的忽视。但他的批评重点落在这个可悲的事实上，[16]政治家似乎不能以一种成功教育他人的方式书写或谈论他们的经验。他们的无能十分明显地表现在他们没有成功教育自己的子女和近友——亚里士多德说，这说明政治家们"似乎靠的是某种能力和经验而非思想完成他们的行为"（《伦理学》1181a1－2；对观柏拉图《美诺》92e－94e）。亚里士多德最后建议填补这个差距，他自己就提供了关于立法和政治技艺的缺失的表达，这种表达扎根于对现实中政治家言行经验的持续分析。

　　当他引导我们走向《政治学》，走向他自己的公共立法技艺的教育，此时他心目中的实际目的是什么，他默默提出的这个复杂而全面的建议究竟是什么？如果我们没有忘记前面《伦理学》中的内容，同时关注《政治学》中将出现的内容，我们会发现这个答案将用以下的话语展开。

教导立法技艺强大的台面理由，是帮助产生和维系能够有效促进伦理美德、因而有助于实现法律的崇高教育功能的公民立法。但大多数现实法律体系道德松弛，迫使这一愿望满足于部分成功，远远没有达到期望。我们很快就知道，在《政治学》卷二的开始，为了想通究竟需要什么才能实现一个真正有德性的共同体生活方式，我们需要在心目中构想出一个"最好的政体"。这个理想的政体（在《伦理学》中未被提到：1135a5，1160a35－36）从遥远的高度提供了引导政治的目标或标准。因为，正如我们在上面看到，我们在《政治学》卷二（批判希朴达摩）会中就，为了建立绝对最好的政体，于是设法改变现有的合法政体，这种不切实际的做法极为冒失。结果我们看到，为了私人生活和公共生活，我们需要顺从更谦逊而可行的议程。

考虑到大多数立法者没有充分肩负起通过法律进行伦理教育的责任，家庭中的父亲和朋友必须治理整顿，弥补短缺。[①] 但是，这要求的不是传统的家长制的宗教教育——或"神法"（Oncken 1964，2.1.1－2；Dobbs 1996，76－77）。相反，通过亚里士多德这个政治哲人描绘的美德肖像的引导，他灌输的应该是私人教育"立法"和统治的目标；这种立法和统治在某方面必须代替那种缺失的、真正高明的、政治的立法和统治（家庭的统治有两个额外好处，[17] 一是能够让立法技艺更容易针对子女多样的、独特的个性，二是能够依靠子女的感情作为家长教育权威的基础）。

无疑，许多贤良读者在《伦理学》中已发现一面令人快意的镜

---

① Dufourny 1932，194－195；Lord 1990，215；Sorabji 1990，270；Gautier and Jolif 2002，2.348－349。

子，使他们可以泰然自若地接受这份家庭任务（尤其如果他们忽略传统宗教教育的明显涵义）。但是，听众中有少数人注意到《伦理学》中举给传统贤良看的那面镜子中有一些令人困惑的特征，因此开始怀疑亚里士多德在《政治学》中所说的家庭与赋予每个城邦独特生活方式的特定政体之间的关系；他们可能逐渐意识到，亚里士多德在此布置了一个任务，比表面看上去的要隐晦得多。因为，正如亚里士多德在总结他对家庭的研究时说，"探讨关于夫妻和父子，关于各自的美德和彼此的关系——怎样相处才高贵，怎样相处会交恶，如何追求前者避免后者——就有必要进一步讨论各种政体"；因为"每个家庭都是城邦的一个部分，而夫妻和父子是家庭的组成部分。各个部分的美德必须与整体的美德相符，类比政体，有必要教育子女和妻子"（1260b8－16）。这是《政治学》中第一次提到政体——这个术语暗示了亚里士多德政治学最重要的主题。① 在《政治学》中接下来对"政体"意义的论述，揭示出以上引文中结尾处"类比政体"这个说法非常含混②——"类比"并不仅仅意味着"采取标准"。

在几乎所有现实的城邦中，有德的父亲将发现，他对家庭的教育统治多少都会受制于所在城邦政体有道德缺陷的法律产生的影响深远精神环境。比起自己作为家长的言传、身教、命令和劝告，那些法律发挥出更大的强制力。关于好人和好公民的关系问题，亚里士多德曾经在《伦理学》中有趣地提出但却悬而未答（1130b27－29），现在，在《政治学》中，他详尽地做回答：我们知道（1276b16ff.；1293b5－7），好公民的生活意义和目标与政体密切相

———————

① 正如亚里士多德在其他地方表明的，1260b27－36，1274b32，1289a26，1293b29，1301a19－24，131b31－38，1323a14－17，1337a11－13。有些重要的后古典时期的希腊校注者，最有名的是 Michael of Ephesus，参见 *The Politics as the Regimes*（*hai politeiai*）：Dreizehnter XX。

② 这在先前《伦理学》对政治的愉快讨论中还不是如此明显：尤其参见1160a31－1161b10，1163b5－9，1103b6，1130b30－1131a1，1135a4－5，1142a10。

关；必然的结果是，好人不可能是好（忠诚）公民，除非在真正最好的城邦。但真正最好的城邦只在"理论"中而不是在现实中存在。因此，在每个现实的城邦，好人不可能是绝对严肃的、忠诚的或好的公民。［18］或者，正如亚里士多德后面所言（1309a36 – 39），尽管美德（首先包括正义的美德）的传统意义因城邦而异①——但美德或正义，或关于美德和正义的自然真理，是普遍性的。所以，在现实中，就精神上而言，好人在某种程度上总是与他作为公民所属的城邦不和谐；他可能经常有点儿像异见分子。如果我们撇开那些能够找到自己出路的极为稀罕的个体（如修昔底德《伯罗奔尼撒战争史》3.41 –48 的狄奥多特和色诺芬《居鲁士的教育》卷一中居鲁士的父亲），我们可以说，除非变成政治哲人亚里士多德的学生，这个"贤良"很可能只能残缺地、不安地和无故地意识到他无可逾越的错位的政治处境。苏格拉底说，他从贤良伊斯霍马霍斯那里认识到后者在雅典共和中的地位（色诺芬《齐家》7.3；11.21 –24；对观2.6）我们从中可窥见这类朦胧的意识。色诺芬创造出被学者们称为"老寡头"的那个虚构人物，如同亚里士多德诙谐的《雅典政制》中（事实上不那么年老的）的叙述者，其话语给予我们更生动的（如果不是那么优雅或礼貌的）表述。②

　　一个传统意义上热爱城邦的贤良，参与过半贵族制的政体、研究过亚里士多德《政治学》很可能意识到（无论多么朦胧）这部作品核心教诲的激进色彩，由此会产生退缩。这方面的典型代表就是维多利亚时代的伟大校注者纽曼（Newman 3.155；对观502），其英

----

　　① 　因此，比如 Ephialtes，这个摧毁了雅典 Areopagus or Senate 的权力，为更激进的民主制铺平道路的政治人物："他变成了群众的领袖，在有关城邦的事务中，被认为是不会受贿的公正之人。"（*Ath. Const.* 25.1；对观41.2）

　　② 　关于色诺芬（虚构）的年轻叙事者，参见 Forrest 1975，224 – 226。至于其他通过学习亚里士多德的《政治学》和《伦理学》有可能精神（和行为）上更加独立于城邦的人，他们生动的形象可参见修昔底德笔下的 Themistocles，Hermocrates，Demosthenes，以及普鲁塔克笔下的 Themistocles，Cleomenes，Philopoemen，Dion，Brutus，Phocion，Cato the Younger，Epaminondas，Pelopidas。

伦贤良之风还染上了一层十九世纪对进步之信仰的金色。"应该注意一个明显的结论,"纽曼谈到《政治学》中的教诲时写道,"好人不可能是好公民","除非是在最好的政体中,否则,要做好公民,就不要做一个好人";"但问题是,"他继续说,"亚里士多德对好公民的定义是正确的吗?难道他不是一个好公民,其影响往往改良了政体?""一个人在道德上和精神上跑到自己生活其中的政体的前头,难道不意味着他可能是更好的公民?"①

但是,对于愿意听且能够听懂的年轻贤良来说,从亚里士多德那里学习立法或政治技艺的一个重大的实用结果是,他将变成一个更有自我意识、更有责任感、更有独立精神的公民。他将更清楚地看见,在"所希望或祈祷的最好政体"中,致力于实现法律和政治的最高理想,究竟意味着什么;但恰是在此,他将明白,为什么他必须妥协,必须充分利用命运将他抛入的那个有缺陷的政体。② 他将学会一些东西,知道一个人如何和在多大程度上才可能在各种道德不完美的,甚至有些敌意的政体环境中,有限度地推进德性事业。[19] 在寻求支持和推进他所处的政体的强制性法律展示的任何合宜的道德冲动时,他都会谨慎行事,认识到滋生于传统的合法性的脆弱。因此,在运用立法技艺的知识参与所在政体的政治时,

---

① 纽曼表达的这类贤良的观点并非不是亚里士多德的观点:它可见于 *Ath. Const* (28.5)。在那里,这个观点用以下的话语来为塞拉门尼斯(一个存疑的人物:参见普鲁塔克的 *Nicias*2.1 和 Lysias 的 *Against Eratosthenes* 66ff. 对这段的评论)辩护,反驳严厉的批判者:"关于塞拉门尼斯,因为他的时代城邦有过动荡,所以如何对他评价众说纷纭。但照那些贤良的看法,他不应该被诋毁为瓦解了城邦的罪人,相反他是所有人的领袖,只要他们不做违法之事,只要能参与政治生活,顾及全体的利益(注意不是说'顾及彼此的利益';对比《政治学》1260b16),事实上这也是好公民的职责;可惜,他不但被认为是破坏城邦法律之人中的一员,而且遭人仇视。"这再次表现出亚里士多德对一切政体中一切法律的尊重。我们后来从 *Ath. Const.* 36-37 中不无反讽地获悉,塞拉门尼斯最后被依"法"处死,这条"法"律是三十僭主为专门铲除他而制订的。

② 对观 Yack 1993, 261-267 以及 2007, 383-384; Mara 2000, 854-855; Kraut 2002, 471-474; Bloom 1995, 16-18 评价了伊索克拉底 *Antidosis* 101ff.; 伊拉斯谟, *Adagia* 2.5.1。

他的精神会保持某种内在的批判距离。他的正义将部分表现为"莫管闲事"。① 不过，他也将从亚里士多德这里认识到，政体在塑造公民的灵魂方面，具有多么强大的穿透力：借用亚里士多德的比喻，正是政体为共同体生活这出戏剧书写了脚本（1276a34ff）。在真正的立法技艺方面受过亚里士多德教诲的父亲或友人，其使命的很大一部分，就在于巧妙而坚定地反制他所在道德松弛的政体那些强大的成文与不成文法律——对他自己、家人和朋友的道德影响（Smith 1999，631；2000，915–916）。尤其是，如果把亚里士多德的政治科学作为整体来解读，那么，将我们从《伦理学》引向《政治学》的那一段话，隐约预示了一出多少令人痛苦的家庭剧；这也是柏拉图在《王制》（549c–550b，553a–b）中简略勾勒出的一出戏。

至此，我们看到它变成了这样一个问题：激发亚里士多德讲演和写作《政治学》的更深层抱负是什么？他主要的目的是利用教育手段影响现实生活中公民立法者吗？还是利用教育手段影响父子，让他们在家庭这个更私人、更缺乏强制的场合，尽可能好地实践"立法技艺"（包括理解往往很不完善的公共法律的强制力量并在某种程度上与之抗争）？② 可以肯定的是：亚里士多德的教育修辞在某种程度上致力于帮助父子从实在法中解放自己和他人，尽管同时要高举甚至信守实在法，将其作为珍贵的救生筏。这种精神的解放是为了不妨称为服从于未成文的、近乎自然的"法律"的缘故；这种法律无时无地不支配着道德严肃的人，人们从小接受正当的教育时，就将之培育于心——这种教育不是自然给予的，但是自然欢迎这种教育，作为其主要的明显的圆满形式。《伦理学》已经提供了一种未成文法的符码。但只有继续阅读《政治学》，敏感而多思的读者才会发现这些充满张力的公民意义。

---

① 参见 1279a8–16，1335b14–22；NE 1141b22–1142a11，1179a6–8；对观柏拉图 *Rep.* 347c。

② Salkever 1991，尤其 189–190，202；Swanson（1992，216）同意 Vander Waerdt（1985）反对 Bodéüs（1993）的观点。

哲人的超公民美德

我们仍未搞清楚哲人亚里士多德为什么要采取这种教育修辞的路径。因为迄今为止，我们还没有探讨这个前提，[20] 亚里士多德是否赞同贤良关于美德的未成文法，即美德是生活的最高目标和期望。事实上，恰是在这方面出现了最重大的不和谐。真正有德之人在一切现实的城邦中多少都会特立独行，其生活的剧情就会变得更加复杂和紧张。[①] 特别是有人会说，在道德法律最高的明确期望中，包含了需要政治哲人来提炼的一种更纯粹的美德。在《伦理学》结尾朝着《政治学》过渡的那段话之前的讨论中，亚里士多德简明扼要地着重揭示了这一点。

那场讨论是《伦理学》中持续秘密上行之途的顶点。伦理美德是人类幸福的主要成分，这个观点是《伦理学》的核心；但随着《伦理学》这本书中教育的展开，亚里士多德设法暗示伦理严肃的人看待他们自身行为的那些观点，存在深刻而令人困惑的张力；与之相伴的是瞥见了最终出现的一种真正连贯的精神生活的惊鸿一瞥，即沉浸于"理论研究"。"智慧"是这种生活的典型特征，并使之高贵；这种生活致力于探讨以"神学"为基础的整全自然（包括人性）。"智慧，"亚里士多德写道，"应该是智力和知识的结合，这门学问研究的是最值得尊崇之物。"因为"如果有人认为，政治学或实践智慧是最严肃的，如果人不是宇宙的精华，那将是奇怪的"（《伦理学》1141a19－22）。研究自然的生活被视为是为了自身，高于和外在于任何实际的后果或行为，无论那种行为多么高贵；由于参与了生活和美德，因此归于神灵是合理的（《伦理学》

---

① 柏拉图 *Rep.* 490e－497a，516e－517a，517c－518b，537e－539a；Avempace，*The Governance of the Solitary*，节 1，7 开头，17（关于人作为政治动物的真正含义）。另参见 Avicenna 2011. 更激进的是公元十世纪重要的亚里士多德的校注者 Al－Amiri 的讨论，参见他的 *On Seeking and Causing Happiness*，Kraemer 译，1986，239－241。

1177a13ff.）。城邦不知不觉地将这种超伦理、超政治的有德生活方式当成最高对象来服务——正如（或事实上尽管）它服务和尊崇神灵："审慎并不高于智慧，不是智慧更好的部分，正如医术并不高于健康"；因为"前者并不指挥后者，而是看它如何产生；它为了后者的利益发号施令，但并不直接向后者发号施令"；"同样，我们也可以说，政治学高于诸神，因为它指挥城邦的一切事务"。①

将对最高美德和最好生活方式的教育与关于神灵真实本质的教育结合在一起，亚里士多德显然冒了很大的风险，对城邦要求信仰的那些处于统治地位的诸神构成了威胁——这些神灵保证了城邦法律的神圣，它们的存在得到受启的伟大诗人、神谕和先知的证实。[21] 据说，在柏拉图去世前，亚里士多德由于怕因渎神受处决（"苏格拉底之死吓倒了他"）而逃离了雅典；四十年后，也就是在他重回雅典已经很久，他被迫再次逃离（从此再也没有回雅典），指控他的罪名依然是渎神（与苏格拉底及其他科学人士，诸如阿那克萨戈拉、达蒙、迪亚戈拉和普罗塔戈拉一样，被指控触犯了相同的法律）。② 据说亚里士多德像苏格拉底一样坚决否认指控。尤其是在《政治学》中，亚里士多德的口吻就像在说他只是想扩充而非摈弃传统的万神殿。③

---

① NE 1145a6 – 11；另参见 Magna Moralia 1198b9 – 20；EE 1248b8 到结尾。

② Diog. Laer. 5. 5 – 8；Athenaeus 696aff，普鲁塔克 *Pericles* 32 and *Nicias* 23；其他材料列于 Chroust 1973，1. 117 – 124，368n41。参见 Derenne 1930；During 1957，341 – 342；Burkert 1985，315 – 317；Ahrensdorf 1994。乔治·爱略特在《罗慕拉》序中说，在文艺复兴鼎盛时期的佛罗伦萨，"甚至有博学之士认为，一切人中最有智慧的亚里士多德（除非柏拉图更有智慧），其实是个完全不信任何宗教的哲人；一个具有自由思想的学人，必须怀疑一切"。

③ 1331a23 – 27，1336b16；Burkert 1985，331；Broadie 2003. Bodéüs 1992，21 强调，我们现有记录的亚里士多德的遗嘱（Diog. Laer. 5. 16）记载，亚里士多德最后虔诚地请求，斯塔吉拉人应该为宙斯和雅典娜立像（参见 Bousset 1938，798——"在外面应该遵守国家的风俗习惯"；同样参见 Zeller 1897，1. 422；Burnet 1900 ad 1179a22；Gautier and Jolif 2002 ad 1179a22 – 32 甚至认为这段文字是伪作）。要具体想象出亚里士多德心目中首要听众的贤良，记住其中两个"公认的贤良"不无帮助，正如普鲁塔克强调，亚里士多德在 *Const. Ath.*（28. 5）中专门将他们挑出来表扬：一个是虔诚的尼西亚斯，另一个是保守的修昔底德（与历史学家修昔底德同名）。

在《政治学》卷七和卷八中，他对最好共和城邦的阐述就首先假定了对希腊传统中有形之神的崇拜。这个温厚的哲人对他当时的读者说，"我们相信，诸神和英雄要高于人"，无论是他们的"身体"还是"灵魂"（1332b17 – 19）。在城邦的六点重要活动中，亚里士多德列举的第五点，"事实上是最重要的一点，即对神灵的照料，也就是所谓的祭司阶层"——"没有他们，"他补充说，"就不可能有城邦。"① 同样，亚里士多德反复批评柏拉图的最好政体，因为它有可能违背虔诚的传统血亲关系中的爱欲，从而引起争执，而且使开展"合法的赎罪仪式"成为不可能（1262a25 – 32，1262b29 – 35）。对此，纽曼公正地评论道（2.241），"亚里士多德的写作就像对其民族和时代充满宗教感情的希腊人"——不过纽曼补充说，"亚里士多德这里可能用的是显白的话语"。② 正如纽曼在他的前言中说（2. xxxviii），③ 亚里士多德"从来没有忘记优秀的希腊人传统的印象、偏爱和偏见；他继承了那些传统，只经过一定量的筛选和修正，就变成他自己哲学体系的基础"。亚里士多德似乎牢记，柏拉图笔下雅典异乡人的教导是流俗对哲学研究产生敌意的重要而特定的源泉："他们认为，忙于那些事务的人，研究天文学和其他相关的技艺，最终变成了无神论者，因为他们看到，行为很可能产生于必要性，而不是为了完成善事"（《法义》967a）。没有人能够指责亚里士多德等人的教导，自然受制于必要性，而无关乎完成善事。

---

① 1328b2 – 13（Jowett 1885，2. 268 惊讶地问："除非是虔诚的希腊祭司所为，否则如何解释插入那样一个条件？"），1336b12 – 23，1339b8 – 10，1341b7；对观 1323b21 – 24，1325b25 – 29；Verdenius 1960，59 – 60；Kraut 1997，102。

② 对观 1314b39 – 1315a3。Marsilius 1. 5. 11 – 13 将亚里士多德与异教"哲人"联系起来，"假装劝诱他人相信"神灵惩罚的存在，为的是"让人心生渴望，逃离邪恶，培育美德"——"这种手段在某种意义上是必要的"；同样参见 Albertus Magnus 1960 1. 102 – 103；Averroes 1563 – 1574，8. 34。

③ 参见 Chroust 1973，1. 226 – 227；Verdenius（1960，60）指引我们参考亚里士多德 *Topics* 105a5："那些想知道为什么要敬神和父母的人要受到惩罚。"Dirlmeier（1956，597）提到亚里士多德的神灵观"符合传统观念"。

亚里士多德的自然作为整全的哲学，实现了真正令人吃惊的综合，将必然性和善意目的或命运结合在一起。① 哲人亚里士多德也不排除特定的命运，例如诸神对作为个体之人的关爱。他推崇沉思的生活，是以如下的理由作结："从事精神活动，［22］培育精神活动，在这方面保持最佳状态，这样的人可能最受神灵所钟。"因为，"如果神灵像人们认为的那样对人有所关照，他们似乎最爱与自身精神契合的人，他们会赐福于最崇拜精神活动的人，因为这些人关照的是神灵之所爱，做着正确而高贵的事"。"所有这些都在智慧的人那里最多，这毋庸置疑：所以，智慧的人是神灵的最爱；而这些人很可能最幸福，这就表明了，智慧的人应是最幸福的人。"②

有人也许会问——哲人亚里士多德总是鼓励他爱思考的学生问——亚里士多德如此深信他的神灵观念及其在宇宙和人生中的地位，有何牢靠的科学依据？他凭靠什么相信，神谕、受启的诗人和先知所传达的启示（对观《形而上学》982b29－983a5，997b10，1074b1－14）是不充分或不完整的？亚里士多德究竟有多确切的知识（而不是强烈的意见），证明最高的神灵"立约是荒唐的行为"或者实践正义及其他伦理美德"对神灵来说明显不值一提"（《伦理学》1178b10－18）？究竟是什么使哲人亚里士多德如此确信这是错误的，如果我们接受建议，谦卑地"像人一样的思考"，满足于人之伦理和公民的最高卓越（《伦理学》1177b31－32，1178a10，13－14，21－22）？如果留意我们从苏格拉底那里学到的东西，我们不妨猜测，亚里士多德如此密切地将新的神学教诲与他认为的哲学生活方式高于伦理和政治的生活方式联系在一起，意在暗示后者的理由

---

① Chroust（1973，1.227－228）提示我们参见 Philo Judaeus 在 *On the Eternity of the World* 3.10，7.34，8.39－43 中对亚里士多德的讨论，以及西塞罗的 *On the Nature of the Gods* 2.37.95 中对亚里士多德失传对话 *On Philosophy* 的引（译）文。

② NE 1179a22－32；Thomas ad loc. and SCG 3.90；EE 1238b18－20，1248a16－1248b8；Dirlmeier 1956，598－599；Verdenius 1960，60；Chroust 1973，1.224－225，234－235；Bodéüs 1992，章5。

——尤其是辩证的理由——在那些完全明白其意旨之人的心目中，某种程度上提供了决定性的经验证据，为他的神学信念奠定了基础。

由此，我们得知亚里士多德的主张——知性美德高于伦理美德和哲学生活高于公民生活——带来的第二个重大危险。尤其是认识到这个政治哲人和政治哲学导师所关心的不只是断言这种关于美德的更高真理，而且是要通过针对和反驳那种对立的观点——其所代表的生活方式是致力于公民行为（包括祭祀活动）的美德（1324a13ff.）——来加以证明时，这种危险就会更加醒目。这种证明必然要求揭示伦理美德和政治生活的不完整。为了避免有害的误会，他必须利用推理来揭示，[23] 且需极为谨慎地针对水平层次参差不齐的听众来阐明（伯格，1995）。他必须给那些潜在的哲人再次进行有挑战性的精神教育。我们不妨称之为精神—伦理美德的教育；这种教育预设和超越了那种通过习惯获得的伦理美德的教育。柏拉图的苏格拉底严禁以此方式"教育"潜在的哲人王，除非他们人到中年（《王制》537d – 539e）。因此，难怪亚里士多德在《伦理学》结尾那一小段中的论证太过简短且不完整。他承认（因此也就引人注意）这个事实，他给的理由不充分，需要经验或实验来证实，以审视"生活事实和方式"（《伦理学》1179a17 – 22；1178a22 – 23）。再次，如果我们同时关注着从苏格拉底那里学到的东西，我们不妨猜测，那些最重要的"生活的事实和方式"，是有些人的心灵灌注了亚里士多德在《伦理学》和《政治学》中关于正义本性的真正教诲之后，开始经历痛苦的"灵魂皈依"（柏拉图《王制》518，538 – 539）。《伦理学》的结尾祈求或缺失的，正是正义这个主题。在那里，亚里士多德极力主张哲学生活高于政治生活，提倡他的神灵观（《伦理学》1177a19ff.），因为接下来给出理由证明《伦理学》结尾中所提的哲学生活的优越性明显存在困难，那些理由预先假定评价生活的决定性因素是个人的幸福，是"自我满足"（《伦理学》1177a27ff.）。显然，这与亚里士多德关于人本质是"政治动物"的观点相左，因为根据这种观点，人对政治生活的需要不仅是为了获得"生活必需品"（《伦理学 1177a29》），还为了积极投身于共同利益，致力于整个政治共同体幸福，甚至还要在为之不惜牺牲的高贵生活中，找到生命的圆满和意义。正如亚里士多德在为沉思生活的优越性辩护时也不得不承认，"正义的行为、勇毅的行为以及其他符合美德的行为，都涉及我们与他者的关系，都是在交易、回应需要和包含感情、完全照顾彼此需要的活动中完成的；因此，所有这些事似乎都是人事"。[①] 在这个语境中，亚里士多德的论证没有遇到另一种生活的反驳。这种生活致力于将正义作为合法性，作为"完美的美德"；我们在《伦理学》卷五开头几节听到亚里士多德雄辩地表达过这种观点（对观 1129b17–19，31–33，1130a8–9，1134a2–6）。[24]《伦理学》结尾的论证只是假定（但没有证明）"政治家的活动"旨在"追求自身或同胞的幸福，而不仅是政治的生活，或与我们现在明显追求的所不同的生活"（《伦理学》1177b12–15）。

《伦理学》结尾没有充分证明哲学生活的优越性，导致伦理严肃的读者保持怀疑，这无可厚非。不过，可以肯定的是，这些论证足以使人重视这种可能性，哲学生活是最高的生活。但是，尤其对于那些已经开始跟上亚里士多德教育的读者来说，他们在迷惑之余，希望或要求证明这个观点的真实性。为了找到这种证明，他们早晚会仔细反思《伦理学》和《政治学》。

这种证明需要以下方式来传递或暗示：即筛选出可能会受益的读者，排除掉可能会觉得迷惑甚至恼怒的读者。我们不妨说，这种方式预示了我们对《政治学》的阐释。这种筛选得以成功，靠的是设置一系列难题，它们越来越晦涩，难度系数越来越大。亚里士多德设置这些难题的根本目的，是为了唤醒读者那些必要的观念；只有正确把握，才能改变混乱而矛盾的伦理思维，才能开始进入澄澈

---

① 1178a10–14；Solmsen（1964，196）表达了他的困惑："他是赞同还是反对理论研究生活？他忘了他的主题是政治学吗？"同样参见 Barker 1959，291。

的逻辑连贯的思维。① 只有转变观念，伦理和政治的现实才能完全显明，走出情感、习惯和权威传统制造出的精神和情绪的迷雾。通过设置难题测试和挑战读者，引领读者上升，要求读者独立思考；与此同时，在读者做出反应时，适时给予有益的回应或赞美，恰如其分地布置新的难题。要解决每一阶段的难题，都需要理解力，反过来也加深了读者的理解力。倘若无法继续跟上解答或看出难题，读者就会安然停留在不同的但有益的理解层次。② 换言之，不存在简单的"两分"状况：能够真正变成哲人的少数人和不能成为哲人的多数人（Salkever 1990，202；Mara 2000，852 – 855）。只要是道德严肃的人，多少都有潜能参与哲学启蒙。现在，这篇关于《政治学》中的对话性质的引言已经说得够多了；我们是时候参与其中的对话了。

———————

① 参见阿尔法拉比的 *Prolegomena to the Study of Aristotle's Philosophy*（正如在 Gutas 1988，227 中的译文）："亚里士多德采用含混的表达方式有三个原因：首先，考察学生的性情，是否适合受教；其次，避免将哲学浪费在所有人身上，只需找到值得传授的学生；最后，通过努力研究培育心智。"更详细的讨论参见阿尔法拉比的 *Harmonization of the Two Opinions of the Two Sages：Plato the Divine and Aristotle*，节 12 – 16（2001b，131 – 133）。关于亚里士多德写作方式的类似总结，强调其故意和精心人为努力隐藏真正的教诲，常见于亚历山大时期及其之后对亚里士多德的历代古典校注者的笔下：参见 During 1957，201，426 – 449；Westerwink 1962，xxvii（引用了 Elias and Olympiodorus）；Chroust 1973，1，104；Gutas 1988，225 – 234。普鲁塔克（Alexander 7.4 – 5）和 Aulus Gellius（20.5.12）都引用了一封在古代非常有名的信（可能是伪造），据说是亚里士多德写给亚历山大的，后者抱怨亚里士多德刊布了他的口传教诲：亚里士多德劝亚历山大放心，他的"讲稿既刊布也没有刊布"。另参见 Clement of Alexandria 的 Stromata 5.9 和 Toland 1720，74。公元四世纪的校注者 Themistius 在 *Paraphrase of the Posterior Analytics* 的开头即宣布，"亚里士多德许多著作似乎故意弄得隐晦"；类似看法见于六世纪校注者 Simplicius 为所注亚里士多德 *Physics* 写的导言的结语部分。参见 Bolotin 1998，1 – 12，149 – 154；Tessitore 1996，4 – 6，15 – 20；L Pangle 与 Bodéüs（1993）的批判性对话以及 Van der Waerdt 对 Bodéüs 的批判。在此讨论的这类隐微书写的目的，完全不同于与"个体神秘的启示经验"有关的"完全隐藏的"或事实上的"第二生命"，后者正是亚里士多德最优秀的学术传记作家 Chroust（1972 和 1973，1.221 – 231，246 – 248）所持的观点，他宣布已经发现和挖掘出亚里士多德作品的"第二生命"，主要是从失传的"显白"作品的残篇中臆测而来。

② 其中一些层面已阐明，参见 Simpson 1998，Bodéüs 1991 和 1993。

第一章　政治的特殊性和至高性［卷一］

[25] 亚里士多德并不是从《伦理学》的结尾立即走向《政治学》的开端；他将我们抛向一个新起点。大幕揭开，显露出一个舞台：《伦理学》结尾以某种顿悟形式出场的沉思生活业已消失。他也没有继续责难大多数立法者在伦理上的马虎。因此，正如纽曼所言（1.3），"我们不再听说，通过习得立法的技艺，每个家长某种程度上能够弥补城邦对教育的疏忽"。《政治学》开端就大声宣告，"城邦"具有无上的权威。城邦是"至高"的"共同体"，追求"至高的善业"。就其本身而言，城邦"包含了其他一切共同体"。显然，亚里士多德决心开篇就以至高至广的诉求来衡量政治；无论在他之前还是之后，还无人比他（托马斯·阿奎那后来在开场白中效仿过他）更有力量和雄辩地表达这样的诉求（对观《伦理学》1094a26 – 1094b10）。

亚里士多德在此暗示，不仅私密的哲学共同体绝对地从属于城邦，而且在更明显的时刻，无论是公开还是私密的宗教共同体，也都绝对地从属于城邦。[①] 这些意味深长的暗示在随后可见。我们看到，亚里士多德从纯自然的角度解释了城邦生活的起源和性质。在他的解释中，那些在每个希腊城邦都受到崇拜，类似于托马斯·阿奎那的基督教 – 亚里士多德政治理论中关键因素的城邦守护天使（SCG 3.80，第14段），受到神或天命的引导，像神或半神一样的

---

① 亚里士多德在此并不是仅仅接受希腊的宗教制度和行为，因为正如纽曼中指出，"希腊有许多团体，尤其是宗教性团体——比如节日联盟——正如我们的教会经常的样子，超越了邦国的边界"。另参见 NE 1160a9，14 – 30。

立邦者，全都被忽略。① 尽管亚里士多德突出强调了具有永恒整体意志的人格化自然（1252b1－5），对于他暗中忽视神圣城邦传统在某种意义上有所补偿，但在爱思考的读者看来，这种人格化自然毋宁说更加强调了那种沉默。亚里士多德对于传统的特定天意避而不谈，[26] 在那些暗中想到要与柏拉图的《法义》（亚里士多德将在卷二中详加讨论）进行对比的人看来，尤其引人注目：在柏拉图对城邦生活历史起源的记述中（特别是《法义》卷三），以及其后详细阐释如何为可能是最好的政体进行立法时，我们反复听到那些传统的神祇和他们的命运。亚里士多德反复引用赫西俄德和荷马等大诗人的作品，给人印象是自己服从他们的权威，进一步吸引人们注意他暗中的离经叛道；当然，那些大诗人也宣称得到神启，并且凭靠神灵的权威有力地提出了城邦起源的另一观点，这种观点有别于亚里士多德的自然理性观。我们或许可以说，当亚里士多德写道，哲学植根于对自然的研究（正确呈现），似乎能够且应该接替（尽管不是取代）诗学传统，为城邦生活及其至高性提供原则和观念基石，这时他比柏拉图走得更远。②

因此，亚里士多德同样在开场就激起爱思考读者的好奇，想知道他所理解的绝对自然方式的正当基础是什么，可以用来研究城邦生活和历史。亚里士多德如何证明，他有牢靠的知识，而不是想当然的貌似可信的意见，让人相信没有缪斯那样的女神，没有传说中缪斯会歌颂的那些施行统治的神祇和那些立邦的半神？《政治学》与《伦理学》想完成的这种教育，（当其成功时）能够提供这个答案的关键部分吗？

---

① 参见 Oncken1964，2.11，2.1.2 和 Fustel de Coulanges 1956。

② Ambler 1985，179－180（另外 1999，250）："或许亚里士多德用自然来为城邦辩护的最重要的后果是，它将哲学和城邦联合起来置于一个权威之下……如果自然可以说是哲学的对象和最高权威，那么认为城邦是自然的，就等于允诺了哲学和城邦的和解。这种辩护显然对贬低城邦只是习俗之物的智术师提出了挑战，但它也将哲学引入了政治话语"。

　　然而，亚里士多德从来没有对那些权威的公民－宗教传统表示任何异议；他将注意力引向他与哲学－政治理论家之间另一场非常坦率的争论。

亚里士多德的论辩过程

　　亚里士多德未点名地对某些思想家发起了攻击。这些人持有一种观点，否认或贬低亚里士多德开场就表达的政治学的宏大诉求。亚里士多德谴责他们的观点不"高贵"或"美丽"（1252a9）。几行过后（1252a16），他又说，他们的观点"不正确"。他的标准不仅是高贵或美丽，而且是正确。但是，面对这些观点不够高贵和美丽的理论家，他首先关心的是公平对待美丽高贵。这为《政治学》定下了基调。亚里士多德将那种对政治生活的高贵或美丽的观点放在前景加以捍卫，同时更加冷静地加以审视和修正。

　　通过攻击那种不够高贵的观点，亚里士多德将自己的观点毫不含糊地向我们亮出来。事实上，要不是这场论辩，亚里士多德不会一开始就表明自己的观点。［27］在第一章结尾，他为接下来几章定下的任务，就是证明那种不高贵观点的谬误。因此，那种对立的观点起了很大作用，帮助亚里士多德一出场就针锋相对地表明自己的观点（Natali，1979 - 1980）。当我们认识到，主张那种不高贵观点的人，恰恰是柏拉图和色诺芬笔下的苏格拉底（即便是在转述他从完美贤人伊斯科马霍斯那里学到的东西）和柏拉图笔下的来自爱利亚的异乡人，这种安排的重要性变得更加明显。① 亚里士多德选择开局就跳上擂台，要与苏格拉底这样的精于反讽、悖论和辩论的大师角力。我们需要停下来想想，才能开始搞清那种苏格拉底－柏

---

　　① 色诺芬 *Memorabilia* 3. 4. 12；3. 6. 14；2. 1. 17；*Oeconomicus* 9. 14 - 15，13. 3 - 5，and 21；柏拉图 *Statesman* 258e8 - 259d5；*Lovers* 138c7 - 11；*Charmides* 171e6 - 7，172d5；普鲁塔克在 *Crassus*（2. 7 - 3. 3）中接受了苏格拉底的观点，但奇怪的是，他指出克拉苏据说是亚里士多德哲学的忠诚追随者。

拉图观点的关键部分可能是什么，在此基础上，亚里士多德才针锋相对地提出自己的立场。

首先，亚里士多德强调，他的对手将政治统治的技艺仅仅看成是家务管理的延伸：他们认为，"精通政治统治技艺"的"政治家"所处理的问题，与精通家务的管理者没有实质差别。① 其次（这点更加可疑），他们认为精通家务管理反过来说可看成是精通奴隶管理的延伸，两者之间除了治理人数的多寡没有实际差异。照此类推，政治统治的技艺被视为是奴隶管理技艺的延伸（1253b18－20，1256b16－17）。但是，亚里士多德立刻将敌对观点中最幽深的这个部分隐藏起来：在1252a12处，他撒下"精通治理技艺的人"，转而讲"精通君主统治的人"。正是那样技艺高超的人，被亚里士多德的对手说成是在城邦或政治共同体的大舞台上施行统治技艺。因此，亚里士多德强调的第三点是，这些对手认为君主统治和政治统治之间是一类统治：家庭被理解为是按君主制方式统治，城邦亦然。

综合以上三点，我们或许可以得出结论，在亚里士多德勾勒的这幅情形中，统治城邦的政治家将被理解为像治理奴隶的善良主人，他对待有些奴隶就像自己的孩子，管理某个或几个奴隶如同小伙伴（就像过去的好丈夫管理一个或一群妻子）。而且，即便不是君主统治，共和统治也仍然被看成是那种君主统治的变体：人们轮流行使临时的、部分如同主人的、部分如同家长的和丈夫的权威，但本质上他们行使的总是君主的权威；亚里士多德补充说，他们这样做是受到"那样一门"统治"学问"指引（1252a15）。

在此，亚里士多德补充的这句话引出了关键的第四个因素，[28] 可以理解他借用有点儿荒谬的苏格拉底观点来暗示的严肃之处。政治被视为卓越专业人士的统治（Schofield 1990，17），这观点是苏格拉底式喜剧悖论的典范：除了其他意思之外，这好笑的悖

---

① 正如纽曼指出（2.98），这种不可爱的观点似乎是亚里士多德在《伦理学》结尾接受的维度。

论还突显了这种失调，一方面是心目中可看成是基于知识的真正理性的统治，另一方面是不可能期望从一切现实的政治（共和）统治中获取完美的知识。亚里士多德对这一喜剧情形的反应是故意视而不见。他一本正经地指出，他的对手看待政治的方式，脱离了因而模糊了共和政治基本的高贵，正如由那些热忱的实践者的体验和表达：政治社会将被高贵地看成是完全的伙伴关系或共同体，由平等的个体轮流担任官职；因此，比起只有奴隶主、家长或统治子民的君主才能参与的统治活动，他们全都分享一种性质上更光荣的统治活动（1255b18 – 20；对比《伦理学》1160a 35 – 36；对观施特劳斯1972，63）。

但同样，亚里士多德在结束第一章时，质疑了政治高贵的观念：这种观念与家务管理和奴隶管理一样，在多大程度上能够被理解为是"艺术"或技艺（更别说是学问）？亚里士多德将反驳对手设为议题后，以一个开放的问题做结："对于上述题旨，是否可能捕捉一些技艺性的东西？"（1252a22 – 33）亚里士多德一方面要我们反对苏格拉底的悖论，另一方面迫使我们思考，政治生活是否完全能受知识或技艺支配。

方法的转变

亚里士多德说，如果我们继续按照"指导性方法"前行，敌对观点的谬误将暴露出来。这方法就是将"一个组合体"分析到无可再分的"最小分子"或"非组合的单纯元素"（1252a16 – 18）。这等于暗示，我们现在将继续把焦点对准作为个体的人；无论是公民，还是正在变成公民，还是不具公民身份的居民，他们构成了城邦的"非组合性"的元素。这方法将引导我们看清，作为公民或与公民有关系的个体，如何组合成城邦共同体；他们组合的方式，比起参与家庭中各种不同角色的组合方式，在性质上更加完整、更加高级（对观1253b5 – 8）。以此方式，"我们就会明白"，城邦为什

么就性质而言是至高、最完整的自然组合体，个体的人是其基本
成分。

[29] 然而，亚里士多德刚刚介绍或宣布完其"指导性方法"，
立刻就弃之不顾，这令我们迷惑不解（Schutrumpf 1.185）。只是在
卷一第三章的开头和卷三的开头，他才回到抛下的方法（在
1258a21 – 22 处也提了一笔）。在卷三的开头，我们的困惑进一步加
深，值得深思。因为在那里，我们遇到一个巨大的问题或谜语，挡
在道上，阻止我们将城邦以非组合的个体为单位进行分析。一旦将
焦点对准实际上意味着个体在城邦生活中完成组合的政体，我们就
发现，政治生活对于"到底什么是城邦？"（1274b33 – 34）充满了
大量无休止的争议；其中，对于谁是公民，同样存在无休止而尖锐
的争议。将这两部分——卷一开头和卷三的开头——放在一起相提
并论，或许会引入以下问题：城邦事实上在多大程度上是一个自然
的组合体和整体？或者说，城邦在多大程度上是一个人为的（因无
休止的争议而不稳定的）组合体？城邦是一个部分自然、部分人为
的混合体吗？

然而，一开始亚里士多德只播下了这些问题的一粒种子。在第
二章开头，他提出了一个相当不同的方法，允诺我们"在这些问题
方面获取最高贵/美丽的认识"（1252a25 – 26）。我们将抵达这一有
利点，将城邦看成是"自然生长起来"的"积极关心的事物"。换
言之，我们将城邦看成是"像一个有血有肉的自然体"。① 这种看法
假定（而非证明）城邦是一个自然的整体，在一种强大而和谐的意
义上，将个体的人完全组合起来。因此，随之而来的结论必然暗
示，城邦先于个体，正如整体先于部分，整个身体先于手脚
（1253a19 – 27）。一开始就对人的共同体本性给出一个如此"美丽"
而有机的假定，亚里士多德甚至排除了考虑以下可能性的需要：公
民社会是一个人为约定俗成的产物，旨在终结战争这样一个丑陋的

---

① Marsilius 1. 2. 3；Barker 1959，264 – 281；Bradley 1001，29ff. 。

自然状态。这正是柏拉图《王制》中格劳孔（358e – 359b）雄辩地表达出的前苏格拉底观点，也是《政治学》卷三不时要直面的观点（1280b8 – 11；对观 Marsilius，1.4.4）。

城邦的自然性

城邦有机体萌芽于一个包含了两层关系的社会单位。首先，是延续种类的"男女"结成"配偶"［30］。亚里士多德说，这之所以发生，并不是由于"人为的选择"，而是出于"自然的冲动"，因此，就自发的意义而言，人类与其他"动物"和"植物"相同（1252a28 – 29）。这是对延续种类配偶之间的社会纽带最奇怪而抽象、喜剧而残缺（对比阿里斯托芬《云》1427 – 1433）的描述。亚里士多德没有提"夫妻"或"婚姻"，或非法同居：可否有一个家庭不存在某种形式的选择和传统的契约协定？[1] 对诸神和神法的信仰，是否起了关键的作用，坚定了这些传统，将易变的、混杂的、自发的男女配偶转变成稳定的夫妻父母？[2] 当我们反思他选择的用语，我们看到，亚里士多德"美丽"的描述夸大了（夸大到人们想起就觉得好笑的地步）人类基本的、未加思考的性本能的社会条理性。恰恰是通过明显的沉默，亚里士多德指向这些复杂的方式，借助它们，人类必须慎重地建构人为的补充物，约束和压制原始的、自然的性冲动。

这一基本社会单位的第二层关系，正如亚里士多德在此所说，是"自然的统治者"和"被统治者"为了共同保全而结合。前者

---

① 正如纽曼说："亚里士多德没有讨论这个问题，为什么男女不是短暂的结合。"对比西塞罗在 De Inventione 1.2 和 De Finibus 4.17 等地方论婚姻的观点（以老的学院派和亚里士多德派的名义批判了廊下派思想）。雄辩家伊塞奥斯（Isaeus，3.39）说："即使给女眷小妾地位的人，也与应该给小妾的东西签订了契约。"

② 对比亚里士多德后来的话 1280b36 – 39："婚姻关系、氏族祭祀、宗教仪式和共同生活在城邦中一起产生，这些事业都可以促进友谊，而友谊就是选择共同生活。"

"自然"是"主人";后者"自然"是"奴隶"(1252a30–34;亚里士多德在此将自然的统治和被统治等同于主宰和奴役,这听上去有些费解,因为就像他宣称要反驳的"苏格拉底"观点)。奴役是公民社会基本的自然的根基,这观念对今日的我们来说当然很痛苦①——远远超过亚里士多德的蓄奴时空中读者应有的痛苦。但恰是因为亚里士多德最初的读者对奴役应该非常熟悉,他们才会比我们更吃惊,亚里士多德居然兴高采烈地谈论城邦这一残忍的基石。亚里士多德形容这种关系"对主奴两者都有利"(1252a34):他解释说,奴隶要生存,其体力活要由富于远见的主人来安排。换言之,亚里士多德假定,奴隶缺乏实际运算的能力,不能独自生存。可以肯定,任何实际上拥有和雇佣过奴隶的人,凭经验就会发现这种假定很荒谬。奴隶既然有价值,怎么可能会是如此严重智障?②但这令人吃惊的假定对于这"美丽"断言——主人与奴隶的关系是建立在共同利益之上——显然是必要的。在《政治学》第三卷,亚里士多德将更现实地讲到这点[31](对观1278b32;《伦理学》1161a32ff.)。亚里士多德此处再次的夸张说法,是为了掩饰——但也因此小心翼翼地暗示——关于家庭(和城邦)的基本社会单位的自然性与和谐性的严肃问题。

亚里士多德接下来认为,女人自然有别于奴隶(1251b1)。这句话产生了一个奇怪的推论,只有某些男人天生智力残障,为了生存,才不得不受主人的指使。为了支持自己女人不是奴隶的观点,亚里士多德插入了这个看法,"自然"(女性)对其制造的每一事物各赋予一个意图,作为某种工具,旨在行使某个特定的功能

---

① 纽曼1253b4贴切地对照了洛克的 Second Treatise,条86:"家庭还是家庭,父权依然强大,无论家庭中有无奴隶。"相反,托马斯·阿奎那借用了圣经的权威(Solomon in Eccl. 10:7)来为人类奴役作为自然秩序的一部分进行辩护(评论1252b8–9;另参见SCG 3.81)。

② 参见色诺芬的《齐家》中对奴隶管理的精彩讨论,以及亚里士多德的《齐家》中对奴隶管理的讨论。

（1252b1－5）。在将"自然"拟人化为一个女匠人时，亚里士多德模糊了自然和人为的差异。他这样一做，引导善于思考的读者注意其间深刻的区别；他提醒人们需要大量地借助技艺才能完善（如果不是补充）自然。在《政治学》的第一卷也是最醒目的一卷，亚里士多德常常将"自然"比喻为一个工匠①——但在接下来的几卷中他没有这样做。

亚里士多德从"自然"的意图——赋予女人以非奴隶的地位——得出一个醒目的政治推论。在"野蛮民族"中，女人处于奴隶相同的地位，这表明野蛮人全是奴隶：他们全都缺乏自然的统治能力，他们的结合"只是一个女奴配上另一个男奴而已"（1252b5－7）。因此，与"自然"的设计相反，她制造出大量有智力缺陷的女人与男人，他们需要主人方能生存。倘若是这样，在被俘为奴之前的数辈野蛮人，没有主人的管理，又是怎样设法独立生存下来的？在亚里士多德对周围的奴役现象的描述中，我们看得越仔细，就越会发现明显的无情嘲讽。

亚里士多德进一步大胆推论，并第一次吁请具有传统权威的雅典诗人的支持："所以，诗人说，'野蛮人应由希腊人统治'。"（1252b8）②诗人的这句结论是在奉承希腊人的做法，通过猎取奴隶活动或与猎取奴隶者交易，积极获取大量的野蛮人充当奴隶。亚里士多德是不是已开始揭示为此做法提供合法性的理由是多么荒诞？他是不是正开始揭示奴役为这美丽的主张——城邦是人性和正义自然和谐圆满之地——带来的大问题吗？

---

① 1252b1－5，1253a9－10，1254b27－32，1255b3－4，1256a26－27，b7－10 and 20－22，1258a21－25，34－37；另参见 *Parts of Animals* 683a22－24；Ambler 1985，182n5——他指引我们参见 Wieland（1975）的讨论。

② 托马斯·阿奎那借用圣经的权威性来支持希腊诗人的这个观点：如果蛮族不当成奴隶来统治，阿奎那声称，"这世道就会变乱，正如梭伦在 Eccl. 10：7 中说，'我看见奴隶骑着马，主人却像奴隶那样赤脚走着路'"。阿奎那的立场与早期宗教对奴役的态度不可谓不合：Schiller 1847，7－11；Onchen 1964，2.60－74。

　　在此一如既往，思考亚里士多德所引诗行的语境会有启发，事实上也很重要。[32] 亚里士多德这里引用的是欧里庇得斯《伊菲根尼亚在奥里斯》（行1400）。一旦考虑到其语境，亚里士多德在开篇这几页暗中破坏的反讽就会变得更加明显（Davis 1996，17）。女主人公伊菲根尼亚说"野蛮人应由希腊人统治"时，她正准备心甘情愿、虔敬地死在父亲手中，据信是作为必要的祭祀，以平息女神阿尔忒弥斯的愤怒。伊菲根尼亚进一步宣称，身为女人，她价值不大。她暗示，这是希腊人历来对女人价值的看法。她是这样说的，"一个男人看见白日之光，也比一千个女人强"（行1394）。通过反讽地吁求诗人的权威，亚里士多德引导我们提出这个问题：如果说那样的行为和信念是希腊鲜活传统的一部分，那么，希腊人和他们的城邦生活离野蛮人有多远？

　　在接下来第二次引用诗人的话中，亚里士多德继续对希腊传统进行温柔但深刻的质疑①。这次引自赫西俄德的《劳作与时日》（行405）。对于希腊读者来说，这部作品比欧里庇得斯那出著名悲剧更权威、更知名。当我们将所引的诗行还原回语境，我们发现，就在所引那一行诗——"先营其室"（亚里士多德认为这是"至理名言"）——的下一行，赫西俄德呼吁，男人应该"购买"女人来做奴隶，不是作为"结发妻子"——因为只有那样，赫西俄德说，她才"以曳其犁"（做家务管理）。

　　亚里士多德总结说，"家庭"就是"为了满足日常生活需要而自然建立的共同体"；它来自这两层关系的结合：繁衍配对和奴役。我们注意到，一开始就如此定义的家庭，如果不是原始的，本质上也是超前于政治的。

　　亚里士多德接下来用奇怪的迂回方式来定义下一个阶段村坊：村坊是"为了非日常生活需要而由若干家庭联合组成的初级共同体"（1252b15 – 16）。为什么不特别指明后者的需要？在暗示了第

----

① Saxonhouse 1984，9，24 – 25；Swanson 1992，67 – 68。

九章中（尤其是 1259a19－20）对人类经济发展阶段有类似的讨论之后，托马斯·阿奎那说，亚里士多德心中首先想到的是战争和通商的需要。尽管这一说法很有帮助，但他没有认识到，亚里士多德明显在此拒绝指明这些自然的、非日常生活的"需要"的重要性：这两种对于人类发展的类似描述——（第二章中此处）"美丽的"描述和（后来在第九章）建立在对物质商品需要之上的描述——彼此之间构成了令人困惑的张力。对于人类而言，真正最明显的是作为自然状态的战争。

亚里士多德补充说，村坊"最自然的形式"[33]由一个家庭衍生而成，也就是说，全体成员都血脉相连。在此，让我们吃惊的是，亚里士多德将越古老等同于越自然。按照这种意义上的自然标准，城邦的自然性显然不及村坊。那么，在人类社会的根本性质中，会不会存在一种张力？家庭是不是自然的"拖累"，阻碍城邦这种超越家庭的共同体的自然"生长"？

在此，亚里士多德插了一句评论，城邦最初是由君主统治的，因为城邦是由按照家长模式统治村坊联合而成的；然后，他补充说，"各野蛮民族至今还保持王权"（1252b19－20）。我们第一次知道：在城邦之外，还有种重大选择，构成了发达的政治社会形式，即由一位家长式的君主统治的国家（如马其顿）。亚里士多德引导我们用贬抑的目光看待这另一种选择：君主政体似乎是超前于政治形态的遗迹。然而，如果说，村坊更近地保留了家族的血缘关系，所以更加自然，那么会不会出现这种情况，君主或家长的统治，以及其伦理与血缘统一的基础，正因其更古老、更类似于家庭，而更自然？亚里士多德突然斜视一眼君主政体，提醒我们，这是比城邦更普遍的一种文明社会形式——甚至在亚里士多德写作的时代和他生长的那片土地。这意味着亚里士多德所说的人类社会的自然生长很少达到成熟阶段；其生长过程往往偏离主道或误入歧途，最终以君主政体的面目出现。当然，城邦的生长并不像其他形式的自然生长。

就在此刻（1252b22－23），亚里士多德第一次引用了希腊诗人中最神圣、最有权威的荷马。这个受到神灵启示的诗人声称，是缪斯为他注入了灵气。亚里士多德引用他的话为证，支持以下观点：家庭最初是由最年长的家长来主持的，家长像君主一样进行统治。这样一个毫无争议、显而易见的观点，何必有求于荷马这样令人景仰的权威来支持？我们如此一寻思，仔细审视后就会明白，亚里士多德巧妙地给出一个更深层、更有争议的暗示。因为他在此引用的荷马的这行诗，同样发人深省。这句描述独目巨人们生活方式的诗，我们在即将过渡到《政治学》的《伦理学》结尾看见过。在当前的语境中，这句引文最吸引人之处在于，亚里士多德以此暗示，原初的、独立的家庭或许属于野蛮的、食人的但十分虔诚的穴居人。① 但亚里士多德没有就此打住。在引用了素有"希腊圣经"的《奥德赛》之后，亚里士多德立刻［34］说了以下这番大胆的话，议论世界上所有的神："既然古人受治于君主，而且现在有些人依然如此，所以有人就认为，诸神也由一个君主（大神）统治；正如人们原来用人的模样塑造着神的形象，那么凭人类生活来设想诸神的生活方式也就极为自然。"（1252b24－27）②

在这之后，亚里士多德立刻抬出城邦，称它为社会进化高级完备的阶段。亚里士多德借此转移了肤浅读者的注意力，不要盯在那句所有人都认为是诸神起源的大胆议论上。与此同时，他促使那些更爱思考的读者看清楚，城邦和公民生活可理解为受到自由的力量激发而迸发出生机，摆脱了那种植根于独立的、前城邦的家长制家

① 因此，亚里士多德"追寻社会的发展时没有考虑到战争"（Newman 1.39），这种说法并不全对——亚里士多德只是非常委婉地提到这个丑陋的事实，以切合"高贵"或"美丽"的研究。对观 Polybius 6.6－7。

② 托马斯评论说，亚里士多德"在此以柏拉图主义者的常见方式暗示诸神是与物质完全不同的实存，但却被一个最高的神创造，异教徒错误地将人的形态赋予这个最高的神，并认为能与之交流"；同样参见 ad 1259b10。在其他地方，托马斯也说，"这种说法也见于圣经，天使甚至人或法官都被称为神"，参见 SCG 1.42 结尾。

庭的造神形式。如果我们退后反思，我们发现，对于作为自然高级
完备阶段的城邦或城邦生活的整个讨论，代表了家庭的降级，代表
了表达前城邦的、家长制观念的家庭和父亲的神性的降级（Onck-
en1964，2.13）。亚里士多德"美丽/高贵"的说法，不是城邦作为
家长们之城邦的说法。[①] 父亲所象征的神的城邦被母亲所象征的自
然的城邦取代，后者将人视为理性动物，有追求完善的目的。有人
或许会大胆地说，亚里士多德美化的说法是一首理性主义者的新
诗，希望一定程度上遮蔽——至少对于一些贤良读者而言——传统
的虔诚诗歌，而且提供了一个驿站，便于一个对哲学友好的贤良在
精神上栖息。亚里士多德的诗歌将人和自然的群体"自足"从对传
统的神祇谦卑的依赖中解放出来，骄傲地加以颂扬（1252b29）。

　　现在（1252b28 – 29），亚里士多德宣布，"等到若干村坊组合
完成"而为城邦时，"可以说，人类生活就获得了完全的自足"。为
什么最后要加"可以说"这几个限定词？亚里士多德是不是想到前
文不久才提到的城邦的伟大竞争者君主政体及其回旋镖路径一样的
自足（对观 Saunders 1995，68）？城邦在军事上和经济上都毫不含
糊的自足吗？城邦如何达到完全的自足（Newman 1.39）？亚里士多
德继续说（1252b29 – 30），城邦的成长"是出于人类生活的需要，
但其实际的存在是为了美好生活"：这是不是他最后的判断，可以
将城邦的自足性置于君主政体之上，也就是说，不仅是物质的自
足，而且是精神的自足？[②] 但亚里士多德在此奇怪地晦涩，没有确
切挑明是什么使得城邦（而非君主政体）成为自然社会进化的顶

---

　　① 圣经在一定程度上与亚里士多德的观点相同，但以相反的精神提高了公民生活
的地位，没有将城邦的建立归因于虔诚的家长；正是杀死兄弟的该隐创立了第一个城邦，
其行为偏离或成功地背叛了上帝对他的惩罚；圣经中后来那些伟大城邦（Sodom, Gomor-
rah, Babel, Tyre 等）的创立者的人格都值得怀疑，动机也很成问题。只有大卫重新创立
的耶路撒冷是验证了这种规则的例外。参见 Abravanel 的 *Commentary on the Pentateuch*，载
Parens and Macfarland 2011，221 – 227；T. Pangle 2003，107 – 108 和 122 – 126。

　　② Coby 1988，896 – 897；Ruderman 1997，413n；Simpson 1998，17n17。

峰，或者说没有表明什么是城邦的"美好生活"。

亚里士多德立刻推出一个非常强大的结论："因此，一切城邦都是自然的产物——假若（或既然）最初的共同体也都是自然的产物。"① 显然需要拆解一下这一推理过程，亚里士多德的确是这样继续的。[35] 他为这结论给出的第一个理由如下，"因为我们认为，无论什么事物，只要它生长完成，我们就见到了它的自然本性，所以，当城邦生长完成，其自然本性也就完成了"（1252b31 – 33）。为了证明这句关键的郑重声明，即事物的自然本性即其生长的完成，亚里士多德举了"一个人、一匹马和一个家庭"为例。这些例子导致了一些大问题。首先，如果人是其生长的终点，他怎么可能仅仅是城邦这一终点的组成部分？亚里士多德马上说，人与城邦的关系如同手脚与整个身体的关系。这怎么可能？其次，第三个例子用词的含混提醒我们，② 不是家室而是家庭，作为家长制的家庭单位，仍然保留在成熟的城邦之内——不仅仅是作为某种残余的退化器官。就在上文不远，家庭被描述为似乎是一个早期的、过渡的阶段，与城邦之间的关系，如同婴儿与成人，或马驹与种马；但现在，亚里士多德突然提醒我们，这幅图景是多么误导人（Ambler 1985，169）。正如亚里士多德过几行会说，共同体在理性话语中"是家庭和城邦结合"。亚里士多德在下一章的开头即宣布，每一个城邦都是由家庭构成，也就是说，家庭是城邦的（组合）部分。亚

---

① 1252b30 – 31. 正如纽曼指出，关于"所有"城邦的这个皆大欢喜的结论在卷三中直接被推翻，那时政体的概念成为讨论的重心：许多城邦受"不正常的"政体统治，因此，按照纽曼的说法"应该立刻宣布为是违背自然——1287b39"。另参见 Ambler 1985，175 – 178，他指引我们特别注意 1301a35ff. 。尽管 Marsilius（1.4.3 and 2.22.15）说亚里士多德认为所有人受自然冲动或欲望的驱使参加城邦共同体，但他没有说以下是亚里士多德的观点——人是天生的政治动物；城邦（更别说所有的城邦）是天生的政治动物。

② "oikia"有时（如 Xenophon Oec. 1.5）指的是房屋，与家庭（oikos）有关；通常它也指代后者，正如我们现在讨论的这个地方的用法（Bonitz 500a25ff.）；尤其参见 1265b26 以下，以及 NE 1162a18, *Poetics* 1453a19。

里士多德使爱思考的读者看清，这种说法——城邦是一个自然生长过程的完成，在其中家庭是一个不成熟的阶段——多有问题。家庭与城邦的关系是一个谜，甚至是一种张力；当一个人设法解释城邦是从家庭生长起来的有机体，正如种马是从马驹成长起来的，他就会感觉到其中的张力。在成熟的城邦中，家庭在其神祇的庇护下（或有时候在开明家长的治理下），会作为一个完成的、完整的实体而长存，有着明确的目的，而这一目的或许与城邦的目的冲突（如索福克勒斯的《安提戈涅》）。

亚里士多德补充了"第二条理由"（正如托马斯所说）来说明他"一切城邦都是自然的产物"的观点。"此外"，他说，"事物的目标与完成，必然是至善，那么现在这个完全自足的城邦自然是完成的至善的共同体"（1252b34 – 1253a1）。"至善"比"完成"更醒目。但那是谁的目标，可以靠自足实现吗？是自然的目标，还是自然所设计的目标？或是生活在原始社会的人的目标？或只是少数生活在人类社会发展后期之人的目标？那些最优秀的人，能否在城邦中找到这种作为他们目标的自足？

［36］亚里士多德在接下来得出的一个更重大的结论中回答了最后的问题；他说，这个结论从前面的论述中已经变得明显。不仅"城邦出于自然的演化"，而且"人自然是城邦/政治动物"（1253a2 – 3）。按照 Ambler 的提示，① 我们注意到，在这个观点出现前，亚里士多德还从来没有明确提到过人，除了在那个令人困惑的地方，他举了三个例子，其中一个就是人，来证明我们所说的事物本身就是一个生长过程的完成。现在，亚里士多德第一次表明整个观点的含义：个体被视为未完成的存在。这含义几行过后变得更加直白：个人之于城邦，如同手脚之于身体（对观 1337a27 – 29）。

---

　　① Ambler 1985，169："人在这部分内容之前没有出场，让亚里士多德省了麻烦，不用将城邦的权威性归咎于它对人的服务。城邦首先不是被看成满足人需要之物，而是有自己生命的自然物。"

然而，亚里士多德说出他著名的观点——人是政治动物——之后，立刻加了醒目的限定："凡是由于本性而非偶然而不归属于任何城邦之人，如果不是鄙夫，就是超人。"（1253a3－4）但亚里士多德又立刻补充说，那样一个人就"像被荷马痛斥的人"——"出族、法外、失去坛火"（《伊利亚特》9.63）。"因为"——亚里士多德继续上用荷马的话——"这种天性孤独的人往往成为好战之徒。"这些自然不归属于城邦的人，似乎就是凶神恶煞，因为他们没有根系于血缘、律法和家园。但是，当我们审视这句荷马引文的原初语境时，我们发现亚里士多德在引用中有严重误导。因为荷马没有用这句话去痛斥任何人。这句话不是荷马说的，而是出自诗中那个说话精辟的老人内斯托之口；而且，内斯托痛斥的不是任何不归属于城邦或非政治、因而是特立独行的人，而是一类邪恶的城邦/政治人。内斯托那句话痛斥的，恰是被"色欲"驱使"要制造致命内讧"的人。因此，亚里士多德的潜在含义是提醒人们，恰是一些政治动物，他们因色欲更加邪恶和躁动。而且，只要略微反思，我们就会看到，亚里士多德表面的意思——荷马会痛斥没有城邦的人，或过着一种无家的、独立的、非政治的生活的人——是多么可笑和荒诞。因为在荷马的世界里，这恰是荷马自己的生活方式，他自己就过着漫游无根的吟游生活（他生动地歌唱了这种生活）。有人或许会说，荷马是吟游诗人的化身，提供了优雅而令人印象深刻的榜样，昭示智者所过的那种脱离政治、无家无邦的生活多么美好。

因此，在他漂亮的说法中，亚里士多德在这里只允许我们管窥遮蔽的真理，作为理性动物的人，[37]绝非完全是或只是政治动物。但他的生物著作使关于人的自然社会性的复杂真理变得更加明显。按照《动物史》（该著作中487b34－488ba8是对《政治学》1256a19－30的回应）中的说法，人类自然具有"双重"生活方式：人本质上既是"政治"的动物，又是"孤独"或"离散"的动物。在以生物学家的身份写作时，亚里士多德没有轻蔑地提到或暗示荷马在痛斥那种孤独的（甚至是离群的）、自然的人类生活方式。①

即便在《政治学》中的这个部分，亚里士多德也没有任由人们诋毁非政治的生活。几行之后，他回到那样的生活，说"凡无能加入共同体，或因自足而无需共同体之人，都不是城邦的一部分；结果，他如果不是野兽，就是一位神"（1253a27－29）。但是，亚里士多德在此没有提到神一样的哲学生活及其远离城邦、热衷研究的德性。他至多让有需求的读者管窥诗人的那种智者的生活。②

在他的生物学著作（《动物史》488a8－14）中，亚里士多德将动物的"政治"本性定义如下："对于政治动物而言，要形成某种单一共同的工作，服务于全体；那种工作并非所有的兽群都有"。"人类、蜜蜂、黄蜂、蚂蚁、鹤类，都属于政治动物"；"这些政治动物中，有些有统治者，如鹤类与蜜蜂，有些没有统治者，如蚁群和成千上万的其他动物群"。对于作为生物学家的亚里士多德来说，是否是"政治动物"与理性没有必然的关系。因为人类生活具有"双重性"，在很大程度上，人类的政治性不及蜜蜂、黄蜂、蚂蚁等动物群。但在这里，在《政治学》开篇的美丽说法中，亚里士多德断言，"人类的政治性高于蜂类和其他动物群"，明显的理由是，只有人类才有理性或话语（逻各斯）。因此，亚里士多德不仅好像在说"政治"动物需要理性才能完成其本质；而且他还暗示，只有理性才致力于政治共同体并在其中得到完成。对于这个可疑的观点（与《形而上学》的开头恰相对照），亚里士多德补充了大量有力的修辞，将这种政治化的理性观念归因于神圣自然的有意制作：在这

---

①　再次考虑 Avempace 关于亚里士多德的著作 *The Governance of the Solitary*，以及 Avicenna 2011 and 1973，11－12。对比 Ritter 1969，76－85；Bien 1973，70－73，121。

②　参见 1338a24－30 及上下文。托马斯·阿奎那在此举了 John the Baptist and St. Anthony the Hermit 为例；在 SCG 1. 92（另参见 3. 133）中，阿奎那教导说，伦理的或积极的美德不适合没有参加政治生活的人。处于另一个极端的是尼采，参见《偶像的黄昏》中"Maxims and Arrows"条 3："亚里士多德说，要独自生活，就必须是兽或神。不过，他漏了第三种情况：哲人——他既是兽也是神。"

一关键时刻，亚里士多德重新引入这个令人敬畏的观点来支持，自然像神灵一样，有自己的计划，其终点就是实现理性的城邦。

亚里士多德进一步阐述他关于理性语言之政治性的观点。凭借理性语言，不仅能够传达一般动物都有的苦乐，[38] 而且能够"分清利害，以及是否因此合乎正义"（正义是从有利中派生）；正是"这些方面"——"好与坏、正义与不义等等"——把"家庭和城邦"结合在一起（1253a14–18）。通过对有利因而是正义之物进行理性的、政治的、共同的审慎分析，通过政治分享，作为政治动物的人发现了他们的好处，发现了对他们有利的东西。对于作为政治动物的人类来说，这有利的东西就是一个共同的、城邦的（而且是家庭的）好处，正义看起来也主要意味着这种共同的利益。

然而，这种观点包含了恼人的含混，共同的审慎理性和共同的利益之间究竟有什么确切关系。审慎的政治过程在多大程度上是一种手段，目的是获取其他共同的利益，无论是物质利益（如安定富强），还是精神利益（如技艺节狂欢）；共同的利益在多大程度上是由共同审议的程序本身来制定？这个问题并没有完全解决，尽管在亚里士多德继续解释城邦为何"自然就先于"家庭和个人（他带着更强烈的个人色彩说城邦先于"我们每个人"）时，他更加有力地表明了人类生活具有积极的共同体特征。他甚至暗示，当个体被赶出城邦后，个体只是在名义上存在："以身体为例，如全身毁伤，则手足也就不成其为手足，脱离了身体的手足无从发挥其手足的实用，只在含糊的名义上，大家仍旧称之为手足而已。"（1253a18–24）

但是，我们接下来怎样理解这着重强调的奇怪暗示，家庭与城邦都是理性完全绽放的场所？这又如何与前面对家庭的看法一致，在那里，家庭似乎是通向城邦的发展过程中的一处驿站？如果我们径直跳到卷一的结尾，就会看到一个答案出现。家庭一旦处于城邦中，它就完成了转变，最终成熟。因为在那时候，家庭由一个家长统治，由于他已成为共和的公民，这个家长的性格及其统治的特征产生了变化。此外，这要求他把自己统治下的家庭当成是教育孩子成为未来公民或成为未来公民妻子及母亲的场所。

亚里士多德刚宣布有些"不是城邦的一部分"的人是神，立刻又得出一个吃惊的结论，"因此，每个人生来就有合群的冲动"（1253a29－30）。亚里士多德会不会以此暗示，[39] 即便是有神一样自足的孤独的人，也必须从城邦中生长，必须始于城邦，因此，只能超越城邦？但亚里士多德接下来第一次宣布，城邦最初或"首先"的产生，必定有一个人要"负起使命"。所以，当他结束他美丽的说法时，亚里士多德突然承认，城邦不是"自然生长起来的"。城邦必须由某个人——不是神或半神，而是"具有天赋要完成这使命"的人①——构想出来，并将人们"组合起来"。人人都有走向城邦生活的自然冲动，但那冲动不可能凭靠自身就带来城邦。一个出类拔萃的立邦者必须出现；他来自一个没有任何城邦的世界（那样一个人或许在人类未来的某一天会再次出现）。这个立邦者品质上的绝对卓越随后得到强调。亚里士多德解释了此个体要担负的伟大利益（1253a31－38）："假若人类至趋完善，那就能成为最好的动物"，相应地，"如果不讲礼法和正义，就堕落为最坏的动物"②——颠倒"政治共同体的秩序"，违背"是非的判断"。"失德"之人"最为亵渎，最为野蛮"。虔诚和分配正义的女神最终走到前台。就在需要约束性的法律和秩序进入聚光灯下时，我们产生了顿悟。亚里士多德结束了他对城邦自然性的"美丽"说法，竭力驱散读者可能一直持有的任何错误的印象，③ 以产生这样的效果，他真正的意思是，人类生来就是政治动物，能够理性和谐共存，因此可以不用再相信神灵在施加惩罚的威胁说法。最终，亚里士多德

---

① 1253a30－31；Marsilius 2. 22. 15；另参见 Cicero *De Inven.* 1. 2；Hildenbrand 1962，393－396；Oncken 1964，18－22；Janssens 2010，405－406。

② 此处用的这个词也是正义女神的名字；关于她生活的戏剧，参见赫西俄德《劳作与时日》（*Works and Days*）。

③ 汉娜・阿伦特浪漫化的解读（1958，26－27，31－32 [节 4，5]）使得这一错误印象在二十世纪晚期广为流传。良好的纠正参见 Marsilius 1. 4. 4。

承认了构成霍布斯—洛克—孟德斯鸠政治观的部分基础。然而，与这些现代的自然状态哲人不同的是，亚里士多德坚持认为，对于城邦至关重要的特定法律的约束、特定传统或建构，是成熟人性的关键表达：正是通过法律的约束，作为政治动物的人才得以完善。真正的"自然状态"是法律统治下的共和城邦。①

财产问题

《政治学》第三章的第一句就宣布，要研究家庭这个"城邦的组成部分"。正如 Ambler 指出（1985，166），这一句能够轻易地续接第一章的最后一句：亚里士多德以此暗示，他更严肃（更费解）的研究因插入具有启迪意义的第二章而被打断。

[40] 家庭，作为可再分的城邦组成部分，本身是由不可分的成分构成：个体。但在这里，个体不被认为是城邦的基本成分，即作为公民，或与公民身份有关的人；相反，个体在此被认为是"家长制"家庭的组成部分，按照他们在家庭中不同的角色来定位——"奴隶与自由人"（尤其是"主人"）、"丈夫与妻子"或"父亲（不是母亲）和子女"（1253b6 – 7）。如果我们之前没有读过第二章，我们会产生如下印象也情有可原：按照亚里士多德的说法，人类生来与其说是政治动物，不如说是家庭动物（对观《伦理学》1162a16 – 26），大多数人与政治或城邦的自然联系只是相当间接的，要借助家庭中的家长为中介。一个苏格拉底式的捣乱分子可能会说，如果接受苏格拉底的说法——除了大小之外，家庭与城邦没有两样——亚里士多德所说人性中的复杂双重性就会自动消失：因为要是那样，自然是家庭动物的人，自然也是政治动物。但这种观点——亚里士多德在第三章中再次提醒我们——正是他所要反驳的：

---

① 柏克（1855，3.86）："必然产生真正自然的贵族制的公民社会国家，是自然的国家；比起一种野蛮的不连贯的生活方式，更是如此。"对比 Keyt 1987。

卷一的目的就是表明，人性在其社会性方面，并非（好笑的）苏格拉底所说的那样简单。

然而奇怪的是，亚里士多德现在将苏格拉底的一半观点作为他反苏格拉底的基础，用来分析家庭中不同个体之间的不同关系。① 因为亚里士多德现在说，似乎各用一门统治的技艺或学问，对应家庭中的三种基本关系："管理奴隶的技艺""管理婚姻或妻子的技艺"和"管理子女的技艺"。而且他还表明，这种假设是一个惊人的创新：他指出，在希腊语中，还没有现存的术语来表示后两种"统治的技艺"；他必须制造新词汇（1253b9－11）。

我们期待亚里士多德继续依次讨论这三种统治的技艺以及相应的被统治的形式。他的确这样做了——但却是以一种挑衅性的复杂方式。他首先指出（在这里他使用了罕见的第一人称单数，突显他自己独特的视角），关于"某个部分"有一个困惑，有些人认为那就是整个家务管理，有些人则认为那是家务管理最大的部分（1253b12－14）："我现在要谈的就是所谓的赚钱术。"亚里士多德由此摆出了一个人类的大问题：在许多家庭中，家庭的本质被误以为潜藏于或淹没于以获取用金钱来衡量的越来越多的购买力。② 亚里士多德激发人们思考：这是怎样来的？为什么来的？（"为何需要对赚钱术加以研究？"）［41］然而，（他说）我们先要讨论主奴。对这主奴关系的分析，会不会提供一条决定性的线索，理解为什么如此多的家务管理者往往如此可怕地迷失他们的方向？

讨论奴隶的管理或奴役有两个不同的目的：一个是实用目的，即"必要的用处"；另一个是理论目的，看我们是否"可能"获取"这方面"更好的"知识，而不只是现在流行的观念"（1253b15－17）。因为关于奴役，有更令人窘迫的问题：奴役是否合乎自然因

---

① 关于亚里士多德在《伦理学》中与苏格拉底的对话，参见 Burger 2008。
② 另参见柏拉图的《王制》329e－330c，549d，553bff.；这种观念在希腊生活中的普遍性，参见 Natali 1990，296－299。

而合乎正义，这是一个有争论的话题。亚里士多德也是如此说的。但亚里士多德最初请出争论双方的方式，使人会怀疑这争论——至少如亚里士多德首先摆出来那样——究竟是真正在他那个时代的希腊（更别说在任何时空中）风行，抑或不过是亚里士多德狡猾的捏造。① 因为首先，亚里士多德举出支持奴役的理由，几乎不包括人们应从典型的支持者那里听到的观点。这恰是那些"我们开始就提到的"（苏格拉底式的）反对者提出的观点，他们坚持整个卷一所反驳的那种立场。"对于他们来说，管理奴隶是一门技艺"——事实上，就像家务管理的技艺、政治统治的技艺和君主统治的技艺一样（1253b18 – 20）。当我们考虑到苏格拉底这种观点的隐含意义，我们看到，这可能就要求缺乏这种"技艺"的传统意义上的"主人"，像那些历来被指定为"奴隶"的人一样，理应被拥有这种技艺的一个或几个圣人式的君主统治和奴役。这种类似于犬儒主义或者斯多葛派的观点（西塞罗《卢库卢斯》136），很难说是一个捍卫现存希腊奴役制度的立场！

　　作为另一方的支持者，亚里士多德召唤出同道的声音，他们同样激进地宣称，一切人类的奴役，毫无例外，都是"不义的，因为建立在暴力之上"——尽管（或因为?）其存在是受现存法律所规定的。因为"自由人"和"奴隶"（1253b20 – 23）从自然方面来讲没有区别。这是亚里士多德首次对法律进行完全明确的批判，这种法律是基于对作为正义标准的自然的呼吁，或基于"自然权"。的确，亚里士多德本人先前呼吁以自然作为标准：这样做时，他谈到了"自然"对女人和奴隶定下的区别。但不像比他更心直口快，更不用说是草率的、反奴役的对手，亚里士多德呼吁一个神化的"自然"；甚至更重要的是，他没有以自然女神的名义明确批判这法

---

　　① 纽曼（1.139ff.；2.135, 159）没有找到证据，以证明亚里士多德在此以自然权名义编造出的"排山倒海似对奴役的抗议"。SH ad loc. 暗示的那些微弱的证据声音也远非足够。参见 Cambiano 1987；Schofield 1990, 5；Brunt 1993；Kraut 2002, 278n3。

律。如果他现在允许人们继续听到他对法律的批评，① 那也绝对不是以自己的名义，而是以非常小心、甚至曲折的方式来表达。［42］亚里士多德不仅在对要谈的问题提出教导；他还以身作则地表明，负责的政治哲人应该如何公开利用"自然权"作为判断法律的批评标准。②

奴役的自然基础

通过问答这个根本的定义问题——究竟何为奴隶？——亚里士多德开始了他对这场争论的仲裁。作为第一场讨论的部分，亚里士多德看起来是在暗示为什么奴隶是必要的。他首先考虑到，为了"生活"和"活好"，家务管理的技艺，像其他技艺一样，需要获取和拥有适当的工具——有些工具有生命，有些工具无生命。无生命的工具经常由有生命的工具来使用，而有生命的工具在这些技艺中相当于助手（比如，船上望哨的人就是船长的助手）。奴隶就是那样一种有生命的工具。但正如纽曼反驳说（2.136），亚里士多德"没有证明家务管理技艺所需要的有生命的工具，如果是人，就必须是奴隶而不是自由人"。亚里士多德的确继续给了一个出色的解释。他发挥想象，推断在什么情况下奴隶才不是必需。用这种奇怪的迂回方式，他似乎在暗示为什么奴隶是必要的。亚里士多德把焦点放在生产的技艺——不但举了一种基本需求的生产为例（织布），而且举了高雅音乐的生产为例（弹竖琴）。这些例子以及接下来的内容将表明，需要奴隶来生产大量的东西，否则自由人的时间和精

---

① 正如我们马上将证明，阿尔法拉比对他引的这段话的评论表明，他对《政治学》中的奴役的隐微教诲有深刻的理解，不是如 Pines（1975，154 – 155，159）错误地以为，偏离了教诲。阿尔法拉比的评论指出，那样的理解需要或暗示了一种细读，前提是对正如我们需要的精确文本的熟悉。不过，这些都是一厢情愿而已。

② "那么，无论何时，我们呼吁自然，谈论自然，与自然打交道，都需要谨慎。事物的自然面貌可能破坏我们的计划。"（Klein 1985，239）另见 Ambler 1985，177ff.。

力将被分散，因此会缺乏必要的闲暇来参与共和统治。① 除非有人被奴役，才会有人有必要的闲暇去实现他们作为公民的本质，这似乎是由自然的匮乏带来的一个残酷的生活事实。② 但亚里士多德却以一种令人惊奇的方式引入这个观点——他推测有一个类似神灵的世界，那里有机器存在，"如果每个工具都能按照指令或自动进行工作，有如代达洛斯的雕像或赫法伊斯托的三脚宝座"，荷马曾咏叹那个宝座"能自动进入诸神的聚会（《伊利亚特》18. 376）——这样，倘使每一个梭子都能自动织布，每一琴拨都能自动弹琴，那么，匠师才不需要助手，主人才不需要奴隶。"（1253b33 - 1254a1）亚里士多德在此表明，希腊人通过他们的诗人和哲人能够梦想到机器，可能使奴役不再是生产过程中的必需（对观 Athenaeus 267e）。实现这个梦想或渴望，[43] 是现代政治哲学工程伟大计划的一部分；当然，成功废除奴役是赞成现代性的最强大的伦理和人道的理由之一。

　　但是，与卢梭的伟大抗议一样，③ 阅读亚里士多德迫使我们追

---

① 对观 1254b30 - 32，1255b35 - 37，1269a34 - b12，1277a33 - 1277b7，1277b33 - 1278a33，1328b33 - 1329a1 1330a25 - 33。

② 这种思想不限于古人，这显然来自这两个理论家以下的观点，他们两人或许可被认为是现代社群主义左派和现代竞争性个体自由主义市场右派的哲学教父。卢梭《社会契约论》（Social Contract 3. 15）："什么！自由只有通过支持奴役才能维系自己？或许是吧。不是冤家不聚头，凡属非自然的东西都有其不便，公民社会尤其如此。有些情形的确如此不愉快，以至于除非牺牲另外的人就不能保持一个人的自由；如果奴隶不完全被奴役，公民就不能完全自由，斯巴达就是如此。至于你们现代人，你们没有任何奴隶，但你们就是奴隶：你用自身来为他们的自由买单。"亚当·斯密，Lectures on Jurisprudence 1762 - 1763，IIII 101 - 102（另见 114）："奴役应该完全或普遍废除，事实上是几乎不可能的。在共和政府，废除奴役几乎不可能发生。在那样的国家里制定法律的人，本身就是有奴隶的人。"

③ "对祖国无力之爱，自私的行为，来自国家的重压、征服、政府的滥权，这些都催生出梦想，找到办法帮助人民在国家议会中有代理或代表……英国人认为他们自由；他们完全是自欺：他们只是在选举议员时才自由；一旦选完，人民就是奴隶，就是屁。"（卢梭，《社会契约论》3. 15）另参见 SH，26："在我们的时代，即使受过教育的人也完

问，我们的科技是否真正找到了问题的解决办法，能够使生产性的奴役看起来并非必需。技术的进步会不会与对巨型社会的需要一道，动用庞大的资源，使自我管理变得不可能或被可怕地削弱？亚里士多德会不会与卢梭一道追问：技术是否真正解放了人类？或者，它会不会将每一个人带到无所谓奴役，无所谓城邦，因此无所谓自由的地步？

　　或者，如果（只有）"共产主义"被认为是"已经解决的历史之谜"，这问题会不会消失？马克思在评论这段他称之为"亚里士多德之梦"的话时，提出了警告，"啊！那些未开化的人！他们对政治经济一窍不通"，他们"不明白机器是延长工作日最保险的手段"。马克思提醒我们，我们就见证了"这奇特的现象"——"机器扫除了对于延长工作日的任何伦理与自然的限制"；因为这最终会"威胁生命的根源"，资本主义制度做出了"反应"，利用法律来干预市场，限制工作日的时数。但这吊诡地产生了另一个邪恶的新"现象"：工人在每个工作时内从事的劳动，其"强度"前所未有。①

全专注于履行他的专业职责，往往没有时间承担他的政治份额，而这正是希望繁荣的现代国家要求他担当的。"希特勒崛起的最有洞察力的目击证人提出了这个问题，"为什么没有任何个体马上起而反抗自己体验到的不公或不义"；在坦言"我不会无视这个事实，我有责任，大家都有责任"之后，他回答说："这是由于普通的日常生活机械地连续运转阻碍了我们反抗。如果在古希腊，人们仍然保持独立，脚踏实地站立，历史将会多么不同。今日，他们被工作和日程表的细节套牢，他们依靠成千上万的细节，他们只是自己控制不了的机械中的齿轮，在轨道上平稳地运行，如果脱轨就变得无助。就如处在黑色森林之中。二十世纪的每个欧洲人骨子里感到这一点，都会觉得恐惧。这就是为什么他不愿做任何生活'出轨'的事情，一些大胆的或不同寻常的事情。正是缺乏自立，开启了文明巨大灾难的可能性，就如纳粹在德国的统治。"（Haffner 2002，137–138）

　　① 《资本论》卷1，章15，节3；对观 1844 *Manuscripts*，"私有财产和共产主义"——马克思在这章开头即提示我们注意约翰·斯图亚特·密尔的《政治经济学》卷4，章六，"论静态国家"，据说在那样的国家，"是否所有的机械发明都能减轻人们白日的劳作，值得怀疑"，除非致力于无限制增长的资本主义制度被"静态的资本和人口"取代，否则这种情况不会改变。参见阿伦特 1958，118–135（节16–17）中发人深省的讨论；另参见 Kraut 1997，86 和 Frede 2005，182。

但亚里士多德提出的问题更加深入。因为亚里士多德继续补充说，家有财产——也就是家庭中奴隶——的作用是充当行为的工具，而非生产工具。正是这句话将我们引向奴隶的完整定义（1254a14 - 17）："任何人在本性上不属于自己的人格而从属于别人，则自然就成为奴隶；任何人既然成为一件用品，就应当成为别人的所有物；作为所有物，他在行为上就被当成一件工具，可以与所有者分离"。这究竟是什么意思？遗憾的是，亚里士多德没有举例说明，奴隶怎样充当行为的工具（他只提到衣服和床是行为工具）；由于我们对奴隶社会不再有任何直接的体验，所以我们起初是一头雾水。亚里士多德会不会想到，在家务管理的时候，在从事有挑战性的、困难的政治和精神生活的事务中，需要值得信赖的、有才能的助手（阿伦特 1958，119 - 120；Kraut 2002，280 - 282）？他会不会想到一边听他口述、一边记录文稿的助手？[44] 他会不会想到更普遍意义上的秘书、助理、管家、仆人、扈从，以及帮助照顾和教育孩子的私塾（对观普鲁塔克《克拉苏》2.6）？机器不能做这些工作；需要的是机灵、投入、谨慎和可靠的人，他们才能在意和思考他们的工作。

所有这一切可能都是合理的，但它引发另一个问题：为什么亚里士多德不举那样的例子，讲清楚或提醒读者奴役对于家庭中的"行为"多么至关重要？当我们继续阅读完下一章，就能明白亚里士多德为什么要保持冷冷的沉默。

在给出奴隶的定义后，亚里士多德立刻提出要回到那个更大的后果问题："接下来，我们必须研究，是否有那样的人自然存在；对于那样的人，充当奴隶是符合正义且对他们更好，或者相反，一切奴役都是违背自然的？"① 亚里士多德表明，迄今为止给 出的理

---

① 1254a17 - 20；Ambler（1987，396 - 397）指出，亚里士多德在此区分了两个问题：一，是否存在自然奴隶；二，对于有些人来说是否做奴隶更公正、更好。因此，他指出了这种可能性，如果没有自然奴隶，或许对有些人（不是自然奴隶）来说，充当奴隶服务他人或许仍然更公正、更好。

由根本无法反驳那种激进的反对奴役的立场。换言之，亚里士多德暗中提出了这种可能性：或许自然秩序存在很大的缺陷，因为人有强大的自然需求，需要助手来从事那些构成善好生活核心的行为；对于那种强大的自然需求，自然没有提供任何资源。亚里士多德默默地使那种反对奴役的立场变得更激进，含义更深远。现在，问题的核心是自然或宇宙秩序的本性。正是这无所不包的"整个自然"，成为当前亚里士多德要处理的话题。

接下来对反奴役立场的反驳最为奇怪。① 亚里士多德一开始就说，对于他提出的那个问题（1254a20 – 21），"不难一眼"就找到答案（对观纽曼），然后他越说越玄，将问题弄得晦涩不堪。他说，"整个自然"都有统治和被统治的划分，这"不仅必需，而且有利"。他把焦点放在生灵身上的秩序等级，其中灵魂自然就统治着躯体。然后他宣布——以卢梭使之出名的句子②——"要考察什么是自然的东西，就要看符合自然的事物，而不是看腐化变质的事物"（1254a36 – 37）。亚里士多德继续说，我们因此需要"考察灵魂和身体自然都在最好状态中的人"。因为，在"腐化变质"的人那里，"他们既已丧失自然本性，处于不好的状态，看起来身体经常统治着灵魂"。这样的开局可能会引人期待，那个大问题的答案将是，显然不存在自然奴隶。当然，亚里士多德搅乱了这种期待。

亚里士多德说，在健康而自然的样本中，［45］既有专制的统治，即灵魂（主人）统治着身体（奴隶）；也有政治的统治，即精神统治着欲望。让我们迷惑的是，③亚里士多德继续将政治统治与

---

① 对次级文献的有用综述，见 Dobbs 1994；Simpson 2006 对此做了增补。

② 卢梭将之作为他 *Discourse on the Origins and Foundations of Inequality Among Men* 的献词，在这本著作中，他论证了奴役的非自然性；将引自《政治学》中这句关键的话当成献词，卢梭暗示，他认清了亚里士多德讨论奴役的潜在的隐微教诲：自然奴隶观念在概念上不能自治。

③ 1254b5 – 6；SH ad loc. 非常吃惊，他们提议按照所有手稿中发现的那样修订，删除"君主"一词。

"君主统治"相提并论。他难道不是期望我们去反驳模糊了君主统治和政治统治区别的（苏格拉底）观点吗？亚里士多德接下来的话表明，灵魂统治着身体的那种专制统治，是纯粹武力的统治；相反，当（正如我们说）我"说服自己放弃"无理的愤怒，或在面对不义时"说服自己要表达"正当的愤怒，我的心灵就在对我的激情实施"政治的，也就是君主的"统治：激情能够被训练去"听从"实际理性；实际理性能够被训练成像领袖一样与激情进行"谈话"。当然，激情不应该"反过来"统治理性。激情甚至不应该认为可与理性平起平坐，有相同的统治地位。受过良好教育的激情，总是心甘情愿服从理性——就如守规矩的孩子服从家长的引导。亚里士多德更进一层：他说，"基于平等或轮换"的统治，"无一例外，都是有害的"（1254b9）。亚里士多德如果只是说"君主的"统治正如理性对激情的统治，也没有什么不妥；问题是，他为什么要强调这种统治是政治统治典范——似乎真正的政治统治就是君主统治，统治那些永远是属下的子民？亚里士多德当初高呼，自己的政治统治观念和苏格拉底存在质的区别，现在似乎也变得模糊。

　　亚里士多德接下来撇开个体的人，转而谈论人对驯养动物的统治——他补充说，驯养的动物自然比未驯化的动物生活更好，因为人对它们的奴役有助于它们的"生存"（亚里士多德几页后提到了羊羔——1256b18）。然后，亚里士多德谈到了男人对女人的统治，作为"强者"对"弱者"的统治——但可以想象，不是作为主人对奴隶的统治。但亚里士多德（在提到男人对女人的统治后）却说，"这种原则在一切人类之间是普遍适用的"（1254b15）。在这点上，爱思考的读者会寻思，所有这些究竟是如何组合成那个所谓的"简单"答案，从而回答了奴役的自然性这个大问题的？

　　亚里士多德出人意料地给出了解释。他将自然奴隶定义如下（1254b16–20）："正如灵魂与身体、人与动物之区别，"许多生灵"自然就成为奴隶，对于他（它）们，最好是按照上述的原则或方式统治"。人类之中典型的自然奴隶，就是缺乏理智之人（Schofield, 1990, 12 – 14; Kahn, 1990a, 30 – 31）。那样一个人的心智达不到中人的程度，［46］谈不上理性（在那样一个智力有缺陷的人身上，不可能有真正的德性）。亚里士多德为了更加精确地表达他的观点，补充说："自然奴隶就是自己缺乏理性/话语，仅能感受理性/话语；这里他还是有别于其他动物，其他动物对于人的理性/话语没有感应，只是依靠各自的本能活动。"① 因此，尽管自然奴隶（不像其他动物）是能听从理性/话语指令的人（尽管他不能用理性/话语去指令他人），但如任其自主，他又缺乏生存所必备的独立与理智。亚里士多德继续补充说，从这些人身上指望获取的劳役，近似于从不会说话的动物那里指望获取的劳役。

问题是，那些具有严重智力缺陷的人如何完成不仅是生产的，而且首要是行为的工作，正是这些工作，才使奴役成为必要，才是奴隶的特征（Kraut 2002, 284 – 285）？在理论的层面而言，有严重智力缺陷的人为什么是亚里士多德在此专门提及的自然奴隶而非畸人？

亚里士多德的确给出了回答。人们指望一个奴隶——对他而言奴役既是有益的也是正当的——必须具备两个互相矛盾的方面：一方面，他是身体健康、动作麻利的人，能够作为助手帮助我们完成非常复杂的任务；另一方面，他是完全需要从属于他者之人，因为即使没有主人，他也能独立生存，但无力自我统治。②

亚里士多德在第五章结尾，明确提出了另一个问题。这个问题表面上很现实，但他将之当成了理论，甚至是神学问题。是否有人可以通过省察，分辨哪些人是由于智力缺陷才成为了自然奴隶，哪

---

① 1254b22 – 24；在理解这句希腊文时，我接受了 Simpson 1997, 16 n23 的有益建议（另参见 Simpson 1998, 35 – 36n40，他指出这种理解可追回到 Koraes 1821, 236）。

② 对观 Ambler 1987, 400 和 Bradley 1991, 17。另参见 SL 15.7："亚里士多德希望证明有天生的奴隶，但他的说法几乎证明不了。" Marsilius 在重述《政治学》中关于城邦和家庭的内容时，对自然奴隶学说保持惊人的沉默，尽管他在 *Defender of the Peace* 中的其他地方提到了奴役。

些人凭借智力成为自由人？他的回答是：没有人能够做到。亚里士多德感叹说，尽管"自然希望"一切事物一览无余，在塑造自由人和奴隶的体格时，做到泾渭分明，以符合从事大不相同的工作，但自然并未能实现良愿。然后，亚里士多德补充了一个引人发笑的观点（1254b34 – 1255a2）。他说，很显然，如果有些人的体格竟如雕刻的神像那样好，那么，"大家都会承认"，我们这些体格不那么好的人"就该"做他们的"奴隶"；但亚里士多德继续说，如果这种普遍的看法正确，那么谈论灵魂的优劣就更正当——他补充说，灵魂的优劣不如身体那么容易辨别。在这个玩笑的基础上，他总结说，"非常明显，有些自然是自由人，有些自然是奴隶——对于后者，奴役既是有益的，也是正当的"（1255a1 – 2）。这个结论在此语境中充满了反讽：它不仅对自然的主人避而不谈（对观1278b34）；而且留下了这种可能性，[47] 我们中许多人（更不用说大多数人）既非自然就是（真正的）自由人，也非自然就是（真正的）奴隶。亚里士多德默默地指向了接下来苏格拉底的暗示（对观柏拉图《克里托丰》408a – b；色诺芬《回忆录》1.5.5，4.5.2 – 6）。只有那些有着神灵一样美丽的心灵，具有内在高贵德性之人——只有那些具有真正卓越的精神气度之人——才是自然或真正的自由人；只有那些人才自然、真正能够且应该统治我们，为我们谋福利（即便我们并不是上述意义的自然奴隶）。① 正如亚里士多德暗示，这恰是虔诚地看待神人关系的方式。但问题是，亚里士多德为什么不将这个观点——那样的统治对于神圣的、真正的自由人也是"有益的和正当的"——包含在他隐晦的暗示中？是不是因为尽管

---

① 霍布斯（《利维坦》章15）认为："亚里士多德（在《政治学》卷一为其学说奠基）按照自然将人分为两种，有些更适合做主人（指那些更智慧的人，像他自认为有哲学而更智慧），有些适合当奴隶（指身体更强壮的人，但不是他那样的哲人）。"阿奎那一再解释亚里士多德的意思是智者是自然的主人，统治自然的奴隶，在这基础上，他借道梭伦（Proverbs 11：29），将亚里士多德的教诲融入圣经的教诲。另参见 Ambler 1987，400；Simpson 1998，183。

我们做那些有德性的、神圣的人的奴隶可能对我们有好处，但对他们而言，至多是好坏参半的福气？莫非统治大众的责任是个负担，大大妨碍了他们的自由？

批判希腊合法的奴役

在接下来的第六章，亚里士多德转到"合法的奴隶和奴役"这个问题。一开始，他似乎是要表明，他的自然奴隶观点激进的、主张自然权利的、反奴役的立场有些混淆。但事实上，他从来没有对此说明：他将这点留给思考的读者。正如纽曼说（2.150），亚里士多德滑进一套完全不同且相当复杂的反奴役理由。这套新的理由对法律不那么具有挑战性。事实上，这套批判奴役的新理由的急先锋正是不少法律人（1255a8）。他们没有对合法的奴役提出全面的挑战。他们只谴责那种常规做法，①凡战败者都归于战胜者所有。亚里士多德说，他们的反对意见更像是在公民大会上反驳一个不同立场的雄辩家，他们驳斥对手不是基于自然权的理由，也不是依靠任何严密的论证，而是用激情和修辞，断言对方违背了更根本或早已存在的法律：如果有人遭到强者暴力的奴役，（这些法律人/雄辩家就会咆哮道）这"太可怕了。"（1255a9 – 11）

这些法律人/雄辩家不是"贤良"——正如亚里士多德暗示说，事实上对于他们的观点，贤良也不免意见分歧。亚里士多德继续解释（他小心翼翼地避免以自己的名义说话）"分歧的原因"，也就是两类贤良之间的争议和"足以混淆双方理由的地方"（1255a12 – 13）。[48] 换言之，亚里士多德滑向了第三个明确的争论（Schofield，1990，24）。然而，他只是简洁带

---

① 阿奎那偏离了亚里士多德，他捍卫民法是保护战俘生命的一种方式，之所以要制定这样的法律，是为了"激励战士更加英勇作战"；他更加偏离亚里士多德原意的是认为，那样的奴役"应该遵从，即便是对一个精神高贵的人，因为公共利益高于个人的特定利益，我们不能为了照顾某个人的利益，就牺牲公共利益"。

出这第三个争论，将之掩藏在法律人/雄辩家之间的第二个争论中。

两类贤良之间的争议是以一个根本性认同为前提（1255a13ff）："人们假定了足以制服他人的最大权能必须是具有物质装备的精神品德"；此外，"在战斗中，胜利的人应该是具有真正美德的人"。从这个前提出发，所有的贤良全都同意进一步得出这种观点，"有力者同时也是有德者"。他们的"争议"在于是否"正义"。有些贤良认为，正义就是强者的统治。另一些贤良则认为，必须存在"善意"或"善心"才合乎正义。①后一类贤良并不否认这个观点，"更有德性的人应该统治，也就是做主人"。所有的贤良都同意，"另外那些"否认德性有权专制的理由"没有力量或说服性"。因此，两类贤良的分歧归根结底在于：一方认为，真正有德之人就应该是统治者；另一方认为，真正有德之人应该是也将是善意的统治者。问题是，他们怎样才能与批判奴役的习俗法则的法律人达成"一致"？亚里士多德促使读者搞清这个问题。这个问题在随后几行我们就会遇见。那些认同法律人攻击奴役法的贤良，并不效仿那些法律人明确批判任何法律，或暗中求助自然或自然权的标准。②但可以想象，赞同那些法律人的贤良，心目中所念的是，战争胜利后，真正善意而有德之人，会按照战败者的真正价值区别对待：贤明的胜利者不会将所有的战败者都充为奴，而将分配他们应得的地位，甚至吸收真正有德的战败者一起来统治。

就在这时，亚里士多德没有继续谈论贤良的观点，转而回到两类法律人之间的第二种争论，谈到了捍卫奴役法的那些法律人的

---

① 近代校注者由于跟不上亚里士多德微妙而极度不寻常的思路，迷惑之余就主张要做种种毫无根据的修订：参见 Schofield 1990，24n，27n.；对观 Goldschmidt 1973，153－158；关于复杂的校注史，参见 Saunders 1984，26n8。

② 对观 *Magna Moralia* 1195a6－8："那么，按照自然比按照法律的公正更好。但我们现在追求的是政治上的公正。政治上的公正是按照法律的公正，不是按照自然的公正。"

（相当粗糙处处都有）的观点。那些法律人认为，奴役法是正当的，因为这种法律无处不有，且自古有之。① 但是，这些奴役传统的捍卫者继续自相矛盾。因为他们也否认，那些"看起来出生高贵的人"能够永远为奴，哪怕是战败被俘之后。因此，这些法律人不得不承认，奴役法只适用于"野蛮人"。在这句话之后，亚里士多德评论道："他们真正的追求就落在我们前面所说的自然奴隶上面了"（1255a30 – 31）。［49］因为他们强调，有些人无论在哪里都是真正的或自然奴隶，而有些人无论在哪里（即便是在战俘营）都不是真正的奴隶；他们"认为他们自己"是真正的好出身，因此无论在哪里都是自由人，而野蛮人中的精英只有"在家"才是自由人。可以看到，这些法律人的依据不是"自然"标准，他们的言谈和思维折射出"出身论"的影响。他们的观点听上去就像亚里士多德在第二章中提到的诗人的观点。因此，亚里士多德在这里再次引用一个诗人作为这种观点的代言人。这个诗人是狄奥迪克底，海伦说这个诗人是神子。但亚里士多德坚持认为，真正重要的标准是德性和邪恶（他再次促使我们思考：是否只有有德之人才配成为统治者，才配享有自由？对观 Ambler 1985，n. 19）。

　　然而，亚里士多德现在做了重大的妥协。注意到那些法律人的想法，"正如人生人，所以善人的后裔也应该是善人"，亚里士多德居然修正了他的"自然奴隶"观点，承认了诗人的观点，"这确实是自然的本旨，尽管自然没能如愿"（1255b1 – 4）。

　　"显然"，亚里士多德总结说（1255b5），"现在所有的奴隶或自由人实际上并不完全是自然奴隶或自然自由人"。这含糊的结论留给迷惑②的读者自己去搞清的是，其隐含的对于合法奴役和传统自由的批判究竟有多激进或深远。亚里士多德补充说，同样明显的

---

　　① 这种立场最主要的例子，参见色诺芬笔下（来自"蛮族"）的君主典范——雄辩家居鲁士，他认为把战俘当成奴隶是"人类中的永恒法律"，因此"不违背正义"：*Cyrop.* 7. 5. 73。

　　② 文本补正自第二次印刷版后即已提出：参见 Dreizehnter ad loc. 。

是，对于一些人，依然存在"那样一种区别"，换言之，有些人认为奴役对双方都有益，因此是正当的，尽管奴隶与主人是两个不同的人身，但奴隶仍然是从属于主人，他的灵魂是受主人控制的"一个部分"。然而，亚里士多德用严肃的口吻结束了第六章，他第一次大胆地以自己的名义对法律做了简短而委婉的批评：除非主人和奴隶"合乎自然的秩序，各尽自己的职分"，他们之间才存在"友爱"；对于那些不是如此的体系，"凭借法律和暴力"所造成的奴役，情况"恰恰相反"。①

在接下来的第七章一开始，亚里士多德就提示读者整个辩论的目的。他说，前面的部分已经表明，"政治统治的技艺或学问"并不等同于"家长统治"（他没有说"家长统治的技艺或学问"），"同样，正如有人说，并不是所有形式的统治都一样"（但这并不完全是一开始就归在对手名下的观点，他们据说只认同统治的技艺或学问）。亚里士多德进一步阐明，他所捍卫的立场以为高超的政治统治与那些"自由而平等"的人有关：它不仅与家长统治有别，而且不同于君主式的统治（这种君主式的统治与家务管理中的高超统治有关）。② ［50］亚里士多德认为，"家长之为家长，不是由于他的家长学问，而是由于他的本分，正如奴隶和自由人也各凭本分而为奴隶和自由人一样"（1255b20 – 22）。但是，他承认存在一门家长学问，即奴役的技艺或"学问"，包括"习得"那一个叙拉古人传授的"烹饪"本领和其他多少有点儿"光彩"的技艺。至于家长"学问"，"并不是多么高深或博大"——"因为需要知道怎样做事

---

① 1255b12 – 15；对观 NE 1160b29（另参见 1161a32 – 1161b8）："主人对奴隶的统治是专制统治。"Bodéüs 1999，88，95，102n24；Frank 2005，26；Dietz 2012，284。

② 1255b16 – 20；赞成君主制的阿奎那在此与亚里士多德的观点很不一致，他说"这看起来不太妥当，因为正如亚里士多德后来要谈到，君主制是一种政体"；因此，阿奎那认为，我们必须当亚里士多德在此谈的只是"一种特定的政体，即共和政体，作为我们区分政治统治与君主统治"。另参见阿奎那 1265b31 和 1271a21；SCG 1.42 结尾："在所有统治形式中，最主要的是君主制或王制"；SCG 4.76；"统治大众的最好政府形式是一人统治"（另参见 4.58 结尾）。

的是奴隶，那么主人只需要知道如何指挥奴隶，使他们各尽所能"
（1255b33 – 35）。比起做出一餐美食，安排一餐美食自然少费脑子：
亚里士多德对于传统的希腊主人和家长统治的讽刺溢于言表。① 这
一讽刺使现实生活中作为希腊家庭和城邦之基础的奴役的丑陋昭然
若揭；亚里士多德不无反讽地说，有些人为了"摆脱家务管理的烦
琐"，就将管理奴隶的"光荣"任务委托给一个奴仆（1255b35 –
37）。

　　在揭露了城邦和政治生活的基础存在大量古怪的伦理矛盾之后
（此外，他还提醒必然有一门"获取"奴隶的技艺，这显然不是那
么美好的"技艺"），亚里士多德第一次在《政治学》中短暂但明确
地提到不同于政治生活的另一种生活方式：那些人从事的是"哲学
研究"，而不是"政治活动"（1255b37）。我们回想起那种生活的典
范苏格拉底，他的生活"十分清苦"，好像一直在家过日子，办了
一所学堂，没有奴隶的帮忙，甚至连应门的奴隶都没有，无法阻止
别人破门而入！当然，也没有奴隶给苏格拉底烹饪美食。②

　　但是，对于独立的城邦来说，奴役的问题是不可避免的吗？有
人可能会怀疑，亚里士多德是否已经确定了这点。出于许多历史原
因，奴役其实是古代城邦一块不可根除的基石：理论上为什么不能
像在基督教中世纪和早期现代（意大利、瑞士、德国和法国南部）
的自治城市那样，用付费的劳工来取代奴隶呢？亚里士多德肯定知
道理论上有这种可能：他熟悉柏拉图的《王制》，在其中柏拉图设
想出许多没有奴隶阶层的城邦，建议以之作为自然的最好城邦的候

---

　　① 亚里士多德嘲讽了传统的主人和他们的"技艺"，将之与知性上更有挑战性的管
理奴隶的技艺做了对照，由此预示了黑格尔将延伸出来的问题，黑格尔进一步提出了他
所谓的具有理性意识的世界历史现象学的支点：《精神现象学》章 4，节 A（"主人与奴
隶"）；科耶夫 1948，En Guise d' Introduction。

　　② 苏格拉底"没有奴隶"，参见阿里斯托芬的《云》131 – 139 和柏拉图的 *Protago-
ras* 310b，314d；苏格拉底不奢侈，参见柏拉图的《会饮》和色诺芬的《会饮》《回忆苏
格拉底》和《齐家》。根据 Diogenes Laertius（5.14 – 15）亚里士多德在其遗嘱中解放了
他的奴隶。

选。因此，究竟是什么原因，亚里士多德会将他想象中的最好城邦（这种城邦将在卷七和卷八阐明）看成是一个奴隶社会（这个社会中的奴隶当然不是"自然"奴隶，因为他们被准许获取自由）？那些以自由劳工为经济基础的城邦，是不是会付出其他的甚至更大的政治代价（这种政治代价只有当我们关注"政体"时才显现出来）？[51] 至此已然清楚的是：亚里士多德在卷一的主要目的之一，是向有心的读者显示，在他秘密隐微的教诲层面，他根本不是希腊道德观念和根本制度的崇拜者或捍卫者。

自然的获取技艺与非自然的获取技艺

在结束对奴役的讨论之后，亚里士多德匆忙过渡到第八章。在第七章结尾，他说，（在简单的家长奴役技艺和复杂多样的奴役技艺之外）还有一种关于奴役的技艺：获取奴隶的技艺，其"正当"的形式，就是"战争或狩猎的技艺"（1255b37–38）。这种获取奴隶的技艺是一般获取技艺的一部分。① 亚里士多德在第八章开始就说，鉴于"奴隶是获取物的一部分"，那么，"照我们惯常用的方法，现在当进而研究一般的财产获取问题并通论赚钱的技艺"（1256a1–2）。我们很快会听到（1256b20–26），"靠战争来获取的自然技艺"，目的就是"猎取"那些"自然不愿意受统治"的人。这是"正当的战争"，符合"自然权利"；事实上，是实现神化"自然"总体目的设计的一部分。现在，倘若战争指的就是为了获取奴隶的战争，那样的战争，如果自然正当，是否必须完全针对或为了猎取真正的自然奴隶而发动？但是，自然奴隶，正如我们已经知道的，存在严重的精神缺陷，看起来既不想也不能组织抵抗，免得被俘获和照

---

① 此处将 ktesis 和 ktaomai 分别译为名词和动词的"获取"（Lord 1984, Simpson 1997），但没有充分表达出财产所有制的积极进取的一层含义，而这是亚里士多德在此讨论的关键；参见 SH 26 n. 4 和 ad 1253b23。

顾。如果眼睛尖一点儿，我们就会看到，事实上亚里士多德的这里并不是指自然奴隶。① 那么，他究竟要促使我们思考什么呢？

我们可以找到三重教诲。在隐微教诲的层面，亚里士多德再次指向这个主张，由真正有德的或有智慧的人来统治；这个自然权自然遭到其他人抵制，他们的抵制如此强烈，因此这种统治自然是不现实的乌托邦。在显白教诲的层面，亚里士多德给人这样的印象，他承认希腊传统的做法，现在放弃了他最初所说的有一类人是自然奴隶的观点，代之以一种非常不同的人，他们之所以与别人区别开来，不是由于有严重的精神障碍，无法独立生活，而是由于想拼命抓住自由。因此，亚里士多德暗中提醒我们，这类人事实上就是希腊猎取奴隶活动的对象，从而进一步拉长了现实生活中的奴役行为投射在作为雅典城邦之基石的家庭在正义方面的阴影。［52］此外，他还促使我们思考，为什么他要开始研究获取的技艺，这种技艺在家务管理中的地位是什么：为什么把焦点放在获取技艺中最值得怀疑的一部分？如果我们回头看亚里士多德如何开始对奴役的讨论，我们会发现，他首先强调的是（1253b23ff），奴隶是作为家务管理主要部分的获取技艺的首要目标。我们现在能够认清一个重要的暗示：如果家务管理的技艺包括了获取的技艺——获取的技艺反过来包括了战争的技艺，以获取（会抵抗的）潜在的奴隶，而且通过武力迫使那些抵抗的人为奴隶——那么，家务管理的技艺就在很大程度上包括了战争的技艺（对观色诺芬《论僭政》4.3）。这样一来，就消减或排除了初看之下政治统治的技艺和家务统治的技艺之间存在的巨大差别。

然而，使亚里士多德开始讨论家庭的获取显得奇怪的，不仅是对获取奴隶的强调。让我们吃惊的是，亚里士多德继续说，符合自

---

① 在亚里士多德将作为公正猎取奴隶战争之目标的人称为只是"自然不愿意受统治"，许多校注者和译者（从 Thomas 和 William of Moerbeke）开始经常增补一些文字，使亚里士多德看来在指自然奴隶或"自然适合受统治"的人。这些插入文字试图掩盖这个谜的形式，反而突显出了这个谜。

然因而是正当的获取的技艺，是那种最原始的、尚武的技艺——因为它不仅包括"猎取自然不愿受统治"之人的"正当战争"，而且包括"游牧民族常常干的劫掠勾当"（1256b1）！亚里士多德为什么要用这样一个奇怪而粗俗的说法（维柯指的是"劫掠"，1971，572）？难道他在暗示城邦的自然性在理论上有什么新问题，在实践上他又想去解决？

线索似乎埋伏在这里，亚里士多德现在终于直面和解释他在1253b12－14处提出但推迟回答的所谓"困惑"：赚钱的技艺是否就等于家务管理的技艺？或者，它是否是家务管理技艺的一部分？或者，它是否应合理地看成是另外一种独特的次级技艺，即通过生产出工具（如织布用的梭子）或材料（如雕塑用的青铜）而服务于家务管理的技艺？

"显然"，亚里士多德在回答时坚持认为，"家务管理的技艺不同于赚钱的技艺"。因为"后者的职责是提供，前者的职责是运用"（1256a10－11）。他似乎正走向刚刚列出的第三个选择（托马斯就是如此）——事实上正走向一个更极端的观点，使家务管理的技艺有别于且凌驾于其他一切获取的技艺（包括猎取奴隶）之上（正如他先前暗示的，家务管理的技艺有别于且凌驾于奴隶管理的技艺）。然而，他却以一个奇怪而虚弱的方式（用一个反问句）支持这观点：［53］"家务管理的技艺，不正是运用家财所供应的事物吗？"（1256a12－13）对于"什么是政治的技艺"这个问题，有没有一个唾手可得的明显答案？换言之，我们能否合理地暗示，无论什么城邦生活中，家务管理都只是部分地（如果不是主要地）关心获取家庭本身所需之外的财产和利益，这些多余的东西将被看成是包括闲暇在内的"装备"，以供家长在家庭之外的城邦生活中运用？① 亚里士多德为什么如此引人注目地迟疑，不愿讨论这种可能性？鼓励家长们将家务管

---

① 参见普鲁塔克雄辩而繁复的讨论，他对比了贫穷的亚里斯泰迪斯和富有的加图，节3－4。

理的目标部分看成是积累家庭所需之外的财产，会有什么危险？

亚里士多德没有继续深入，而是立刻退了一步，承认关于赚钱的技艺是否部分属于或完全有别于家务管理的技艺的确存在"争论"；原因突显示他提出的以下问题，"从财货的来源看，如果（或因为）它属于赚钱的技艺"，那么农作的技艺究竟算不算"赚钱技艺的一部分"（1256a15－18）？亚里士多德由此使我们看到，他刚才的朝前一冲有着悖谬的涵义，对于（作为希腊城邦经济中流砥柱的）农夫来说，他们从事的农作技艺，可能不是他们所从事的家务管理技艺的一部分。① 难怪亚里士多德觉得有必要收回脚步，不过在收回脚步之前，他要以一次失败的努力（将家务管理的技艺抬高到一切获取的技艺之上），来引发我们思考。

在他的第二阶段论证中，亚里士多德把农作的技艺当成真正的获取技艺的一种形式，包含在家务管理的技艺之中。他这样做的时候，将自然的获取技艺从非自然的赚钱技艺中分离出来，将后者排除在家务管理的技艺之外。对于农作的暗示看起来是，只要不将田园转化为生意，务农的家长从事的技艺就符合自然；与此相反的是，所有商人或赚钱者（包括像著名的老加图那样将农业当商业来经营的人）的生活都违反自然。这个观点当然有非常重要的（我们或许还可以补充说，类似于杰斐逊主义者的②）政治意义：它赋予城邦中一个特定的经济阶层或一个包含两部分的阶层——那些不为增殖而务农的自由民和贤良农人——道德（和宗教）的优越性。

---

① 要明白这有多奇怪，尤其参见色诺芬的（和亚里士多德的）《齐家》；以及 NE 1094a9，*Politics* 1277b24 和纽曼 ad 1256a11。

② 对比托马斯·杰斐逊的 *Notes on the State of Virginia*，Query 19："大众的风气败坏是任何时代任何地方都可见的现象。这也是商人身上的烙印，他们不像农人那样，为了生计，要观察天地，勤奋劳作，却将生计寄托在消费者的增减和任性之上。只要有依附，就会导致卑躬屈膝，贪赃枉法，窒息美德的种子，为实现野心提供合适的工具……通常说来，在任何国度，农人占人口的比例有多大，国家的健康指数就多大。"另参见亚里士多德 *Rhet.* 1381a21－23 和 *Oec.* 1343a26－1343b7；柏拉图 *Laws* 842c－d；普鲁塔克 *Philopoemen* 4.3。

但正如我们已经注意到的，现在提出的这个令人困惑的观点，引起了关于城邦经济生活的更多道德疑问，甚至对农人也会产生质疑，特别是生活在城邦中的公民（Ambler 1985，174ff.）。[54] 为了完全将"自然的获取技艺"从"非自然"的赚钱技艺中分离出来，亚里士多德不得不以此为前提，即人能够直接从自然中（1256a40）获得足以维生的生活资源：首先是游牧，因为它提供给人们"最多的闲暇"，因此允许他们"消闲"（亚里士多德设法将游牧强行塞进农作的范畴，称之为"耕种一块生长着活物的田园"——1256a34）；其次是狩猎，主要以"劫掠"为生（1256a35 –36），或猎获其他人（但主要不是猎获奴隶：符合自然的获取方式既不需要也不允许大量的蓄奴）。只是通过一种短暂的反思，亚里士多德才承认（1256a38 –39），大多数人靠耕种土地为生（这使得大规模的奴役变得有吸引力，如果不是必须）。最值得注意的是，亚里士多德强调，人与其他动物的"生活方式"是由他们不同的获取方式来定义和决定；当亚里士多德继续指出，直接来自自然的获取方式，以及有时这些方式的混合（他举了游牧民族常常干劫掠的勾当!），并不涉及商业和贸易，因此制造出既"愉悦"又"自足"的生活方式时，这句话完整的意义变得更加清楚。亚里士多德的观点趋于极端，他宣布，既然一切动物在出生之日就由自然安排好了食物（蛋或奶），那么"可以推想"（1256b15），自然已经谋划好了一切，它直接提供的生活资源足以照料好人类；亚里士多德进一步推论出一个极端人本中心的自然目的论，这是他在别的作品中没有写过的："自然为动物安排好了植物，为人类安排好了其他动物……因此，如果说自然所作所为，既不盲目，也不虚废，那么自然万物都可以供给人类服用。"① 这奇异的假设提供了一个基础，将前

---

① 1256b1 –22；对比《形而上学》1075a17 –25；参见 SH 171n，176n 和 Ambler 1984，489ff. 。托马斯·阿奎那的基督教化的亚里士多德主义完全接受了这种极端的目的论并且更趋极端：星辰的运动也是为了人类的利益（SCG 3.22 和 127；112 结尾）。这种

面的各种生活资源当成"符合自然的获取技艺的一种形式，是家务
管理的技艺的一部分"（1256b27）。

接下来，亚里士多德继续总结说，这种经济基础不仅提供了"生
活的必需品，而且有益于城邦或家庭的共同体"（1256b29－30）。因
此，依靠建立在游牧活动和劫掠勾当之上的荒唐假设，亚里士多德重
新引入了城邦或文明的生活，① 攻击雅典的梭伦，［55］因为这个伟
大的立法者在诗中大胆宣布，"人们的财富并未订定限额"。② 亚里
士多德反驳道："真正的财富可能就来自那些物品"（自然的获取技
艺），"就良好的生活而言，来自那些获取的技艺的自足，不是无限度
的"（1256b31－32）。亚里士多德随后暗示了这个奇怪观点得以产生
的另一个重要前提：获取物被正确地视为工具（而非生活资料），而
"财富"应被正确地看成是"家务管理和政治技艺所用工具的总和"
（1256b36－37）——当然，任何技艺需要或使用的工具都不是无限度
的。亚里士多德借此摆出了这个问题：金钱是不是工具，其特定的作
用是否就是表明我们在多大限度上需要它？或者，金钱是不是神奇
（或恐怖）的、灵活的人造物，其价值是否恰恰在于，它给了我们力
量，不受限于任何特定的功能，也不被任何特定的功能限制？而
且，正如梭伦知道，城邦和文明，从根本上说，难道不是扎根于和
依赖于金钱这种人造物无限度堆积起来的财富之上？

在接下来的第九章，亚里士多德解释了金钱及其通过商业对人
类生活产生的深刻问题和影响。③ 他一开始就宣布（1256b40ff）：

目的论思想的源头是色诺芬的苏格拉底，他设法向顽固的学生欧西德姆斯灌输宗教"节
制"的观念：《回忆苏格拉底》4.3.10 及上下文。

① 参见 1338b23。

② 关于这一点（Stobaeus 9.25），梭伦教导说，我们对财富永无止境的渴求，由于
我们害怕宙斯分配给凡人的惩戒，可能限制在正当的追求范围以内。梭伦没有提到自然
或自然的道德秩序。

③ 马克思《资本论》（*Capital*，1.2.1）重述和评论了其后果，表明"资本的流通因
此没有限制"。按照马克思的精彩批判（同上，1.1.1），亚里士多德没有意识到劳动价值
论，因此发现不了马克思的剩余价值论，这才是解答"商品拜物教神话"的关键。

"还有一种获取的技艺,即通常被公正地称为赚钱的技艺,因为这种技艺,似乎财富和获取没有止境。"这种"不是自然的,而是通过某种经验和技巧"习得的技艺,"因为相近",往往与自然的获取技艺混淆。为了解释自然的获取技艺为什么容易被非自然的获取技艺遮蔽,亚里士多德一开始就区别了一切获取物的两种不同应用方式:"正当的使用",如穿鞋子来保护脚;反之,不正当的使用就是用于"交易",如拿鞋子来做卖。后一种交易的运用事实上也是需要的,因为有些人直接从自然中获取的"自然"物过剩,而有的人却不足。交易是"符合自然"的,只要是为了按照财物的本分而作"正当"的使用,即物物交换以适应相互需要。"那样的交易既不违背自然,也不是任何形式的赚钱技艺,因为它是为了实现符合自然的自足。"(1257a16 – 30)亚里士多德承认甚至可以说是强调,物物交易这种自然的交易形式,是"野蛮民族"的特点,换言之,交易技艺的自然形式不是城邦的特征;不仅如此,它反对城邦的自然性。

对这种自然的获取技艺的偏离是怎样发生?为什么发生?赚钱的技艺出现于交易的需要,[56] 最初是以"符合理性(补充和服务于自然的理性)"的方式:金钱是"出于需要"才发明出来的,充当传统的、契约的或公认的交换价值的符号,比"正当使用"的货物便于流通,因此便于远距离的交易。但这种理性的发明最终被证明是邪物,人只要沾上它,就如中了巫术。"于是,出现了另一种形式的赚钱技艺——经商:起初,经商还不复杂,但随着经验的积累,这门技艺操作日精"——为的是"想方设法在交易中获取最大利益"(1257b1 – 5)。通过经商技艺极其高明的生意人,金钱不再是便于交易的手段,使货物用于正当的用途;相反,金钱自身成了目的;除了金钱之外,商人追逐货物,主要不是使之合理应用,而是因其交换价值——因其作为货物可以变卖为超过其本身价值的能力。更坏的是,亚里士多德暗示,这种铜臭气息逐渐渗透入公民社会——哪怕在货币贬值或改制的时期,哪怕人人都知道金钱并没有自然的内在价值，只是由于一时的共信才有价值。因此，"追求另一种财富和赚钱技艺的人，才是正确的追求"。因为"符合自然的、与家务管理的技艺相关的赚钱技艺和财富，有别于经商的技艺"（1257b19 – 20）。但是，亚里士多德补充说，经商作为一门技艺，必然会无限度地追求其特定的目的，即有利可图的货物——正如医疗技艺无限度地追求健康，事实上，（亚里士多德奇怪地声称）每种技艺都无限度地追求自己特定的目的。这最后的一般性结论是否正确？鞋匠无限度地追求制鞋和修鞋吗？织补匠没有限度地织衣吗？顾客也无限度渴求那些技艺吗？可以说，单以医疗的技艺为例就有不同。诚然，人们在渴望获得专业性帮助提高健康的方面，的确有某种无限性。但是，亚里士多德为什么要把经商的技艺比喻为医疗的技艺呢？他是不是认为，经商的技艺所追求的目的，是可怕误解的结果，是金钱可笑变形的结果，金钱原本应该被认为是作为目的之手段或工具？因此，经商的"技艺"是不是完全虚假——正如那种医疗"技艺"，只在乎无限度地造药，却忘记了是治疗的工具？亚里士多德为什么没有暗示，明显还有一种明智的、真正的经商技艺，不会走火入魔，不会无限度地疯狂追逐金钱？

[57] 亚里士多德现在再次重申，经商的技艺所追求的"不属于家务管理的技艺范围"；"因此"，他总结说，"一切财富倘若从生活方面着想就显得各有限度"（1257b32）。但突然，他以罕见的第一人称单数（暗示他暂时是以奥林匹斯山神的视角俯瞰同类）说："然而，就我所见，世上竟反其道而行，每个人都在无限度地聚敛金钱。"于是，出现了一连串尖锐的问题：为什么每个人都这么疯狂（对观 Schutrumpf 1. 330 – 331）？为什么首先是所有的生意人疯狂沉醉于将金钱作为一个无限度的目的，为什么这种疯狂随后蔓延到"每个人"？

引出这一系列问题后，亚里士多德开始作答。他给了三个组合奇怪、表述奇特的理由，解释他所描述的经商为何导致世人疯狂。首先，他说，这两种赚钱形式，一种反常地将钱看成是目的，一种明智地将钱看成是手段，就追求钱财而言都是"近似的"。问题是，为什么会导致那样一种举世的疯狂呢？——毕竟，如果将医疗当作是无限度的目的，而不是带来健康的正当手段，它会变得有害，但医生不会因此陷入疯狂，变成下毒者！"这种心态的原因"，亚里士多德（给出他第二个，也是核心的理由）说，是"他们只知重视生活，而不知何为美好生活"——"既然生活的欲望是无穷的，那么他们就无限度地满足生活欲望的那些东西"（1258a1-2）。但为什么每个人都沉迷于生活？亚里士多德所说的生活的欲望是"无穷的"，到底是什么意思？

经过琢磨，我们明白，亚里士多德这样做，是以委婉地方式为我们指出人类状况的两个根本事实。首先，自然远非是母亲一样的女性，而正是这女性化的自然，被亚里士多德宣称为他整个论证的独特前提。真相是，人所置身其中的自然，到处是可怕的物质匮乏和痛苦的贫困；因此，大多数人几乎无法避免地着迷于获取物质，以使他们自然留恋的人生更加安全和舒适。而且，人真正挥之不去的意识是必有一死；由此产生出潮汐一样的引力，要拼命抓住更多的保障，抵御随时到来的死亡威胁。这种倾向最生动地见于我们对待抗御疾病的医疗的态度，而且最普遍地表现于人类赚钱这种压倒一切之力的典型态度。这正是亚里士多德隐微的教诲，[58] 当我们回顾他为经商导致世人疯狂所提出的第三个理由时，我们会更清楚地明白这点。

第三个理由（亚里士多德继续说），那些关心美好生活的人将之等同于通过追逐金钱来获得的身体享受——"他们的全部追求就是赚钱"（1258a5）。这当然描述的是非理性的行为；问题是：为什么将身体享受当成有意识的目的之人，最终会"完全追求"赚钱？接下来的话同样具有煽动性。因为亚里士多德用前言不搭后语的方式暗示（1258a11-12），当感官享乐者没有从钱中获取身体快乐时，他们转向的不是渴求发现其他获得身体快乐的手段，而是运用其他才华（勇敢、将才或医术）去赚更多的钱！现在，第三个理由中所说的最初看起来让人迷惑的疯狂，如果与我们暗示的第二个理由所隐含的教诲联系起来看，从心理上是讲得通的。为什么连感官享乐主义者最终也倾向于更关心获取金钱，胜过享受金钱能够买来的快乐，原因就在于，在他们灵魂中某个自己都不知道的地方，在人必有一死的念头前，激发他们生命力的，与其说是身体的享受，不如说是对生命无限的爱。这种无限度的享乐，与对金钱无限度的热爱纠缠在一起，泄露了他们灵魂的本相。①

　　在第九章结尾，亚里士多德更加明白地说，还有一种"必要的"赚钱/经商的技艺，属于家务管理的技艺或与之有关，它关心的是食物，因此是有限的。但他再次引发我们思考——通过以下含混的或自相矛盾的说法来描述那种相反的、非自然的技艺："因此，关于那种不必要的赚钱的技艺，我们既阐明了它的性质，又解释了我们需要它的理由。"（1258a14 - 16）这里为我们准备的许多自相矛盾，很快将显明。

　　第十章在开始就宣称，以上的论证足以解答"从一开始就困扰我们的难题"（但现在亚里士多德已加大了当初问题的难度），即"赚钱的技艺属于某个精通家务管理技艺的人，还是属于某个精通政治技艺的人（政治家），还是都不属于两者？"（1258a19 - 21）亚里士多德暗示正确的答案是，这两种统治技艺，赚钱的技艺都不属于。但让我们奇怪的是，亚里士多德开始的口气似乎在说，无论什么赚钱的技艺，"应该"都不需要，[59] 不管是作为家长或政治家的技艺的一部分，还是作为有别于或从属于家长或政治家的专门技艺："正如自然提供人类，政治的技艺并不制造人类，而是利用人类，所以自然——大地、海洋等等——应该提供食物。"亚里士多德现在进一步明确重复他先前奇怪的宇宙论：正如自然为新生儿提

---

①　Natali（1990，317）："现代人有这样的观念，资本是独立的自我驱动之物，换言之，在经济制度中，资本自身在流动，相对独立于持有者的个性、情感和情绪。相反，亚里士多德发现赚钱的深刻原因在于实践理性的混乱，这种混乱是由于不遵循理性的欲望。"

供了食物，那么，为每一个人提供食物也是"自然的工作"（正如他现在的说法，1258a35）。在此基础上，亚里士多德最终承认，"对于每一个人都有一种符合自然的赚钱的技艺"：从自然提供的"植物和动物"那里赚钱。（1258a37‐38）亚里士多德继续得出一个倾向于独立农人的公民道德结论（1258a40ff.）：不仅经商的技艺，甚至"一切交换的技艺都该谴责，因为它们都不符合自然，涉及从他人那里拿走东西"。"因此"，亚里士多德总结说，"人们很有理由厌恶放债获利，这种技艺不再从交易过程中牟利，而是从作为交易中介的金钱身上获取私利"。放贷谋利"特别违背自然"。①

　　亚里士多德说完亚里斯泰迪斯式的指控，在接下来的第十一章，立马来了一次大转弯——变脸之惊人，以至于对亚里士多德的修辞表演不敏感的那些学者，无论是纽曼，还是洛德，都认为该章有可能是后世某个作者补订。② 亚里士多德一开始就说，关于赚钱术，"理论"上已有充分的研究，现在需要研究实际的用处；他说，"所有这类事务"，"理论"上有"或然性"，但"实践"中必有"必然性"（1258b8‐10）。然后，他鼓励寻找从公共的和私人的事务中获取最大的金钱利益的方法，将之作为家务管理和政治统治的重要使命！③ 从最宽泛的意义上来看，农耕是首要的方式，是"符合自然"的"最合理的赚钱术"——但现在，农耕是一门金钱生

---

　　① 正如孟德斯鸠强调的（SL 21.20），以这段话为开端，历代（尤其是基督教中世纪时期）都谴责借贷（银行业和所有资本投资）、商人和商业。西塞罗（*De Off.* 2.89）引了加图的话，将金钱借贷等同于谋杀。参见 Thomas ad loc. 和 ST II‐II，问 78，"食利之罪"，条 1（和条 2）：托马斯·阿奎那的结论所依据的权威就是《政治学》中的这段话和 NE 1133a20ff. 。参见孟德斯鸠在《论法的精神》（*Defense of the Spirit of the Law*）中对第 12 条建议回应的讨论。Natali（1990，318n47）从许多雄辩家那里收集到的证据表明，亚里士多德时代，希腊经济中对收取合适利息的借贷持尊重态度。

　　② Newman ad 1258b9；Lord 17 and 1981，475；对比 SH（31）认识到本章中"决定性的反讽"；另参见 Rowe 1991，66。

　　③ 由此可见，阿伦特的观点严重夸大（1958，29；37），她说，"根据古代人的思想"，"'政治经济'在概念上就自相矛盾"，因为"顾名思义，只要是'经济'的东西"，就"是不属于政治的家务"。

意，是无限度的金钱利益最大化技艺的三大组成部分之首。第二大组成部分是为了最大利益的交换的技艺——它包含了三个小部分，第一个小部分是经商，尤其是海商，第二个部分也是核心的小部分，就是放贷谋利！作为被提出的不符合自然的赚钱术的第三个小部分，亚里士多德第一次提到领取工资的劳工。值得注意的是，随着领取工资的劳工的出现，奴役在此处消失，或者说是完全避而不谈奴役作为谋利或赚钱的来源（在1258b38处提到"最奴性的"谋利形式凸显了这种沉默）。［60］因此，亚里士多德暗示了他意识到，谋利的重点从奴隶或领取工资的劳工转移；换言之，亚里士多德暗示了潜藏于财产和获取物的整个问题之后的那令人痛苦的奴隶交易。

在此，亚里士多德推荐了其他人的著述。这些作者详细教人如何以种种好手段增加利益。他悲叹那些著述现在"零星散落"，于是建议收集起来，"因为有助于重视赚钱技艺之人"（1259a5 - 6；对观《齐家》卷二）。当亚里士多德引用哲人泰利斯为例，证明垄断紧俏商品将会获取巨大暴利时（正如纽曼评论，"亚里士多德在此描述泰利斯的所为，只有大资本家才可能做到"），这种观点走向极端。亚里士多德最后总结说，"不过，这类知识对于高明的政治家也是有用的；邦国类似于家庭，而比家庭更为重大，也常有困于财货的时候，倘若府库吃紧，他们就需要各种赚钱的方法；所以有些政治家的政绩就专以理财而成名。"① 因此，亚里士多德给我们打了预防针，使我们不会对他在卷二中说，迦太基有他所知现实生活中最好的政体而感到那么吃惊；因为——尽管他没有在那语境中强调——迦太基是高度商业化的城邦（对观 Shulsky 1991, 99 - 101）。

---

① 1259a31 - 36；另参见色诺芬 *Mem.* 4. 6. 14 和亚里士多德 *Topics* 118a7 - 15："但有时候，更好的东西也并非更值得选择的东西；因为即使它们更好，也不必然是更值得的选择。因此，从事哲学研究比赚钱更好，但对于缺少生活必需品的人来说，并不更值得选择。"

亚里士多德提供了两种截然不同的观点，意图何在？① 我们或许能够探明他的隐微教诲如下：考虑到自然的匮乏带来的焦虑与恐惧，城邦（及其组成部分——成熟公民形式的家庭）产生于物质财富积累的需要，并且城邦从来没有停止投入大部分的精力积累物质财富。② 自然的匮乏，连同挥之不去的死亡意识，自然地推动人们沉溺于获取财富，不惜牺牲其他一切，首先是牺牲对美好生活——有德性的心智生活——的关注。然而与此同时，人在某种程度上意识到这是一种堕落。所以，他们也自然地寻求原因或理由，以抵制那种推动力；尤其是农夫，首先是富有的、具有贤良之风的农夫，他们经济上能够自足，为他们提供了最牢靠的物质基础，从而能够抵制那种推动人们不停逐利的力量。③ 因此，亚里士多德是在为那些具有贤良之风的农夫打气，助他们一臂之力坚守立场。[61] 亚里士多德甚至让他一些具有贤良之风的读者像纽曼（1.126 – 127）那样得出结论，希望有"一场初生的社会改良风暴"，要"清洗城邦的工商生活"。不过，亚里士多德让更爱思考的读者看清他的修辞策略，认识到公民状态中的深刻张力或矛盾，需要明显而粗糙的修辞矛盾来传达。与洛克及其遗产完全不同，④ 亚里士多德暗示，用人类状况暴露出来的低级真相来定义人类的方位，事实上将会危及甚至牺牲公民和家庭生活更脆弱、更高贵、更人道的可能性（Shulsky 1991；对观 Salkever 1990，227）。同样，不同于在托马斯（和伊斯兰的政治神学家们）那里达到顶峰的圣经传统，哪怕是最

---

① Barker 1959，375 – 376，389 – 390；Oncken 1964，2.113；Mulgan 1977，50 – 51。

② 正如在 1257a19ff 表明，在第二章阐明的城邦"成长"的三个阶段，最后证明与"非自然"的商业技艺的"成长"三阶段完全一致：Ambler 1984，497 – 498；1985，174。

③ 参见柏拉图 Laws 704d – 705b，806d，846d，847d – e，918bff.，949e；普鲁塔克的 Aristides 24 – 25，Cato the Elder 21，对比 Aristides 和 Cato 3 – 4，尤其是 Philopoemen 4.3：柏拉图的政治哲人们教导出的"最后一个伟大的希腊人，努力从最正当赚钱方式的农业中增加财富；他务农不是作为副业，而是认为农业适合于获取自己财富的人，不用伸手捞取属于其他人的成果"。

④ 参见孟德斯鸠对亚里士多德的批判：SL 21.20。

极端的追求无休止利益的和平形式,亚里士多德也并没有宣布其为非法。亚里士多德任其自然,对于公民和家庭生活必须对金钱的热爱做出不可避免的让步,他只是在政治家和家长身上灌注一种深刻的道德不安、迟疑和后悔。

在揭露奴役问题的结尾,我们已经看到,哲学生活作为不同于政治生活的他途,第一次短暂出现。现在,在揭露经济问题的结尾,亚里士多德提供了一幅更生动、更发人思考的哲人画像,展示出其激进的独特性。他为此讲述了一个关于泰利斯的故事。泰利斯是有史以来的第一个哲人。因为他很"穷",人们就认为这正好证明"哲学没有用",面对指责,泰利斯当着同胞的面反复强调,"如果愿意的话,哲人"比任何人都善于赚钱谋利;然后,他先令人难忘地"露了一手",证明自己的确技高一筹,接下来再同样精彩地"露了一手",表示哲人不屑于赚钱谋利——因为"他们有严肃的关注"(1259a9 - 19)。亚里士多德由此暗示,他对政治经济有开阔而敏锐的视野基础:泰利斯的故事让人瞥见那个根本的真理,只有哲人才能够完全避免陷入对金钱的迷恋,因为只有他才过那样一种生活;那种生活最严肃的关注要求他克服那些深刻的焦虑和欲望;正是那些深刻的焦虑和欲望,才为对金钱的迷恋火上浇油。[①] 但是,泰利斯的故事也促使我们反思泰利斯和亚里士多德作为哲人的不同——因此,辨别出亚里士多德对于泰利斯的哲学生活方式及其表达方式的批评。[62] 亚里士多德偏离了他的前辈,变成了一个政治哲人。就其本身而论,对于大众的指责,亚里士多德不像泰利斯那样莽撞地被迫"露了一手",而是给了一个更有建设性的、更小心谨慎的回应。正是亚里士多德的教诲方式,以及对理论和实践之间关系的隐含理解,表现出亚里士多德对人性和人类状况的理解更加

---

① 对观普鲁塔克的 Pericles 传 16.6:"我认为,哲人和政治家的生活方式不一样;哲人将心智用于思考高贵之物,政治家的美德要与人的需求要打交道,对于政治家而言,财富不仅仅是必需品,而且是高贵之物,正如伯里克利所为,帮助许多穷人。"

高明。

家庭中的政治和君主统治技艺

在简短但重要的第十二章的开头，亚里士多德最终回到他当初讨论家庭时列下的议题。但令人吃惊的是，他讲话的口气如同中间没有插入任何东西，忽视了已经改变"家务管理技艺只有三个要素"这个事实：对奴隶的统治、对妻子的统治和对子女的统治。亚里士多德忽视了前面一章及其对现实需要的妥协，家长很有必要关心赚钱的技艺（当然最好是借助农艺）。

亚里士多德说，"专制的技艺"在"前面已经讨论"——言下之意这个话题已经完成。但这证明是个很大的误导；在下一章，我们将碰到另一个关于奴役的伦理大问题，迫使我们继续纠缠这个话题。为什么亚里士多德要故意欺骗？原来，他是想让我们知道，无论我们多么希望这个话题终结，奴役这一令人困惑的问题依然挥之不去：事实上，它在整部作品中阴魂不散。

但是，亚里士多德在第十二章开始之时，就像是已清理了那些次要的问题，终于准备好了对付家务管理中真正重要的人的问题。读者可能也期待和希望他详实地讨论婚姻和养育子女的技艺，以培育德性，为德性立法。但这样的希望落空了。无疑，亚里士多德的确提供了一些思想，引起读者反思自己对妻子和子女的统治。不过，他选择的特定措辞令人生疑：他是严肃地就事论事，讨论家庭中的关系，还是反对用它们作为一种方式，来阐明政治统治性质的更复杂维度？但是，正如他对奴役的讨论，亚里士多德的确编织了庞大的表象，对于传统希腊人的父权制家庭这一基本制度和实践，提供了明显的强大支持。

亚里士多德一开始就宣布，对妻子和子女的统治是对自由人的统治，而对奴隶的统治是专制统治。他补充道，更确切地说，[63] 父亲利用君主的技艺来统治子女，对妻子（们?）的统治则采用政治/共和的技艺。① 但是，随着亚里士多德的继续阐释，出现了更深的矛盾，最令人不安的是与君主的统治相对的政治或共和的统治这个概念。

将对子女的统治比作"君主的统治"，初看之下不无道理：犹如"年长的、成年的人"指挥"年幼的、未成年的人"（1259b3 - 4）。但是，当亚里士多德转向对妻子的统治，讨论她作为妻子受统治的基础时，一大潜在的困难就出现了：亚里士多德避而不谈妻子的母亲身份，妻子因此某种程度上对于子女也有合法的统治权力（像王后一样）。亚里士多德说，妻子（不是他君主权威的子民）在政治上受丈夫统治，原因是"男人自然更有能力当领导"（1259b2）。妻子是能够做领导的，她不像子女，因此不适合像君主的子民那样被对待；但男人仍然占据了领导地位，因为他更大的领导才能——"除非"，亚里士多德简短地补充了一句，"他们的结合违背自然"。以这种方式，亚里士多德承认，有些夫妻关系中，妻子事实上比丈夫更具领导才能。显然，夫妻间统治这一隐含问题越发凸显，这也是亚里士多德接下来要谈的话题。

亚里士多德突然扩大了他的讨论范围，将丈夫对妻子的统治置于对一般的"政治"统治令人困惑的性质的反思中来看。"在大多数的政治/共和统治中，统治者与被统治者轮流坐庄，因为这种形式的统治希望人人平等参与，没有任何等级差别"；但是，亚里士多德补充说，这样的统治同时"追求"对立的一面。因为政治统治在"希望是"平等的各方之间设定了"统治与被统治"的等级（1259b4 - 8）。尴尬的结果是，政治统治不得不通过"外表、言语和礼仪"来人为地、习惯性地强加一种戏剧性的不平等地位。政治或共和的统治与被统治，正如大家都看到的，充满了自相矛盾。关键是，统治从根本上而言就是指挥，而被统治从根本上而言就是服从；因此，正如亚里士多德在几行后说的，他们的区别"在于形

---

① 纽曼："作为公民统治者对他的公民同胞进行统治"；许多重要的手稿中在 1259b1 中都有复数的"女人"一词。

式",而不是"多少"(1259b36 – 38)。统治和被统治的关系不可能是平等的,无论是严格的平等还是相对的平等。在此,亚里士多德让我们看到,为什么他的对手要追随苏格拉底,坚持认为一切统治从根本上而言都是君主的统治——即便统治者轮流坐庄:苏格拉底们认为,所轮换的权力本质是一种王权(对观 1252a14 – 16)。苏格拉底们补充说,君主权力的轮换,应该"按照科学原理"来进行;换言之,真正高明的君主统治的轮换会在所有精通统治技艺和学问的公民中产生。[64] 这指向了一个贵族政体;在贵族政体中,有资格轮流做统治的,会限制在一小撮完全够格的人的范围的。很快,在第二卷中,当他开始直接批判柏拉图时,我们将听到亚里士多德说,他同意这个基本观点,尽管或因为"轮流的平等拯救了城邦",但是"显然,如果可能的话,一直由同样的人来统治会更好"(1261a30 – 31,38 – 39)。但在当前的语境中,亚里士多德暗示,在几乎所有现实的共和统治中,轮流统治下的那些热爱平等的公民都意识到,他们多少都缺乏必要的资格:他们流露出这种意识,表现在他们觉得有必要在临时统治期间,把统治地位装饰得冠冕堂皇,为了做到这点,就得采取种种手段,这些手段在贤良看来,有点荒谬可笑——正如亚里士多德借阿玛西斯的脚盆故事揭示的那样。(对观托马斯:"一个脚盆,如果刻上独特的铭文,再配上两件神器,看起来就与政治共同体的统治者无异。")

对于亚里士多德在此的暗示——大家公认的政治或共和统治观念的核心中存在自相矛盾——有人可能提出如下反对意见。在将家庭内的关系当成出发点时,亚里士多德忽视了所有共和统治中的一个关键特征,也就是说,共和统治往往是法律的统治,不是人的统治。① 用柏拉图《法义》中(712c – 715e)的话说,只有"在统治

---

① 托马斯·阿奎那在此引入了法治的思想,因此不经意间使亚里士多德对法律的沉默更加显眼:"丈夫有权统治妻子",阿奎那说,"只是因为婚姻法的规定";"同样,按照共同体的法律,政治共同体的统治者有权统治公民。"

者是法律的奴隶的那种地方"，"政体"才真正存在——"政体"本
身就受治于"那个像暴君一样统治着拥有智慧的生灵的神"。在卷
三对诸种共和政体的讨论中，法律的统治将会是亚里士多德的焦点
主题。在这里，他先撇开法律的统治，帮助我们更好地看清一个问
题，这个问题遮蔽于和潜藏于（共和—神权）法律的统治之下；因
此，他帮助我们看清法律（包括神法）的统治的一个主要功能，恰
恰是那样的遮蔽。当我们进入亚里士多德对于法律的统治的主题讨
论时，我们需要将此记在心上。

　　亚里士多德对普遍接受的共和统治观念以及共和统治几乎总是
披挂的装饰做了有说服力的反思之后，不无反讽地简单补充了一
句，"在与女人的关系中，男人总是抓住这种方式"（1259b9 – 10）。
也就是说，男人总是需要仪式性的装饰，人为地抬高自己的地位，
使自己高于妻子，以此掩盖他缺乏足够的自然资格（知识）去统治
（Saxonhouse，1982，205 – 206）。正如纽曼指出的，当亚里士多德
继续花不少笔墨强调，与之不同的是，［65］父亲对子女的君主式
的权威有一个清晰的自然基础时，这一暗示变得更加明显。亚里士
多德认为，这个基础不同于苏格拉底派强调的那个基础（具有统治
的专长知识），而是由生育①、爱和年龄（1259b11 – 12）这三种资
格构成的。亚里士多德继续保持他尖锐的沉默，闭口不谈母亲也享
有这三种资格，甚至更有资格统治她的子女（对观 1260a10）。一个
苏格拉底式的挑刺者在此或许会说，如果明确考虑母亲的统治权，
要澄清与母权制相对的父权制的伦理合法性基础，就更加困难（对
观色诺芬的《齐家》，7. 17 – 43，9. 14 – 10. 1，11. 25）。

　　无论如何，亚里士多德突然扩大了讨论范围，将父母的统治当
成君主统治技艺的范式。他引用了最权威的荷马的诗句（因此让我
们注意到这句话的神学意义）来提醒我们，父权式君主制的基础是

---

　　①　纽曼认为，亚里士多德在别的地方（如《政治学》1334b36）用的这个词可用于
父亲也可用于母亲。

最高权威的神的启示。但随后，亚里士多德补充了另一种理由来说明他所引用的得到神灵启示的荷马的"漂亮"警句。这个哲学的理由呼呼的是自然或自然权的标准（荷马的诗句根本没有暗示到这个标准）——原有的画面立刻模糊，失去了一些美感，"尽管作为族类而言，君主必须和子民一样，但他作为君主，自然又要高高在上——这种情况正如年长者统治年幼者，父母统治子女"（1259b14 – 17）。在重述这句话时，哲人亚里士多德撇开了爱这一因素，或者说将爱这个因素与生育融合在一起。在苏格拉底式对手的刺激下，我们或许会问，年龄和生育是时，以及如何将君主统治技艺的知识交给天上神的父亲和人间的父亲。

卷一的最后一章从家庭中发现的不同形式的统治的性质，转到讨论这些形式的统治关心的主要方面：促进家庭成员的德性。我们立刻又进了奴役的问题。

亚里士多德一开始就将这个"难题"抛给我们，奴隶有无德性——"诸如节制、勇敢和正义之类"，通过它们，审慎的理性方能统治顺从的情感。如果奴隶有德性，"那与自由人如何区别？"但另一方面，亚里士多德说，如果奴隶没有德性，"那也很荒诞，因为奴隶也是人，也有理性"（1259b26 – 28）。当然，如果考虑到他前面提出的自然奴隶观的基础，亚里士多德这里最后的评论也很荒诞——他会很快再次提醒我们这个观点，将自然奴隶的特征定为"完全缺乏审慎的能力"（1260a12）。只不过他暂时让我们迷惑不解。[66] 但几行过后，他说，因为"我们认为奴隶在做必要的事务上是有用的，所以显然奴隶也需要一点德性——只求他们不因缺乏自制或怯懦而无法胜任工作"（1260a34 – 36）。接下来，亚里士多德提出一个他说是前面隐含的新问题：这是否意味着所有的匠人都需要某些德性，某些自制？亚里士多德继续暗示，他现在谈的是作为匠人的奴隶，从事生产或某种行业的奴隶——因此，他出乎意料地提醒我们存在一个奴隶阶层，他们不是家庭的组成部分，而是城邦的组成部分。这些奴隶－匠人，亚里士多德说，的确也需要德性，但他们所需要的德性要少于家庭奴隶需要的德性——因为匠人－奴隶，不像家庭奴隶（在最完整意义上的奴隶），并不分享主人的生活活动。家庭奴隶在家中的责任和功能要求更多的信任，因此要求更全面的理性的自制。但正是在这一时刻，亚里士多德着重提醒我们他的"自然奴隶"观念——"自然奴隶"是没有理性的自制的人。在重新强调了他的观点后，亚里士多德做了不合逻辑的推论，主人有责任向奴隶灌输德性——这份责任在第七章对"专制技艺"的探讨中根本就没有暗示过。亚里士多德总结说，相比于鼓励自己的子女，主人必须用理性言辞更多地鼓励他的奴隶（1260b5－7）。因此，在卷一结尾，隐藏在"自然奴隶"观念中的矛盾变得更加醒目。显然，实际上与"官方的"观点相反，家庭奴隶必须是理性的人，具有正常范围之内的德性；显然，实际上家主作为奴隶的伦理导师，免不了要与他们大量打交道（1260b4－5；色诺芬作为一个完美贤良，提供了一段生动而详细的描述，完美贤良如何对他的奴隶施行君主式的统治，对观《齐家》）。

亚里士多德引入奴隶及其与德性之间的关系的问题后立刻说，"关于妻子和子女，几乎有相同的研究话题"。妻子和子女真的有德性吗？——"还是没有？"换言之，他们是不是至多只有真正德性的残缺版本或反射（1259b32）？亚里士多德再次扩大了研究范围。他说，关于"自然的被统治和统治"，这个问题应该延伸为一个"普遍性"的问题：那些既不肩负统治之责任，也不面对统治之挑战的人，真能达到完整意义的德性吗？［67］"只有统治的那个人，才肯定有完整的德性，因为统治的活动是最高的活动，统治的理性也是最高的理性"（1260a17-18；对观《伦理学》1094b-10 及1129b25ff.，特别是 1130a1-2）。在这个关节点，亚里士多德第一次使用了"贤良之风"（kaloskagathia）这个术语，用来形容具有完美德性的人。这个术语的内涵与外延可指代"高贵、心灵美以及善好"；它指代的不仅仅是作为手段、贡献于某种东西的善好，而且指其本身固有的善好，作为人性的目的、顶点及完善。亚里士多德将统治者和被统治之间的关系问题重新表述如下（1259b34 – 1260a1）：一方面，"如果（统治者与被统治者）双方都具有贤良之风，那么凭什么一方来统治，另一方被统治?"另一方面，如果双方都不具有贤良之风，亚里士多德警告说，那么这样的情况"很奇怪"，"因为一方如何高贵地统治"，而"另一方又如何高贵地服从统治?"

亚里士多德继续解答只涉及家庭内部的统治和被统治关系的问题，也把焦点放在男人和女人之间以及父亲和子女之间自然的、心理的不平等。被统治的妻子和子女具有德性，但那种德性在理性上要低于作为统治者的父亲具有的德性。

这个回答默默地带出了那个未解决的问题：我们如何才能合理地看待政治的统治者和被统治者双方的德性。这个问题——也就是我们在共同接受的平等人之间政治统治的观念中碰到的第二个深刻的观念问题——可以归纳如下。高贵的共和统治或政治统治旨在使被统治者和统治者都如"贤良"一样共同生活：比如参与符合养成勇敢、节制和正义等习惯的活动，使他们最终成为道德完善的政治动物。但统治和被统治必然且内在地区别了统治者和被统治者在生活及活动的程度和类别上的不同：统治和被统治之间的区别，正如完美与不完美的区别。如果我们将父亲和子女之间那种统治者与被统治者的明显连贯的君主式统治关系，与丈夫和妻子之间那种连贯性可疑的政治统治关系进行对照，这种内在的矛盾就更加突出。关于前者，由于孩子灵魂里审慎的理性能力尚未成熟，所以明显有理由期待，孩子在道德成熟的父亲的（本质上是临时的）教育统治下，[68] 只展示出一种不成熟的或仍在成熟中的德性。（这的确也引出了另一问题，父亲是否有充分理由去对他们已成熟的子女实施君主式的统治；而且，关于一般性的君主统治，只要其范式是父亲式的统治，就应引出这个问题，君主制是否应永远不变?）

丈夫对妻子的统治，作为明确的"政治的"统治更加复杂。但正是出于这个原因，亚里士多德坚持使用一种审慎的隐晦的说话方式。在妻子身上，亚里士多德说，审慎的理性即便不是不成熟，也"不具统治地位"（1260a13）。亚里士多德没有解释他是什么意思，只是说妻子的德性属于"助理的技艺"，而男人的德性属于"统治的技艺"。① 他没有进一步阐释，而是转而第一次明确地攻击苏格拉底，因为苏格拉底暗示，无论男人的德性，还是女人的德性，根本上说是相同的；但亚里士多德赞扬高尔吉亚等人"更好"，接着列举了不同生活情况中的各种独特的德性（对观柏拉图《美诺》开头）。然后，亚里士多德结束了这个话题，借用诗人的权威来支持这种父权制的观点；在捍卫该观点时，他与著名的诗人（索福克勒斯）结盟，反对著名的哲人（苏格拉底）："关于女人的德性，甚至那个诗人也讲过，因此，这应该是人们传统的观念：'娴静就是女人的服饰'——这样的德性，不能用来赞美男人。"（1260a29–31）如果我们核对一下引文的出处（《埃阿斯》1–293），如果我们反思一下被引场景对于某些丈夫（即便是最著名的英雄）值得敬佩的权威的暗示，就可以很明显地看出，亚里士多德在这里巧妙地讽刺了传统观念。不过，这种讽刺是隐晦的。亚里士多德以及所有那些爱哲学思考的人肯定从没忘记，他们身在其中的社会就是由父权制主宰的——在最好的情况下，也是由色诺芬笔下伊斯霍马霍斯那样的模范父亲主宰的。②

　　亚里士多德突然中断了刚开头但麻烦的讨论，亦即对家庭成员不同德性以及家庭成员中统治与被统治的高贵关系的讨论。他说，要搞清这些问题，我们就得先研究政体。这是他第一次表明政体是《政治学》的主题。但究竟何为"政体"？对于这一基本问题，亚里

---

　　① 1260a23；有益的讨论，参见 Saxonhouse 1982，205–208 和 1985，74–75；Dobbs 1996，82–85；Swanson 1999，238–239。

　　② 阿奎那没有暗示他意识到亚里士多德此处的反讽，他引用了 1Cor. 14：34–35 中的保罗为权威，支持诗人的观点，女人需要保持沉默。对比 Saxonhouse 1982，209 和 1985，72；Nichols 1983，252–253；Salkever 1990，186n；Tessitore 1999，215–216。

士多德没有直接回答，而是采取了迂回渐进的阐释方式。他说明的第一点是，"政体"就是那样一种制度，我们要靠它才能明白，究竟是什么给予城邦道德的统一性和方向：正是政体（而非城邦），才关心儿女和妻子应该如何德教。[69] 因为，"假使道德良好的子女和道德良好的女人（妻子）对于城邦的道德会有好的影响——事实上，也必然会有好的影响——既然各个部分的德性应该为整体的德性服务，那么就有必要教育子女和女人（妻子），就像照料政体那样"（1260b14-18）。卷一结束时，亚里士多德宣布，"我们将转而开始另一项研究"，首先是"研究所谓的最好政体"（1260b22 – 24）。

回顾与前瞻

如果回顾卷一的教导过程，我们首先感觉自己像是"上钩调包"的受害者。因为我们在开始时曾得到承诺，通过把作为整体的城邦分析到其组成部分加以研究，我们将逐渐理解政治的统治如何独特；然后亚里士多德在第三章告诉我们，城邦的组成部分是家庭——于是我们就看到对家庭的详细研究；但这项研究的结果是宣布，在其最严肃的（对德性的）关注方面，我们不可能理解家庭，于是我们重新回头研究城邦，因为政体赋予了城邦完整的固有品性，所以首先应研究据说是最好的政体。面对这个明显的圈套，如果我们抵制住举手投降的诱惑，如果我们坐下来想一想，我们就会意识到，这种迎面就遭受的挫折，已经足以使我们对家庭之于城邦的关系（或城邦之于家庭的关系）得出一个窘迫的结论。家庭，作为城邦的建筑单位，具有强大而深厚的牵引力，将公民和公民生活向下拉到或拉回到只沉溺于对"经济"的关注。如果家庭要从物质需求中解放出来，将培育德性作为首要任务，那么家庭必须抵制这种逆流。必须引导家庭成员的德性参与通过公民自我管理和公民文化来实现的那种德性，并对之做出贡献。而公民的自我管理和公民文化听令于政体，这种政体将德性正确地视为是政治的崇高目标，超越了经济。问题是，现实中的政体如何清晰地找到这一目标？

亚里士多德在卷一最后的几句话激发了这样的希望，他将重新回来研究家庭中的关系，作为他现在将要阐明的政体研究的一部分或后续，因此，他将提供关于旨在培育德性的家务管理的完整教诲。但这样的希望从未兑现（Newman 1260b8；Jaeger 1962，272）。亚里士多德预示了这种失望，［70］在此他写道，"我们将目前的研究放在一边，权当就此结束/圆满（实现了目的），转而开始另一项研究……"（1260b21 – 22）亚里士多德已经完成他设计作为卷一教诲的东西。从一开始，他的意图就是研究家庭，只是为了揭示某些特定的、主要与理解政治的矛盾观念相关的真理。然而，他却给我们留下或让我们回到一个非常严峻的实际问题。家庭的伦理气质要指望家庭置身其中的政体，并受其影响。正如我们从《伦理学》的最后几页已经知道的，正如在《政治学》后面的部分将变得更加明显的，几乎没有任何现实中的政体足够严肃地关心德性。这难道不是暗示，在道德和精神上，大多数家庭被它们置身其中的不严肃的政体形塑和禁锢？

然而，亚里士多德写作的主要实际目的，会不会是让道德严肃的未来父母更加明白这个遗憾的真理及其原因——因此支持他们努力培育孩子，过自己的生活，支持他们精神上独立于身处其中的政体？而且，这样的支持会不会是亚里士多德在接下来卷二的主要焦点和实际目的？即寻找那种政体的候选者。那种政体，亚里士多德在卷二开头即说，对于那些尽可能如其所愿生活的人来说，是一切政体中最好的政体。研究最好政体的各种候选者，会激发道德良好的父母和公民——他们被迫要超越命运分配给他们的那个不能让人满意的政体的精神疆域——产生批判的教育思想，并为他们的批判的教育思想提供一些具体指导。

第二章 历史上最好的政体［卷二］

[71] 卷一作为整体已经表明，《政治学》准备研究政治和家庭生活的崇高观念。卷二的开篇方式，进一步充实其内容、抬高其语调。我们现在得知，亚里士多德已选择"研究政治团体"作为我们的计划，研究"什么形式才是最好而又可能实现人们所愿的优良生活的体制"（1260b26－28；对观1265a18）。亚里士多德的教诲宣称的第一个目的，是引导我们在心目中树立起最好政体的画面。这种政体回答了我们对于政治的最大希望和渴望——因此为我们提供了一种榜样，供我们在现实的公民生活中努力追求，哪怕路远且长。

但是，这个研究需要找个前奏为借口：亚里士多德要为自己偏离敬仰的前贤和传统的智慧客气地说声"抱歉"（托马斯语）。卷二宣称要探究历史上的最好政体，不仅为了"看清它们正确和有用的方面"，而且，主要是为了证明它们在高贵性上的不足，以便明示世人，"追求与它们不同的观念，不在于显露才华，自炫智慧"（1260b29－36）。在亚里士多德道德严肃的听众中，标新立异的政治研究散发出华而不实的矫饰气息，有失庄重。因此，亚里士多德竭力表现出必要的高贵，必须偏离传统或前贤（对观西塞罗《论共和国》1.13）。而且，我们很快就会看到，他展开的批判给人以鲜明的印象，他的研究没有脱离接地气的实用智慧——从而首先就与他那有名的极不现实的老师柏拉图（以及柏拉图的老师苏格拉底）形成鲜明对照。卷二为亚里士多德在由贤良组成的政治从业者的法庭前奠定了信誉。① 但是亚里士多德坦言，他的研究并不完全免于

---

① 关于亚里士多德在这方面的成功，参见 SH 32 中的赞词；Zeller 1897，2.224；Bodéüs 1991 和 1933。

"自炫智慧"：［72］只要转向他对柏拉图的批判，我们就会看见这
是什么意思。①

批判柏拉图

卷二的第一部分也是最长的一部分（章 1 – 5），包含了一个细
致的证明，即柏拉图对于最好政体的观点不仅完全不可行，而且在
最高目标上有误。然而，如果将亚里士多德对《王制》内容的转述
与原文进行详细对比，我们会发现惊人的差异，从而意识到这个幽
默的向导又在与我们开玩笑。②《政治学》第一卷貌似集中火力反驳
一个因苏格拉底和柏拉图而出名的不切实际的论点：如果细察，我
们会发现，亚里士多德有意的反驳却微妙地启示了苏格拉底的讽刺
智慧，因此也部分地证明了苏格拉底的讽刺智慧。同样，卷二的第
一部分也是这样一个最长部分，它致力于反驳柏拉图的《王制》；
但亚里士多德的反驳实际上点明了柏拉图作品反讽地传达出的最重
要的吊诡的真理。这些从柏拉图那里学到关于一切政治生活局限性
的真理，事实上构成了《政治学》中政治理论基础的关键部分。

亚里士多德对柏拉图《王制》的批评显得毫无诚意，最为明显
地表现在他完全忽略了（尤其参见 1274b9-15）其中著名的母题：
哲人王的统治以及对那样的统治者进行教育的阐述。在批判《王
制》中的政体时，亚里士多德从来没有表明，谁是统治者，他们如
何产生（只是当他开始讨论《法义》时，他才有所暗示——
1264b33-34；1264b7-8）。在1263b40ff. 处，亚里士多德几乎明白无

---

①　Bornemann 1923，128 认为亚里士多德对柏拉图的讨论充满诡辩色彩；另参见 Davis 1996，34 – 35。

②　Bornemann 1923，150："亚里士多德真正读过柏拉图的《王制》，还是道听途说？"；Saxonhouse 1982，205；Swanson 1992，220 – 221；Bodin（1577，2.1，345）认为，亚里士多德的讨论"遮蔽了柏拉图的真正观点"。Jowett 1885，2.56："亚里士多德笔下对柏拉图的误解是毫无底线的。"

误地表明他在开玩笑；在那里，他大胆批评柏拉图在《王制》中没有把"哲学"和会餐制纳入教育的讨论！几页之后（1265a8），在讨论到《法义》时，亚里士多德明显自相矛盾地说，会餐制事实上是《王制》中描述的政体的主要特征。在同一语境中，他装出抱怨的样子开玩笑说，苏格拉底"还涉及题外的许多闲话，也谈到本属于卫士才接受的教育"（1264b38 - 40；79 - 80）；过了不久，亚里士多德再出惊人之语，说哲学味没有那么强的《法义》中论述的教育与《王制》中的相同（1265a7）。正是依据这种荒唐的行为——完全忽视哲人王是《王制》中描述的最好政体的重要因素和主题——亚里士多德将苏格拉底对妇孺共育的共同体的呼吁看成像是严肃而实际的建议。［73］亚里士多德由此让读者开始认识到，在《王制》中，苏格拉底将激进的共产社会当成一种对哲人王制的思想试验的从属（尽管根本）的特征；这种哲人王制从开始就被设计得要失败①——并且以此失败教育人，期待理性在政治生活居于统治地位有其限度。一旦读者领会了亚里士多德的冷笑话，他们就能从其他关于柏拉图深层意图的教诲的线索中获益；亚里士多德将那些线索埋藏在他对《王制》里可笑的思想试验之现实性的故意而荒唐的批评中。在接下来批判柏拉图《法义》中论述的政体时，亚里士多德故技重施——在那里，正如亚里士多德非常有益的评论（1265a3 - 4）所说："柏拉图本希望使这政体更像各城邦共同采用的政体，谁知思绪的发展蔓延而无涯际，一点点偏离原意，成了（《王制》中）另一种政体。"在最后这一句令人顿悟的话里，亚里

---

① 在讨论柏拉图《王制》的开头，亚里士多德指出，苏格拉底讨论的妻子共同体是"不可能的"（1261a12 - 14）。这是最直接地提到苏格拉底在《王制》472e（另参见450c）的话：苏格拉底在回应格劳孔的挑战时说，他不能证明他所提议的共产社会是可能的。但是他主动解释最"接近"那种共产社会的城邦所需要的必要条件和充分条件。尽管这种可能"接近"的城邦是什么没有得到解释，但其条件是哲人王的统治。在花了很长时间讨论他的最后一个提议之后，苏格拉底最终承认，对于任何现实的政治社会来说，无法证明哲人王的城邦是可能的（592a - b）。

士多德显然在暗示《法义》中的"夜间议事会"，以此表明真正构成《王制》中政体的不是共产社会，而是哲人卫士的统治。

亚里士多德刚开始对他老师进行充满反讽的批判，就提出了他认为是构成了"研究"最好政体"自然起点"的特定问题（1260b37）：所有的公民应该共享一切？或什么都不共享？或部分共享，其余都不共享？——如果部分共享，哪些东西可共享？与柏拉图交手，就要激发或要求直面政治"共同体"的最根本的、相当抽象或理论性的问题——这些问题在卷一中没有出现。而且，与柏拉图交手，促使我们继续依靠这个前提，即与卷一的教诲相反，政体要求进入政治共同体的根本组成部分是个体的公民，而不是家庭（更不是作为家长或父亲的公民）。现在得知，是否存在（甚至在多大程度上存在或不存在）独立家庭或私人财产，是一个开放的问题，一个有待政治政体的选择来决定的问题。因此，亚里士多德将很大程度上继续这个超越家庭的柏拉图的前提——城邦的真正成分是个体公民而不是家族或家庭。但亚里士多德立刻表明，在这个前提下，他反对柏拉图的苏格拉底，认为为了实现个体公民的最合理的统一，建议保持"目前"（1261a9）的细分，将公民分为拥有私人财产的家庭。

亚里士多德在批判的开始就说，废除家庭的"法律应该定下来"，对此，[74]"苏格拉底给的理由"是"他所立的前提"，"整个城邦的一切应尽可能地求其统一，愈一致愈好"（1261a11，16；参见《王制》462）。作为回应，亚里士多德对城邦"划一"的真正意义做了批判分析，证明了如何和为什么城邦的"划一"必然难以成"一"。

首先，城邦本质上不是"一"，而是"多"，是许多独特个体组成的城邦——因此，即使在家庭这样小范围的集体中，要强加统一，也会产生扭曲，更别说要在不同个体之上强加有机的统一（1261a18 – 22）。我们不得不说，尽管这是对苏格拉底在《王制》中所采取的独特看法（368e-369a，420c-d，434dff.，462c 及上下文）的有效批判，但它同时也无言地否决了亚里士多德本人在卷一第二章中重点强调的观点。在那里，他将城邦描述为自然的存在，如同有机体在生长，个体的人是依附性的器官，其与城邦的关系如同手与整个身体的关系。正如我们在对卷一的分析中表明，亚里士多德使他爱思考的读者看清，从教育目的出发他看起来是在赞同他知道是错误的观点，由此亚里士多德在此促使这样的读者思考，柏拉图的苏格拉底是否从教育目的出发采取类似的反讽面孔。

其次，亚里士多德强调，公民的组合不同于军事联盟，它必须整合高度分散的不同品类；因此，城邦必须依靠不同品类之间的平等互惠才能实现统一（1261a22-23）。这很有道理。但这关键的一点却被苏格拉底本人在《王制》中更加详细地论述过了。劳动分工，不同匠人—公民之间产品的互相交换，是整个政体经常重复的基本原理，体现于该政体中正义的定义（尤其参见《王制》369eff.，432d–434c）。这是苏格拉底坚持作为最根本的品类区别的基础——即作为"自由匠人"（395b）这个独特品类的"哲人—卫士"（375e-376c），有别于公民阶层的其他种类或品类的匠人（374ff.）。而且，苏格拉底认为，女人、孩子和财富组成的共同体，只是或主要是为卫士服务，而卫士们与其他匠人—居民有明显交换的关系（463a-b）。因此，苏格拉底设计的作为整体的城邦的组合，根本不是同形或同质的组合，而是具有鲜明的、互补互惠且互动的不同品类之组合。苏格拉底在那段话中强调了这一点；当亚里士多德在此引用苏格拉底关于组合的观点时，他提到了那段话！① [75] 所以，表面上看他是在攻击《王制》中苏格拉底的原理，实际上暗中却将其接受过来，并在它们的根基上推进。

当亚里士多德继续谈到构成每个城邦的统治者和被统治者是完

---

① 《王制》462–463；亚里士多德1262a40–1262b1表明，苏格拉底提议的共产社会并非针对整个城邦而言；对观1264a11ff. 和 SH ad 126a10, 1264a17。

全不同的品类之时（1261a32-b6），这一点变得更加明显。他首先说，在"那些自由而平等的人"中，因为"不能同时做统治者"，所以要实现统治者和被统治者的组合，必须按年或其它规定任期来轮流执政。只有这样，"才能人人统治"。但接下来他说，这样的统治形式好比城邦里的人轮流当鞋匠，然后轮流当木匠：他暗示了这种安排颇为荒唐。假如存在劳动分工，恒心恒业，匠人的做工就会更出色。同理，亚里士多德说："在政治共同体方面亦然"；"显然，只要可能，最好让有些人终身统治。"除非"所有人天生平等"，这种方式"才不可能"；只有在那种情况下，所有人通过轮流执政的方式分享统治权才是好事，才算公正。于是，所有人"下台后就几乎一个样"，但一旦在位，"就像变了个人"——"同样"，似乎那些在位的人彼此之间也出人意料地大相径庭，因为不同的个体担任的不同职务，要求不同的能力。亚里士多德以此暗示，在柏拉图《王制》的原理基础上，那个共同接受的轮流共和执政的观念，其核心中存在另一个（即第三个）重大的观念困境。正如我们看到的，那样的统治不仅要调和等级与平等，这能否成功值得怀疑（回顾卷一第十二章）；它不仅要设想通过最高的统治来展示完美贤良德性，而且要设想那样的统治来促进贤良德性在被统治者（不是统治者）身上完美展现（回顾卷一第十三章）。现在，我们在第三个地方看到，至于履行具有严格要求的统治术所需要的资格方面，共和轮流执政要求恰是有资格的人必须让位给没有资格的人；同时，还必须将这些没有资格的人当统治者来对待和承认，似乎只要上位，他们就奇迹般地变了个人，成为高人一等（完全有资格）的统治者。通过暗示苏格拉底在那场对话中所实验的贤人永远当政观念的依据（亚里士多德好笑地假装没有注意到这个实验），亚里士多德开始了对《王制》中政体精心策划的批判。

[76] 在他的批判接近尾声时（1264b6 – 10），亚里士多德着重强调了主宰苏格拉底思想实验现实命运的最大实践问题："让有些人终身统治"是引起其他人"反叛的原因"之一。即使"没有资格

统治"，他们也会反叛；更何况要是"充满血性而好战"，他们更会反叛。按照高超的统治术所需要的资格来分配统治者和被统治者，这是"危险的"，因为人们通常认为，尤其是那些充满血性的人会认为，分享统治权对于参与统治的人来说是件大好事，如果被排除在外，这是不可忍受的。亚里士多德接下来开始了对《王制》中那种政体最后的专门批判。他说，苏格拉底"剥夺了卫士们的幸福"（对观《王制》420b－421c，519eff.）。这个观点隐隐令人想起亚里士多德刚开始批判时最引人注目但又不那么唐突的一个观点；在他讨论城邦必须实现的统治者和被统治者的组合性质时，他在《政治学》中第一次顺带指出了这种可能性：政治统治可能是一件受鄙视的事情（1261b2），而非对于参与统治的人来说有利的事情。在此，亚里士多德立刻提到《王制》中苏格拉底最著名的悖论命题之一。苏格拉底认为，"如果出现一个善好之人构成的城邦，很可能人们会为不参与统治而争斗，就如现在要为统治权而争斗"（《王制》347d）；那些智者，那些哲人，"对于城邦借以获得最好治理的那些事务极为谨慎"，他们最"鄙视"担任官职，最不想参与统治（《王制》519d－521b）。亚里士多德促使他那些敏感的读者朝这个方向进一步思考，究竟是什么理由在支撑苏格拉底的惊人观点，同时让那些读者思考，亚里士多德本人对于苏格拉底的观点到底是什么评判。

在第三章开头，亚里士多德对柏拉图笔下的苏格拉底的观点做了一个重大让步。诚然，"共同体尽可能保持划一，那是再好不过"（1261b16－17）。然而，倘若照苏格拉底的提议（《王制》462cff.），全体公民对于共同事务或某个人或物"全都说这是'我的'或'不是我的'"，经验也会表明，将不会带来（如苏格拉底所言的）更多和谐，或更少纷争——相反，恰会出现更多的纠纷理由，因此会出现更多的不和谐。每个人将不会（如苏格拉底所言的）感到更关心共同体的需要——而是相反，更不关心。不会如苏格拉底所言的每个人对同胞有更强烈的手足之情，恰恰相反，情感会更淡漠；此外，这些继承下来的划一性使得抹除血亲的证据和辨识完全不可能。

总之，亚里士多德得出结论（1262b3ff.），柏拉图笔下的苏格拉底关于妇孺公有的提议，[77] 效果必然违背他原先所企求的目的，即促进公民之间依靠友爱铸成的团结。换言之，在妇孺公有的社会中，友爱的精神必然会削弱；为了佐证这个判断，亚里士多德提醒"我们"从柏拉图《会饮》中阿里斯托芬的"情话"里"知道"的东西。因此，正是在柏拉图关于友爱的那场对话中的一个主要角色说的那些话，向我们清晰表明，柏拉图笔下的苏格拉底描绘的那种政体，事实上会大大削弱公民之间自然的情感依附。正是柏拉图关于爱和友谊的教诲，让我们看到，在《王制》中，柏拉图让他笔下的苏格拉底招来巨大的危险或损失，危及城邦的公民或共同体友谊（这与苏格拉底所做留下的印象相反）。因此，为了理解柏拉图在《王制》中的隐微教诲，亚里士多德挑明了这个必须解决的关键困惑：柏拉图使他笔下的苏格拉底冒如此可怕而明显的风险危及公民的和谐，是出于什么目的？究竟是什么超越于政治的原因使柏拉图的实验选取了一个极端缺乏爱（由此一来在政治上也不安全）的社会，以之作为可以设想出的最好政体的基础？在此，我们再次注意到，亚里士多德对于《王制》中提议由哲人王来统治这个缺乏友爱的政体，依然保持惊人沉默；我们还注意到，亚里士多德用强调的口吻明确重复的唯一批评（1262a24ff.，b29－35）是这种虔诚的抱怨，《王制》里的政体会导致人们对神法失去敬服之心，甚至意识不到神法的存在；而这种神法是人们普遍体验到的，它使最基本的家庭义务变得神圣。（与之形成鲜明对比的是柏拉图的《法义》，那里详细描绘了一个不由哲人王统治的最好政体；那里严肃断言，最大的罪行莫过于攻击父母，这在来世会遭诸神严惩：880d－881b。）

在第五章开头，亚里士多德将思考的重心从妇孺共育的问题转移到他所谓的"与之相关的财产问题"（1262b37）。但他立刻说，"有的人可能会抛开妇孺共育制度的问题，单独考察财产问题"。然后，他转用第一人称单数说话，暗示他此刻不再只关心或主要关心批判（因此事实上也是阐明）在柏拉图《王制》中发现的东西。①相反——与他最初留下的保守印象相反（对观 1261a9 - 10）——他将抓住这次机会，温和地质疑大多数希腊城邦"今日"为何要维护私人财产制度。因此，他预示了《政治学》最后几卷中不动产在他的最好的共和政体中将处于什么地位：在（不动产）这个主要方面，比起柏拉图《王制》里的政体，[78]亚里士多德的最好政体将证明更具共产性质（因为正如亚里士多德在几行后指出，在柏拉图的《王制》中土地还是私有的）。

在列出三种土地及其成果的公有制形态后，亚里士多德首先批评道，土地及其成果完全公有常常也会引起纠纷——除非土地由奴隶来耕种（正如在亚里士多德本人的最佳共和政体里那样）。在此，他发出了冷静而有说服力的反思之声，"人类在各种场合，作为伙伴而共同劳作和生活，殊非易事"（1263a15 - 16）；他以日常生活中的例子作为强力证据，如结伴旅游的人免不了都有不愉快的经历。②然而，再次以第一人称单数，亚里士多德赞扬（当然是以克制的话语）现行的希腊私产制度进行的一项重大改革。事实上，亚里士多德主张最好是混合制：一方面产业私有，私人耕作；另一方面财物共用。这一模式有些像斯巴达和过去一些极度和谐的共和国的制度。③实现这个目标需要的与其说是经济制度，不如说是伦理制度。只要公民受到相当严格的、立为法律的共和美德的规训，那么他们就能够并且应该被要求分享他们的私产及其成果，与同胞公民共用。这种博大的精神就表现在这句谚语中："朋友的财物就是共同的财物。"（1263a30）

---

① 正确指出这一点的有：Bornemann 1923, 142；Stalley 1991, 194；Simpson 1998, 83；另参见 Frank 2005, 54 - 57。

② 强调了卷二无所不在的教诲：作为"政治的动物"，人是带刺的，不和谐的。

③ 亚里士多德可能首先想到的是 Crete（1263b41）、Carthage 和 Tarentum（1320a29ff.）。

但是，当亚里士多德继续强调，人们对于拥有私人财物究竟是多么快乐时，巨大的张力就开始出现。这是因为自爱是人的本性——因此爱自己的财物，包括爱自己的钱，也都是本性。亚里士多德坚持认为，自爱本身无可厚非；应该责备的是过分自爱。在解释这个观点时，他立刻补充说："人们在施舍的时候，对朋友、宾客或伙伴有所资助后，会感到无穷的欣悦；而这只有在财产私有的体系中才能发扬这种乐善的仁心。"换言之，一个人有了最甜蜜的自爱，对自己财物的爱，才有大度行为所体现的爱（参见《伦理学》1168b15ff.）。

兜了一个圈子后，亚里士多德最终回到对柏拉图《王制》中政体的批判。他说，"在体制过度统一的城邦中，不但自爱与爱人的欣悦不可复得，还有另两种美德显然也将跟着消失——情欲上的节制（人们才不至于淫乱他人妻子）"和"财物上的慷慨（人们才能表现出仁济之心）"（1263b5 – 11）。伦理美德的完全实现，亚里士多德重点提醒他的贤良听众（这里再次对柏拉图的《法义》进行批判——1265a28 –38），不仅需要私人的家庭和配偶，而且需要"配备"个人的财富，方可乐善好施（尤其参见《伦理学》1122a18 –34；如果我们此时留心到柏拉图的苏格拉底和《王制》，就会去反思，与传统的贤良相反，[79] 哲人及其影子哲人王，在"一万倍的贫穷"中是否可能怡然自乐，是否可能心满意足地接受其他乐善好施的贤良的供养—尤其参见柏拉图《斐多》中苏格拉底最后说的话）。

亚里士多德接下来说，正是这些真诚贤良（不是哲人）的仁善和对友谊的热爱，可能吸引他认为有一个共产的社会。因为可以设想，只要废除了私有财产，或将私有财产最小化，就会消除争讼、伪证和谄媚富人的主要根源。然而，这些弊病的原因，亚里士多德反驳说，不是私人财产，而是道德败坏——正如共同管理财产的几个人，实际上只会比只管私产的人们之间的纠纷更多。

亚里士多德总结了对《王制》的批判，轻易证明苏格拉底完全阁顾（既不具体描述也不解释）他对其政体中大多数成员的安排。这些人并不是属于那个小小的卫士阶层。结果，对于大多数成员，也不可能说清《王制》中的政体是什么。（显然，柏拉图在写《王制》时几乎没有兴趣讨论大多数人，他们不属于他想象中的统治集团：他用哲人王做实验，与现实性无关，他的意图要求他将重心集中在统治者身上。）

但亚里士多德必须评估柏拉图在《法义》中描绘的那一种次好的、不那么不切实际的政体。他一开始就说，柏拉图提议的这种"最好"政体可以一笔带过，因为先前的批评同样适用。然而，在讨论过程中，他又承认，《法义》中的政体比《王制》中的政体切实多了，其特征通过详实的细节可得到更充分的展现。大体上说，亚里士多德对《法义》的批判只能算是"抱怨"[1]：他辛苦甚至相当可笑地想发现（事实上有时去发明）一些论点，对这种政体吹毛求疵。因此，亚里士多德古怪地暴露了他实际的政治教诲和他著名的不切实际的老师之间很大程度上是一致的。[2]

因此，亚里士多德要利用柏拉图的素材，让我们一眼看见那支架；他借此支架搭建他自己切实的政治学和政体等级。亚里士多德说，在《法义》中我们发现这种政体，"既不是民主政体，也不是寡头政体，而是趋于那种称为'共和政体'的中间形态；这种政体中的公民以具有重装备步兵为限"（1265b26 – 28；对观《法义》

---

[1]　正如纽曼的描述；另参见 SH 33 – 34 a 与 d ad 1266a4 – 5；Van der Rest 1876，108ff，121ff，348ff；Zeller 1897，2.261n2；Wilamowitz – Moellendorff 1959，518。Krohn 1872，14n4 否认这一章是亚里士多德写的（Susemihl 表示希望这能得到证实）。这些校注者当然毫不顾及亚里士多德在开玩笑。有些学者同样盲目地追随 Oncken（1964，1.194 – 199），潜藏在与 Krohn 等人完全对立的一面：他们假设亚里士多德写了这些批判，得出结论，流传给我们的柏拉图的《王制》和《法义》，肯定不是柏拉图的真本，不是亚里士多德学习的真本，而是伪作，或者对真本做了大幅度的重构：比如，参见 Morrow 1960；Nails 和 Thesleff 2003。

[2]　在对《法义》的阐释研究中（1980），我已解释了亚里士多德有些表面上看来是无理取闹的批判，有助于帮助读者走上正确道路，理解柏拉图《法义》中充满悖论的教诲。

753b）。如此定义的"共和政体"，正是亚里士多德后来拿出来作为现实中可达致的最好政体的首选。但现在，在他第一次注意到这种"最好"的政体时，他强调的是其缺陷：把这种政体当成"仅次于所初拟的理想政体"，这种提法是"不相宜的"。因为如果仍从理想的高尚处看，"那么人们也许宁愿赞赏斯巴达那种政体，或其他更接近贵族政体的形式"。亚里士多德继续表明，［80］他赞同那些推崇混合政体的人，这样的混合政体明智地融合了至少民主政体、寡头政体和君主政体的重要特征。他说，许多思想家都认为斯巴达的政体就是这样的混合政体（他因此吊起我们胃口，想听他如何分析这一最受景仰的希腊政体）。在此，亚里士多德以明显赞同的口吻提到严厉苛责民主政体的观点，尽管民主政体有资格成为"混合"政体中的要素。他写道，"有些人"可能会认为民主政体和僭主政体"要么根本不是政体，要么是最坏的政体"（1266a2）。接着，亚里士多德以明显赞同的口吻说，柏拉图《法义》中的政体，就混合了民主政体和寡头政体，而且是偏向于寡头政体。利用这些挑逗性的混合信号，亚里士多德推迟了深入阐述他自己的最好"混合"政体的观念（1266a24）。

　　亚里士多德在讨论柏拉图的《法义》时，有一个小地方值得注意：他所说的"政治生活"到底是什么含义。这个术语出现在他对《法义》以下论断的吹毛求疵中，"立法者在立法时应该关注两个东西，一是领土，二是人口"。① 亚里士多德反驳说："立法时考虑到邻邦，也是高贵的——如果这个城邦要过政治生活而非孤独生活"。亚里士多德然后解释说，他所指的"政治生活"，是对整个城邦而言，意即与邻邦的关系，主要是对外战争——他暗示，正如"政治生活"这一表述，战争恰恰不只是防卫性的。② 因为他补充说："即便这样的政治生活，虽对个人或城邦，都不足为重，可是一个城邦

---

① 1268a18 - 28；对观《法义》704 - 707 和 625d - 626b；参考 737d。

② SH ad loc. 和 Thurot（1860 ad loc.）跟随文艺复兴时期的校注者 Montecatino of Ferrara and Marc - Antoine Muret 的修订表明，这一段给传统的学者带来多大的震惊。

总该保持足够的力量，才可在进攻或退守的时刻，都能使敌国有所畏惧"。因此，"政治生活"在此（对观 1267a22 及其上下文）对于整个城邦而言，类似于对于公民个体而言的"政治生活"的意义，显然指的是整个城邦与邻邦在统治类型上的高贵竞争。从这一角度看，被设想为贵族政体的最好政体，在国际的"贵族"生活（类似于城邦内统治公民的个体的贵族生活）中，似乎天生会走向仁慈的霸权。这一错综复杂的航向，在亚里士多德对最好的共和政体的阐释中将变得越来越明白。①

批判法勒亚

亚里士多德有条件地赞同柏拉图《法义》中的政体对公民中财富的不平等保留严格限制（1265b22，1266a5 – 8）。他承认，"平均财产在政治共同体中所起的作用，[81] 虽在古代也是某些立法家所深知的"（1266b14 – 16）。但是，隐藏在这种做法背后的思想，可能推向极端，认为经济平等和教育平等是公民正义与和谐的关键。亚里士多德以法勒亚为例来揭示这种观念的根本性错误。

亚里士多德批判法勒亚过度平均主义的最具教益的部分，是勾勒出内乱和犯罪的多重顽固的心理动因。亚里士多德一开始就对均等提出警告，经济上，即便是在一般的财富层面，也根本难以满足公民的均等要求："因为需要均等的与其说是财富，不如说是欲望；这就必须用法律来订立有效的教育，人欲没有止境，除了教育，别无节制的办法"（1266b28 – 31）。法勒亚希望通过提倡教育平等来解决问题。但亚里士多德反驳说，有必要先搞清教育的内涵；更何况，人人受同样的教育也没有好处。首先，一个政体若给所有人提供同等的教育，结果会使人人都有野心，奋勇"争先"，追名或逐

---

① 同样注意 1271b32ff. 对克里特的惊人评论，它因帝国霸权"高贵地"凌驾于全希腊之上。

利，或名利兼取。更深刻的原因是，人间的争端或城邦的内讧并不能完全归因于财富的失调，名位或荣誉的不平等也常常会引起争端。但名利两途的熙攘，各有其不同的途径，影响城邦中两种不同的品类：民众的反叛，是因为他们认为政体在助长财富的不平等，这是不可忍受的（换言之，他们认为低人一等）；精英的反叛，是因为他们认为政体在助长名位的平等，这是不可忍受的（换言之，这对他们来说是羞辱）。热爱荣誉的公民要求分配的正义，要求作为公正的公平，按照每个人的美德，相应地在个体中划分等级，分配名位和荣誉（参见《伦理学》1130b30ff.）。法勒亚代表的是朴素的平均主义：道法上，他们盲目地追求平等的更高意义及其对正义的要求。在此，亚里士多德引用荷马的诗句来生动地表现那种朴素的平均主义在道德上的盲目。荷马这一行著名诗句借由阿基琉斯之口而出，以表达这位反叛英雄的愤懑（1267a2）："良莠不分兮贤愚同列！"

　　但是，如果像往常一样查看这行诗的语境，我们将被引入亚里士多德教诲更深的、更隐晦的层面。因为就在亚里士多德的这行引文的下一句（《伊利亚特》9.319），愤懑的阿基琉斯进一步抱怨："人呵，不管一事无成，还是功高盖世，都终将一死！"阿基琉斯发现，这是难以忍受的不公，那些历尽艰辛完成高贵伟业的英雄，居然与碌碌无为之辈同样受死。在引用了愤怒的阿基琉斯的话后，亚里士多德认为，"人们犯下罪行，不仅因为生活所迫——历来人们都相信，［82］均贫富就是解决之道，这样就能防止因为饥寒而起的盗窃——还因为饱暖思淫，肆意纵乐"（1267a5）。亚里士多德突然出人意料地以为了追求不该欲求的享乐而犯下的罪行，取代了以受挫的正义之名而起的反叛。对于这一步，亚里士多德做了如下解释：人们犯下罪行，不仅因为他们追求满足过度的欲求；有时候正是因为他们欲求的是"无痛的享乐"（1267a8–9）。当亚里士多德追问"可有什么解药？"时，这个谜语进一步加深。现在，他明确指出有三种不同的犯罪需要救治。亚里士多德的前两种救治方法浅显易懂：那些由于生活所迫（这是最低级、最常见的犯罪原因）而犯罪的人，需要给予适当的财物和工作。那些由于过度欲求而犯罪之人，需要教育他们懂得节制。"至于第三类——人如果自足于己，而与世无争，就让他遂志于哲学的清思吧，因为世间的其他种种欢娱无不有赖于他人。"（1267a10 – 12）属于第三类的年轻人的悲惨命运（其灵魂没有得到他们需要的那种解药），在亚里士多德进一步的解释中得到暗示："世间最大的罪恶往往不是起因于饥寒而是产生于放肆（因此成为僭主之人，也并不是为了躲避饥寒）；世间最大的荣耀，不是留给捕获窃衣小贼的凡夫，而是留给诛杀僭主的勇士。"（1267a13 – 16）

亚里士多德在此精心导演了一出哲学生活的戏剧性爆发，并将其心理意义编排进《政治学》；在此之前，这种生活完全被雪藏起来。只有哲学，才能够医治阿基琉斯那样珍稀的、具有危险欲望的政治青年。因为那些年轻人内心追求的是神一样的快乐人生，超越了生死大限，超越了欲求和依赖；这样的追求最初就表现于对应得荣耀的强烈道德索求。这种一旦受挫就会让阿基琉斯热血迸发的爱欲，是逃避或超越人之限度的爱欲。只有哲学，才能够医治他们，因为哲学生活带来最大化的精神愉悦和自足并且在这意义上就像神一样。亚里士多德让我们惊鸿一瞥真正的哲学生活。这种生活是对道德升华之欲求的有益转化，它默默地圈住对最大独立性的渴求——（我们或许会补充说）既独立于其他人，也独立于次于哲人之人最强情感所产生的幻象。这最后一点变得更加清晰，如果我们考虑到，它是如何帮助我们理解，为什么柏拉图用哲人王做的政体实验，特别要扭曲亚里士多德提倡的公民生活。[83] 此外，亚里士多德在此暗示了《王制》第六卷中苏格拉底详细传递的另一个悖论性教诲：城邦与其责备哲人"败坏"一些最有激情和爱思考的年轻人，引诱他们放弃似乎前途一片光明的政治生涯，不如对哲人感激不尽；因为需要哲学生活作为"解药"的那些优秀品类，一直都是城邦危险的、不健康的因子，除非他们的教育向他们敞开了获得精神满足的哲学源泉，从而超越政治的疆域。

亚里士多德将重点集中在犯罪和内讧的第三重心理根源。这重根源最罕见，但最狂野、最深沉。相比之下，前两重根源要平庸得多。亚里士多德也就没有过多着墨。事实上，他简短的话语予人的印象是，这些都能够克服，一靠合理的经济再分配，二靠合理的道德教育。然而，这种引人误解的暗示在下一页就得到了纠正。首先，也是最令人不安的一点，亚里士多德警告，那些"精英"或传统上说受过良好教育的人，"往往"会拉帮结派、咄咄逼人，因为他们醉心荣誉，荣誉也就一直刺激他们索取越来越多。其次，也是更可怕的一点，大众对于金钱以及公共救济的渴望，是无穷的。亚里士多德说（呼应他在卷一的心理教诲——对观 1257b32ff.），这是因为人类的"欲望无止境"——"许多人正是终生营营，力求填充自己的欲壑。""统治这些人"不像"均财富"那样简单，"唯有训导大家以贪婪为诫，使生性高尚的人士都能知足，而卑下的众庶虽不免于非分之求，但既无能为力，也就不得不放弃作恶的妄想"（1267a39 – b8）。这个说法，传统的高贵人士初看之下会脸红，但若仔细审视，就问题重重。它同时表达了两层含义，统治的问题似乎得到解决但事实上又无法解决。"生性高尚"的人有多少？他们中多少人（如苏格拉底一样）是穷人？在多大程度上他们分散在"精英"或传统上说受过良好教育的人中，并对其产生多大影响？怎样才能使"卑下的众庶无能为力"？在最后一个方面，我们注意到，亚里士多德说，法勒亚的设想是让所有的匠人成为公共的奴隶；将大量的公民降为奴隶，如此问题就能够解决吗（参见 1268a16 – 23）？那样一来，会不会有严峻的危险，传统的上层阶级是否早晚会因独裁权力而堕落？

批判希朴达摩

亚里士多德批判希朴达摩的方式，首先让人"吃惊"① 的一点

---

① "每个读者的特点"——Fülleborn 180，218。

就是他对这人可笑的素描。[84]在亚里士多德的全部作品中，尽管许多地方都讨论到前辈，但无一处像这里，我们可以发现如此个性化的语言（纽曼察觉类似于阿里斯托芬《云》中对苏格拉底的刻画）。传统的评论家对此一直很困惑，有些人甚至怀疑这是"后人"手笔（Congreve，1874）。列奥. 施特劳斯（1964）认为，打开这个幽默之谜的钥匙可能藏在那段可笑素描的结语中：希朴达摩尽管没有"从政的实际经验"，但却是"对何为最好政体留下灼见的第一人"（1267b29 – 30）。希朴达摩是第一个纯粹的政治理论家。他是亚里士多德（和我们）"政治"学科的奠基人或开创者。通过这幅讽刺性的画像，亚里士多德顽皮地承认，有些人尽管没有从政经历，没有负责过具体的政治事务，但却宣称要为政治订立准则，无论在过去还是现在，无论在道德还是知性层面，人们都认为这样的人有点反常。希朴达摩的生活性质与方式，他对政治的研究，象征着那种努力很可能意味着对非凡的原创性有着自负的、愚蠢的、甚至莽撞的追求。通过表明他对此有清醒的认识，亚里士多德提醒人们防备这些灾难性后果。在此，回想一下亚里士多德在卷二开头的道歉——在那里他承认，他的素描中难免有"自炫智慧"的成分。亚里士多德暗示，他写这本著作是想踏实地推进希朴达摩糟糕的开局。显然，张扬这项任务伴有重大风险，并不是良策。但亚里士多德凭着良心也不能不预先提出警告之后才上路。所以他花了半页篇幅模仿阿里斯托芬的风格，套用无害但却引人注目的轻喜剧来做讽刺的警钟。

时至今日，我们的政治研究已经有两千五百年历史。它已经赢得无可争议的尊重。这源于亚里士多德的成功。因此，我们很难重新发现，究竟是什么使得这门事业变得疑虑重重。我们想当然地以为，政治学是值得为之奉献的事业，但这样做我们就冒了风险。因为结果就是，我们或许甚至没有意识到究竟发生了什么，就稀里糊涂地掉入了陷阱，类似于陷入了希朴达摩的陷阱。

那么，除了那个我们在绪论中已经讨论过的最严厉的错误（莽撞地提倡立法中存在的进步性变化），希朴达摩还有哪些主要错误？

首先，希朴达摩转向政治研究，亚里士多德暗示，是他"穷究天人"愿望的一部分，或说导源于此。正如结果显示的，这造成他用不合适的非政治的术语来理解政治现象。［85］与亚里士多德和他伟大的老师柏拉图和苏格拉底不同，希朴达摩觉得没有必要倾听有经验的公民和政治家自我表达的关切，觉得没有必要与他们进行批判对话并从中熔铸自己的观点。相反，希朴达摩将政治生活硬塞进自然科学的框架。

具体而言，希朴达摩显然迷恋将数学作为打开一切知识的钥匙。他以数学的方式来理解政治生活的变革。这种变革体现于他所迷恋的数字"三"：社会将简化为不同的三重组合，或由不同的三重组合结构。但这看似简化清晰的结果，正如亚里士多德详细的批判显示，"相当混乱"（1268b4；1268b11）。错位的简化，产生的不是有序，而是混乱。这位深受数学思维影响的政治学家没有看见人类社会的异质性、多变性、复杂性。数学的棱镜通过同质化扭曲了政治现象。

或许最糟糕的是，希朴达摩展示了典型的自然科学家在政治上的道德幼稚。这点尤其体现于他对于法庭判决的奇特看法。他的结论是，现行法律对于希腊各共和国的大众陪审所提的要求是"不妥当的"，因为，在要求陪审员投票表决"有罪"或"无罪"（或在民事案件中，投票表决"赔偿"或"不赔"）时，如果他们认为是部分有罪或部分赔偿，那么法律的要求就会导致陪审员违反他们的誓言。因此他提议，法律应该要求陪审员在表决时写明"哪些应该量刑，哪些应该昭雪"（1268a1-6）。亚里士多德反驳道，那样的法律创新也不妥当：这混淆了陪审投票与判决。这将导致协商过程中的"混乱"，而协商是达到裁决的必要阶段（亚里士多德指出，许多立法者严禁大众陪审员之间互相商讨）。① 此外，亚里士多德说，希朴达摩没有到，

① 正如孟德斯鸠强调，这点很重要，大众陪审团成员之间不能协商，只能独立投票，严格遵循法律条文做出裁断，因为否则很可能，在罔顾法律和受暴民心态驱使之下就做出判决：SL 6.3-4。

如果问题的表述合理而精确，法律并没有迫使陪审员违背他们的誓言——换言之，如果陪审员得到的问题不是"该不该赔偿某物"或"被告是否有罪"，而是（比如）"欠的是不是二十米那（minas——货币单位）"或"被告在受指控的那一罪行上是否有罪"（1268b4 - 22）。

最受尊崇的希腊政体

亚里士多德对就他所知历史上最好现实政体的批判研究，是从斯巴达和克里特开始的（1269a29）。这符合希腊人普遍的评价；[86] 这两个城邦相似，地位尊崇。① 但克里特和斯巴达的尊崇地位，首先靠的是其政体最有力地宣称，它们是受到神启（来自同宗最有权威的神祇）引导的立法者的产物。根据神圣传统的说法，弥诺斯直接从宙斯（"诸神及人之父"）那里承接了克里特的法律和政体，因此，克里特的法律和政体是希腊人中最古老、最神圣的。据说，莱克格斯——亚里士多德曾经说② 人们认为他就是个神——从克里特的法律中学到许多，后来在立法时还受到阿波罗的指点。然而，在《政治学》中这个地方（1271b30ff.），亚里士多德保持了惊人的沉默，绝口不提这些大名鼎鼎的值得尊崇、效仿或服从的高贵神灵的名字——特别是对于那些一心惦记着柏拉图的《法义》，尤其是其开篇的人来说，这沉默更是惊人。亚里士多德拒绝承认克里特人的法律有神启的、超越理性的神奇基础。这种态度在他以下评论中得到进一步强调，他说克里特的"立法者许多方面像个哲人"（1272a22 - 23）——至少在创立会餐制度节约粮食方面就是如此。在卷二最后一章的开头，亚里士多德巧妙地提醒人们注意，他没有

---

① NE 1102a7 - 12；Herodotus 1. 65；Plato *Laws* passim；Strabo 10. 481ff. ；Polybius 6. 45；但是对比 Isocrates *Panathenaicus* 152 - 153。在克里特，每个独立的城邦都有类似的政体（Huxley 1971，505），因此我们可以统称为"克里特政体"。

② 在亚里士多德业已遗失的著作 *Regimes* 中，普鲁塔克 *Lycurgus* 31 引用。另参见希罗多德 1. 65 和色诺芬 *Apology of Socrates to the Jury*。

也不会讨论立法者弥诺斯：亚里士多德将对政体发表过意见的人分成两类：一类人没有参与实际政治，一类人是实际的立法者。在后一类人中，他列举了莱克格斯和梭伦，并说莱克格斯已经讨论过了，现在该讨论梭伦。接下来，在卷二的最后一页（1274a25 - 31），亚里士多德以一种奇怪的精妙方式，最终暗示克里特人的法律具有超人的意义。他出人意料地提到一个名叫奥诺马克里诺之人的故事。作为"最古老的立法家"，奥诺马克里诺在克里特求学时获得了惊人的立法技艺，他在那里与泰利斯同门，"还学到了预言术"；（另外据说）莱克格斯是泰利斯的学生。但亚里士多德说完这个故事，立马就说这是无稽之谈，因为年代不符。然后通过对比的方式，亚里士多德继续用生动的细节摆出了众人皆知的历史事实，科林斯人菲洛劳斯为忒拜立法，以区别于所讲的神话。问题是，亚里士多德为什么要穿插关于奥诺马克里诺、泰利斯和莱克格斯的神话？答案已在 Bartlett 鞭辟入里的研究中揭晓（1994b，144，他指引我们参见 Fustel de Coulnges 1956，尤其 142，146）。亚里士多德在此十分谨慎地指向这个重大的、有争议的问题——真正立法技艺的根本来源——同时暗示了他反传统的答案。用 Bartlett 的话说："奥诺马克里诺精通立法，是因为他会占卜［87］（占卜在克里特岛上盛行，那里是弥诺斯神法的摇篮），还是因为他与泰利斯（莱克格斯和扎莱乌库斯的老师，或许是最著名的哲人）的交游？"换言之："政治事务（首先是创立最好的城邦）方面的技艺，靠的是不假外求、人心就能接近的知识，还是超人的灵感？这门技艺的源头是'泰利斯'，还是'奥诺马克里诺'（是哲学还是神启，是理性的人还是诸神）？"

对于克里特和斯巴达据说是神启的政体，亚里士多德没有明确挑战或纠正①；但他将这些政体视为纯粹人类的建构，从而受制于

---

① 正如纽曼指出（2.347；另参见 313），亚里士多德在 *Regimes* 中没有忽略斯巴达和克里特法律的所谓神圣的起源：参见残篇 492，1558a30ff.，以及见于普鲁塔克 *Lycurgus* 31 中引自该书的内容。

理性批判的枪口,这足以表明他自己的立场。① 同样,他对斯巴达政体的看法,也抽离了众所周知弥漫其中的虔诚(Rahe 1992,300 n. 63)。因此,哲人亚里士多德再次刺激那些爱思考且要求高的读者思考,或从他这里探求,他所明白的道理到底是什么,让他足以相信理性不假外求就能自足。

答案的端倪就隐含在亚里士多德对这两种政体的尖锐批判中:这些据说是神启的立法,最后却表明欠缺智慧。尤其是克里特的政体,传说是宙斯的心腹(弥诺斯)创制,现在却表明,不过是斯巴达政体的原始蓝本;因其粗陋,克里特政体受制于频繁的内讧和几个家族的僭主控制(Bartlett 1994b,145 – 146)。作为进一步的挑衅,亚里士多德还大胆地下了这样一般性的判断,"任何制度,凡先前的总是比较粗疏,而后起的就可以更加周到"(1271b23 – 24;对观 1268b39 – 1269a8)。

不过,这种证明还不足以反驳神启和神法的权威性。一方面,证明克里特的立法缺乏智慧,可能只是让我们做好准备,欣赏另一种或许后起的神启法律的智慧;这样一来,克里特的立法受到神启,似乎只是为后起的立法起到预备性的教育作用。但更为根本的一面在于,即便证明了某种自称受到神启的立法是愚蠢的,在理性审慎之人的眼中,也无法判定某条具体的法律就愚蠢——"因为再愚蠢的神也比人智慧","神选择世界上愚蠢的东西来迷惑智者"(哥林多前书1:25 – 27)。神可能说,"我就是给你恶法"(以西结书20:25)。神也可能考验我们对永恒或超验神义的忠诚,要求我们服从,牺牲我们骄傲的理性告诉我们的东西,那些东西构成了我们世俗的幸福和人性的、太人性的正义。[88] 然而,启示(或神

---

① 我们在此发现亚里士多德批判希朴达摩时说的那句话,"法律能见成效,全靠民众的服从,而遵守法律的习性须经长期的培养"(1269a20 – 21),具有更多的亵渎含义。纽曼(1285b6)敏锐地发现亚里士多德在《政治学》(1285b4 – 17,1310b9ff)中谈到希腊英雄时代的王制起源时暗中否定了神圣的传统:"亚里士多德认为王制起源于人民的意志,但君王本人可能会声称他们能登大位实赖宙斯,他们认为自己是宙斯的子嗣。"

法）并不要求我们牺牲或放弃正义。在神法呼吁的更高的、更圆满的、颇为神秘的正义和我们理性所理解的正义之间，肯定存在某种可理解的关联。[①] 因此，对据称的神法及其所呼吁的正义进行审慎、理性的道德批判，绝非毫不相关（Bartlett 1994b，146）。

我们已经跳过了亚里士多德前面对斯巴达更详细的研究。我们走近他的研究时，已做好准备，给予斯巴达足够的尊重；崇拜法律培育出的德性的人们，认为这种政体最有资格接近真正最好的政体。[②] 亚里士多德一开始就说，对任何严肃政体的批判都该兼顾两点：第一，用可想象的最好政体的标准来判断；[③] 第二，检验是否有违其"立法宗旨"，即判断它作为政体的目标是否仍然符合规范，即使有别于和低于最好政体的目标（1269a32 – 33）。

对照以上两点，亚里士多德罗列了一串对斯巴达的主要非难，口气越来越严厉。这些非难累积成对斯巴达（即便它处于鼎盛时期）的严厉反思，传递出对斯巴达著名的、据说是神启的立法者之智慧的轻视。[④] 同时，借助隐含的对照，亚里士多德带我们完全看到他心目中最好政体的重要特征——同时，也让我们完全看到斯巴达混合政体的一个升级版的重要特征。因此，他是否开始勾勒我们用来判断一种政体和立法是否真正神启的标准，作为对"祈愿"的应答，也"符合祈愿"？

亚里士多德的批判开始时比较温和，似乎斯巴达（以及克里特

---

① 对观 Genesis 18：17 – 33；Deut. 4：5 – 6；Burkert 1985，246 – 250。

② 对观 1265b32 和 1263a35，亚里士多德在《伦理学》1180a25 – 27 中高度赞扬斯巴达；对观卢梭 *First Discourse*："啊，斯巴达！你永远让徒劳的理论无地自容！"

③ 托马斯比亚里士多德走得更远，他用如下的话语解释了这段文字："美德是一切法律的目的。因此，凡与美德无关的法律，都不是真正的法律。"

④ 亚里士多德在此小心翼翼没有点名批判的人，在另一处地方却专门点了名（1270a7；另参见 1271b25）。纽曼说（ad 1270a19），尽管其他人如色诺芬和普鲁塔克（尤其参见后者的 Agis 传和 Cleomenes 传）将斯巴达的衰亡归咎于"偏离了吕库古立下的法律"，亚里士多德"却将之归咎于该法律本身的缺陷"（他在卷七中对此有更明晰地阐述）。

和其他城邦）就是最好政体，旨在为公民提供"闲暇，不再因为日常生活所需而终身忙碌"。但斯巴达的错误在于，实现这种"一致同意"的目标的赫卢太农奴制不是一个好的手段。因为赫卢太人常常构成叛乱的威胁，使得维持这一制度不仅危险重重而且成本高昂（1269a34 – 1269b12；对观柏拉图《法义》777）。经过反思我们看到，这最后一点暗示赫卢太农奴制事实上很大程度与"一致同意"的目标相抵触。那么，什么是"一致同意"的目标？或者问，"闲暇"的内容和意义是否有待商榷？斯巴达政体所谓的"闲暇"是什么意思？

　　"正式的"答案很明显。斯巴达之所以著名，[89]是因为它关心消闲，以致力于培育公民德性。亚里士多德第二个批评的焦点，就落在这一关心的范围还远不够宽广。由于完全忽视对女人的道德教育和合法限制，"半个城邦欠缺法度"。① 亚里士多德解释说，鉴于最好政体的目标是"幸福"，鉴于区别于最好政体的斯巴达政体的目标是"整个城邦坚毅奋发"（1269b13 – 23），这样做就不对。此处，最好政体的目标和指引斯巴达政体的目标之间，鸿沟明显。但亚里士多德还没有准备将这鸿沟作为他批判的焦点。他继续讨论斯巴达女人"一直放荡不羁过着奢侈生活"带来的负面影响："在这种政体中，崇尚财富是必然的结果。"在此，亚里士多德没有详细描述斯巴达人崇尚财富到什么地步。他只说，对财富的崇拜尤其出现在妻子占主导的地方——凡富有军人气息而好战的种族常常见到这种情况，这并非只是因为军人妻子相对于她们性欲冲动的丈夫掌握着性的主动权（对军人坚毅品质的培养并不意味着要求有能力忍受或控制性苦闷；恰恰相反：1269b22 – 1270a14）。在斯巴达，女性的放荡和对财富的热爱，造成更丑陋的后果是经济上的不平等，最显然表现于土地——通过嫁娶和继承，土地越来越集中于少量女人之手。更糟糕的是长期的后果，拥有足够土地、能够过有闲公民

---

　　① 参见柏拉图《法义》637c，674a，780e – 781d，806c – 807a，836b – c，839d。

生活的男性数量在逐渐减少。尽管立法鼓励公民生育，但结果适得其反，非但没有抑制反而加速了公民人数的下降，因为如果多生育，土地和财富在后代子孙中将越来越分散（1270a15 – 1270b6）。①

亚里士多德从斯巴达公民生活问题重重的前提上升到讨论关键的政府机构。他首先将慧眼转向五人构成的监察院（1270b7 – 35；对观 1272a5 – 7；对观柏拉图《法义》712d）。对于负责城邦内务的这个最高机构，亚里士多德认为这种设计有诸多缺点。首先，它可能落入最穷困的公民之手，这种人由于急需金钱，就容易开放贿赂之门，甚至接受外敌贿赂为祸本邦。其次，这个机构权力过大，近于僭主，迫使国王（国王主要负责外交）不得不反击；在反击过程中，为了得到公民大会的支持，国王必须蛊惑人心。后果就是，这种政体容易从"贵族政体"堕落成"民主政体"。不过，亚里士多德也的确赞颂"监察院在维护政体方面的作用，因为民众参与了这个最高机构而心满意足"。因此很显然［90］，在一个像斯巴达那样的"混合政体"中（对观 1265b29ff.），肯定有某种机构，它实在、但有限的权力会放在民众之手——尽管不应落在最穷困的民众之手（对观 1272a30 – 35，1272b30 – 32）。不过，尽管那样一个"机构的人员应该从所有人中选举产生"，但斯巴达的选举程序却"相当幼稚"。② 因此，当选的监察官尤其缺乏必备技艺，难以决断军国大事。最后，也是最重大的缺点是，监察官的生活过于放任，由于摆脱了政体对普通生活的严厉约束，他们就趁此良机私下享乐。这最后一点为我们做好了铺垫，来看亚里士多德如何继续揭露斯巴达长老院成员的行为。

---

① "我们从这里的评论得知"，纽曼（1279a18）说，亚里士多德"倾向于将公民的土地视为不可剥夺之财产，倾向于规范甚至终结土地馈赠。他会"废除嫁妆或限制其数量，不允许父亲（或儿子）将土地作为嫁妆给喜欢的女儿（或姐妹）"（另参见1309a23ff.）。这些都是柏拉图的《法义》中的制度：740b，742c，806c – 807a，836b – c，922e，924d – 925d。

② 关于究竟何为"幼稚"程序的丰富讨论，参见 Rahe 1980 和 Rhodes 1981。

亚里士多德首先恭维占据斯巴达"长老院"的是些"贤良""高贵而美好的人",身居高位是对他们"美德"的"奖赏"(1270b24 – 25)。在此,我们看到所谓的"贵族政体"的核心特征(对观 1265b33)。因此亚里士多德赞同,倘使"长老们都是端正而有教养的人,这种组织当然有益城邦"(1270b35 – 36)。但他随后话锋一转,揭露斯巴达长老院在许多重要方面都达不到贵族政体的标准。首先他说,将"军国大事之决断"托付给终身任职之人,表明无条件地将智慧等同于年岁:亚里士多德轻蔑地说(参见孟德斯鸠对亚里士多德的批评,《论法的精神》5.6 – 7),因为"才德犹如身体,总是随着年岁而渐衰"。其次,他更为鞭辟入里的评论是:"实际上,当选为长老者的教养与才德,未必符合立法者的初意。"这种不信任感被长老院的贪腐坐实:由于监察院的失职,许多长老受贿徇私。最后,亚里士多德批判说,这个庄严机构的选举方式也很"幼稚"——最糟糕的是——鼓励了好名而非好德之辈窃居要津。这份好名之心,亚里士多德重点强调(开始展开他全面的攻击),事实上也是"立法者当初订立竞选等制度的目的"(斯巴达是柏拉图所说的"荣誉至上政体"——对观《王制》544cff.)。在真正最好的政体里,或在真正的贵族共和政体里,亚里士多德暗示,选举出来进入长老院(这被认为是有德之士的万神殿)的人——这些人为整个城邦创造真正高贵的生活方式和精神气质设定了基调和准则——应该是这样一些人,其才德使他们没有野心,甚至使他们无心统治:"在我们想来,公职只应选拔贤能,不管他愿不愿意担任这种职位"(1270b39 – 1271a18)。[91] 在此,我们再次听到对柏拉图《王制》中苏格拉底观点颇具挑衅的隐约回声。

但是,鉴于那样的贤能榜样过于稀缺,而又需要他们在形塑生活方式上发挥至关重要的影响,是否君主政体可能对他们更合适?为了给那些真正出类拔萃的稀世贤能提供强大的政体平台,难道共和政体必然不能包含王位(对观 1266a22 – 25)?讨论了斯巴达的长老院,再上升到讨论斯巴达的王位时,亚里士多德突然明确宣布,他要先抛开"王室对于各城邦究竟有利还是有害"这个一般性问题，"讨论另一个与王位有关的问题"。不过，他补充说，选择新王应该视其品行，不宜采取斯巴达"现行"的世袭方式（1271a19 - 22；对观 1272b38 - 1273a2）。先前，他认为斯巴达王位的特征是，两王因所获得的"荣誉"而乐于支持这种政体（1270b23）。现在，他坦然承认，当初斯巴达的"立法者也明明知道自己不能保证历代君王个个都光明正直"。因为"他无论如何都无法给予他们充分信任；这就是为什么他立下法则，君主外访时，随团要带上与之相忤的人（监察官）；这就是为什么他认为，城邦的维系要靠两个王之间的争斗"（1271a20 - 26）。

亚里士多德对斯巴达政体分析的一个突出特征到了紧要关头。他已经表明，这种政体更多依赖机构制度，而非美德。这些机构制度多少有些建设性地设计出公民之间的制衡竞争。激励他们的主要是对荣誉的爱，同时要部分压制对金钱的爱（对观柏拉图《法义》691c - 693e）。因此，这种政体的主要动力似乎是对荣誉的爱——当然，其中包含了对美德模糊而含混的爱（对观《伦理学》1095b23ff.）。就这样，从他对机构制度的批判，转向对形塑性格的习俗、伦理和教育的批判，可以说，就批判对象政治意义的重要性而言，亚里士多德在不断升级。

一种荣誉至上的政体，它对荣誉之爱的离心力，需要由公民友爱的向心力来平衡。设计会餐制度，使公民日常生活彼此相依，这是重要的创举；斯巴达的立法者希望由此培育必要的"民主"精神，值得赞许。然而遗憾的是，食物不是（像克里特那样）由公家出，而是由公民自己出，这样的规定对于穷困的公民参与会餐是巨大的负担，因此"最不民主"——违背了立法者高贵的初衷。①

[92] 显然，亚里士多德的一系列批判经过精心组织，细致校

---

① 1271a26 - 37，1272a12 - 27；合理提供的会餐将是亚里士多德自己主张的最好城邦的关键特征；参见柏拉图《法义》842b，847e - 848c。

准了枪口的精度,在批判对象的重要性方面逐级上升。但在此他突然打乱这种阶梯计划,推迟他的渐强音,转向一个不太起眼的方面——关于海军统帅的问题。他说,法律赋予海军统帅的权力,也有理由非议,因为会与两王的权力冲突,导致内讧。这种批判之声显然已包含在前面对各机构制度的讨论中,但为什么突然在此插入?仔细检视,我们注意到,亚里士多德将这种批判与先前的批判区别开来,说了一句"这个问题也曾受到人们指责"(1271a38)。然后,当他继续陈述倒数第二条对"立法者的初衷"的批判理由时,亚里士多德承认,他只是在效仿"《法义》中的柏拉图"(1271b1)。通过突然插入对海军统帅问题的批判,同时强调这种批判他的那些前辈也做过,亚里士多德吸引了认真的读者的注意,他要强调随后的自白:柏拉图的《法义》是他批判斯巴达的蓝本。他因此促使读者重新审视柏拉图的文本,最后认识到亚里士多德所谓自己对斯巴达的批判,其实完全受惠于柏拉图:事实上正是柏拉图《法义》中的政体,才是最好混合政体的标准,亚里士多德以之来衡量和批判斯巴达。① 卷二作为整体,或许可贴切地视为在向柏拉图,特别是《法义》中的柏拉图,默默地深鞠一躬,因为其现实的精明与睿智。我们在此发现一个好的理由来回答为什么亚里士多德可能觉得没必要在卷八中完成他自己对最好共和政体的阐述:这项工作已被柏拉图在《法义》中完成,且无可超越。

斯巴达的根基有缺陷,首先是因为它只致力于培养一种美德,即战争中展示出来的那部分美德。事实表明,斯巴达人"不懂得如

---

① 相比亚里士多德,柏拉图的批判当然没有那么直接,而是更加委婉,因为柏拉图的批判主要是在一场对话中带出来的;通过这场对话,柏拉图旨在教育一个年老的斯巴达的爱国者和他年老的克里特友人。特别参见《王制》544cff.;《法义》626aff.,637 - 642,660bff.,674a - b,682eff.,696aff.,712d,740b,742c,776,780e,806c,836bff.,842b,847eff.,922e,924d - 925d;另参见纽曼(2.314;1271a26)。纽曼错误地认为,柏拉图的《法义》没有注意到克里特提供会餐的优点:纽曼引用了《法义》842b,但忽略了雅典的异乡人在847e处说的话。

何利用闲暇"（1271b5；对观《法义》626b – 629a）。与此紧密相关的第二个根本缺陷是：由于他们的美德观念过于残缺，斯巴达人"正当地以为"，美德在等级上低于人们争夺的善物；斯巴达的政体和法律使他们在心中认为，相比于他们的美德，用他们的美德获取的善物更为重要。斯巴达由此形成一个不加掩饰的独特特征。在此，亚里士多德的系列批判迎来了高潮：斯巴达人不愿意交税，致使国库空虚——即使"邦国被迫陷于重大战事"；简言之，要言之："正是立法者的初衷，使城邦身无分文，使私家追逐金钱。"①

非洲政治生活的高峰

[93] 贬低希腊政体的各种典范，为抬高希腊之外的迦太基的政体扫清了道路，将之置于首位——我们现在看到，这是就亚里士多德所知，人类历史上最好的城邦。哲人亚里士多德明白无误地表示，他并不认为城邦是希腊社会的特定形式，也不认为它在希腊人中达到顶峰。②

迦太基在组织结构上优于斯巴达，首先体现在相当于斯巴达监察院的一百零四人院（或"长老院"——《论法的精神》10.6），其次体现于迦太基的君王选举模式。更不用说，相比于克里特，迦太基有巨大的进步。至于迦太基的缺陷，也是主要存在于所有这三个最好现实城邦中的缺陷。在此，亚里士多德明确点出所有这三个城邦共同的"立法宗旨"，并借之作为批判它们的标准，批评它们不仅次于最好的政体，而且没有达到它们共同（哪怕是残缺）的目标。与此同时，亚里士多德帮助我们更好区分，什么是他所谓的

---

① 亚里士多德再次追随柏拉图：尤其参见 *Laws* 661d – 663c 和 *Alcibiades I* 122d – 123b。

② 列奥·施特劳斯 1964，30；对迦太基优越性的类似评价，参见伊索克拉底 *Nicocles or the Cyprians* 23 – 24。

"最好的政体"，什么是他所谓的"共和政体"。①

斯巴达、迦太基和克里特全都期望成为亚里士多德在此所谓的"贵族共和政体"或"偏于共和政体的贵族政体"（1273a4 - 5）。我们不仅要记住他现在说的关于"贵族政体"的话，还要记住他先前说的话（1265b26 - 33，1270b16 - 25），这样我们才能知道，亚里士多德在此所谓的"贵族政体"指的是这样一种政体：在其中，那些被认为有德性的人在统治，塑造城邦的生活方式，他们不受干涉，也无需富有或热衷名位。迦太基与斯巴达和克里特一样，大大限制了如此理解的贵族政体，努力将之与更低级的"共和政体"结合起来；而亚里士多德讨论这种"共和政体"时认为迦太基是这样一种政体：追求明智的平衡，混合了民主政体（由构成多数的平民当政）和寡头政体（由构成少数的富人当政）。换言之，在"偏于共和政体的贵族政体"中，要求有德性的人取悦构成多数的穷人和构成少数的富人，或与他们妥协——这两个群体主要关心的不是美德或共同的善。我们必须立刻补充一句，当亚里士多德首次引入"共和政体"，作为针对柏拉图《法义》中的政体时，他的定义是相当不同的：共和政体起初作为一种真正的"中庸政体"——即一种中间物，不仅仅以健康平衡的方式结合了民主政体和寡头政体两个极端，而且将它们捏合成新的政体，其最高统治权操于卫国的将士之手，因此也是由基本形式的共和美德精神在主导（对观 1279a37 - 1279b4）。[94] 然而，在描述迦太基政体的目标时，亚里士多德将共和政体只视为两种极端政体的均衡结合。由此，亚里士多德的"共和政体"以两种面目出现在读者眼前，这一高一低两个版本，究竟偏于哪边，取决于共和政体的两个决定性特征谁更明显。

迦太基尽管是有史记载以来最好的现实政体，仍然没有实现仅

---

① 亚里士多德使用意义相当晦涩的"共和政体"（polity）一词，以及由此造成学界的理解混乱，参见 Robinson 1962，尤其 23 - 24，90；Coby 1988，尤其 906；Johnson 1988；Bates 2003，102 - 114。

仅追求平衡的那个低版本共和政体目标（这种共和政体版本的确是它的追求）。远未达到良好平衡，迦太基"有些地方偏向民主政体，有些地方偏向寡头政体"。亚里士多德细致的批评似乎暗示，在真正平衡的共和政体中，既不是占多数的平民也不是富有的少数垄断重要事务的发言权。尤其是考虑到下文，我们注意到，亚里士多德的判断是，迦太基更倾向于民主政体，因为平民控制了公民大会的议程，他们有权起而反对所选官员的提案，也有"最高的"权力决断提案是否通过（1273a5 – 17）。这有助于我们看到，在真正平衡的共和政体中，平民不应该有那样的权力（对观1298b5 – 10）：公民大会议程根本不该由平民（大众）控制；大众不应该对提案有"最高的"或决定性的判决权；不应该允许普通公民在公民大会上反对官员的提案。

不过，如果说迦太基没有在富人和穷人之间达到良好的平衡，但它的确与斯巴达和克里特一样，致力于超越追求平衡的共和政体，朝更高的贵族政体迈进。所有这三个最好的现实政体都受同一愿景（无论它多么微暗或扭曲）引导，由有德之人统治。迦太基最接近于这种的维度；但即便是宣称美德是入选高位的唯一条件的迦太基，在现实中也不得不大打折扣，"向也是属于大多数人意见的某种观念"妥协——这个观念就是，厚实的家产是选拔的标准，理由是"穷人既不擅长政事，也无暇来参加公务"。亚里士多德严厉地谴责立法者向这一流俗谬论低头："这种偏离贵族政体的做法中，应该认为是立法者的错误"，因为"立法者开始就应该注意到，应该保证才德优胜的人获得闲暇，无论在位在野，都不使他们从事不称其才德的贱业，为衣食而操劳"（1237a25 – 35）。有德的生活，无论是成年之前必要的艰苦教育，［95］还是成年之后全神贯注于公务或私活，以求人生圆满，都要求不间断的闲暇，免于"谋生"之累。在真正的贵族政体，应该立下法律，保证才德之士无需操心财富，终其一生由公众供养，享受舒适闲暇生活。但与此同时，亚里士多德补充说，将家产也纳入当选高位的条件，如果是为了确保有资格的人能够过上必要的闲暇生活，这就代表着"第三条道"，它介于严格意义的贵族政体和寡头政体之间；这一等级超越了共和政体，偏向于贵族政体。

但即便是这"第三条道"，迦太基也没有实现。因为"最高的执政职位，如王位和将军位，都可卑鄙地贿求"。① 迦太基的"法律尊崇财富胜于美德，致使整个城邦贪婪爱财"。因为"上行下效，凡居高位者的习尚很快就开启众庶的风气"（1273a36 – 39）。在此，我们开始发现，"政体"这个术语内涵的一个关键维度鲜明地展现出来。② 它不仅指基本的组织机构和权力；更重要的是，它也指身居高位者展示的人格类型。这些把持至上权力的人，所展示和培养的人格类型，早晚会产生主导性的影响，塑造所有公民的精神愿景。③

在完成了对迦太基政体和立法者最深刻的批判后，亚里士多德突然掉转航向，不过他并没有大张旗鼓。④ 他突然暗示，除了迦太基，还有另一种很不同但"更好"的淡化的贵族政体形式："对于那部分比较优良的公民，即使不能予以终身供养，让他们衣食无

---

① 亚里士多德在此对于他后来要阐明的迦太基政体的一个关键特征完全保持沉默（1316b5 – 6）：它是商业化的政体，或者说将商人纳入其统治阶级，因此属于"民主统治"。卷二对于迦太基商业性质的沉默，映照出了他对于斯巴达虔诚或神学性质的沉默：无论是在哪种情形下，亚里士多德都抽离了一个众所周知的事实，为的是将这些政体从最有力量阻止它们成为最好政体的因素中"解放"出来，为的是用这些政体作为最好政体的候选来做一场思想实验。

② 纽曼提示参见 Xenophon *Cyrop.* 8. 8. 5；Isocrates *To Nicocles* 31，37，*Areopagiticus* 22；柏拉图《法义》711b – c。另参见柏拉图《王制》卷 8；Mulgan 1977，56；Simpson 1998，148；SH 365。

③ 孟德斯鸠（SL 8. 14，建立在 Polybius 6. 51 和 Livy 2. 32 之上）在分析迦太基政体衰亡的原因时明显偏离了亚里士多德。亚里士多德认为其政体（即便是鼎盛时期）中的财阀伦理缺陷，是其败亡的主要原因，孟德斯鸠则认为，正是后来元老院制度性力量的丧失，才导致伦理的堕落。在亚里士多德看来，形塑政体的首要因素是统治者有无美德；对于孟德斯鸠而言，统治者有无美德是制度安排的结果。

④ SH（ad loc.）注意到这里的过渡很奇怪，但他们在迷惑不解之下建议，这段文字需要修改，添加一些句子后加以重组。

忧，至少应该让他们在从政期间，得到充分的闲暇。"亚里士多德暗指这样一种政体，其中高位将向不需于贫困阶层的优良公民开放。这种版本的政体偏向民主政体，与迦太基偏向寡头政体恰好相反；在这种设想出的政体中，比起在迦太基，财富的尊崇地位大大降低。（考虑到其直接的后果，我们注意到，在这样一种政体中，不像在迦太基，苏格拉底那样的穷人可能被召唤去身居高位。）

亚里士多德继续这一有趣的暗示，补充了另一条相当奇怪的对迦太基的批评。他突然换成柏拉图《王制》中苏格拉底的游戏口吻（370c 等），指责迦太基推崇这样"有缺陷"的观念，即一个人可以或应该身兼数职："因为每一工作最好是由专人完成；［96］立法者应该明白其中道理，不该指定同一个人既做笛师又当鞋匠"。在柏拉图的《王制》中确定了"一人一岗"这个平常的法则，作为真正最好政体的基本原则；按照这一原则，统治权永远落在生来就配这一席位的"哲人"精英之手。因此，在讨论历史上最好政体临近结尾时，亚里士多德以游戏的方式暗示了柏拉图的统治原则；在卷二的开头，他承认，理论上而言这是最好的原则（对观 1261a34 – 1261b6）。然而在此，亚里士多德将苏格拉底"一人一岗"的原则做了非常奇怪的、全新的、具有一半民主特色的运用。他构想出另一种政体图景——与偏于寡头政体的迦太基的航向完全相反，进一步淡化纯粹的贵族政体："因此只要城邦足够广大，政治职务就尽可能分配给多人来充任，这是比较合于行政原理和民主精神的"。他做了进一步解释，也以此表明自己态度，他受两种完全不同的考虑推动。一方面，是苏格拉底的考虑："职有专司的事业总会做得更快更好"——可以想象这是因为每个人都专心致志、心无旁骛（这似乎就排除了轮流执政，或与轮流执政有点抵触）。另一方面，是"我们所说"的考虑，尽可能有"更多人参政的机会"。但这并不是刚刚所说的考虑——刚刚所说的考虑是那种安排应该更"民主"，不是更多人参政（如果按照一人一岗的原则，官位又如何共享？）。亚里士多德的话前后矛盾，究竟是在促使我们做什么反思？

亚里士多德随后做了总结，尽管仍然是含混的语口气，但这一政体图景的重心开始显明。他说，如果我们想到"海军和陆军"，就会"明白"他的意思，"因为在这两个部门，上下全体各守其位，各司其职，每个人既要听令，也要授令，既要统治，也要服从"（1273b15–17）。

如果我们将批判迦太基的两点暗示放在一起，我们就会看到，亚里士多德指向的是这样一种政体，所有的公民像一支军队组织起来，不同的军阶，将向富人和不属于贫困阶层的贤良开放，同时还能为他们提供不同程度的闲暇。当然，按照军队的模式，权力结构将是金字塔形，越接近塔尖，位置越少——即便有轮换，可能也很少，只有通过逐级上升（这种典型的军队结构，参见 1322a29ff.）。这种设想出的政体将是精英制，具有有限的民主特色：许多比较富有和非贫困阶层的公民，将进入某些领导层，"有些职位将向贤良开放"，[97] 而非局限于富人或出身好的人；但城邦至上的权力仍将保留在少数已经证明是有美德的人之手。

亚里士多德在总结他对迦太基的评价时，出人意料地揭示了该政体最脆弱的地方。"尽管偏于寡头政体"，但"它常常遣送一部分公民到所属的城邦进行治理，使其各有致富的机会，从而很好地避免了寡头倾向的恶果，使城邦得保安定"——迦太基这种移民政策，他不动声色地评论道，靠的是脆弱的好运，才能拥有许多附属城邦（1273b18–26）。事实上，正是这种帝国主义的倾向，促使迦太基的寡头们利用了穷人中的野心家，派他们出去统治和剥削附属城邦的人民，发财致富（1320b4–6）。

梭伦的雅典民主政体

寡头政体的倾向玷污了迦太基这个现实中最好的政体，这样的责难，连同超越迦太基政体、朝着民主方向进行的思想实验，为我们做好了铺垫，迎接下文出人意料的发展。正如纽曼所说

（2. 372），考虑到"我们在卷二第一章看到的讨论议程，我们或许期待它会以对迦太基的评论作结"。① 然而，揭露了腐蚀迦太基（以及其他两个同样"著名"的政体）的爱财风气，通过设想一出思想实验，融合民主政体和贵族政体的特征，以反抗这种寡头政体倾向，亚里士多德容许（或要求）我们管窥雅典梭伦著名的民主政体。亚里士多德现在提醒他的读者，"有些人的确认为梭伦是好的立法者"。② 原因是"他消除了纯粹的寡头政体，解放了平民，使其免于奴役，并建立了民主政体；在他创立的政体里，各种特色高贵地融合在一起"——"元老院是寡头政体特色，执政人员的选举是贵族政体特色，公审法庭是民主政体特色"（1273b36 – 41）。

　　亚里士多德自己对于梭伦及其政体的判断虽然令人迷惑，但若与之前评论迦太基的相关部分对观，能够大致勾勒他对混合政体主要问题的教诲。亚里士多德首先表达了疑虑，梭伦是否如令人尊敬的传统所认为的那样富于创新。很可能，元老院和执政人员选举法为雅典旧制，梭伦在立法时只是因袭，只是加了一些民主政体要素，如将判决权交给大众陪审团，这些人通过抽签方式从全体公民中产生，［98］因此确有真正的民主精神。然而，正是因为最后一点创新，"有些人指责他"。因为自从"厄斐阿尔忒和伯里克利削减了元老院的权力，伯里克利又颁行了给予陪审员的津贴制度"，大众陪审团就变成了孵化近似于僭主和煽动家的温床，雅典就变成"现在这样的民主政体"。但亚里士多德反驳说，"这有违梭伦的初衷"，而且是事出偶然：在希波战争中，平民为水手组成的海军树

---

　　① 因此，纽曼怀疑，尽管"看起来是亚里士多德写的"（Gottling 1855，345ff.），讨论梭伦立法这部分"可能是后人添加"。

　　② 1273b35 – 36；这里的"有些人"证明包括了亚里士多德本人（1281b31 – 32；1296a18ff.）、柏拉图笔下的苏格拉底（*Republic* 599e）以及伊索克拉底（*Areopagiticus* 16 – 17，26 – 27，37 – 38）。为了理解亚里士多德在讨论民主制度时的修辞策略，我们需要记住，他主要的听众是贤良或贤良人家的子弟，这些人很可能一开始就非常怀疑民主制（Bates 2003，155）。关于雅典贤良的反民主制心态的生动而敏锐的描述，参见色诺芬的玩笑之作《雅典政制》中对雅典民主在"一个老寡头"眼中和口中的戏剧性描述。

立了雅典的海上霸权，平民由此感觉到自己在城邦中权力的陡增。正是这种偶然或未曾逆料的军事发展，壮了平民的胆，他们"拉帮结派，造谣惑众，反对公平"（1274a3 – 15；对观 1304a22 – 24 和 1341a28 – 30）。至于梭伦的真正意图，亚里士多德说，梭伦很可能只是给民众"绝对必要的权力"——即选举和审查官员的权力（"因为倘使没有这些权力，他们就同非公民的奴隶无异，转而成为城邦的敌人"）；相比之下，梭伦严格限制选举资格，将官职留给有声望的富人，将经济底层的人排除在候选人之外。

亚里士多德对梭伦制度创新的评论相当含混，几近自相矛盾。梭伦究竟给没给平民判决权（这种权力通过由抽签决定组成的大众陪审团来体现）？① 大众陪审团的判决权是否属于给予平民的"绝对必要的权力的一部分"？倘若平民获得这种"绝对必要的权力"，集体尝到他们的权力，雅典政制如何能够压制住颠覆它的势头，而不因成为海上霸权这一"偶然事件"导致的牺牲品？梭伦是不是完全清楚他的立法行为？通过对梭伦政体令人困惑的讨论，亚里士多德带出这些《政治学》后面章节的庞大问题：平民合理的政治权力和地位是什么？平民是否有政治地位，是否可以保留或限制在合理的范围？

---

① 参见 Oncken 1964，2. 440 n. 1，494 和 SH 316，350 两者之间（奇怪的敌对）观点。对比 *Ath. Const.* 9 和普鲁塔克的 Solon 17 – 19。

第三章 政体间的正义争论［卷三］

[99] 卷三后来被证明是《政治学》的理论核心，不过它初次出现时却像是个意外。卷二开宗明义就声称，首先要研究理想的政体，继而批判先前最好政体候选的那些现实政体——在此过程中，正如我们看见，亚里士多德隐约勾勒出自己的观点。我们自然期待，接下来他会详加阐释。^①然而，这条上升的轨道却突然中断，让位于一个更基础而复杂的研究，即其意义引起激烈争议的公民正义的研究（可以肯定，其中对最好政体的思考扮演了重要作用）。只有在这一研究完成之后，即在卷三结尾，亚里士多德才宣布，"我们接着可以研究最好的政体"（1288b3）。政治学的最高任务出人意料地要求绕道，先察看关于何为正义的根本争论。

亚里士多德卷三开篇以一种令人惊讶的问题语气重新开始了他的计划："人们要研究政体，考察其所是和属性，几乎首先就要问城邦的性质，去看现实城邦是什么样子"；"因为现在，人们争论"的恰是这点（1274a32 - 34）。换言之，只要看看粗粝的现实政治生活的动荡——尽管斯巴达和迦太基等最著名而稳定的城邦并非这样，但绝大多数城邦都是如此——我们就能知道，不同的政体体现或表达了冲突乃至不可调和的城邦观念（1312a40 - 1312b3）。事实上，城邦是歧义丛生的概念。

这种争议——亚里士多德将之当成研究公民正义的富于启发的起点——绝非只是古典城邦的特点。亚里士多德清楚表明了这点，解释了在此使用"城邦"一词的宽泛意义，他说："我们知道，政

---

① Newman ad loc. ; SH 37; Krohn 1872, 30n; Schütrumpf 1. 39 - 40。

治家和立法者的一切活动,都与'城邦'有关"。[100] 在整个卷三中,我们将看到,亚里士多德在研究(或试图仲裁)所有时代和地方的政治生活都免不了的最基本斗争①:在反复出现、相互竞争统治权的各种政体——民主制、寡头制、贵族制、君主制、僭主制——之间的斗争;它们各自亚版本之间的斗争;以及它们构成的不同"混合制"之间的斗争。正是在自我管理城邦的参与政治中,这种斗争达到至深至广的激烈程度,最清晰地展示出最高的道德问题。这些道德问题,限定或开启了不那么具有活力、不那么完整的人类政治生活形式。

政体冲突最生动地体现于革命或重建的时刻;亚里士多德首先特别关注民主政体诞生或从其他政体中重生时发生的事情。新建或重建的民主政体的支持者经常否认先前的政体可以在言行上代表城邦:他们认为,"寡头制或僭主制"下"没有城邦"。他们的反对者则认为,事实上,"正是过去的城邦,才成就了现在"。"城邦"一词作为争论的对象,其内涵在此包括了我们今日所指的"国家"。②稍后(1276a10 – 12),亚里士多德将阐明隐含在这两种针锋相对观点之后的重要道德维度:有些民主政体的支持者在反驳对手时说,不必遵守前任政体的债务、条约和其他承诺,因为那些不是今日城邦或国家应承担的义务。

关于公民的争论

将政体与"居民"和"公民"联系起来,亚里士多德进一步表明了这种争论中的风险,因此,也进一步澄清了"政体"一词的内涵。政体是"所有城邦居民用以分配政治权利的体系"(1274b38)。

---

① 卷三开始设定的研究内容的广度,参见 Christian Garve(1799)。

② 列奥·施特劳斯1964,30 – 32,42,45 – 48,他提示我们参见柏拉图 *Laws* 856d,*Crito* 51c 和色诺芬 *Hiero* 4.4 – 5。关于"国家"(country)一词,参见 Shaftesbury 1964,2. 248 – 249。

说到底，政体是以等级的形式区分居民：哪些居民是公民，哪些居民不是公民。于是，需要追问的是，什么是"公民"？

"由于城邦是一个组合物，显然正如其它由许多部分构成的组合物一样"，需要首先搞清不可再分的部分（对观 1252a16 – 18），即公民——"因为城邦正是由若干（许多）公民组成"（1274b39 – 41）。那些不属于公民的居民，可能是邦国的重要前提，但他们不是维持城邦这个组合物运转的基本成分。因此，卷一的观点［101］现在已被超越，或被证明是暂时性的观点（对观 Schutrumpf 2. 383）：作为一个由许多居民（政体将其分为公民和非公民）构成的政治体，城邦不再是以家庭为基本单位的组合物。

鉴于每种政体都要依靠排他性的原则才能基本形成，我们毫不奇怪地听到，谁是公民——换言之，谁被包含在内（谁因此被排斥在外）——这个问题成为政体之间争议的主要向度。尤其是，如果转变成了寡头制，民主政体下的公民往往会丧失其地位。在这种包含和排斥中，最大的风险是什么？要回答这个问题，我们就要先考虑再抛开公民与其他非公民或半属公民共有的主要特征：首先，仅仅是"公民"这个称号；其次，只是住在某地，即便永远定居；最后，享有法庭宣告的合法权利——所有这些特征，那些缺乏完整或真正公民意义的个体，都可能具有。最有启迪的是这一说法，某些人被普遍视为公民，是有条件的，比如，儿童和退役者。尤其是考虑到那些非公民缺少的东西，我们才能够明白，绝对公民意味着什么（1275a22 – 23）："全称的公民是凡得参与决策和治权机构之人。"

但亚里士多德刚给出这个答案，立刻就承认或提出了一种反对意见。许多或大多官职的任期是短暂的，不能连续担任，或者只能间隔一段时间才能重新担任。这种反对意见提醒我们注意，在许多或大多的政体中，实际上只有小部分的公民担任官职。所以，"凡得参与决策和治权机构之人"作为公民的定义似乎太狭隘。那么，为什么亚里士多德首先就给出这个定义呢？经过反思，我们意识到，这第一个候选答案构成了最完整、最有意义、最有参与性的公民观。然而我们不得不放弃这样一种公民观，原因是，许多或大多政体满足不了它们公民成员的参与要求，只好将公民身份限定给那些实际参与治权的少数人。这第一个给出的公民定义似乎只适合相当封闭的贵族政体。但我们注意到，它也可能与那种将贵族政体和民主政体混合起来的奇怪政体中的公民观相吻合。亚里士多德在对迦太基的批判中勾勒出了这种政体：在其中，正如在"陆军和海军"这两个机构，"每个人既要听令也要授令，既要统治也要服从"（对观 1273b15 – 17）。对这个定义的反对意见还提醒我们注意，特别是在典型的民主政体中，[102] 何为公民，毕竟那里许多或大多"公民"实际上从来没有参与治权机构。亚里士多德承认这个反对意见有道理，于是放松或扩展了他的第一个定义：他回答说（1275a26），"不过，有些任职没有时限，如法庭陪审员和公民大会成员"（这两个机构尤其具有古典民主政体的特色）。

但对于这个修订，亚里士多德立刻指出，"有人可能"会反对——"争辩说，法庭陪审员和公民大会成员不是统治者，他们也不通过那些机构分享治权"（1275a16 – 17）。这个反对者看来秉持类似贵族的立场，在一个好的邦国，群众陪审团和公民大会没有治权，或至少不应有治权。他似乎受这种想法引导，健全的政体召集平民，只是为了告知、让他们接受或赞同，他们（或许是选举出来）的统治者——政治家和法官——告诉他们需要去做的东西。在此，亚里士多德提醒我们回到卷二中他暗示的分类，那应是一个平衡好的混合政体或"共和政体"的特征（对观 1273a5 – 17）。但现在，对于这一贵族立场的反对声音，亚里士多德突然充满激情地给予了民主立场的反击："公众法庭和公民大会是城邦最高权力之所系，认为参与这些机构的人并没有治权，这就不免可笑了！"

这时，我们意识到，亚里士多德只是在清晰地展示一场争论，在其中，他先后采纳了不同的声音，首先是贵族政体的观点，然后——更重要的——是民主政体的观点（对观 Winthrop 1975，408）。

或许可以说，亚里士多德将我们拖入这场"贵族政体"和"民主政体"对于"公民"意义的争论中，由此向我们显示，争论的不仅是谁被包括在内，而且是包括在内的人分享怎样的治权。民主政体的公民观要求没有那么严格，包容性更强，公民大会和陪审团拥有权力，哪怕不是最高权力。而贵族政体的公民观，更具排斥性，要求更高，大大限制了公民大会和陪审团的权力，坚持至关重要的等级制度。

让我们吃惊的是，亚里士多德轻飘飘地打发了这场争论，认为只是"在文字上吹毛求疵"："这里所欠缺的只是一个名称，对应陪审员和公民大会成员分享的东西；为了事理的明晰起见，我们姑且称之为'无定期的职司'。"他换成肯定的群体或群众的口吻，继续说，"这样我们就可以把公民定义为以这种方式参加的人"（即以民主的方式参加）。但在由此扮演民主代言人的角色中，亚里士多德的定义过于粗略。他没有充分揭示"这种"参与方式的隐含意义。他为这种含混辩解说，"这种意义的公民"最为适合"据说是公民的一切人"（1275a29 – 34）。换言之，这是一个草率的准定义，[103]是一种适用于所有情况的普遍公民观，不加批判和区别。正是如此，这个"定义"迎合了民主政体，因此也显示了民主政体的一种重要特征——与此同时，以一种精心设计惹恼同情贵族政体的读者的方式，收回了最初的、更贵族政体倾向的定义。更令那些读者生气的是，这个辩解理由似乎不仅是民主政体的观点，还是政治学家亚里士多德接受的观点：亚里士多德给人最初的印象是，民主政体的公民观，正是他本人的观点，因为他寻求一个科学的公民定义，要适合一切政体，适合与之相关的一切类型，对这些类型一视同仁。（这些同情贵族政体观点的读者无疑会抱怨，事实上，与亚里士多德受民主政体启发而宣称的观点相反，这定义并不适合大多数政体；正如亚里士多德本人几行后指出，在有些很受尊崇的政体中，根本没有群众陪审团或公民大会；事实上，有些受尊重的政体，可实上也并没有大量的公民人口——没有德莫士［demos］。）

　　但是，就在亚里士多德似乎坚持强行灌输民主政体的公民观时，他本人立刻提出了一条严厉的抗议，强调说基于"不得忽视"（言下之意迄今遭到忽视）的科学考虑，有些类型的组合物，其子类在潜在组合原理的质级上很不平等，以至于不同类型之间"毫无共性或很少共性"；"我们看到，"亚里士多德现在宣布，这种现象同样适合政体。其中，有些类型"正确"，有些不仅"错误"甚至"变态"。结果是"变态"政体中的公民观与"正确"政体中的公民观大相径庭。（1275a35 – 1275b4；对观 Bonitz 799a19）亚里士多德似乎暂时支持作为科学观点的那种普遍的公民观，结果证明其根基极不科学，忽视了不同政体之间存在巨大的差距。现在，亚里士多德明确承认，那个据称普遍的公民观，"对于民主政体最为适合，然而对于其他政体，只是可能相符，未必完全切合"（1275b1 – 6）。

　　但是，让我们失望的是，亚里士多德在此没有解释，哪些是正常的政体，哪些是变态的政体，这种等级区分的标准是什么。他只是简单地说了一句，"我们后面将要说明"（1275b3）。因此，他并没有按照他所说的真正科学的等级制，给出充分的定义，何为正确的公民观，何为错误或变态的公民观。[104] 而且，在指出有些政体根本没有群众陪审团，因此其公民观没有被包括进据称是无所不包的民主政体的公民观时，他举了斯巴达和迦太基为例。他在卷二中赞扬它们是所有已知现实政体中最值得崇拜的政体。他以此提醒我们注意他在卷二中所展示出的那种君子的、贵族的倾向。更惊人的是，他现在没有继续讨论这种隐含的贵族政体的公民观。相反，尽管他前面提了反对意见，他仍坚持民主政体的公民观推而广之也切合其他政体（1275b18 – 19）：所谓的公民是指这样的人，他有权或因此有可能——不必变现（对观 1276a4 – 5）——在某个时候参加议事或审判机构（可能是但并不必然是公民大会或群众陪审团）。

　　亚里士多德激发读者思考，为什么他倔强地朝着赞成民主政体的方向推进，哪怕他提出了自我批评，哪怕他会忤逆同情贵族政体的听众（施特劳斯1964，36）。在此，我们需要停下来反思一下我们作为现代读者的情形。如果我们今日要理解《政治学》中的教诲思路，就必须走出我们继承下来的、赞成民主政体的、反对贵族政体的偏见，认识到聆听亚里士多德的主要读者，通常或最典型的是从一开始就带着完全相反偏见的读者。亚里士多德不能期望他的听众和读者来自不得不谋生的阶层——无论是小农、匠人还是劳工。他必须期望大多数读者来自有闲的上流阶层。① 我们只有牢记这点才能明白，他开篇对公民观的讨论，是有意设计去刺激当初的读者。亚里士多德是在刺激他们中最敏感的人思考：为什么我们的老师如此倔强地站在民主政体一边？在什么重要的意义上，这个令人怀疑的说法——民主政体的公民观更好，是因为它"尤其适合一切据说是公民之人"——有值得我们注意的东西？

那些爱思考的年轻贵族，因此可能获得引导去注意亚里士多德在此暗中勾画出来的一个事实，比起其他政体提出的概念，民主政体的公民观念更加广泛和大度。其中包括了这种考虑，恰是因为民主政体的公民观念宽泛，要求不高，民主政体才可能容忍公民中有些个体践行或秉持与民主政体不同的（尽管不是煽动性的）生活方式和观念。亚里士多德最初那些在（民主）雅典学园的听众，[105] 应该有更直接的"切身"的路径理解以下这点：政体间的争论，不同政体支持者之间的争论，政治哲学需要的争论，以及亚里士多德现在提出来的争论，只有在宽松的民主政体下的公民中，才最有可能出现或被容忍（参见柏拉图《王制》，557c–d）。不过最相关的考虑是，无论它是多么粗陋，民主政体的公民观更大的包容性和开放性表明，民主政体更有理由宣称是邦国——在言行上代表

① 许多学者对《政治学》产生误解，主要是没有抓住亚里士多德修辞和教育策略的关键。一个重要但却不太为人注意的纠正是 B. Strauss 1991，他没有将重心放在亚里士多德预想的未来读者，而是放在他在雅典近在身前的听众（231，提示参见 Davis 1978，89）："他在雅典学园见到的那些雅典公民，往往对民主政体彻底幻灭。要接近他们，亚里士多德必须讲他们的语言，一种批判雅典政体的语言。"另参见 Forrest 1975，224–228；Lord 245n38。

整个邦国。此外，还有最后一点次要但仍然关键的理由支持民主政体的公民观。在给出总结性的（宽泛）公民定义之后，亚里士多德用以下话语重述了他对城邦的定义："城邦的一般含义就是为了要维持自足生活而具有足够人数的一个公民集合"（1275b20 – 21）；亚里士多德提醒我们，城邦为了自足——最明显是为了组织一支军队——必须有足够公民"人数"（对观1274b41）。

共同利益的标准

然而，恰恰是民主政体的公民观更大的包容性，带来了包括民主政体在内的所有政体宣称代表城邦（整个城邦）时的问题。因为，即便最极端的民主政体也没有将所有适合成为公民的永久居民纳入公民范畴。第二章的第一部分将这个问题带到我们面前，突显了这个事实，在每一个城邦或政治社会，无论公民还有什么别的涵义，其包容性很大程度受血统或出身影响——父母是公民，有时条件还得追溯到先祖。所有政体靠这个"快捷的政治"标准（1275b25），将许多已经安定下来的居民排除在公民之外，将更大数量的新移民或潜在的移民也排除在外，他们可能很忠诚，有能力完成或业已完成该政体要求其公民完成的任务。[①] 亚里士多德继续小心翼翼地勾勒出隐含着的这条普世接纳的合法标准——出身血统论——多么荒诞。亚里士多德引用了伟大的高尔吉亚的嘲讽——（亚里士多德说）这个嘲讽包含了"问题"和"讽刺"（即喜剧性伪装的问题）。亚里士多德利用它来强调，一个人翻家谱翻得越远，越发现祖先受人尊敬，祖先越有资格靠血统证明其公民资格，最终他总会将血统追溯到特别受尊崇的"立邦"一代。然而，那些受尊崇的"立邦者"作为创始人，恰恰没有任何血统证明他们是公

---

① 一个极坏的例子——吊销帮助推翻三十僭主的利西阿斯等人的公民身份——参见 *Ath. Const.* 40. 2 和对 Aeschines *Against Ctesiphon* 195 的论述。

民！[106] 他们被"当成"公民，标准不同于甚至相反于今日要靠父母或祖先公民身份来证明的标准。正是从这些最初"被制造出来的"、缺乏任何血统证明的公民，衍生出所有这些要求，要靠血统来做是否公民的最高标准！然而，亚里士多德的公民责任感不允许他停留在诙谐的高尔吉亚嘲讽血统论所具有的颠覆含义上（对观 1278a30 – 34）。①

不过，清醒的亚里士多德的确明晰地引出了取舍公民的正义问题。他说这样做是缘于新的"问题"；这种问题给人的印象比较短暂，属于局部，没有普遍性，因此比起高尔吉亚狡猾而尖锐的嘲讽指向的问题，没有那么大的颠覆性。这新出现的问题，是针对公民人数的扩张或收缩往往发生在革命之后这一现象。（我们经过反思发现，革命只是暂时将高尔吉亚的问题带出水面。）亚里士多德再次将其问题置于民主政体与其反对者之间的争论框架：他以雅典克利斯提尼时期的民主革命为例，"在驱逐了僭主之后"，一些来自异邦的居民甚至奴隶被提升为公民；反对这一做法的人会质疑，不过质疑的不是这些居民被转化为公民的事实问题，而是质疑这种做法背后是否正当的法制问题。

亚里士多德因此设法让来自少数群体的人最先明确呼吁正义；这些人反对一项扩大公民范围的法令，认为这项亲近民主政体的、偏向大多数人的法令不公正。亚里士多德进一步放大了这声呼吁，提出了这个问题：既然"不义与虚假相同"，那么，凡在道义上不该为公民的人，就不是真正的公民，难道不是这回事吗？亚里士多德似乎首先拒绝了这个挑战，理由是"我们也看到有些人，依道义说来，不应该受任为官吏，竟然做了官吏，我们也并不因为他们治理不良，就说这些人不是官吏"（1276a2 – 4）。但我们马上就知道，

---

① 对观 Winthrop 1975，409 和 Newman ad 1275b26："宣称公民和国家是人为制造的产物，这符合高尔吉亚的哲学教诲精神……高尔吉亚以其反讽而知名（*Rhetoric* 1408b19）。"关于亚里士多德指出的这个根本问题的论述，参见施特劳斯 1953，103 – 105 及上下文。

亚里士多德那样回答仅仅是为了帮助我们看清以正义之名提出的那种挑战的真正品性和观念力量。因为他立刻将这种困惑——关于什么是政治上的正义或不义，什么是政治上的真假对错——与最初的"问题"和"争议"——关于什么是真正的城邦或国家——联系起来；现在他指出，对正义（即共同利益）的呼吁，无论过去还是现在，都处于这种最初的民主观念——寡头政体和僭主政体不能代表真正的城邦或国家——的核心。亚里士多德将民主政体的反驳归结如下："有些政体"的城邦不是真正的城邦，因为［107］即便它们事实上统治着城邦，但它们是作为"僭主"在统治，"这些政体靠暴力起家和维持，不是为了共同利益"（1267a13）。民主政体认为，真正的政治统治必须是正义的，是为了共同利益。但亚里士多德立刻表明，这种真正统治的道德标准对于民主政体也有批判的意味，"事实上，民主政体也有以暴力起家的，如果说寡头政体和僭主政体的作为，可以否认它是城邦的作为，那么民主政体的作为也是可以否认的"（1276a14－16）。民主政体并不是仅仅因为更有包容性才自动关心共同利益。民主政体意味着多数人的统治；多数人的统治可以利用强力剥削少数人（特别是富人和精英）。

我们现在已经到了这个关头（1267a17），在此，关于正义（作为共同利益）与真正政治的构成性关系，出现了一定的共识，居于政体之间普遍争斗——尤其是民主政体和贵族政体的争斗——的核心。政体的统治及其判定公民的法律标准构成了官方的主要权力，只要这种权力忽视作为共同利益的正义，该政体的统治和法律的完全合法性就将受到严厉挑战，其统治的权威性就会减少，该政体诱使公民敬服的能力将削弱，最终其统治不再作为政体真正起作用。

我们现在期待亚里士多德阐明这条判定真正政体统治的具有共识性的核心标准；我们期待他深入研究，究竟何为城邦真正共同的利益或善，他是如何理解其构成。然而与我们的期待相反，为了让我们更清晰地看到政体之间的这场争论究竟有多么高的重要性，我们的导师理亚里士多德发现了一个迫使他或使他能停下来的挑战。

政体有多重要？

如果我们要理解接下来这个简短但意味深长的段落，就不能只对它进行孤立地考虑，而要参考我们在《政治学》中其它地方学到的关于"政体"的意义——以及我们富于成果地运用亚里士多德的这个最基本观念研究历史和我们身边的政治生活时学到的东西。①亚里士多德事实上面对的是这个问题：政治的政体会不会根本不是决定城邦或国家属性的最重要因素？通过新的角度来看何为城邦这个老问题，他提出了这个新问题："我们将依据什么来确定这个城邦是同一的城邦，［108］或不是同一的城邦，而是另一的城邦？"（1276a18 – 19）他立刻表明自己完全意识到，最简便捷的回答是土地和人民未变。这个答案"最明显"，也"最肤浅"（1276a19）。

亚里士多德非常谨慎和仁慈，所以并没有这样说，但这种"最肤浅"看法的最重要代表是爱国者；他们相信，真正最重要的，他们真正所爱的，不是反对另一政体的某一政体，而是"祖国"②——"我（或我们）的城邦或国家"——等同于那神圣乃至神秘的同一的土地以及世世代代的人民（西塞罗《论法律》2.1 – 5）。这种潜在的神圣的同一性，爱国者将之理解为万世不易，从而将那些来来去去的政

---

① 对这种新运用的综述，参见 T. Pangle 2006，章4。另参见 Lord 2003。

② 这些自荷马以降的希腊常见术语也出现在亚里士多德的《雅典政制》中，但令人惊讶的是从来没有在《政治学》中出现（参见 1273b38 和 1305a28——尽管在那些地方某一较短的手稿中的确出现了"祖国"一词）。对比柏拉图 *Laws* 642b，699c – d，739b，741d，777c，806b，856c – e，865e，866b，878c，942a，955c 和 *Crito* 51c；参见施特劳斯（1972，179 – 180）参考亚里士多德的《政治学》对色诺芬笔下"patris"用法的考察：正如施特劳斯说，"'fatherland'一词鼓励人们寻找不同政体的差异"。

体及其争斗完全降于次要地位。

然而相反，亚里士多德坚持认为，真正确立城邦或国家身份的，既不是土地的同一性，也不是——更有说服力的——种族或血脉的连续性及其历史传统和语言。因为城邦或国家身份的确立，首先系于那种有意识的共同关怀，它激活了在世之人的心灵，将之作为他们最高的关怀；人的最高关怀，因此也是由人组成的共同体的最高关怀，是在行动中和通过行动实现善的生活；政体竞争者之间争斗的结果，就是表达和决定如何理解善的生活，如何展现善的生活，即作为共同体的"生活方式"，或作为共同体值得尊敬的或"有德性的"东西（1328a36 – 1328b2）。选择政体，就是选择某一类或某些类品性的人来统治（Skultety 2011，103 – 104）。这些人承载和展现了某种鲜明的善的生活观——关于美德与邪恶、高贵与卑贱、美与丑的观念——作为"共同体的目的"（1289a17）。这些作为政体之根基的观念将注入和表现于各种神灵和英雄身上，供社会仰望和效仿。最后这一点宗教性含义，或许是亚里士多德分析框架中最有争议的部分。因为他想暗示，无论是高雅艺术的内容，还是虔信或宗教的意义，从长远来看，处处都取决于政体的选择而非别的东西（对观阿尔法拉比，2011）。操持在富人手中的政体，是否就崇尚与财富相联系的才华？若是，是哪种财富？贤人从事的农业？商业和商业主义？银行业和资本主义？操持在"人民"（平民百姓）手中的政体，是否就尊崇"普通人"的德性？"人民"的成员资格，[109]是否一定程度上需要提供光荣的军事服务，以培养对公民勇敢之美德的集体义务？民主政体青睐平等先于自由，还是自由先于平等；它怎样理解自由和放纵的差异？如此等等——对于任何种类的政体都可追问：在政体种类及其亚类之间的选择（1289a9 – 20），就是选择不同品类的人来领导、追随、崇拜，来为道德定调，来代表幸福和高贵的愿景；而幸福和高贵正是整个共同体的目标。因为"上行下效，凡居高位者的习尚很快就导启众庶的风气"。① 因此，"倘若政体发生了变化，转变为另一种政体，这城邦也就不再是同一的城邦了"。亚里士多德以戏剧为喻："正如戏剧中的歌队，一会儿演喜剧登场，一会儿演悲剧登场，虽然往往是原班人马，但这两出戏剧总不是同一的戏剧了"（1276b2-6）。政体，换言之，是共同体生活这出戏剧的脚本；"因为政体就是城邦的一种生活方式"。② 城邦的其他方面，比如具有不同地理的领土，以及从野蛮分散的状态中聚拢在一起的人口，固然很重要——但只是作为前提条件，作为"物质"（1325b40-1326a8）；"由此说来，决定城邦同异的，显然是政体的同异"。（1276b9-11）③

当然，亚里士多德惊人的戏剧比喻，像所有的比喻一样，也需要条件限定。政体（无论是革命的还是演进的）改变，这个事实表明几乎所有主流的政体都面对异见分子的挑战；主流政体的精神主宰远非完全（Coby 1988）。政治像舞台，有些演员总是颠覆戏剧脚本，脚本不时还会冲突，演员队伍之间也发生冲突。每一种现实政体的严重缺陷，尤其是不义之举，早晚会逼使生活其中的某些人公开或隐秘密的造反——这种造反不总是或不完全是受到它反对的政

---

① 1273a38；对观 1260b15-16；另参见柏拉图《王制》卷8-9；*Laws* 711c；西塞罗 *Republic* 1.47 开头和5.6-7；施特劳斯 1964，32-35，45-48；伊索克拉底 *To Nicocles* 31，*Nicocles* 37，*Panathenaicus* 138；马基雅维利，*Discourses on Livy* 3.29。

② 1295b1；另参见 1310a12-35，1324a17，1337a14-17。伊索克拉底说（*Areopagiticus* 14；*Panathenaicus* 138）："城邦的灵魂莫过于政体，与人身体内的心灵一样有力量。正是城邦的灵魂，在权衡万事，保护利益，避免灾难；正是城邦的灵魂，在吸引法律人、雄辩家和个体纷纷归附，按照共有的政体的要求而生活。"亚里士多德政治哲学中政体或政制的确切含义和重要性，参见施特劳斯 1953，135-145，193；1959，34-36；1964，45-40。

③ Marsilius（尤其参见 1.12-15，1.19）通过他的"立法者"概念严重偏离了亚里士多德的政体观——这明显见于他创造性地重新阐释《政治学》中的一些关键段落。Marsilius 贬低政体观念、从根本上改变亚里士多德的理论框架，一个未言明的原因是，"政体"（他当然援引了《政治学》1299a16ff.）的古典观念为有德或有智之人和执行城邦神圣法律（Josephus 在 *Against Appion* 2.17 中将之基督教化为"神权政治"——对观柏拉图《法义》712ff.）的祭司更好的政治统治留有余地。Marsilius 是想排除或克服神权政治。

体"黑格尔的辩证法式"的影响。换言之,亚里士多德主张政体具有压倒性的精神力量,不是要求否认而是要求承认政治审议和判决中人的自由。通过他们激烈严肃的争论和斗争,或捍卫或攻击或改革现行政体,政治代理人觉得,他们关于政体的言行、他们做的选择,以及他们呼吁他人做的选择,都具有压倒性的意义,(亚里士多德坚持认为)这并不是他们的幻觉。

而且,我们需要认识到,亚里士多德归于政体的这种精神主宰力量,[110]并不左右政体的变化是突进或渐进;即使是突进,往往也要用许多时间,才能完全感受到新的政体产生的压倒性的精神力量(参见1292b11 - 12)。① 同样,正如在卷六中十分明显的,亚里士多德没有否认所有这些的先在条件——无论是物质的还是精神的,新兴的还是传统的——可能甚至激烈地限制和影响任何给定时间可供选择的政体范围(Coby 1988,900)。究竟哪一种政体将从那范围中被选择出来,先在的条件如何被政体给予它们的形式重塑,为何被这形式重塑,这些才是根本问题,只有通过可利用的政体选项中主角之间的斗争来解决。

亚里士多德在此争论的观点对我们后来的现代人构成的强大挑战,足以见于这段话(及其表达的亚里士多德的基本观念框架)在十九世纪和二十世纪的评论家中激起的抗议。亚里士多德政治学的基本分析框架,从根本上不仅质疑了现代的"美学""文化"和民族主义,② 而且质疑了所有现代"社会学"。因为从亚里士多德政治

---

① SH(ad 1276b9):亚里士多德"绝非忽略了这种状况,现行的伦理和教育与制度不相匹配,但若是如此,这是由于他坚定地认为现行的制度还没有充分发挥作用"。参见柏拉图《王制》550d及上下文。

② 比如参见SH(ad 1276b9)充满激情的说法,亚里士多德"会完全拒绝,套用Hildenbrand[1962,416]的话,'国家是自然政体的观念'。但是,无论一个国家如何形成,不管是多民族的混杂,还是由单一民族构成,我们都不会停止认为,其制宪史是其国史的主要成分:因此,我们发现几乎不可能(比如)将英国宪法和英国剥离。对于我们来说,在此表达的情感看来无法容忍:——英国可能被另一个民族取代,但只要保持同样的宪法,英国仍然是英国"。

学的角度，我们的"社会科学"是残缺的，因为忽略了政体不可简化的决定性作用。现代"社会科学"在这幻象之下忙碌，可能存在有效的科学的"心理学""经济学""社会学""人类学"或"社会史"等等，它们被现代人认为是独立的学科，而非合理地从属于通过政治学和政治史来做的政体研究。现代"社会科学"的幻象是糊涂的产物；这种糊涂始于启蒙政治哲学，然后被历史哲学加剧——历史哲学的出现，是洞察到早期启蒙运动在精神和文化上的浅陋。早期启蒙运动的政治哲人致力于重新看待政治，使用他们所谓的"国家"这个术语，因此将政治大大降低到作为一种手段的地步，以保护所谓的"社会"，即人际（尤其是经济）交往的网络，把人的本性——被暴露在所谓的"自然状态"中——表达了为了权力和安全本质上漫无目标的相互竞争。一种新型的政治秩序，即"自由宪政主义"，某种程度上就建立在这一误导的基础上。在这种政治秩序的一个激进的版本中成长，或被其滋养，我们已经从自然（公民）的存在中异化出来，发现很难从我们的经验中理解，政治如何是亚里士多德所教导我们的那样具有决定性的作用；我们只不过是在我们幽暗的经验洞穴之光中，建立我们所谓的社会科学。亚里士多德会说，[111] 我们忽视了这个基本事实，我们私人化或个体化的世界，连同其特别的"国家"观和"社会"观，主要缘于一次特定的政体变化——美国立国——及其往往被扭曲的影响在全球的流布。精神的浅薄和原子化，作为新的自由宪政主义的必然结果，引起了十八世纪晚期和十九世纪朝"历史"的转向：历史以一种前所未有的方式被寄予厚望，作为更丰富和更高的集体意义的源泉，历史作为"文化"，尤其是作为民族的宗教传统，超越了"文明"。人们认为，"历史"能够给予重要的引导，无论是以通过继承取得的、不断增长的、独特的群众或民族"精神"和"文化"的形式，还是以一种普世的、"世界历史"的文化——据说顶点是某种千禧年的"历史终结"——形式。对此，一个真正的亚里士多德的视角会说，一切诉诸历史的形式，无论是民族主义者的还是普世主义者的，无论是世俗的还是神圣的，都强加了一种神秘的目的论。这样东西事实上不过是对一直开放的——因为自由争论和人的选择——按时序排列的政体之间斗争结果的记录。①

好人对好公民

亚里士多德在结束他对具有决定性意义的政体的讨论时，回到了前面政体之间的斗争——或更确切地说，回到这个更狭隘的问题，"如果城邦变更了政体，应不应该承担前任遗留的义务？"但他突然宣布，"这是另一个问题"——然而他并没有继续这方面讨论，而是开始了新的"研究"，"好人"（good man）和"好公民"（serious citizen）的美德是不是一回事。他说，这问题"同上述论旨密切相关"（1276b13 - 18），只不过"关联"不太明显（参见 Schutrumpf 2. 413 -417）。经过反思，我们看到，亚里士多德设计的思路可能如下。

通过在此明确地提到政体之间关于正义的争论，亚里士多德带我们回到抛开来讨论政体重要性那一刻就出现的关键问题。就在绕道来讨论政体重要性那一刻，亚里士多德就已经引导我们看到，相互竞争的政体之间的争论，争论的核心是谁更有资格为了共同利益而统治。我们期待亚里士多德会转到这个专题，研究究竟什么是公民的共同利益。亚里士多德还引导我们看清围绕公民的共同利益所产生的根本争议的大体轮廓。[112] 一方面，亚里士多德已经带出了民主政体用共同利益的标准来判断时具有的最明显的力量：民主政体将更大部分的居民纳入积极公民的范畴。公民的活力显然被珍视为一种巨大的内在利益，不仅是（甚至主要是）作为必要的手

① 参见施特劳斯1964，33（与上下文）；施特劳斯指引我们参见黑格尔 *Reason in History* 和"对待自然权的科学方法"（施特劳斯说，在这篇文章中，"黑格尔用 'Volk' 来译柏拉图和亚里士多德的 'polis'"）以及柏克 *Reflections on the Revolution in France* (1855, 2. 351、362) 和 Letters on a Regicide Peace I (1855, 5. 214 -215)。

段，推进其他利益。积极参与的公民至少是"政治共同体幸福"的重要组成部分；亚里士多德在《伦理学》中说（1129b18 – 19）这种幸福被合法的正义"生产和保护"。然而，另一方面，亚里士多德在《伦理学》中的同一段还说，"法律或是为了全体的共同利益，或是为了最优秀之人的共同利益，或是为了具有德性的最高权力者的利益，或是为了具有其他特征之人的利益"（《伦理学》1129b14 – 17）。在《政治学》中这个地方，亚里士多德使我们意识到贵族政体指责民主政体扩大公民范围的要旨：具有最高权力的公民大会和陪审团稀释或弱化了每个公民参与政治的实际意义；群众陪审团往往败坏本应当落在受过专门教育并经过仔细选择的法官手中的司法程序；公民大会往往成为蛊惑民心的政客的摇篮。这种来自贵族政体的指责促使我们看到，我们必须更确切地厘清什么是公民的共同利益。只有在这基础上，我们才能够知道多大程度上可以共享那伟大利益，我们可以包含多少人来共享；因为瓜分过了一定限度，公民的利益就会有水分，失去许多甚至大多的真正价值。我们需要问，哪种类型和品性的公民真正获得了身为公民追求的幸福；换言之，什么是好公民的才干或美德？

我们注意到，这是卷三中首次出现这两个意义重大的词汇——"美德"和"好"（seriousness）。它们在《伦理学》中随处可见，但在《政治学》中，直到讨论到民主政体的观点时，它们才姗姗来迟。我们注意到，在接下来的讨论中，"贵族制"（aristocracg）也第一次出现在卷三中。我们还吃惊地注意到，在随后对好人和好公民的美德的研究中，并没有明确提到共同的善或利益。

亚里士多德以一种令人吃惊的方式开始了他的研究。他质疑将好公民的美德等同于好人的美德。要理解这究竟多么令人吃惊，我们需要回想一下，表面上看，公民美德是多么强烈地要求人们视之为最高的美德。我们在《伦理学》中了解到，那样"合法"的美德是"完美的美德，因为拥有它的人能够施之于人，［113］不只自己专享"；"因此，充分体现了这一箴言，'统治显现了统治者的本性'。"① 但是，现在我们了解到，对公民美德的深深怀疑源于某种必然的后果，事实上也被这后果验证。这后果就是我们刚刚学到的关于政体的意义和重要性带来的——我们发现，亚里士多德在《政治学》中以政体为中心的教诲，还有另一重复杂的含义。

亚里士多德开始将重心放在公民的美德之后，立刻聚焦这个事实，公民有不同的职司，因此需要相应的美德。亚里士多德说，如果用"最准确"的说法，那么我们必须说，"每个公民岗位"对应着"独特的美德"。公民活动高度分散、专业化，每一活动都要求一套独特的美德或才干，如此多元性的公民美德，怎能混同于单一性的人的美德，实现人之为人的那一套美德？

当然，就所有公民而言，也有"一些共同的美德"，"适合于全体"——因为"共同体的安全"是"所有人努力的目标"。这难道不是一种美德，使所有公民——无论他们的职司和才干多么不同——成为好公民、好人？但亚里士多德立刻指出，政体是城邦所有人效忠的共同体；我们已经看到，不同的政体有不同的甚至相互冲突的生活方式，对什么是高贵和卑贱有完全不同的看法，会培育或者压制不同的美德。"因此"，亚里士多德推论，"公民的美德必然与政体有关"。在这个关键时刻，亚里士多德再次使用"好"（serious/spoudaios）这个修饰词。经过反思，我们看到它在此语境中的复杂含义。② 公民美德的核心是对某一特定（specific）政体及其独特的生活方式庄严地奉献——即具有强烈激情的忠诚。这必然要求他们对于那些竞争性的政体及其生活方式保持严肃的敌意（serious

---

① 参见普鲁塔克的"Aristides 与 Cato 的比较"，3："大家都认为，人所拥有的最好美德莫过于政治美德"；另参见柏拉图 *Meno* 71e, 73a；纽曼（1.235）提示我们注意修昔底德 2.42.2 中 Archidamus 的话。另参见麦金泰尔（1981，127）："在希腊公民看来，做好人，至少与做好公民息息相关。"

② "spoudaios"一词的主要含义并不必然是伦理含义：参见 LSJ 和《政治学》1448a1, 1449b24；Develin 1973；Lindsay 2000, 438；Bates 2003, 40n, 42 – 46；Goldberg 201, 133 – 134。

antagonism)。这尤其适用于在任何政体中执掌政权的好公民。"好"的民主斗士不可能是"好"的寡头，相反亦然。这是亚里士多德在这个地方（1267b31 – 33）所说的全部要旨："由于有不同形式的政体，显然，对于不同政体下的好公民，不可能只有一种统归于至善的美德。"（对观 1275a34 – 1275b5）但是，我们发现使一个人成为好人——人之为人的卓越——的美德，却不是相对的。"我们说一个人是好人"，亚里士多德说，"是根据一种统归于至善的美德"。因此，"很明显，作为一个好公民，可能不必具备一个好人所应有的美德"。①

那么，最好政体中的好公民呢？［114］会不会有某些政体，真正的人的政体——即便现实中不存在，但我们可以想象——在那里，好公民的美德即好人的美德，是至善的美德？让我们吃惊的是，亚里士多德立刻表示，没有这回事："我们即使不从一般政体而从最好的政体出发，去探讨这个问题，也可能得到相同的结论。"（1276b36 – 37）为何如此？首先（1276b37 – 1278a5），亚里士多德将他早前观点的言外之意运用到最好的政体——任何政体中，由于有大量不同的工作需要做，所以就要求许多不同的"特殊"美德。亚里士多德承认，最好城邦的公民需要具备可能不无道理地被称为的"好公民的共同美德"——也就是致力于这个最好政体下"好城邦"的安全。但是，鉴于职能的多样性和不平等，不同的公民在完成不同的职能时所展示的美德也是多样的、不平等的，因此并不要求所有公民都具备好人的美德，那种使人性达到至善的美德。其次，亚里士多德提了一个更大的、有些类似的难题（1277a5 – 12）。他提醒我们等级制在人类生活中无处不在，每个人身上有（身体/灵魂，理性/激情），每个家庭有（男人/女人，主人/奴隶），每种政体里更有："城邦也是由所有这些及其他相异的分子组成"。因此，"正如在

---

① 在此，亚里士多德第一次在讨论中提到道德严肃的"好人"——似乎是用《伦理学》重点强调的那个道德上严肃的好人来代替或等同于好人（Goldberg 201, 133 – 134）。

合唱队里，领唱和其他歌者的美德总是各不相同，城邦亦然，全体公民的美德就不能是单纯的同一美德"。每种政体，尤其是最好的政体，都有不同的官阶，要求大不同的美德（Frede 2005，173）。

亚里士多德强调了他的分析给我们造成的难度（1277a13 – 14）："但是否有这样的人"，他问，"既是好公民，也是好人，有着两者完全一样的美德?"亚里士多德的回答提醒我们，"事实上，我们的确主张，好的统治者就是好人，具有实践智慧"（对观 1260a17："统治者必须有至善的美德"）；"通晓政治艺术的人，必然有实践智慧"。亚里士多德邀请我们反思，在所有或大多数的政体中，献身城邦事业的统治者都被认为是有智慧的好人。这意味着，尽管它们之间有激烈的冲突，所有或大多数的政体，都同意以下非常重要的两点：第一，他们要求统治者是有智慧的好人，具有至善美德；第二，他们将至善的美德归于他们最尊崇的统治者——［115］无论那人是他们的林肯还是他们的李将军，是他们的贝当还是他们的戴高乐。难道不是所有的政体都预言，存在某种构成了人之卓越的统治术吗？在最好的政体里，统治者不仅是"好公民"，而且是"好人"，他的美德难道不等同于好人（也是好公民）的美德吗？

就在这个紧要关头，亚里士多德悄悄地把另一个角色带到他敏感的读者面前——"通晓政治艺术的人"——与那个当政的好公民完全不同，这人"必然有实践智慧"。[1] 正如我们从柏拉图和色诺芬笔下的苏格拉底以及亚里士多德的《伦理学》中知道，通晓政治艺术的人，即真正的"政治家"，并不必然是实际的统治者，事实上或许是最不愿和最不可能成为实际的统治者（即使或正因为他像苏格拉底那样，一直在从事"真正"的政治艺术）。[2] 亚里士多德继续指引我们注意，"有些人"竟然认为，

---

① Dreizehnter 没有任何依据猜测 Congreve（1874，ad loc.）对手稿做了修订，表明亚里士多德在这点上的陈述具有故意挑衅的性质。

② 对观 1261b2（和我们的讨论）和参见 NE 1141b24 – 1142a11；Xenophon *Memora-*

"统治者的教育从小就应该采取与其他公民不同的方式，大家也的确看到王室的诸子都曾经受到骑术和战术的特殊训练"。亚里士多德将统治者需要特殊教育的呼吁与欧里庇得斯的权威联系起来，他引用诗人论写作的话，"我毋需那些琐碎的机巧，但愿能领受到治国之道！"欧里庇得斯话中所指的未来的统治者所受的阳刚勇武的公民教育，显然不是将重点放在诗歌、音乐等高雅艺术的机巧之上的教育——这种心智生活脱离了政治的审慎。① 这不是这个智慧的诗人会满意的教育。② 欧里庇得斯的突然登场，使得原本处于背景中的另一生活方式和至上美德变得明显。这种生活方式一直在政治生活的旁边，现在被拉出来厘清和教导关于政治乃至全部生活的真理。我们看到这种生活，这种美德，正是漫游移民亚里士多德本人所过的生活，正是《政治学》中每一页默默展示的美德。但这种智性生活与美德，是否应被看成是次于最有德性的实际统治者的生活与美德，是否应被看成要服务于后者，需要后者才能圆满至善？③此刻，亚里士多德继续在这个假设——即"好的统治者的美德即好

---

bilia 1.1.7，4.2.11；柏拉图 *Rep.* 347d，488a – 489c，496a – 497a，519d – 521b；*Cleitophon* 408b；最重要的是 *Gorgias* 521d。另参见 Goldberg 2010，135 – 136。

① 我们的阐释在此遇到障碍，因为我们找不到这句引文出自的欧里庇得斯的完整戏剧（*Aeolus*），只找到保持在 Stobaeus 45.13 中相关语境的一处残篇，这个语境据说是国王埃俄罗斯在谈论他的诸子："如日月曜曜，在军国大政之上，要不是我，他们哪能明察秋毫，至于城邦日常所需，就让他们自己权衡去吧"。我们注意到亚里士多德抛弃了欧里庇得斯的部分原意（培育审慎的美德），因此强调了他所赞扬的统治者教育的物质而非精神的一面。

② "ta kompsa"译为"subtleties"，同样，亚里士多德在卷二中（1265a12）用来赞扬"苏格拉底的话语"，他在1291a11中继续用来形容苏格拉底的说法。这个词在《政治学》中别的地方没有出现（Bonitz 403）。

③ 这就是西塞罗的理由：*Tusc. Disp.* 1.7 and 5.72；*Rep* 1.1 – 13，6.13，6.16；*De Off.* 1.2 – 3，19，28，155。另参见普鲁塔克比较 Demosthenes 和 Cicero 3.2："据说尤其能考验和揭示一个人品性的是权力或统治，它会激荡所有的激情，暴露出所有的邪恶"；普鲁塔克继续说，"德摩斯梯尼缺乏权力，他也没有机会证明自己，因为他没有在任何显位担任过统治"，而西塞罗"拥有过独裁的权力，打击喀提林周围的人，是柏拉图预言的见证人：如果由于高贵的偶然，同一个人身上兼具美德、审慎和大权，那么，城邦将免于邪恶"。

人的美德"——下辩证前行。更确切地说，亚里士多德在继续悄悄地、辩证地验证这一假设。①

如果好统治者和好人的美德是同样的，亚里士多德接下来指出，可以推断，"公民的美德不应简单等同于人的美德，因为公民也是被统治的人"。只要处于被统治的地位，公民的美德就不是展示出至善人之潜力的美德，[116]因为人之潜力只有在统治中才能完全发挥。只有居于最高统治地位的那个公民，他才面临最生机勃勃的挑战。居于统治地位的公民的责任和权威越广泛、越全面，他在遇到考验时体现出的美德越伟大。简单地说，只要是下属，哪怕他是二号人物，他也不可能绝对地展示统治的美德。这点得到最充分发挥的、最有自我意识的政治家的体验为证（丘吉尔告诉我们）：

> 在我漫长的政治生涯中，我担任过大英帝国许多重要的职位，但我乐意承认，现在落在我身上的这个位置，我最喜欢。只为凌驾于同胞之上或增添个人光环的权力，是卑贱的权力，这是正确的判断。但在民族危机关头的权力，当一个人相信他知道应该带来怎样的秩序，这种权力是一种赐福。在任何行动的领域，一号人物和二、三或四号人物位置之间有天壤之别。②

---

① 1277a20 – 21。正如 Goldberg 指出（2010，136），"亚里士多德现在不再寄希望于好的统治者，再也没有重提"；Goldberg 暗示，亚里士多德心目中所谓的"好"统治者，不但能在绝对最好的政体中统治，而且能在其他政体中统治（无论他发现自身置于何种政体，都能保持批判的距离或清醒的张力）：好统治者"在任何政体都能高贵地胜任统治——像地米斯托克利一样，根据修昔底德的记载，无论是在波斯，还是在流放他之前的雅典，他都能够善治"。

② 丘吉尔1949，15。另参见1948，667（关于他在被任命为首相那一晚的体验）："我不会对读者隐瞒这一真实的叙述，凌晨三点左右我准备就寝时，我感到了极大的解脱。至少我有权指挥全局了。我觉得自己像在与命运同行，过去的生命一直在为这一刻的考验做准备……因此，尽管我渴望天明，但我还是安然入睡了，不需要欢快的梦。现实好过梦想"。（这个政治家对于"微妙的心理"也深有体验，为此，他获得了诺贝尔文

只有在丘吉尔成为首相同时兼任首席财务大臣及国防大臣这一刻，他才最终成为他自己，过着圆满而幸福的政治动物的生活，发挥了他追求卓越的全部潜力。

但这带给我们一个非常严重的问题。这其实有所铺垫，如果我们反思一下亚里士多德在卷一最后一章勾勒出的问题，当时他对于普遍接受的贤人统治观念提出了质疑。但是，在先前那次的讨论中，这种质疑之所以出现，主要是因为，按照另一种流行的高尚理念，政治统治是在平等人之间履行。在此，亚里士多德废除了平等作为圆满政治统治的必要特征：亚里士多德很快会说，政治统治是"出身相似的自由人之间的统治"（即不是简单的平等——1277b8；"相似"不同于"平等"——1279a7－9）。因此，亚里士多德在此把我们带到具有连贯设想的政治统治这个问题更深入的层次。

当他把统治者应该接受的那种特殊教育与未来君主的教育相提并论时，亚里士多德不动声色地引出这个问题更深入的层次。现在，亚里士多德突然令人震惊地宣布，他刚刚勾勒出的统治者的高级美德和被统治的公民的低级美德之间的差异，"或许"能够解释激励僭主伊阿宋的动因。［117］亚里士多德引用这个著名僭主的自白，他在成为僭主前就渴望统治——他不知道怎么做一个"庶民"，做一个过着非政治生活的人。① 亚里士多德提出来放在台面上的这个令人不安的问题，或许可以表述如下：如果或因为我们认为，参与最高统治是实现人之至善美德的核心，针对那种统治的教育是最高的教育，那么如此一来，作为政治生活的有德性的生活（和作为

学奖：但这些来自让他获得诺贝尔文学奖的文字，暗示出他认为自己生命的高峰是他作为最高统治者那一刻，而不是他之前或之后写作他政治统治生活的那一刻。）另参见普鲁塔克的 *Caesar* 11.2。

① 1277a23：Jason 的说法似乎僭主的生活和非政治的生活是两种根本的选择；对观柏拉图 *Rep.* 619b－d 和施特劳斯1991，91（章5，结尾）。另参见 O'Connor 1999，120－121。

有德性的生活的政治生活），会不会旨在实现个人最不受羁绊的、不受干扰的统治（Frede 2005，180）？如果最能使人之美德或卓越圆满表现的政体是最好的政体，那么最好的政体难道不是使最能干的、受过最好教育的人最大范围地持续地统治的政体？反之，一个极其能干的人，现在还没有升上统治地位施政，他会不会自然就体验到对于统治机会的一种深刻的、未满足的精神渴求——渴求完全自由的统治，是否只有这种统治才允许他完全实现美德的潜力？我们需要立刻补充一句，欧里庇得斯的诗文中提倡的君王统治的教育，显然表达的不是对一种自私的、压迫性的统治的渴望，而是一种公共精神："但愿能领受到治国之道！"但亚里士多德坚持说，我们应该认识到，最高贵的公共精神表达的其实是人对美德的渴望——渴望卓越，渴望那个具有公共精神的政治动物蒸蒸日上、大获成功，这个政治动物致力于成为给予城邦所需的人。正如亚里士多德在他论修辞的著作中说，"人们认为美德就是力量，能够提供善物，保护善物——甚至能够为所有人，在一切情况下带来许多巨大的利益"。①

我们对于好统治者的美德和实践智慧的敬重，带来这种令人不安但似乎必然的后果。亚里士多德刚拉开其帷幕，立刻提出一个起到平衡作用的流行观点："同上述的意见相反，人们往往又盛称兼擅两种能力的公民，即既能统治也能接受统治——可以想见，公民的美德，被认为是以高贵的方式进行统治或接受统治的能力。"②但

---

① 《修辞学》1366a36 – 38；另参见苏格拉底的教诲，色诺芬 *Mem.* 2. 1. 3 – 5，2. 1. 10 – 17，2. 6. 17 – 27。

② 1277a25 – 27；我犹豫再三，在此还是遵循 Dreizehnter 的注释本，该注释本接受了 Henry Jackson 建议的修订。不是"可以想象，公民的德性是因为……"，所有的手稿中都写着"一个有名的公民的美德是……"。后者显然不合语法，但在抄本中将"dokimou"写成"dokei pou"（Jachson 即如此修订），可能是很容易出现于传抄中的错误。不过，亚里士多德在此也有可能将重心转移到"有名的公民"——纽曼就是如此认为，他建议做更大的修订，在"公民"一词后插入动词"据说"；无论如何，亚里士多德表明他在此引入的是传统的观念。

这仍然没有解决业已出现的观念之争。因为"即使我们认定好人的美德即统治的美德，公民的美德兼具统治和被统治的美德"——亚里士多德总结说——这两种类型的美德"尽管值得称道，但还是不能等量齐观"（1277a29）。这难道不是在暗示，公民的美德必然是掺了杂质的，因此是低级版本的好人的美德？

　　然而，亚里士多德说，我们不妨抛开争议继续前行，反思一下这个观点，尽管有时看起来统治者需要学习与被统治者不一样的东西，但公民兼为统治者和被统治者，就应熟知两方面的才识（1277a30－32）。［118］这当然很好，但问题是，要做一个温顺的跟从者，为什么要学习那些东西，而不是学习某种次要类型的知识，对于最优秀品类的人来说没有必要的知识？当我们发现，学习如何以真正高贵的方式统治自由的公民，包括了某种形式的被统治——或充当温顺的下属服务——的教育经历，答案就浮现出来。当我们将之与"独裁"统治对照，深化了对政治统治的理解时，答案变得更加明显。

　　合理的"独裁"统治，所施加的对象是这样一些人，他们从事劳作，提供生活必需品，过着"奴性"生活，缺乏闲暇参加具有挑战性的统治任务，也没有闲暇接受这方面的教育。"这些被统治者作为奴隶或佣工所从事的鄙俗行业，好人，或通晓政治艺术的政治家，或好公民①，他们作为统治者是无需加以研习的——至于偶尔为了自己的事情而操作一些贱役，应当视为例外。"（1277a33－b5）政治统治恰恰相反，"它是自由人对自由人之间的统治，被统治者和统治者的出身相似"——"在这种统治中，统治者就须先行研习受命和服从的美德，正如要担任骑兵统领，就须先在某一骑兵统领下服役，要担任步兵将军，就须先在某一步兵将军下效命，或者说得更明白些，他须先去当百人队长，再去做联队长，一级级地做起"。这个军事的比喻最后表明，亚里士多德在此所说的"被统

---

　　①　亚里士多德在这里的上下文中第一次提到"好公民"。他还会再提到一次。

治"，包括了作为一个下级军官行使统治（参见 Thomas；Kraut 2002，367）；因此，他在此所说的"统治"就是绝对统治，不再有任何从属的意味——这种统治他先前形容为"绝对起控制作用"（1260a17）。① 正是通过身为下属时的统治经历，学习到的至高统治技艺，才得以展现"好公民"的美德，甚至展现最完整意义上"公民"的美德（最完整意义上的"公民"是相对于仅仅的"好公民"而言）。统治者和被统治者的美德虽属各异，但"好公民必须修习这两方面的才识，应该懂得作为统治者，怎样统治自由的人们，而作为自由人，又须知道怎样接受他人的统治"（1277b13－16）。"好公民"绝对是从最好政体的"好公民"中选举出来的个体，被提升到结构严谨的至高统治的地位，在亚里士多德阐明这双重"好公民"美德——建立在被统治之上的统治——的意义时，这点变得更加清楚。

亚里士多德接下来回到丈夫对妻子的统治。我们回想起这是卷一结尾时他"政治"统治的主要范式。亚里士多德现在利用这一范式，使这个事实更加清楚：通过公民等级逐步攀升到最高位，在此过程中习得的统治美德所包含的心智上的卓越，在品类上高于在所有下级位置上展现出来的卓越或美德（1277b17；1260a17－18）。发号施令的领袖的伦理美德——他的节制和他的公正——远远高于他统治下的自由人的节制和正义，[119] 以至于下属身上展示为美德的东西，如果展示在领袖身上，可能被视为邪恶（1277b17－25）。而且，只有发号施令的领袖才能运用实践智慧或审慎的智性美德：在政治统治中亚里士多德强调，"这种美德为统治者独

---

① 1277b7－11；再次使人想起亚里士多德在卷二预示有一种政体优于迦太基，其组织犹如公民构成的军队——1273b15－17。亚里士多德在我们当前这段话中的教诲，纽曼认为近似于梭伦（Diogenes Laertius 1. 60 引）和西塞罗（Laws 3. 2. 5，另参见普鲁塔克的 Agesilaus 1）的教诲；不过，这模糊了一个关键的区别。梭伦和后来的柏拉图认为，"只有先学被统治，才能开始统治"。亚里士多德则认为，只有先学习统治，特别是在下层岗位上的统治，才能学会被统治。

有"——"被统治者没有审慎这样的美德,他应专备的美德是信
从"（1277b26 - 29）。从这可以得出,只有起控制作用的统治者,
在他的生命活动中演绎和展示完美的人性,而他治下的公民对他来
说不过是起到工具性的作用:"被统治者可比做制笛者,统治者则
为笛师,他用制笛者所制的笛子演奏。"①

　　以如此引人注目的类比和意象来结束,亚里士多德警醒他的读
者,质疑那种最大的利益,那种构成了一个真正好人的卓越或美德
（被理解为是政治统治的美德）,在多大程度上可以分享或能够变得
共有——即便或尤其是在最致力于实现这种最大利益的政体中。有
闲的、受过教育的"好公民"中的大多数分享这种最大的利益,只
有通过成为少数几个霸主的信从而温顺的工具——只有这些霸主才
能演奏他们的"音乐",对他们的自由人下属和其他民众施加绝对
性的影响,关照他们的命运。

　　但进一步的问题是,在最好的可想象的政体里演绎至善美德
（被理解为是最高政治统治的美德）的那种生活,能否被认为是可
以分享的,即便在少数几个最优秀的通过不断地等级晋升,证明自
己配得上过最高领袖的最好生活的人之中?与他后来论述最好政体
的统治（1332b12 - 1333a3）恰成对照的是,亚里士多德在此——
他对作为政治统治的美德的观念做了最简明的分析——从来没有
说,如同艺术家演奏笛子一样的最高政治统治,能够是或应该是轮

---

　　① 1277b29 - 30;对观1260a17 - 19——"因此必然得出结论,统治者拥有至善的
美德,因为他的行为是绝对最高的,理性是绝对最高的;不过,其他人也有相应属于各
自的伦理美德";另参见1325b22 - 23——"思想既然本身也是一种最高的活动,那么在
人们专心内修,完全不干预他人时,也是最高的生活实践";1326b12 - 14——"城邦的
活动包括统治者的活动,也包括被统治者的活动,统治者的活动在于断案决事和发号施
令";1328a29 - 33;EE 1246b11——"统治者的美德在于利用被统治者的美德"。另参见
柏拉图《王制》433c - d;*Statesman* 309c - d。SH（ad 1282b31）认为,政治技艺和吹笛
技艺之间的类比"无疑是苏格拉底的比喻"。Frede（2005,175 - 176）表达了一些学者
的困惑和震惊,他们开始察觉到亚里士多德在分析统治和被统治概念时的游移立场。

换统治。① 因为根据这个基本前提，绝对起支配作用的统治是对美德的演绎，被认为是有德之人的完善，从最高位置下来，从仰赖于那宝座才能大获成功的过程中退下来，对于退下的个体，怎能实现他的抱负，怎么可能对他有好处？放弃了对于整个共同体发号施令的责任，退下来承担狭小的、属下的责任，这个有德之人怎么可能参加非常公正的公民活动？②

如果，按照亚里士多德在本章结尾的暗示，"由他单独或与人共同统治"（1278b4），我们设想出长期共同统治的观念——由两个或更多的结成友谊的政治家楷模构成的共同统治——能否解决以上问题（对观《论法的精神》11.10）？[120] 典型的例子就是几乎与亚里士多德同时代的佩洛皮达斯和伊巴密浓达，这对政治家—将军

---

① 另外回顾 1254b9，参见 1288a10 - 12；在 *Ath. Const.* 14.3 和 16.2 中，僭主庇西特拉图据说施行的是"政治而非专制"统治。对比西塞罗 *Laws* 3.2.5："谦卑服从统治之人被认为在另外时候适合统治；因此，服从统治的人应该希望换个时候他会统治；统治者应该想到过不多久就会轮到自己接受统治。"西塞罗强调，他本着柏拉图《法义》（尤其是 715d 和 1762e："统治者是法律的奴隶。"）的精神在谈论政体，其中法律处于至高无上的统治地位：亚里士多德在本段抽离了法律观念，为的是解放法治可能遮蔽或缓和的根本问题。在真正是法治的政体，按照柏拉图《法义》中夜间议事会之前描述的城邦为榜样，任何公民都没有机会施行最高的政治或统治的美德——除了立法/立邦者。

② Coby 1986，493 - 495；Salkever 1974，82、84；对观 1323b21 - 23，我们再次听到伟大的政治经验的声音："光有美德真的不够，好比某种技艺，除非你要拿来用"；因为"美德完全依赖于它的运用；美德最大的用处就是治理城邦，是用行动而非言辞实现哲人在角落吵嚷的那些事"（西塞罗 *Rep.* 1.2）。根据普鲁塔克的记载，地米斯托克利（23）"告公民书中说，他追求的是一直统治下去，接受别人统治，违背了他的本性和目的。"当丘吉尔在 1945 年 7 月 25 日被投票赶下最"幸福"的高位时，他告诉我们（1953，674 - 675），"就在天亮前，我突然醒来，感到身上一阵锥心的疼痛。一个下意识的想法冒出来，在脑海里挥之不去，我被打败了。一切大事，长期以来为了对付它们，我必须保持头脑的'高速运转'，现在，它们的压力顿然消失，我徒然倒地。我被剥夺了塑造未来的权力。我积累的知识和经验，我在如此多国度获得的威信和良愿，将烟消云散……到了中午，我头脑才清醒……午餐时我的夫人对我说，'这未尝不是另一种幸福'。我回答说，'这幸福看来伪装得太好'。"面对选举结果，丘吉尔没有接受退隐的建议，他立即成为反对党的领袖，几年后又卷土重来（在此期间他写下了为之赢得诺贝尔文学奖的战争回忆录），牢牢把握最高权力，直到身体情况不允许（Leaming 2010）。对比色诺芬 *Memorabilia* 2.1.3 - 4 和 Cooper 1932，章 12，尤其是页 283 和 291。

将忒拜送上顶峰。他们的关系，正如普鲁塔克的详细描述，值得研究。①

　　有人可能会质疑前面复杂推理过程中的某一个关键前提。有人可能会抗议，我们的美德和正义观念的一个重要部分，要求过着美德生活的人通过自我牺牲的正义行为来为人生加冕：他主动放弃自己的幸福和圆满，让位给另一个同样有能力获得类似（也是暂时的，也很快将主动放弃的）幸福和圆满的人。这代表着这个更大的事实，在我们最初的美德观特别是正义观中，存在一种值得称赞的自我牺牲的维度（例如参见西塞罗《论共和国》1.8，3.11，6.29）。在现在的分析中，亚里士多德有点故意挑衅地将之排除在外（对比《伦理学》1129b26 – 1130a9）。在下一章，他将再次暗示这一维度（对观 1267a2）。他突然引用荷马笔下阿基琉斯的言辞。阿基琉斯是这种值得称赞的自我牺牲的美德观念的最伟大典范。一旦我们将这一维度重新引入我们当下混乱的反思，我们就会遭遇如下问题：我们怎么调和自我牺牲的维度与自我实现的维度？这对立的两面中，哪一面必须被放弃或重新被认为是仅仅肤浅的和明显的，或作为通向其对立面之路上的一个时刻或一种手段？美德说到底是不是自我牺牲？我们是否可以说，迄今为止我们一直当成是美德核心的自我实现活动，是否是真正有德之人最终想放弃给他人的东西，他们完全意识到，他们放弃的是对他们自己而言最好的生命活动，以及使他们成为最好之人的生命活动？我们能否说，美德归

————————

　　① "有智慧的人认为，最伟大的东西莫过于从头至尾都能赢得善意和友谊……因为倘若我们看到 Aristides 与 Themistocles、Cimon 与 Pericles、Nicias 与 Alcibiades 之间的城邦活动充满了如此多的冲突和嫉妒，然后再看看 Pelopidas 对 Epaminondas 的尊崇和热爱，我们就会正确且公正地说，共同执政、共同统帅的，不是前面那些人，而是后面两个人——他们不停地竞争，为的是从彼此友谊而不是相互敌对中受益。真正的事业是美德，因为他们的活动目的不是名利，自然就消减了冲突和嫉妒，双方从一开始就带着神圣的爱欲，激情满怀地希望城邦在他们的努力下变得更加辉煌、伟大。事实上，他们也以此方式将对方的成功视为自己的成功。"——普鲁塔克 Pelopidas 4.1 – 3。参见 NE 1162b6 – 13；色诺芬 Mem. 2.6.24 – 27；对潜在问题的透彻分析，参见 L. Pangle 2003，123ff.。

根到底，要求其拥有者放弃最好的生活，去过次好的生活，因此变成次好的人？或者，是否有这可能：我们想表达的意思是，说到底，有德之人所做的是否只是表面的自我"牺牲"？严格来讲"牺牲"是用词不当，其实不过指的是他们要付出的一定代价而已，换言之，他们牺牲的是否只是次要的利益，为的是实现自我完善，这是否才是他们真正的幸福，对他们自己来说最大的利益？然而，只要统治构成了美德的实现活动，那么放弃至高的统治，怎么可能是美德的一个要求？怎样选择过完全有德性的生活——哪怕很短暂——才有意义？另一方面，为什么我们如此强烈地依附这一观念，即美德要求自我牺牲——致力于他人的利益或某种超越自我的东西——甚至只有在自我牺牲中才能臻于圆满？为什么如此多的美德光泽，它诱人的美丽——"比晨星或晚星更令人惊叹"［121］——看起来有赖于"为了他人"而非"为了自身"（《伦理学》1129b28 -33，1130a4 - 9）？（当它发现自爱是行动的根源时？）为什么有德之人的良心会如此不安，我们是否该把归于有德之人的应得之物分成两部分，他们不仅应当接受所需要的职司和配置，以实现自身的圆满，而且更主要的是，他们是否应当牺牲为他们无可厚非地赢取的奖赏与随后的或未来的承认？这条质疑的线索为我们做好了铺垫，迎接亚里士多德的教诲马上要开始的重大转向。

有德之人共和城邦的不切实际

在结束了他对好人的美德和好公民的美德之间复杂关系的分析后（1277b30 - 32），亚里士多德补充了一句："关于公民，还有一个问题应该加以考虑"。这个额外需要考虑的问题与美德的阶级基础有关。因为前面的分析暗示，最好的政体不可能是这样一个政体，在其中，那些不得不为生计奔波的人也被包含在公民之内。在解释其后果时，亚里士多德故意模糊了他在第四章中发现的最好的共和政体的有闲公民之间决定性的鸿沟——这条鸿沟将至高的、处于绝对支配地位的审慎统治者（他是真正的"好公民"，拥有完备的"公民美德"）与属下众多级别的、仅仅听令而行的"好"公民——官员区别开来。现在，亚里士多德更宽泛地提到"统治"是最好共和政体的所有积极公民——从底层官员到最高统治者——共享的东西（1277b37，1278a9）。① 参与这种更宽松意义上的有德性的"统治"，根植于一种全职的、体验式的公民教育，这种教育始于幼年，从未间断。那样的参与要求每一个人成年后终生致力于从事一系列越来越引人入胜的、越来越难的因此也越来越有成就感的管理工作。② 如此看待的有德性的公民，要求他们从赚钱的劳作中解放出来，要求他们摆脱通过"繁重劳作"获取经济"所需"（1278a12）——这样的劳作不是自我实现，而是奴役（对观柏拉图《法义》806d，846d）。必然的结果是，在任何共和城邦，只要其中的工匠和其他需要劳作谋生的人也被接纳为公民，公民和统治的真正含义肯定急剧稀释，甚至到了极度贬值的程度。匠人和劳工从年轻时就必须投入"繁重劳作"，［122］所以不可能在许多不同部门——政府或军队，外交或内政——历练。经过长期锻炼习得统治的经验，这种经验对于积极参与政治的公民培育道德习性和智性美德都是必要的。③ 劳工参加公共事务和公共集会至多算是插曲。在那种共和城邦中的公民，不可避免被具有"民望"的统治者引导或"代表"，这些统治者有抱负，有才华，能够给人留下深刻印象，获得公众赞誉；在陈述公共事务时，他的能以非常简练的语言对公众讲话，或代表公众讲话，而公众往往很少有闲暇，更少有经验知识

---

① 但是，亚里士多德很快就说，我们现在（第五章）讨论的"主要是被统治的公民"（1278a16）；在结语中，他更加明确地说，既有好公民的美德，也有好人的美德，这样的公民只属于最好的城邦，他"是最好的政治家，独自或与他人享有最高权力，关照共同事物的命运"（1278b3－5：注意这句话里包括了最高统治和命运关照两层意义的好，似乎不属于"共同事物"）。

② 柏克（1885，3.85－86）用无以匹敌的雄辩和精确表达了"真正的自然贵族政体"的经验要求。

③ Kraut 1997，104－105 指引我们参见马克思类似的观点和 Cohen 1978，324。

参与政治。这些"有才华的"蛊惑民心的政客并非主要通过他们在任何严格意义上的美德走到权力之巅,为政体定调,定义城邦的生活方式(对观《雅典政制》28,34,41)。所有这些都隐含在亚里士多德的结论里,有些政体中,匠人或劳工"不可能"成为公民,"譬如那种号称贵族政体的城邦,在其中,荣誉和官职都凭美德和功勋来分配,以手艺和苦力为生的人们,既无缘完成他们的美德,也无暇专心于政事"。[1] 最好的共和城邦当然不可能是民主政体。

不过,最好的共和城邦也不可能是寡头政体。寡头政体推崇有钱和赚钱的能力,也刻意培育这方面的能力。他们将主要因财富——靠奴役他人或从事不属于城邦行业的技艺和产业获得——而声势显赫之人抬高到第一等。这些富人也没有闲暇。他们或许会习得一种教育和管理经验,但那不是一种自由的教育和经验;那是一种管理生产的教育,目的是聚集财富;那不是一种公共事务的教育和经验——在政府、军队或外交的不同岗位历练。亚里士多德继续深入分析,他暗示,即使有富商在积累了足够财富之后抽身而退,最终有了闲暇,那也太迟了——因为他们的精神和习性在赚钱的过程中已经养成。他们缺乏必要的实践经验和自由的伦理习性,而这些是共同体贤良智慧的看门人应具备的条件。亚里士多德提到忒拜的一条法律,规定凡是曾经从商的人,必须弃商十年才能担任公职;[2] 亚里士多德指出,这是朝向最好共和城邦的一步;但对于真正的最好政体或一个真正的贵族政体来说,这还不够。

亚里士多德转身回到更加民主的政体,勾勒出它们放宽或收紧

---

① 1278a18–21;回顾1277b1–3;Bradley 1991,37。Frede(2005,176–177)惊奇地评论道:"亚里士多德完全意识到,他违背了希腊各城邦的习俗……违背了所有希腊人共同的公民观念……他的观念完全异质于希腊社会。"

② 1278a25;另参见1316b3–6;在评论后面一段时,纽曼指出,类似的法律在威尼斯共和国生效,他指引我们参考 Houssaie 1685,65(纽曼书中页码误植)。

公民数量的几种主要方式。按照对公民数量多少的需求，它们放宽或收紧公民的出生和籍贯的资格。［123］亚里士多德因此提醒我们，相比于通常公认的美德这一公民资格，籍贯和血缘的筹码更重。这一点变得更加明显，在最好的"贵族政体"的城邦，这条歧视性的公民标准，对于长期定居的自由居民，是多大的伤害。无论是富商还是穷工，无论出身的好坏，他们都将排除在公民之外。无论穷富，都将受到一小撮公民精英家长式的统治；这一小撮公民精英（可能包括移民）之所以被选择、培养、资助、提拔，主要是因为他们有潜力实现甚至推进道德的霸权。更加清楚的是，最好的共和城邦是不切实际的，除非是在远古——匠人和劳工基本上都是奴隶（1277b1－2；1278a6－8）。亚里士多德正在做一项思想实验，揭示要大幅限制我们对现实政治可能的期待或希望——这项实验同时让我们看清我们用以判断不同政体缺陷的最高标准。正是不同政体之间的竞争，构成了现实的政治生活。

就在即将结束他对好人和好公民的美德的探讨之时（1278a36－38），亚里士多德将最好的共和城邦之所以不现实的、或许可称为"心理"的原因摆在我们面前。"公民"，亚里士多德说，"据说特指荣任公职司之人"；①"无名无分之人"的感觉，表现于荷马笔下愤怒的阿基琉斯之口："视我非类兮褫我光荣！"这样的言辞表明了这种可能性，对于被排除在公民的光荣之外，许多自由的居民最终会报以愤怒，从而危及城邦（对观1264b6－10；对观伊索克拉底《泛希腊集会辞》105）。

倘若我们停下来查找或思考一下所引荷马诗文的语境及其与《政治学》中本段之间可能的启示性关联，就会发现更加丰富的弦外之音。荷马让阿基琉斯两次说出这些话，都是在《伊利亚特》中

---

①　我用来翻译"honors－of－office"的词是"times"，该词首先意指"honor"，但也几乎等于"office"，可理解为最突出的荣耀（参见1281a30）；私下口语中既可指"剥夺了光荣"，也可指"剥夺了职司"（例如修昔底德6.38.5）。

的关键时刻（9.648 和 16.59）。荷马让阿基琉斯在这些关键时刻表达的恰是这种义愤：如果一个统治者不公正地剥夺了一个具有更高美德的人（比如阿基琉斯）所应得的光荣（作为对他自我牺牲的美德的奖赏），那么这个被剥夺了光荣的英雄有权利或义务反抗，堂堂正正地报复统治者，报复共同体，因为统治者的政体是共同体的组成部分，而共同体又在支持统治者的政体。[124] 当我们弄清了阿基琉斯愤怒的意义时，我们不得不思考：阿基琉斯的愤激之辞，最能唤起的不正是群众对于他们被排除在公民之外的愤怒吗？亚里士多德引用阿基琉斯的名言，是不是在更加巧妙地提醒我们注意，在寡头政体或民主政体中，有德性的少数人对于他们被排除在他们认为是自己应得的自由的统治——这份光荣，作为对他们的奉献和牺牲的奖赏，他们自认为配得上——之外，会有潜在的危险反抗（对观色诺芬《回忆苏格拉底》3.4）？

　　然而，当我们聚焦在阿基琉斯所代表的有德之人对于统治的渴望及其潜在的富于争议的理由时，我们开始认识到，隐藏在阿基琉斯的观点之中的这种美德观，与迄今为止亚里士多德对美德的整个讨论中所隐含的观念多么相悖。一个醒目的对立标志就是，阿基琉斯抱怨被剥夺的并非是统治地位，或一种被认为是美德自我完善的活动。阿基琉斯抱怨的是他被剥夺了一件私自享用的"奖品"（一个美女）；他认为，作为对他勇敢而艰巨的——因此不是自我实现的——美德和统治能力的奖赏或补偿，他有权宣称拥有这件"奖品"。在此所引阿基琉斯的言辞，如果放在原初语境中看，表达的美德观及其与幸福的关系，恰恰与亚里士多德的观点相反，这与亚里士多德当初在卷二中引用阿基琉斯言辞的目的相同（1267a2）——两处引文都出自《伊利亚特》，相隔并不遥远，大致算是同一场景。通过再次引用阿基琉斯的言辞，表达有德性的统治是作为值得赞美的自我牺牲的观念，亚里士多德激发熟悉荷马的爱思考的读者，思考荷马的观点和亚里士多德的观点之间的对立（以及这种对立暴露出缺乏自我批判的道德"常识"中的深刻张力或冲突，正是这种"常识"将那些逻辑冲突的概念同时绑在一起）。

这里引用阿基琉斯的言辞，传递出的表面信息就是这一鲜明的提示，一种与亚里士多德相反的阿基琉斯的美德观，的确是前哲学阶段道德观的重要成分；这种前哲学的道德观很可能使人对于被排除在公民之外感到愤怒，他们觉得被剥夺了正当要求拥有的光荣。然而，现在不妨问一下，假如是群众被剥夺了应得的光荣，他们会怎么办？仅仅住在城邦，如何算是有德性的值得称许的牺牲？按照他们与阿基琉斯一样而不同于亚里士多德的道德观，能否真正为他们因排除在公民之外而流露出的义愤辩护？

群众有没有另一种不那么可疑的且不同于阿基琉斯的理由，[125] 正当地要求分享公民的光荣？对于有德之人的统治诉求，亚里士多德的理由是，统治是他们幸福圆满的必要手段，那样的圆满是公民共同体的最高目的。① 有德之人应该统治，正如最有天赋的笛师，应演奏最好的笛子，共同体的最高目的，是培育和成就最完美的笛子演奏（对观 1277b29 – 30）。然而，公民共同体的最高利益据说是共同利益。这难道不意味着，全体居民都应该有份享受乐音？在亚里士多德先前勾勒出最好政体基本原理的思想实验中，正义（因此是美德）的维度被遮蔽。亚里士多德最后用了一句古怪的话，暗示了这种遮蔽。他说，有些统治者采用了"隐蔽的"方式（比如，把"公民"的头衔正式相授，但却一点也不割让统治权——对观 西塞罗《论共和国》1.47），"以欺蒙居民同胞"（1278a39）。亚里士多德突然提醒我们，政体是对所有居民同胞的划分等级（对观 1274b38）——在一个共同的城邦，所有的居民都是同胞。在最好的政体里，构成贵族阶层的那"一小群公民"——这些公民致力于包含了正义（甚至作为共同利益的正义）的美德

---

① Frede（2005，179）对亚里士多德的美德和统治观念表达了学界一种典型的迷惑的非政治性反应："亚里士多德笔下的统治者迫切想要统治"；"事实上，如果不能统治，就减损了他们的幸福"。"对于我们来说，这种观念听上去很古怪，但它却非常切合亚里士多德将美德和幸福生活等量齐观的观念。"

——他们会不会深切地关注整个共同利益，即包括了更大群体"居民同胞"的利益?① 但是，在完全被排除在任何有成就感的统治活动之外的条件下，"居民同胞"的利益怎能得到充分照料（对观西塞罗《论共和国》1.43）？这条追问线索为我们做好准备，迎接亚里士多德在接下来奇怪地展开的教诲，他力求理顺我们最初对于美德和正义的混乱想法，使之连贯一致。

人的政治本性问题

亚里士多德在第六章一开始就提了一串问题："确定了公民的性质之后，我们接着就应当研究政体这个主题。政体只有一种类型，还是有好几种？如果有好几种，是否应该明白确定它们的数目而列举其类型，并分述各类型的差异何在?"（1278b6 – 7）这的确令人迷惑。为什么这一串问题中的第一个问题现在还要再提？难道不是明摆着政体有许多种类型吗？就在几行文字前，亚里士多德不是还在强调民主政体、寡头政体和贵族政体之间的巨大差异吗？他不是要马上阐述"政体"的意义和政体多样性（尤其是民主政体和寡头政体这样"对立的"政体）这一经验事实吗？[126] 亚里士多德说我们（至少暂时）需要考虑是否可能只有一种政体类型，他的葫芦里到底卖的是什么药？

经过反思，我们不妨猜测，亚里士多德正在激发我们思考，从前面两章的研究中，是否必然可以推出，在最严格的意义上只有一种可想象的政体——描绘为贵族制的最好政体——因为只有这种政体才完全达到作为一切政体统治之根基的最重要的理由：即它们之所以应该统治，是因为它们更好地提供和代表了真正好的生活，人之完美的生活（参见1288a19 – 24）。倘若这一先前描绘的最好政体

① 参见 Khan 2005 批判 Keyt 1993，140 和 1995，134；Cooper 1999，364 – 365；Morrison 1999。

实际上不可实现，不就产生这一悖论结果：在最严格的意义上，其实没有任何政体存在？　（对观柏拉图《法义》712cff.，627e－628a）。

为了更加明白为什么"我们会说"有许多"不同"的政体，尤其是包括民主政体和寡头政体，亚里士多德突然宣布，"让我们先行研究城邦所由存在的目的"，再看"人类和人类各种社会所接受的各种统治"（1278b15－17）。然后，他召唤我们回到"最初关于家务管理和主奴体系的研究，据说人在本性上就是政治动物"。但亚里士多德没有重复他最初对人的政治本性的解释。他给了一个新的、不同的——更准确的——解释。

我们对卷一的分析已经给我们打了预防针，对于他在此没有重复卷一第二章中"美丽的"理由，不要觉得奇怪。他不再说城邦是自然的，更别提"所有城邦都是自然的"（对观1252b30）。他抛下了先前醒目的说法：之所以说人是政治动物，是因为人有理性或逻各斯。现在，他打开了三个新的向度，解释为什么说人在本性上是政治动物（1278b18－30）。"人类虽在生活上有用不着互相依赖的时候，但也有乐于社会共同生活的自然性情；为了共同利益，当然能够合群，各如其分地分享高贵而有尊严的生活"：因为"这种生活正是人类作为整体和个体的主要目的"。但"人类仅仅为了求得生存，就已有合群而组成并维持政治共同体的必要了"——"只要世间的苦难不太重，生存的实际也许早已包含了一些高贵（有尊严）的因素。这是一个明显的现象，许多人忍受着无量的忧患，总不肯舍弃自己的生存，似乎生命中还是有某种天然的喜悦和甜蜜"。①

［127］我们看到，人的"政治"本性在此首先意味着，他有一

---

① 纽曼举了"一个名叫 Strabo 的人"插入的话，作为对此地亚里士多德的呼应；但比较这两段话最明显的区别是，前者强调的是欲望的宗教层面，走向公民共同体——相比之下，亚里士多德对这一层面完全不谈。

种非功利的自发的冲动，想生活在一起：这种冲动有别于任何其他需要、利益或算计。①

其次，也是最根本的，人本性上是政治的动物，是因为他们关心"共同利益"而走到一起（对观《伦理学》1160a9 – 30）；不过，亚里士多德立刻补充了一句，人类分享的共同利益，必须包括"高贵的生活"——活得有尊严，活得优雅；他进一步强调，"这种生活正是人类作为整体和个体的主要目的"。人对于"利益"——无论是共同的还是私人的——天然的关心，不能仅仅理解为是功利。②

第三，人本性上是政治的动物，是因为他们关心生存——对于人来说，这要求群体的保存或安全。然而，亚里士多德立马补充，就连生命本身，也是人类自然珍视的，因为它被认为是某种高贵的东西。③ 即便在他们对生存的关心中，人（也不像其他动物）也不能完全摆脱对有尊严的生活的关心——尽管亚里士多德表明，这第三点关心，关心生存，对于大多数人来说，就是关心过上乐多于苦的生活。

将重点放在对高贵或尊严的分享要求——这是所有人自然追求政治共同利益的核心——亚里士多德加深了前面讨论最好政体时已经显明的复杂性。只要人性在所有人心目中催生对于分享公民高贵生活的强烈需求和渴望，人性就会推动所有人渴望和追求成为统治者（不满足于仅仅被统治）。人性以这方式促进了"希望平等"的政治统治，也就是"轮流统治"——正如亚里士

---

① 参见柏拉图 Laws 678c；西塞罗 Rep. 1. 39 – 41；De Fin. 2. 78, 109 – 110；对比霍布斯 De Cive 1. 2（"因此，我们自然不是为了社会而追求社会，而是为了从中得到光荣或舒适——我们最需要的是舒适，其次是光荣。"）Simpson 贴切的说法（1998, 149；另参见 151nn35, 37, 153）："这些建议用简单直接的话语阐明，亚里士多德拒绝了一切将政治共同体的作用理解为维护私人物质利益（即财产和身体存活）的古今理论。他暗示，那些理论既违背可观察的事实，也违背人类政治或共同体的本质。"

② 参见西塞罗论 honestum：De Fin. 2. 45, 64 – 65；3. 38；5. 61 – 64；Laws 1. 37 – 38 明确提到亚里士多德，41, 48, 55 再次明确提到亚里士多德。

③ 参见西塞罗 De Fin. 4. 16 – 17, 25, 33 – 35；5. 26。

多德在卷一第十二章所说的那样（1259b4 - 6；对观1279a7 - 9）。

现在，对于这一点，心高气傲的读者可能反驳说，生活在真正贵族政体下的非公民，应该实质性地分享到真正的尊严，只要生活交由统治的精英阶层引导，服从他们，仰视他们，把他们当成真正值得景仰的人，真正卓越的品类，而不是蛊惑民心的政客或在财富和民望竞争中的胜者。用伯里克利的名言说，那样一种政体"让子民无法抱怨他们受到一群烂人统治"（修昔底德2.41.3）。通过真正勇敢、节制、公正、大度和审慎的稀有之人，在公共生活中做出的表率，其主导性的力量，应会深深影响哪怕是最低等的居民的生活。城邦的节庆，［128］培育的艺术、建筑、风俗、诸神和英雄，将在所有人的生活环境中，生动地表现对于真正人之伟大的献身精神。绝大多数可能知道，他们被排除在有德之人方能居之的高位之外；他们可能自豪地意识到，他们谦卑的劳作构成了必要的物质基础，统治者才可能有必要的闲暇，其生命方能通过有德的统治真正圆满（Cooper 2005，79，88 - 89）。

但另一方面：最后一点对于生存的关心，带我们回到这个赤裸裸的事实，在那样一个政体，被所有人认为是最大利益的利益，主要在统治精英的生活中实现，也只有他们才能享受。大多数人由于不能担任官职，只有——他们自己也应该知道——远远地或间接地分享真正最好的生活。说轻点儿，这是能否满足大多数人自然的政治需求和渴望的问题。有德的少数人的统治，能否因此稳住自己，不会压制和削弱其渴望，去大度地关心所有民众？我们不能忘记，伯里克利对民主精英制雄辩的致敬，是有预谋的疑点重重的一步，旨在为他民主政体致力于称霸其他城邦的帝国美德进行辩护。

如此重新阐述了人类政治本性的意义之后，亚里士多德开始再次（对观1253b8 - 11，1254a21ff.，1259a37ff.）对不同的"统治模式"进行分类——从低级的非政治形式到高级的政治统治。亚里士多德说（1278b30 - 32），他现在要讲"通常所说"的各种统治，正如他用"显白"的话语"屡屡"加以"说明"过。亚里士多德放任或鼓励粗心的读者尽快读下文，并欣然接受其内容。但事实上，在现阶段的教育中求助于通俗的"显白"话语，疑点重重。因为按照这流俗的观点，统治模式分类的方式，完全不同于我们先前听他到讲的。现在，这关键的分类标准，是看每种模式服务的对象，到底是统治者的利益，还是被统治者的利益；亚里士多德突然否定此前他讨论政治统治的基本预设，认为正确理解的政治统治，目的不是统治者的利益，而是要让统治者为了被统治者的利益做出牺牲。

亚里士多德首先讨论"天然主人"对于"天然奴隶"的统治（1278b33）。他现在说，这种统治形式旨在双方的利益，只不过奴隶的利益只是"偶尔考虑"：奴隶需要照顾，那是因为他能为主人谋利。接下来，亚里士多德上升到"家长对于妻子和子女以及一般家属的统治，[129] 即我们所谓的家务管理"。他强调，这种统治以及其它类似的统治，主要是"为了被统治者的利益"，不是为了统治者——即便统治者可能"偶尔"分享到好处。家长统治的目标本质上不是为了统治双方的共同利益（Ambler 1999，259 – 262）。"这里的情况，犹如医药、体育及其他各种非政治的技艺"：医师作为医师，是通过他的药方来为病人的利益服务。作为掌管医术的人，他不是为了自己的利益——他偶尔要为自己治病这种情况除外。当然，"体育教练未尝不可偶尔随同所教的学生一起操练，犹如舵手原来也可以当水手"；但"体育教练或舵手主要还是为了所有学生或全船的水手的利益"。只有"自己成为那些人中的一员，他才附带分享利益"（1278b37 – 1279a8）。这类用匠人来做的比喻，对作为政治或政治家技艺目的的利益，是否仍然有效，可以带来？亚里士多德着重给予了肯定的回答。

事实上，亚里士多德认为高明而正确的政治统治究竟为谁谋利，这才是在平等人组成的共同体中，人们要求轮流统治的根本原因。"从前"，亚里士多德说（1279a10 – 13），"人们认为应该轮流承担为城邦服务的重任，① 这是合乎自然的，既然在我担当这种重任时，照顾他人的利益，那么轮到他人上台时，也一定会照顾到我的利益——这样一来，每个人的利益都得到兼顾"。亚里士多德现在声称，符合自然的这种统治观，正是过去美好岁月里盛行的观念，是将统治看成为他人谋利，令人烦恼地忽略了自己的好处。同样有智慧的人应该轮流统治，不是因为他们认为统治有好处，有成就感，是幸福完美的组成部分，而是因为他们认为统治是应该尽可能避免的苦差，像对他们有害的东西，打断了他们追求对他们来说真正最好的东西。每个人声称，由于已经肩负了负担，所以不应该继续统治。② 这种统治观念变得更加清楚，当亚里士多德继续形容另一种观点——因为统治是对统治者有利的东西而不断追求统治——"有病"时（1279a13 - 16）："如今情况已不是这样。因为当官有利，因为可以从管理的公共财物中揩油，人们就希望一直占着不挪位，似乎一直在位，就可以万寿无疆；其实这些人是有病，也正是因为有病，他们可能才去谋位"。亚里士多德现在暗示，为了私利所吸引跑去统治的人，［130］某种意义上精神有病（对观《伦理学》1141b34 - 1142a11）。正是外在的回报或利益——这是现代堕落的统治带来的——使得人们病态地认为，统治是他们想要的东西，如同需要某种药，治愈他们感到的生存之痛。

　　亚里士多德令人吃惊地来了一个急转弯，到底是什么意图？在此，他把我们所谓的政治美德和高贵中核心部分的根本矛盾置于我

---

　　① "Leitourgein" 亚里士多德上文用于指代奴隶劳动，1278a12；参见 Bonitz 425b47ff，另参见 1295a35ff. 和 1335b28。纽曼提醒我们注意该词在伊索克拉底 *Panathenaicus* 145 中非常类似的轻蔑用法——"我们祖先"，伊索克拉底说，"设立统治职位，不是要大家争抢，不是要让大家觊觎，而是一副重担，交给指定的那些人，同时也授予他们一定的光荣"；该词在雅典的一般含义，参见 Gilbert1895，359ff。

　　② 亚里士多德追随柏拉图的苏格拉底，反对 Thrasymachus：*Rep.* 347（Ambler 1999，尤其 264 - 66）；另参见西塞罗 *Rep.* 1. 11，1. 27。我们或许注意到，苏格拉底这种轮流共和治理的观念避免了亚里士多德（卷一结尾和卷二开头）揭露出的一般轮流共和治理观念中的三个矛盾。

们面前，就像一面破碎的镜子中见到的东西。一方面，通过统治展现的公民美德，被认为是构成幸福和实现自我的要素，对于统治的有德之人来说是最高的利益。但另一方面，通过统治展现的公民美德，被认为是忽视自我的"公共服务"，要求自愿削减或牺牲个人真正的利益，将他人视为受益人，为他人谋利。在此，杰斐逊的名言不无贴切。在论及"辉煌的折磨"，"统治的寻常苦役"时，他说，"我认为公共服务和私人痛苦密不可分。"① 考虑到亚里士多德将政治统治纳入其中的统治形式的分类（诸如家长统治等等），我们很容易受到诱惑，崇拜这种统治即奴役的"高贵"——然而，转念一想，我们将看到，我们刚刚摆出的矛盾，仍然处于我们最初那个临危的"高贵"观的核心中（L. Pangle 1999，193 - 194）。由于概念的矛盾，前面将人性定位为首先是政治的动物——因为其压倒性的关心是高贵——现在回头一看变得非常含糊。人的政治本性似乎为人心做好了标记，自然地——即从一开始就自发地——陷于狂乱之中：人天生就首要关心分享由统治尊严或高贵构成的共同利益；这种统治不无矛盾地既被视为是他们成功或最大利益的源泉，也被视为是他们最大利益的巨大牺牲。在政治生活中，无论朝哪里看，我们都将看到，这两种对立的观念交织在一起，它们的综合体构成了伟大政治领袖和伟大统治能力表明的美丽和高贵，深刻动人的魅力及神奇。我们不只是在政治家—公民的自白中看到和听到，他们表达了对于高贵统治朴素的呼求与满足的经历。② 在《政治学》

---

① 杰斐逊 1966，146，170；1944，729 - 730；1950，2. 203；1943，1033；1944，364 - 365，395 - 407，522 - 525，527 - 528，530，693 - 697。

② 强调政治统治的负担或自我牺牲的著名说法，除了亚里士多德先前反复提醒我们参考的荷马笔下阿基琉斯的话语，还可参见 NE 1129b26 - 1130a9；希罗多德 1.97.1；伊索克拉底 *Areopagiticus* 24；德摩斯梯尼 *Exordium* no. 14；西塞罗 *Rep.* 1. 8，3. 11，6. 29 和 *De Off.* 3. 25；普鲁塔克的 *Coriolanus* 15. 3 - 4；Marlborough，正如引用和讨论在丘吉尔 1947，3. 5（85，89），3. 8（144 - 154），3. 21（373）；华盛顿 1931 - 40，1. 159，162，26. 486 - 487，27. 316 - 318，30. 97 - 98，186（对照 294）；梅特涅 2004，22 - 26，35 - 38，

中的此时此地，亚里士多德暂时为我们解开了 这个包裹中两条矛盾的线条，将它们分开放在我们面前，他着重拥抱了其中一条，抛弃了另一条。他所支持作为自然正确的，是将政治统治看成是繁重的公共服务这个视角。但他坚持认为，一个必然的后果是：［131］公民们不再认为政治统治有吸引力（公共服务在此没有被形容为"高贵"或"有德"）。亚里士多德暗示，我们有意识地、彻底地沉思我们最初迷恋政治统治的矛盾性，最终会导致我们的祛魅——因此为我们带来解放，帮助我们认识这个真理，真正有德的存在，人的幸福和圆满，将在属于私人生活的追求中找到，这种私人生活将政治参与和统治看成是必要的插曲。为了理解这一沉思的内涵，究竟是什么触动我们发现，自我牺牲的统治具有如此强烈的吸引力，我们需要反省亚里士多德刚刚暗示的东西，尤其是通过他所引用的阿基琉斯。通过反省这个（象征着伦理生活顶峰的）"大勇"的人——亚里士多德将他描述为受到这一诉求激励，声称"应该得到"最好身外之物的奖赏，特别是被认为是属于神也应该被神"得到"的光荣（《伦理学》1123a35 ff.）——我们也同样得益。

将对政治野心的疏离表现为不仅"符合自然"，而且符合传统，亚里士多德弱化或修改了他投入终极立场和理由的深远眼光：在过去的美好岁月，人们崇尚自我满足的贤良农夫的退隐生活，鄙视野心勃勃的跑官者好管闲事。① 在这个关头，如果我们退一步评估

65，104；俾斯麦1898，章12结尾；另参见 SL 4.5，5.19 和 Trollope *Can You Forgive Her*? 章77开头。比较拿破仑"邪恶的利己主义"，Taine 1899（这个形象在尼采的政治思想中占据非常重要的地位）。

① 参见色诺芬《齐家》中"完美贤良"Ischomachus；伊索克拉底 *Panathenaicus* 146：在过去美好的岁月里"没有公民会像今日热衷统治职位，他们不但不主动追求，反而避之不及"；*Antidosis* 150–151："对于沉重的义务和分配的任务，我会主动承担，但不会争抢统治职位，我这样做"，是因为"我喜欢清静无为的生活，我看见正是那样的人，在你和其他人中享有美名"。

亚里士多德的修辞策略，我们或许可以说，他在卷三中的论证表面上进入了一个死胡同，在某种意义上，这要求、因此也使他在此刻负责任地行动起来，明确审视一下为什么私人生活天然就高于公共生活。因为正如我们看到，亚里士多德已经表明，他心目中主要的对象是具有高贵心灵和公共精神的贵族，正是通过参与政治统治，一个人才能实现其最高贵和最高的利益；这个前提不可避免地导致这一令人沮丧的重大结论，致力于实现这个前提的政体，自然需要大多数人在政治上觉醒，但恰恰是这点使之在现实中没有可能实现。面对这个发现，最好的年轻读者可能陷入"阿基琉斯"一样危险的反应；因此，他们的政治野心需要抑制或反制；现在，他们及城邦能够受益于一个潜在安慰的相反前提，而这前提也植根于他们传统培育出的政治统治观念。

在结束第六章时，亚里士多德从前面的论述——即从正确或公正的统治是繁重的公共服务这个前提——推出这一原则，将"符合绝对正义标准的正常政体"，从"那些错误的、偏离了正常政体的政体"中区别开来（1279a17 - 20）。但在表达这个关键原则时，亚里士多德开始使他的观点与存在于流俗观念——即关于正确的政治统治旨在谁的利益——核心中的张力变得暧昧。[132] 因为他现在回到了"共同利益"或"共同好处"，作为"正确"政体的目标——作为表现"绝对正义"的目标。因此，他推翻了前面重点强调的标准，政治统治是无私地为他人服务。因为无私的服务暗示，统治旨在的"共同利益"将是除统治者之外所有人共享的利益，统治者除了"偶尔"沾边儿利益，更多是损失利益（Ambler 1999，266；对观 Schutrumpf 1：50，2：580）。亚里士多德悄悄地退回到那个临危的观点，即政治统治看起来可理解为既是为他人谋利的高贵重负，也是统治者（和被统治者以完整组合的方式）可享受的巨大利益。亚里士多德总结说，将不正常政体与正常政体区别开来的，是不正常政体"只服务统治者的利益；它们是专制的统治，但城邦却是自由人的共同体。"① 或者如他在另外地方所说，"所有不正常的政体，无一照顾城邦的共同利益"（1279b9－10）。

在第七章，亚里士多德照此标准分析了六种政体类型。他首先考察的是三种正常的政体。在讨论到贵族政体的特征时，他特别突显了他分类标准——关于"共同利益"或"绝对正义"的"常识"——的巨大含混或矛盾。因为他说，那种"致力于共同利益"的"少数人的统治"，我们习惯"称为'贵族政体'——要么因为它是最好之人的统治；要么因为它对于城邦及其人民怀抱着最好的宗旨"。这"要么……要么……"的表述指向或留下一个未解的问题：在所谓的"共同利益"中，哪一方占主导或是利益的目标；最好之人的统治，是不是为了使统治者因此过上成全他们作为最优秀人类的生活；从他们高贵而卓越的活动中，其他大多数人能够受益，但这些人中的大多数只是作为贡献者和有欣赏力的"听众"受益（正如亚里士多德前面打的比方，被统治者是制造笛子的人，统治者是笛师）？② 或者，最好之人接受成就其卓越的"重负"，主要目的是否就是为其他人的利益服务，他们获得的利益只是其次，并且往往会牺牲自己的利益？

这种含混或矛盾以更充分的形式出现在由多数人为了共同利益而统治的正常政体中。在此，经过很长一段时间沉默，亚里士多德再次明确将"美德"视为构成完整人类政治共同体之真正共同利益的核心要素。③ ［133］ 人们称这种政体为"共和政体"（politeia 或

---

① 纽曼（以及 3. xxviii）认为这种六分法是建立在前面的政治统治的观念之上，目标不在统治者的利益，亚里士多德因此肯定是想区分"共同的利益"和统治者的利益——他没有注意到亚里士多德悄悄地溜回到政治统治究竟服务于谁的利益这个更加含混的观念——所以他严厉地问，"但是有没有这种可能……在某些政体中，统治者既为了私人利益，也为了共同利益？"

② 1277b29－30；贵族政体的特征同样含混和矛盾，参见 NE 1160b12－16，32－36 和 1161a22－25——《伦理学》中政体的分类没有提到共同利益（Ambler 199，262）；对绝对最好政体的描述 1288a33－37，1293b1－7 和 40－42 也都没有提到共同利益。

③ 纽曼提出了一个很有启迪的挑战（3. xxviii）："我们不妨问，若有一政体，虽以

polity)①；这个名称实际上是一般"政体"的通称——"现在用以指称一种特定的政体，这是有道理的"，亚里士多德说，"一人或少数人而为统治者，这些人可能具有出色的美德；等到人数逐渐增加时，当然难以找到这么多各方面的美德都是完善的人，唯有军事性质的美德可以期望于多数的人们"②；因此，"在共和政体中，最高治权操于卫国的战士之手，这里必须是家有武备而又力能持盾的人才能称为公民而享有政治权利"（1279a37 – 1279b4）。在这里，我们再次以另一种形式遭遇这个根本的问题：统治者的美德，特别是战士的公民美德，在这里被认为是为共同利益服务，是不是主要因为这种针对共同利益的美德成就了其拥有者，因此实现了其拥有者的人生价值（战士美德至少一定程度上让许多战士公民有成就感——对观 1270a4），因此这种"共同"利益是不是主要为了统治者，而不是其他被统治者？换言之，统治者的美德，特别是战士的公民美德，在这里被认为是为"公共"利益服务，是不是主要因为有这种美德的统治者，特别是操有治权的众多战士，在美德的帮助下，能够冒险和牺牲自己的利益，甚至生命，服务于共同体其他人的利益？

亚里士多德继续明确地提出和解决更多的"问题"。这些"问

共同利益为宗旨，但将共同利益看得很低，比如将之理解为获得财富或成就霸业，我们能否将之当成一种独特的政体"；纽曼认识到，"亚里士多德或许会这样回答，那种的政体并不真正关注共同利益，"（这点被亚里士多德在第九章中阐明）然而（纽曼继续说），"但我们也不能说它只关心某部分公民的利益，因此似乎它在所列举的几种分类之外。"Simpson（1998, 152）充满洞见地回答了最后一个问题，在那种政体里的统治者"完全是为了自己利益而统治，因为他们的统治是为了自己的观点在城邦占主流，为了他们自己和与他们观点相同的人的统治永远持续"——因此将那些公正地主张统治是为了美德这一共同体生活的真正目的之人边缘化，或者阻止这些人来统治。

① 这个词在亚里士多德之前的用法，纽曼在他 *Lexicon of the Ten Orators* 中引用了 politeia 词条下 Harpocration 义项，表明他心目中想到的是 Isocrates *Panegyricus* 125 和 Demosthenes *Phillipics* 2.21（倘若是后者，或许还要提到 *First Olynthiac* 5）。在给 Children of Jason 的信中，伊索克拉底用 politeia 指通常意义的非君主政体的城邦。

② 看来，战士美德作为公民美德，属于这种城邦的公民，城邦里处于统治地位的大众，追求的是公共利益，因此，战士美德必须包括大量的正义美德，因为正义的美德关心公共利益。

题"不同于刚刚提到的伴随着前两种正常的政体的问题。然而，在第八章开头承认了"关于这些政体"都有"某些问题"之后，亚里士多德只提到两个问题——它们的出现，是由于有人挑战亚里士多德对寡头政体和民主政体这两种不正常的政体下的定义和归纳的特征。在把焦点移向这两个问题时，亚里士多德第一次在这本著述中明确宣布，他的目的是引导我们"对每个问题进行理论上的哲思"，"不能只用现实的眼光来看问题"。他说，"阐明每个问题的真相"而"无任何疏忽或遗漏"就"属于"这种努力，即超越了现实眼光的哲思（1279b13 - 14，对观《伦理学》1098a26 - 31）。在为我们提供了一个特别深邃的眼光，洞察了我们"常识"——关于政治统治追求的到底是谁的利益——中的混乱性质之后，亚里士多德鼓励我们超越对于引导政治实践的关心，追随我们对于全部真相的哲学关注。同时，他更清晰地指出，后一种关注是"哲思之人"的标志，以此区别那些"只用现实的眼光来看问题"的人。（紧接下文他第一次用了"高贵"一词来形容定义的精确——1279b25；理论的精确中有着某种高贵。）

在此个案中，亚里士多德明确超越实践层面的哲学分析，[134]主要是他想象、推测或设计了一个关于种种可能之政体的思想实验，尽管这些可能的政体从来没有见于实践，但对它们的思考能够更准确地为寡头政体和民主政体定义。他最后表明，真正体现和区别这两种不正常政体的东西，真正给予它们独特性质的东西，不是统治者的多寡（少对多），而是统治者的经济地位——富人对（自由的）穷人，或者说有"财产"的富人（euporoi）对"既无财产又缺手段"的自由人（aporoi）。① 亚里

---

① 1279b19，1280a5；正如纽曼指出，"这表明《政治学》中的 aporoi 不是完全没有财产，而是财产不多而已"；他们是劳工阶级——"被迫辛勤劳动，养活自己和家人"。但我不同意纽曼补充的说法，段落 1270b9，1271a30 和 1320a32ff 表明 aporoi 不能与亚里士多德所谓的"赤贫"或"很穷"的人"混淆起来"：所引的那些段落显示，正如我的解读，穷苦大众或许包含了赤贫或很穷的人，甚至他们占大多数。纽曼对 1297b6 的注解更言之成理，借用阿里斯托芬 *Wealth*（552 -54）中明智的贫穷女神的话的帮助，他暗示亚里士多德所谓的"穷人"指的是有一定劳动所得的人，不包括"乞丐"。

士多德不无迟疑地继续说，"这一论证很可能表明，寡头政体和民主政体的区别，不在掌权人数的多少"（1279b34 – 36）。然而，在接下来的几章我们将看到，这是明显的夸大其辞。正是穷人的数量巨大，加之亚里士多德随后提及的另一个关键特征——他们是自由的，他们没有被奴役（1280a5）——给了平民其强大的甚至决定性的政治力量。亚里士多德是在故意模糊或推迟承认，作为平权政治的民主制手里握有的这把粗糙但有效的"王牌"之重要性。他这样做，为的是让我们的视野不要落在对民主制和寡头制更高的研究层面上：远离民主制和寡头制各自的支持者的呼声，要认真考虑和评估这两种公正的政体类别。

关于分配正义的争论

亚里士多德没有如我们可能期待和希望的那样，进一步阐明不各正常政体的本质。我们尤其感到失落的是，在卷三中，我们没有听到关于"共和政体"更多的论述（1283a20，1286b13，1288a12 – 15）——作为某种意义上最好的政体，亚里士多德只是在卷四中才做了专题处理。亚里士多德坚持认为，我们应将注意力转向两种不正常的共和政体——寡头政体和民主政体——之间的争论。正是在那争论的语境中，亚里士多德将研究"最好政体"在贵族和君主这两种政体版本中的正义（参见卷三的总结，1289a26 – 35）。内容如此安排，决定性（也是隐蔽性）的理由在卷四到卷六中会变得越来越明白：寡头制和民主制的竞争——主要是符合少数富人自己利益的统治对主要是符合多数穷人自己利益的统治——充斥于所有实际的共和政体并成为其特色（Congreve 1874ad loc.）。研究公民正义，必须考虑到这一严峻的经验事实。

[135] 将经济基础——作为两种不正常共和政体的关键特征——送上前台，亚里士多德提供了一个视角，委婉地消解了这两种政体。一方面，"寡头政体"原本表示"少数人的统治"——但也

可能等同于一个或一群"精英"的统治；亚里士多德坚持指出这个平凡的事实，这些"少数人"的真正特征，只是他们拥有财富，最为关心财富——而非其他方面的优秀。另一方面，"民主政体"原本表示"（自由）平民群众的统治（rule of the［free］common multituole）"——但也可能等同于"（自由）人民（the［free］people）"的统治；① 亚里士多德坚持指出这一事实，这些自由的群众的特征，是他们的经济需求，要求他们必须谋生，因此他们没有闲暇接受教育，没有能力参与要求高、耗时多的公民事务。

这两种不正常政体竞争者的特征，对他们竞争的正义观念具有直接影响。亚里士多德从他自己对这两种政体的重新定义，转到"寡头政体和民主政体支持者的定义，并辨明它们各自所包含的正义观念"（1280a7 - 9）。他没有把这些竞争性的道德主张当成宣传，当成（马克思意义上的）"意识形态"——作为仅仅理性化的工具，自我欺骗地掩盖本质上是剥削的动机和目的。相反，他表明这些道德主张都是严肃认真的，而且颇有分量。他甚至说，"他们对于正义各有一定的正确把握，只不过他们的认识还停留在某个层面，不够深，表述的正义不够全面，不够权威"（1280a9 - 11）。所以在此，对于政体类型表面上简洁优雅的六分法，我们进行了一次重大修正或补充。作为"专制"的那三种不正常政体——寡头政体、民主政体和僭主政体（对观1279a21，1279b16 - 19）——其特征需要条件限制。它们绝非完全忽视对正义的关怀和理解。

但在阐述的过程中，亚里士多德的重心并没有放在对理解为是公共利益的正义的关心之上。至少某种程度上，受到寡头政体和民主政体两派支持者争论的影响，亚里士多德转而表达了另一个相关的正义维度作为竞争性政体道德主张的基础——"绝对正义"的维

---

① 参见蛊惑民心的政客 Athenagoras 为民主政体辩护，修昔底德6.39.1："我首先强调'人民'代表了一切人，而'寡头'只代表一部分人。"Bonitz 176 将 demos 译成 populous 而不是 vulgus；然而，他却把 demosiwtatus 译成 vulgatissimus。

度（1280a22）；这个维度此前还从来没有如此明晰：作为"公平"或"公正"的正义，或如他在《伦理学》中所称的"分配"的正义（1131a12ff.——他在此明确指引我们参考）。这种意义上的正义为公民的利益（和义务）提供了分配的标准；这些利益（和义务）需要由共同体中的某些人而不是其他人瓜分、拥有、享受或承担。[136]这就是为什么——正如亚里士多德随即强调的——大多数人对于这种意义上的正义，实际上都是不良的判官：他们各自按照自己或所在集团的利益来判断，很少（更别说完全）超脱自身的利益。

正义作为公平或公正，这一原则等同于应得的原则：每个人都应该接受一份能够分配的、自己理所应得的利益和损失（1282b23ff.）。亚里士多德现在仲裁的这场争论，是建立在对手之间共同假定，统治职位是一种很大（如果不是说最大）的、需要分配的城邦利益——而且也是具有那样一种品质的利益，以至于如果要公平分配，即分配给真正应得的接受者，可能也会为政治共同体的其他人带来巨大的利益。如此一来，我们回到了开始时那个临危的含混观念，统治到底谋求谁的利益。

不过，在"应得"的意义中，也有很大的含混或矛盾：这种含混紧随我们已经看到的那个的临危观念——正确的统治到底为谁谋利——所蕴含的自相矛盾。亚里士多德在陈述两个对立的论者的观点时（1280a22 – 31），"应得"的含混意义显然在起作用。一方面，"应得"可以意味着，由于已经证明的和将会至善的卓越，所以最有资格接受某种需要用来或适合用来圆满实现个人幸福和卓越的东西（比如，最好的笛子手应该得到笛子，他成功地实现自我的演奏应该获得崇敬的掌声和祝贺，听众从他的表演中得益，可能只是次要的或附带的——1282b31ff.）。另一方面，"应得"可以意味着，由于捐助、冒险或辛勤付出——这些（如果没有补偿）本身对个人不利但对他人或身外之物有益——所以有权声称应得恢复性的补偿。第二种意义上的应得看来最可能真正增值，因此也最动人，这正是因为我们相信激励一个人的东西，主要不是或根本不是期望获得应得的补偿（尽管应得也可能仅仅指行为所针对的补偿）。寡头制"主张"的"力量"，正如亚里士多德批判地表示的，似乎更多地带有第二种意义的应得：如果公民组团的主要目的被（错误地）理解为是获取财富，正如搭伙做生意，那么财富多的人给城邦的份子钱多，作为补偿或回报，比起"份子钱"相对少的人，他们相应地也该拿回更多的本金和分红（相当于统治职位），这才公平或公正。相反，民主制的主张（亚里士多德陈述得更隐晦），［137］似乎更多地带有第一种意义的"应得"——尽管也不无第二种意义的味道：民主派宣称，所有人都应该平等参与城邦事务，因为大家都是自由的。他们可能想表达的主要意思是，作为自由人，就有理由宣称平等分享治权，因为统治是一个自由人需要的手段，实现自我，获得相应的掌声和光荣——尽管他们也可能想到为了捍卫城邦的自由而战，甚至不惜牺牲。与寡头派的做法完全不同，民主派提出理由时故意忽略了他们决定性的因素——经济手段的匮乏。民主派呼吁的是一种据说值得称赞的品质，看上去不偏不倚，因为无论富人还是穷人都同样不多不少地具有。民主派的这种理由遮蔽了以下事实，穷人暗中依靠他们更多投票——如果有必要，还有战斗——的人数来压倒富人。这是不是意味着，由于穷人缺乏过硬的理由来要求应得的统治，所以民主派的自我辩解比起寡头派就没有那么坦荡？

　　亚里士多德的回答既反对民主派，也反对寡头派。他说，按照分配的正义，宣称统治的最强大的理由是"谁通过高贵的事业对幸福高贵的政治共同体做出的贡献最大"（1281a2－5）；所谓"高贵的事业"，即具有"政治美德"的行为（1280b5，1281b7）。将"应得"模棱两可的双重意义混合在一起，亚里士多德的理由是诉诸政治共同体的最高目的或终极目标：美好生活，即人们所理解的实现了政治美德的积极生活。在此，亚里士多德第一次在卷三中明确引入了"幸福"，将之作为高贵政治行为——政治行为首先包含统治行为——的组成部分。但是，亚里士多德提到的幸福不只是

（作为统治者的）有德之人的幸福。它是作为一个整体的城邦的幸福，有德之人通过集体的、家庭的和邻里的生活融入其中。亚里士多德是这样说的，"城邦是若干家庭和邻里的共同体，由此结合的城邦可以得到完美自足的生活，这就是我们所谓的过得幸福高贵"；由于"政治共同体的存在不只是为了一起生活，而是为了高贵的事业"，所以"谁对政治共同体的贡献最大，按照正义即公平的精神"，他就既比"那些同等自由、家世相当甚或更显赫，但政治美德不如他的人，也比那些财富更多的人，在这个城邦中享受更多的一份幸福"（1280b40 – 1281a8）。最卓越之人通过他们高贵的统治行为获得的成功，现在首先被理解为对整个城邦的成功所做的一份贡献。分配正义与作为共同利益的正义密不可分（1282b17 – 18）。闪着理想之光的统治——既是实现自我的方式，也是为成就他人或身外之物所做的一份贡献；[138] 所谓身外之物，即被看成是一个整体的政治共同体，它超越了自我（和其他人的自我），其成功潜在地需要高贵的行为，如自我牺牲和他人的牺牲（最明显的是在战争中）——继续构成了这种美丽的政治统治观，亚里士多德现在以一种可能激起我们批判反思的争辩方式将之表述出来。有德之人通过他们的统治，如何以及多大程度上才能真正使欠缺美德的大多数人，无论穷人和富人，都能够分享高贵行为带来的幸福，这一严肃的问题依然隐约笼罩亚里士多德表述的观点。这种感觉在本章中尤其明显，因为亚里士多德用了不少笔墨强调，共同体中所有人都能最明显地分享到的美好生活的方面——发达的商业，有法律保障的个人和财富的安全，成功的婚姻，表现于家庭、宗族和共同社会文化活动中的人间友谊，尤其是共同的宗教仪式——所有这些东西本身都不是自足的，都只是从属于高贵政治事业的美好生活，是其必要的前提条件，而非核心组成部分，"城邦的目的是美好生活，这些东西只是达到这种目的的手段而已"（1280b39 – 1281a3；Cooper 2005，74 – 75）。

一旦我们在此再次认识到这个潜藏的问题——贵族政体中的被统治者如何分享高贵统治带来的幸福——我们就不会对亚里士多德

结束第九章时那句醒目的话感到诧异：“显然，由此可知，对于政体问题，（民主派和寡头派）双方所持的正义观都不无偏颇。”① 这句结语呼应了本章的开头：呼吁有德之人的统治，比起以上有分歧意见的双方，从分配正义的角度看，当然显得更强有力；但它也不无偏颇，也只表达了分配正义所追求的“部分”目的。主张有德之人的统治，并不能完全取消少数富人和（特别是）多数穷人提出的正当反诉，尽管在某种意义上这超出了穷人的理解：分配正义暗示，城邦是幸福的共同体，这幸福为所有自由人共享，包括他们的家人（这首先意味着他们的妻子和儿女）。②

能否把正义的各个“部分”拼贴起来，构成一个完整的正义观，既逻辑一致，又能在一个现实政体中找到示例？

民主政体的理由

如果我们一直追随亚里士多德提出的问题，我们不会诧异，他在第十章开门见山地声称，“关于城邦的最高统治权应该寄托于什么，这也是一个问题”（1281a11）。［139］在结束这章时，他反驳

---

① 1281a8 – 10；回顾 1280a9 – 11；对观 Barlett 1994b，147。

② 亚里士多德在此顺带表明，他意识到——即便他以不够充分为由加以拒绝——还有另一种更加简洁的政治生活和正义观念：这种与智术师吕哥弗隆（Lycophron）有关的观念，某种程度上预示了现代种种社会契约论。他指出，通过忽略“最重要的考虑”，民主派和寡头们约略勾画出一种政治团体的观念，即由独立个体参与的契约式联盟，通过互相帮助和法律法规，旨在保障大家的生命、自由、财产和商业。但在那样的团体中，亚里士多德抗议说，人们“只是考虑契约下的每一个人不得对其他任何人做出不义——而不是考虑他们应该成为怎样的人，更不考虑怎样才能使每个人都变成正义和善良”；而“那些考虑良好法律秩序的人，都将政治的美德当成他们的目的”（1280b2 – 6）。考虑到这个目的，城邦必然需要一些财富和自由；但关键的问题是，如何利用财富和自由作为手段，以实现目的。亚里士多德继续强调，这也要求真正人类的共同体的至高关心不是友谊、感情或爱——无论是家庭的、公民的还是宗教的爱（Schütrumpf 2. 487 – 488）。一切形式的公民友谊是共同体的重要目的，但不是最重要的目的，因此在某种意义上，它也只是达到目的之手段而已。

了可以期之于法治这个建议。因为不同政体中的法律表达了特定阶层和品类之人的特定激情；正是这些人构成了政体，拥有立法权："如果法律要么倾向寡头，要么倾向民主，那又如何解决问题？"（1281a35－38）最高立法权寄托于"群众，或富人，或贤良，或全城邦最好的一个人，或僭主。在这五者中，选取任何一项，都会产生问题"。（1281a11－13）。亚里士多德对这个"问题"的论述有一个令人吃惊的结果：在下一章开头，来了一次"必然"的转向，为民主政体辩护（1291a40）。是什么原因促成了这次出人意料的转向？亚里士多德曲折的讨论让这个答案变得谨慎而隐晦。

　　亚里士多德用这样的话来表达了贵族制——或（如他现在所言）"由少数高尚的贤良统治，① 掌管万物最高治权"的政体——的缺陷："如此一来，其他人必然觉得羞辱，因为他们被永远排斥在名位之外"。然后，他抛出了事后证明是重大伏笔的一个观点，补充说，倘若"以最好的一人来治理，是否可以胜过其它办法呢"？这种制度的性质"实际上就更是寡头性质；因为被剥夺光荣的人数更多"（1281a28－32）。但这如何才能成为按照正义标准反对贵族制的决定性理由？毕竟，究竟是什么使其他公民，无论穷人或富人，应该分享光荣或治权？相比于其它选项，为什么贵族制不继续是（虽然是不完美但却是）最正义的政体？特别是，民主政体的理由如何在道德上自洽？是什么使占多数的穷人配得上统治？这最后的问题在以下评论中变得更加锐利：在显示民主政体为什么缺乏有效的理由时，亚里士多德的口气似乎把民主统治和法律的趋势看作多数人的僭政，"倘使穷人占据最高治权"，他们将借人多势众，通过"法律"来瓜分富人的财产。的确，他认为寡头制"干的是同样的事"，只不过反其道而行，"劫

---

　　① 有德的少数人此刻配得上这种称号，因为前一章已经证明，他们要求统治的理由比寡头和民主派更公平；但考虑到下文，公平之心在此也有这层意义，即"获得的比应得那一份少"（NE 1136b20）和"具有同情的理解或谅解"，以照顾与他们打交道的弱势群体（NE 1143a18－24）。

掠平民的所得"；但他用更长的篇幅和更强烈的口气言及民主制法律的暴政倾向。当亚里士多德描述有僭主倾向的民主派回应他对他们不义的质疑时，他们激动万分、发誓赌咒，给予了不容置疑的回答："凭宙斯起誓，这是依凭正义分配最高治权！"（1281a14－16，21－24）这种态度的回应使民主制显得更加恶劣。这次赌咒，连同下一页寡头派的赌咒（1281b18），是流传下来的亚里士多德作品中仅有的两次赌咒。为什么要在这里出现一次？

亚里士多德显然认为，此刻就活灵活现地将有了权即无所不能的平民群众丑陋的、义愤的咒语呈现在我们面前，这很重要。[140]正是当多数人的僭政因其彻头彻尾不义的掠夺而遭挑战时，民主派的代言人爆发出扭曲的义愤，呼吁神灵——宙斯——来为他们的行为洗白。亚里士多德认为，我们听到的这声咒语，正是民怨的迸发，是群众在激情表达长期受到的羞辱和剥削。

就在群众爆发激情之后，亚里士多德引入了另一个正义的维度——迄今为止没有重点强调的维度。他说，民主派暴力查抄富人财富的法令"显然破坏了城邦；可是，美德总不做破坏任何善物的行为，正义也一定不是为害于城邦的"（1281a19－20）。亚里士多德突然提醒他贤良的读者，城邦正义其它更高的方面有赖于最根本的共同利益：城邦之所以持续存在和良序运作，是由于它是共同体而非战场。① 如果做任何原本可避免的可能使共同体土崩瓦解的事情，就违背了作为共同利益的正义。在自由的居民中，制造大量强劲的敌人，与城邦为敌（1296b14－16，1309b16－17）——正如查抄富人财富很可能导致的后果——激起内乱，这也有违正义。然而，在此用于反对民主派的这些理由，同样也可以用来反对贵族派：他们

---

① 参见普鲁塔克的 Phocion 32.3－4：福基翁在为自己信守誓言保证一个雅典的危险敌人的安全进行辩护时说，"宁肯人负我，我也不负人"。普鲁塔克评论说："对于有些知道内情的人来说，这似乎是贤良人说的话，即便是为了自己的利益；但是，鉴于在这个例子中，福基翁作为将军和统治者不惜牺牲城邦的安危也这样做，我不知道他是否僭越了某种更重要、更值得尊重的东西——即欠公民一个公道。"

也有违正义，驱使自由的群众对政体抱有强烈敌意——正如群众没有实质性分享治权和权威时很可能导致的结果（对观 1264b6 – 10，1270b21，1274a15 – 18，1281b29 – 31）。不过，在最根本的意义上，正是正义才给了决定性的道德理由，转向民主政体，尽管它不无缺陷："似乎把治权寄托于少数好人（贤良），毋宁交给多数平民，这里虽不无商榷之处，但其中也包含某些真理，看来这是比较可取的制度。"①

然而，亚里士多德继续为民主政体辩护时，却没有很明确地基于这一低级但坚固且关键的正义维度（事实上，这也是在此打动他的维度）。他也没有以他在第九章开头所称的"民主正义"（群众认为应该统治，因为他们都是自由人）为基础立论。相反，他为民主政体辩护主要是基于一个奇特的理由：群众被认为更有伦理和智性美德，他们掌权的政体超过了任何对手，包括由少数有德的、高尚的、具有实践智慧之人掌权的贵族政体。换言之，他主要依据的是贵族政体的分配正义观：平民群众的统治之所以合理，是由于它是有德的统治或有德之人的统治。② ［141］亚里士多德由此引出或诉诸民主政体的最高的自我观。同时，他也必要地向民主政体妥协，对于他那些贵族倾向的听众来说，显得更悦耳，不那么有失身份。不过，他加了一个理由，暗示平民群众的治权——尤其是当它被认为是建立在贵族政体所抱持的正义观之上时——可以制约和疏导，办法就是吸纳次要的但也重要的贵族制和寡头制的元素：他因此回归和支持梭伦的"高贵的混合"政体（对观 1273b35 – 1274a21）。

亚里士多德借用贵族政体的理由来为民主政体辩护，其核心是这一观点，"就多数而论，其中的每一个人常常是乏善可陈；但当他们合而为整体，却往往可能超过少数贤良的智能"。为什么会这

---

① 1281a40 – 43；关于翻译，参见 Bonitz 439a22 和上下文，Simpson 1998，166。学界对于亚里士多德在此的论述颇为疑惑，纷纷为希腊原文赋予新意，或者认为原文有脱漏：Newman ad loc. 1. 570 – 573；SH ad loc. 42 – 43；Schütrumpf 2. 497，508 – 510。

② Winthrop 1978；Coby 1986，490 和 1988，909；Bradley 1991，52 – 53。

样？亚里士多德没有解释（他后文关于实际的民主政体的讨论同样
将引起尖锐的怀疑：1292a8 – 12）。① 他只打了几个比方。比如，多
人出资举办的宴会可以胜过一人独办的宴会。再如，他说，如果许
多人共同议事，人人贡献"一分美德和一分实践智慧"，集合于一
个会场的群众就"好像"一个具有许多手足、许多耳目的巨人，他
还具有许多性格、许多智慧，自然就较少数道德和智慧楷模更为正
确。亚里士多德说，这有事实为证，群众对于音乐和诗歌的判断，
常常比少数专家更正确：有些人欣赏这一节（这一节是他能够理解
的全部），有些人则被另一节感动，全体会合在一起，就完全领略
了整篇的得失。② 纽曼认为，亚里士多德在这里"呼应喜剧诗人的
举动；这是一种流行的举动，喜剧诗人在讽刺而戏谑的歌队合唱中
慷慨地恭维观众"。事实上不难想象，亚里士多德在打这些比方时
会眼睛一亮。③ 当然，幽默的亚里士多德引入一阵喜剧风，是由于
他要迫使我们听到这声怀疑的赌咒式回应，它可能来自一个粗俗的
寡头或一个爱争吵的年轻贵族（1281b18 – 20）。然而，亚里士多德
难道不是努力向更虚心的贵族表明，他利用比喻的修辞手法是为了
弥合自己和民主派之间的鸿沟吗？④ 雅典民众在音乐节上所展示的
品味，难道不是层次很高，令人印象深刻？（参见施特劳斯对阿里

---

①　亚里士多德含混的观点体现于他在 *Topics* 150a – 151a 中对辩证逻辑的专门讨论。

②　1281a42 – 1281b10；亚里士多德后来说，年少时没有学过演奏，成人后就不可能
鉴别音乐——1340b24 – 25，35 – 36。

③　纽曼对比柏拉图《王制》490a 和《法义》670b，700a – 701b；ad1281b4 提示我
们参见阿里斯托芬 *Frogs* 675ff。另参见 SH ad loc. 和伟大的亚里士多德研究专家 Adolf
Trendelenburg（1868，节 207）；Grote 1853，376 – 377n；Mulgan 1977，105；Winthrop
1978，159 – 161；Schütrumpf 2：497 – 500；Nichols 1992，195n20；Lindsay 1992，104 –
106（提示我们注意亚里士多德在 NE 1181a20 – 27 和 *Rhet.* 1354a39 – 1354b1 中对艺术及
政治判断力的评价，同时注意亚里士多德后面在《政治学》中对民主政体中团结一心的
公民大会的责难：1292a10 – 28）。

④　Lindsay 1992，107 – 108，115；这种修辞如何吸引民主派接受贵族的观点，我们
时代的证明可参 Waldron（1995）和 Frank（1995）对亚里士多德此处观点的回应；这表
明阅读《政治学》中的这一部分至少可暂时改变他们的民主理念。

斯托芬的民主观众的素质极力褒奖，盛赞这些人"高贵典雅""对于美有惊人的体验"［1989，107］。）然而，这么高的民主品味究竟怎么来的？这个问题变得迫切。亚里士多德继续说，［142］"品德好的人，之所以异于众人中的每一个"，"高贵/美丽的人，之所以异于其他人，原因也都是这样"：每个品德好或高贵/美丽的人，都是心灵美好品质的协调统一，这些美好品质原来是危险地散落在众人身上，现在集合成了一个整体。这显然带来了以下问题：即便承认分散在群众中的美德"各个部分"不只是碎片或碎屑，这些分散的美德又如何重组和聚合，成为运行良好、生机勃勃的美德统一体？是什么使得这些美德碎片无法连贯，或更糟糕的是阻止它们聚合——在蛊惑人心的政客的煽动下——成为一个魔鬼般聪明的、邪恶的或至少不负责任的乌合之众，使得群众更加具有邪恶的毁灭性，比起大多数或全部成员作为个体时还有危害？①

当我们考虑到亚里士多德补充的那句话中的潜在含义时，解答的线索就会浮现出来。亚里士多德说，美人像要比日常生活中的人好看，是因为艺术家仔细观察了散落在现实中人身上的美之后做出的高明选择和组合。这句话是否暗示民粹政治也需要一位伟大的艺术家？② 事实上，这一暗示与亚里士多德现在给出的重要条件限制

---

① 回顾 1274a3 - 15，参见 1292a4 - 23；另参见柏拉图《王制》493aff.；阿里斯托芬 *Knights*，esp. 752ff.；德摩斯梯尼 *Exordium* no. 14 依据丰富的个人经历抱怨，雅典人私下谈到应该做什么事情时比在民主的公民大会上更开放和审慎，他们"不愿意投票赞成大家都要分担的公共服务"。站在古典共和作家立场的对立面，休谟在他的文章"一个完美的共同体"中（1985，523）赞同红衣主教莱兹（Cardinal de Retz）的名言，"一切公民大会，无论如何构成，都是乌合之众"；麦迪逊接受并强化了休谟的判断（*Federalist* no. 55）。

② Nichols 1992，66 和 82 - 83。普鲁塔克对审慎的民主派的描写，对比蛊惑人心的政客——他甚至暗示有某种高贵的"蛊惑"——参见以下传记：Pericles（3.4，15.2，39.4），Nicias（4.1，9.1），Coriolanus（15.3 - 4），Caius Gracchus（1.5 and context），Agis and Cleomenes（2.6——对观 Gracchi 兄弟传）。伊索克拉底在给年轻国王的建言中提倡"高贵地蛊惑人心"：*To Nicocles* 16；同样参见 Helen 37 中赞扬忒修斯"良善地蛊惑人心"。卷六中亚里士多德会指出大众的本性，为什么将他们抬进公民大会最值得担心。

多少有些契合：他承认，"这种集众人的长处可以胜过少数人的优点的原则，可否应用于一切人类团体，这里殊难确切断言"；然而，尽管人们会提出反对意见，"这个原则应用到某些公众团体总是正确的。"①

但是，亚里士多德立刻说，与此"相关"接踵而至的是又一个"问题"："自由人或一般公民，他们在最高统治权中能够发挥什么作用？"亚里士多德回答这个问题时，再退了一步，他承认，让多数自由人——正如他现在说，他们"既无财富也无美德"——染指最高统治权，的确"不安全"，"因为他们既少正义又欠审慎，难免不犯罪过或错误"。但在另一方面，"假如不让他们分享一些权力，又会产生严重的危险"，因为"如果一个城邦中大群的穷人摒弃在名位之外，剥夺了光荣，这就等于城邦布满了敌人"（1281b23 - 30，亚里士多德在此露了底牌）。在两难的处境中，"唯一的出路"就是让他们参与议事和审判的职能，顺着梭伦以及其它立法者的指引，将群众中的个体以资格问题排除在显位之外，但却赋予他们权力，选举和监督掌管最高统治权的人。② 现在（1281b34 - 38），亚里士多德以貌似更合理的言辞提到，公民大会如何可能让具有不同

---

① 1281b15 - 21；奇怪的是，亚里士多德并不认为前面所述适合于某些"人民"。纽曼（ad 1281b4）引用麦考利同意坎宁的话，"下院作为一个整体，其品味要高于其中最有品味的人"——但纽曼补充说，"的确，下院多或少是经过选择的公民代表组成"；对比白芝浩（Bagehot，1974，8. 294 - 295，尤其279）："假如各个政党没有规矩，议会制的政府不过是在一系列散沙式的公共集会中打转……为了实际的目的，议会必须要有规矩，要受少数几个头脑……少数几个有智慧和影响力的人来控制……否则一群乌合之众组成的政府将毫无希望。"修昔底德 6. 39. 1 中蛊惑人心的政客 Athenagoras 说，尽管"议事最好由少数智者来办，但听完他们议事后，能够做出最好判断的是大众"；这句话出自的语境，是他主张由大众来对外交政策进行判断；这无疑是极为错误、近于自杀式的行为。关于民主制下的外交和外交政策长期无能，尤其是在面对一个睿智的贵族制对手时的无能，参见 Demosthenes在 On the False Embassy 135ff. 中以第一人称发出的著名感叹；Nicolson 对此加以了讨论（1954，7，11 - 14——"这种无能直接导致了喀罗尼亚之战大败"），并强调了这种民主的无能在二十世纪司空见惯。

② 对观伊索克拉底 *Areopagiticus* 26；SL 2. 2 and 11. 6，段24 和28（在这几段中，孟德斯鸠据此认为，现代的代议制政府要好过"古人"即便是最节制的民主政制）。

美德和能力的公民各显神通，群策群力：公民大会是"平民群众与少数精英的混合"，[143] 因此能"惠泽城邦"，正如大量不纯净的杂粮同少许的细粮混合煮出来供给食用，就比少许细粮的"营养更充足"。于是，我们现在可以想象，拥有选举权和监察权的最高权力机关公民大会以及陪审团，将以这样一种方式激活、组织和管理，使平民群众能够被混合于其中的精英决定性地影响，对他们保持敬畏，受他们的指引。①

然而，亚里士多德立刻指出，"这种结构的政体"仍有不少问题。"首先"（1281b39 – 1282a3），假如考虑政治统治需要大量的专业知识，我们就会意识到这其中隐含的怀疑，担心普通公民是否有能力做选举人和监察员。正如医师的医术是否高明，只有同行的专家才能合理判断，其他需要专门知识的复杂技艺，"似乎"也应该如此。群众是否有能力选择和判断高明的政治家，这种怀疑很难平息。如果我们进一步思考，在医术和其他技艺领域，选择和判断的能力可以延伸到圈外人，一是拥有"系统"（architectonic）知识的

---

① 参见 *Ath. Const.* 12. 2 引用梭伦的诗；1298b20 – 21。Peter of Auvergne 1940 评论 1282a15 时祈祷"容易被智者劝导的群众被智者正确地劝导"。Marsilius（1. 12 – 13）最突出的特点是使亚里士多德的思想显得更加迎合大众。对观 Thucydides 2. 37. 1 Pericles，6. 18. 6 Alcibiades，和 3. 42 Diodotus 心目中优良的民主政体，但公民大会中言论自由受限；麦迪逊认为现代代议制的大共和政体胜过古典的民主政体，印象最令人深刻、最让人觉得有希望的理由是，"将政府委托给人民选举出的一小部分代表"，结果将是"代议机构传达舆论，舆论会得到升华或放大，代表们的智慧或许最能辨识整个国家的真正利益，由于爱国精神和对正义的热爱，不太可能为了暂时或局部的考量而牺牲国家利益。在那样的制度下，或许代表们发出的人民的声音，比起人民集会在一起自己发出的声音，更与公共利益合拍"。"另一方面"，麦迪逊承认，"当然，这一制度也可能产生负面效果。有些拉帮结派、党同伐异、为了局部利益或阴险目的之人，可能利用种种阴谋诡计不择手段首先攫取代表权，然后背叛人民利益"。因此，"问题归根结底，无论共和政府大小，都应该慎重选择公共利益的保管人"。麦迪逊主张大的共和政府，主要理由是"每个代表是从更多的公民中选出，因此，即便选举中充满阴谋诡计，才德不够的人要当选难度自然会更大"（*Federalist* No. 10）。另参见白芝浩（1974），人民的"敬畏"作为现代英国政制成功的关键；《联邦党人文集》校注者（经验丰富的政治家）St John – Stevas 强调这种性质的政体一直延续到二十世纪中叶（*Federalist*, 5. 62 – 66, 73）。

人，二是受过自由教育的非从业者（1282a3 - 14）。因为只有知识才能带来能力的扩张，这指向进一步偏离了民主制。它指向的要么是君主制，由拥有最高权威的人掌权，要么是贵族制，统治权的候选人局限于有闲暇接受自由教育进而从中习得治术之人。

"但这些理由"，亚里士多德警惕地反驳说，"还不完全充分"，原因有两方面。首先，就是早前提到的一个观点：存在这种可能，即群众有可能将各自的缺点也夹带进了那个综合起来的美德整体。但现在亚里士多德大幅度地改变了立论基础。并非是品性有缺陷的群众可能如他所言以某种方式整合起来，从而在道德上高于少数的精英。相反，有问题的只是群众作为选举人的判断：亚里士多德特地补充了一句，假如群众"不是太有奴性的人"，则虽然就个体而论，他们的判断能力的确"不及专家"，但当他们集合起来，以正确的方式投票，结果就比专家"不说更好，至少不差"（1282a15 - 16）。

亚里士多德列举出来考虑的第二个原因是，有些创造性的技艺，据说政治就是其中之一，［144］其产品的质量，最好的裁判不是生产者，而是消费者——比如，房主比建房的工匠更擅于评判房屋的好坏，舵手比造船的木匠更能判断舵的好坏，食客对菜肴的判断好过厨师。"这样看来"，谨慎的亚里士多德下了个小心翼翼的判断，"这个问题总会有人解决"（1282a18 - 24）。用这些创造性的技艺来类比，暗示着那些当权者在此被认为是群众福利的提供者，群众作为选举人，本身不在其位，只是当权者提供的福利的消费者。但与此同时，群众被等同于房主和舵手，即某种统治者。或者群众毋宁说只是类似于食客（消费者）？亚里士多德因此暗中指向以下问题：如果选举出来的当权者被看成是为作为统治者的群众提供福利的人，如果正是居于统治地位的群众过上了城邦及其政体所追求的好生活，那么除了选举和监察这些为他们提供福利的当权者（这些当权者将乐意从事可视为是高贵的统治行为，尽管他们的统治只是次要性质的统治），这些身为统治者的群众还做了哪些高贵的事业？身为统治者的群众，对这个问题有明确的答案吗，无论是靠自己所想，还是靠引导他们的领袖和代言人？群众对何为正确的首要之物——即政治共同体真正而崇高的目标（是构成高贵公民行为生活的幸福）——有清醒认识吗？即使穷苦大众有一定能力通过专业知识——所有人对这些知识都有直接的经验（如公共卫生、经济或路况等）——判断他们选举出的当权者做出的"产品"，但由于贫穷和缺乏闲暇，他们在城邦关心或应该关心的最重大事务——即展示作为目的的美德——上有必要的体验吗？尽管或许有强大的理由，穷苦大众，作为他们选举出的当权者所生产的产品的用户或消费者，在选举和判断这些当权者时应该有一定的声音，但是否已表明，穷苦大众应该有压倒性的声音？若使之主要关心提供其消费的产品，他们会不会有可能危害公共生活？

这些疑问有助于我们明白，为什么亚里士多德随即说，前面对群众议事和审判权力责难的答复，会引起另一责难。他借用高度怀疑的贵族制支持者的严厉口吻说："如今军国大事的权柄，更多操持在庸众之手，而非高贵的贤良，这总是荒谬的；督察和选举统治者是非常大的事务——但在有些政体中，正如前面所说，它们已经拱手让给民众。"（1282a25 – 28）然而，［145］当亚里士多德继续阐述后来那些按照公民大会为最高权力机构原则建立起来的混合政体，如何在具有选举权的群众和被选的精英之间划分权力时，他没有再提少数"贤良"，而是代之以少数富人。由此，他悄悄地提醒那些具有贵族制倾向的读者，在现实的混合政体中，正是财富（其次是年龄），构成了精英谋求高位的首要资格，美德的作用尚在后面（1282a29 – 32）。事实上，替代民主制或与之棋逢对手的，与其说是贵族制，不如说是财阀制。亚里士多德继续采用这种诡辩的方式，以这一关于现实混合政体的真相作为新的立论基础"回应责难"，支持将选举权和督察权交给群众的"正确"做法。他现在宣称，之所以团结在一起的群众"掌控军国大事是公正的"，是因为群众的财富总量，大于或可能大于有资格竞逐高位的那一小撮富人的财富（1282a32 – 41）。所以说到底，亚里士多德宣称捍卫民主政体，其依据最终证明是支持寡头制的前提或那个前提最低级的版本！① 当然，贵族制支持者的反对意见或"责难"依然悬而未答。

捍卫民主政体之立足点的转换，也即被捍卫的混合民主政体本质的转换，在亚里士多德不无挑衅的反思性结尾中得到突显。考虑到他们的精英资格——现在被认为主要是财富，其次才是美德的知识——"再清楚莫过于"在典型的民主混合政体中，被选举出来身居高位之人的权力，需要依照"合乎正义的法律"严格限制。我们或许可以说，由于缺乏真正有资格的统治者才留下的空白，需要正确的、牢固的或"宪法的"统治去填补。问题是合乎正义的法律源头是什么？来自于谁？主要是由寡头制和民主制混合的一种政体，如何才能获得"合乎正义的法律"？亚里士多德承认："合乎正义的法律应该是怎样，现在根本不清楚"。他进一步指出，"这个古老的问题依然悬而未决"："因为法律必然有好有坏，有的合乎正义，有的不合正义，就像政体一样。"最后，他相当决绝地说："显然，那些符合正常政体的法律，必然是正义的；那些符合不正常政体的法律，必然是不义的。"（1282b2 – 13）

政治哲学走上前台

如果我们足够重视前面起警示作用的那些章节结尾的地方，我们不会如此诧异，② [146] 发现亚里士多德在接下来第十二章一开头就再次讨论政体之间的争议——但这次，他前所未见地强调了"政治学"在"科学和艺术"中的"至高"地位（1282b14 – 16）。

---

① 亚里士多德在此没有认真论证这个他后来强调是考虑到"旧"富——即属于共同体内名门望族的财富——才提出的观点。

② 学界对此过渡的困惑，以及由此表达出关于现有的这部分文字是否属于亚里士多德的手笔的怀疑，参见 Newman 1. 570 – 572，3. xxx – xxxi；SH 42 – 43；Wolff1988：273 – 275；Schütrumpf 2. 508 – 510，517 – 519。

然而，随后的讨论并没有走向任何实际问题的解决，也并未胜过第十一章提议的基本上属于民主妥协。卷三的余下部分或许可以说，其实用目标不是追求更好的、有望实现的、切实可行的政体，而是努力开始劝导那些不情愿的贵族读者接受先前勾勒出的民主妥协。所追求的实用目标是依靠并且加深对一切共和政治生活和一切法律统治——尤其包括贵族制的生活和法律——局限性的理论分析。①这种理论分析的深化得以发生，一定程度上是由于亚里士多德表明，政治哲人最有权统治，理由是亚里士多德现在将之挑得越来越明的这个重大事实：围绕什么是公民正义，出现了种种具体的、根本的、观念的问题与纠纷；这些问题与纠纷正是政治哲人思虑的对象，而受传统"教育"的君子读者对之几乎毫无意识，除非他们开始领略亚里士多德委婉的教诲。

亚里士多德强调政治学在科学和艺术中的至高地位，标志着其观点的重大转向。此前在卷三中，他置于前景强调的观点是，少数高贵的贤良更有权统治。但在前一章，亚里士多德暗示了一个更复杂的等级结构。他将有判断力的人区分了三类："受过治术教育的人"（即受过自由教育的君子）、专精治术的"公共艺人"（即政治家）以及"拥有系统知识的人"（1282a3 – 7）——亚里士多德留给我们思考是谁代表最后一类（对观1260a17 – 18："统治的活动是成体系的，理性是有体系的知识"）。在第十二章开头，亚里士多德第一次表明，按照分配正义的原则，关于谁最有资格统治的争论，必须"按照哲学研究得出的伦理结论"来评判；在他现存的作品中，亚里士多德仅有的一次提到了"政治哲学"——正如现在所需要的，因为关于分配正义的"问题"同样适合于谁应当统治的问题。要公正地解决谁应当统治的问题，必须考虑到统治的"目的"——"政治的善"，即以"公共利益"为依归的"正义"（1282b19 – 23；Ruderman 1997，416 – 417）。亚里士多德派出政治哲人，暗中接受

---

① Lindsay 1992，114；Newell 1987，168 – 175 和 1991，192 – 193。

那个拥有系统知识的人的衣钵，［147］只有具有系统知识的人，才知道作为目的之正义的真正本性。因为正如亚里士多德在《伦理学》中宣布的："对政治艺术进行哲思的人，是作为目的之正义的设计师，当我们说某样东西好还是坏时，我们都会向他求助。"（1152b1－3）因此，亚里士多德比以前更直白地揭开了作为政治哲人的他与其有教养的读者之间等级上的鸿沟。在接下来的几页，"政治哲学"将论证贵族制的辩护理由存在很大缺陷。

可以说，亚里士多德的大胆不无道理，是由于他使之成为其论证的一部分；某种程度上，他的论证旨在消除偏向贵族制的读者的抗拒心理，这些读者在实践中不愿意接受或服从群众的最高统治（某种温和的民主政体）不是没有道理。这些读者可能仍然没有被说服，放弃他们一直认为是少数贤良之人统治的最高诉求。在接下来的论证中，亚里士多德以最好之人的真正最高诉求（即实行绝对君主制）的名义反驳了这一诉求。亚里士多德表明，支持贵族制的人理论上存在失败的威胁，支持绝对君主制之人的理由在道义上要高于他们，所以他们的失败是公平公正的；因此，理论上他们也受到这样的威胁，贬黜到应得的从属地位，而这一从属地位——由于贵族制先前在道义上的胜利——是群众屈居的（对观第五章）。最令人不安的是，他进一步指出，贵族制支持者对于这一威胁的反应，往往是将本来就比他们优秀的君主驱逐出城邦！亚里士多德因此不仅暴露了贵族们道德信用上的污点，而且迫使支持贵族制的读者品尝一下他们所求的苦药——他们索要这苦药原本是用来管治支持民主政体的人。因此，亚里士多德也向那些读者开启了通道，使其更加同情地理解被剥夺了名位的群众可能做出的过激反应（对观 Coby 1988，910）。他可能强化了那些读者对于他从一开始就强调的这一事实的理解力：就其对公民的定义而言，民主制是最具包容性的政体；它能够将贵族也包括在公民之内。

然而一开始，富有幽默感的亚里士多德运用政治哲学来处理的关于分配正义问题的一个特定方面，奇怪到了滑稽可笑的地步

（1282b23 – 30）。亚里士多德虚构了一个人物，让他提出了这个荒谬的主张："统治席位应该按照某一方面尚优的原则分配（只要在其他方面候选人没有差异而是碰巧相似）。"这（可笑的）"理由显然有错"，亚里士多德哲人用了归谬法在这一句话中证明：这就等于说，谁的"皮肤好，身材高或有任何其他方面的特长"，他就可以要求一份较大的权力。我们的政治哲人没有就此罢休，而是继续痛打落水狗，[148] 他花了不小的篇幅驳斥这个明显的谬论，甚至用了一个迂腐得可笑的细节：他的口吻似乎让人深信，至少有些听众或读者是木脑壳，要用很大的劲才能把这么简单的道理敲打进去。①幽默的亚里士多德在此卖的是什么药？用来引入这种荒诞可笑的分配正义观，这个脑子一根筋的漫画式角色，他究竟是谁？代表了什么立场？

　　政治哲学（1282b31 – 1283a14）所表达的一个严肃观点是坚持宣称，判断谁有理由统治，"正如在其他科学和技艺中一样，显然"只有凭靠完成该项工作——尤其是政治统治的工作——的能力和知识。为了证明这个观点，政治哲学用吹笛的技艺打了比方，看笛子如何正当分配（对观先前同样用过的这个重要比喻——1277b29 – 30）。笛子应该按照吹奏水平的高低来分配；至于其他的长处，如门第高、相貌好、家产多，都不成其为分到好笛子的理由。这似乎是把传统的上层阶级要求政治统治的理由当成了靶子，证明其荒唐可笑，毫无根据；同时，为高超治术作为统治之理由辩护，认为只有这个理由才无可辩驳（这个理由是否由具有德性的贤良提出尚不清楚）。我们或许可以说：由于政治学的目的是正义，是公共利益，所以只有被这门学问或知识——唯有这门学问或知识才能清晰、连贯、敏锐地回答什么是真正的共同利益——引导的人才能真正宣称知道他在政治中所为；其余的人都只在黑暗中跌跌撞撞，迷失在混

_____

　　① 我们或许想起苏格拉底和斯瑞西阿德（Strepsiades）关于教育的对话。帕斯卡尔认为《政治学》充满幽默反讽，这一节是最可信的证据。

沌的迷雾。

　　然而，当亚里士多德的论证从精巧的比喻回到政治统治时，却把我们引到一个不同的方向。因为在政治舞台上，没有人宣称其统治的理由是因为在政治科学或技艺方面的专长，以及对于正义和公共利益的真正意义有更高的知识！这就好比有许多笛子要分配，在一片喧嚣声中纷纷叫嚷要笛子演奏，却没有听人说他应该得到笛子是因为他知道怎么吹好！亚里士多德是否通过这个玩笑暗示，在现实的政治争论中，很少人想到把统治的理由建立在他们真正知道正义的基础上，很少人将这种理由合法化，更少的人有这打算和口才，合理地提出这种理由以反驳其它主张（对观柏拉图《高尔吉亚》521dff.，《王制》488aff.，《苏格拉底的申辩》31d‒32e，36d‒e）？无论如何，［149］我们的政治哲人现在突然（不合逻辑地、好笑地）宣称，这是"非常合理的"，"只有家世好的人、自由人和富人才有理由竞逐光荣的职位"。为什么？因为他们代表了"构成城邦的要素"（1283a14‒17）。同样可笑的逻辑暗示，笛子制造者——不是他使用的工具的制造者——最有理由宣称是自己而非技艺高超的人应该被指定为合法的笛子演奏者。此外，城邦也是由穷人和奴隶构成，我们在此明显得到提醒：在"构成城邦的要素"的基础上，究竟是什么使得富人和自由人的统治根据胜过穷人和奴隶？当然，最初据说是判断统治理由的唯一的合法标准——即一个人是否因为睿智从而可以更好地完成政治（正义）的工作——现在明显遭抛弃，这等同于宣称只有具备高超治术的人才能统治的呼声完全失败。亚里士多德默默地向我们显示，一旦我们明白没有人将关于正义和政治的最高权威当成声张统治权的理由时，那些主要的竞争性理由会是些什么样子。（我们几乎可以听到，帕斯卡尔读到这段话时轻轻一笑。）

　　政治哲学亦庄亦谐的论述继续推进，最后宣布（1283a19‒22），除了血统、自由和财富，正义和战士美德（勇敢）也是构成城邦的要素——需要这两种要素，不仅是为了城邦的生存，而且是为了城邦"被高贵地统治"（亚里士多德以此提醒我们注意那种由自带兵器上阵的、多数人统治的"共和政体")。有人可能暂时会想，政治哲学在提倡将正义和战士美德结合起来之人的统治理由——作为填补自我抹杀的最高权威诉求所留下空白的最好替代。然而，政治哲学的论述立刻纠正了这个错误印象。因为它说，前面五种要求统治的声音，似乎全部或至少部分是正确地建立在有助于城邦的生存的贡献上，然而，"正如我们前面所说，考虑到城邦的目的不只是生存，更是追求美好的生活，因此教育和美德更应当成为统治的依据"（1283a24 – 26，亚里士多德提示我们回头参见第九章中的论点，支持有德的贤良统治的理由更好）。

正当我们可能开始想，这种论证是在复述第九章中的论点，支持有德的贤良统治的理由更好，它却突然宣布，"凡是只有一项较优者也不应该要求对各项事物都享有较优的权利"，因此凡是根据某种呼声、排斥其他呼声而建立的政体——即使是基于"教育和美德"之呼声的政体——"必然都是不正常的政体"（1283a23 – 29）。一旦我们看到，宣称由有德之人统治的理由，不是关于正义的最高权威，［150］这种理由就失去了绝对威信——以至于它变成了一个建立不正常政体的理由！为了佐证这个令专心的贵族读者非常不安的惊人结论，亚里士多德首先举了归于富人名下的"正当"理由：他们不仅为城邦贡献了更多的土地，而且展示了独具的高贵品性，"比较能够信守契约"。①　然后，他再举了归于"自由人"名下的"正当"理由：他们"门望高"，凭血统就保证了是公民中的翘楚，因为"世泽之家的后裔常常见到有良好的美德"。②　正是在这样夸张的基础上，"我们"（亚里士多德在此暂时压低政治哲学的独特声

---

①　1283a31 – 33；贤良的纽曼显然对于论证在此整个转移颇为不满，他向我们保证，大量的证据表明，亚里士多德知道这是"常识"，"富人更会保管钱财"，但"亚里士多德不会同意这种观点"。

②　1283a34 – 37；对观1275b21ff.；亚里士多德在政治修辞中认识到将美德和出身（或家庭）等量齐观这种观点的重要性，纽曼提示参考亚里士多德《修辞学》1360b34，1367b29，1390b22 和《政治学》1294a21。

音）帮那些有公共美德（不只与教育，还与智慧有关）之人提出竞
争性的理由："相似地，我们认为美德当然也应该是要求政治权力
的正当依据；我们认为公共美德就是正义，是其他一切美德必然追
随的对象。"正是在这道德话语的演说平台上，亚里士多德最终很
简短地重申了群众要求治权的理由高于精英的三个原因——他们更
强、更富、"更好"（1283a37 – 42）。

　　在这令人困惑的关头，政治哲人亚里士多德换了第一人称单数
说话，悄悄地邀请我们做一场思想实验，一起想象他强调从来没有
在现实中发生的政治争论：如果所有这些主要理由现在都摆出来，
在一个城邦同场竞技，相互论剑，会是怎样的盛况——这场争论又
该如何裁决？经过反思，我们发现，这场实验使亚里士多德在第三
卷一直从事的研究变得更加生动。亚里士多德在此指出，那样的政
治争论没有在任何现实政体中上演，是因为在任何政体中，这个问
题已经得到决定性的回答——答案就是构成了每个政体独特稳定性
的要素。亚里士多德在此犹豫的口吻似乎暗示，来自公民内部对既
定政体严肃而公开的质疑，实际上不为人知（对观卷五）。这样的
质疑当然危险（参见对希朴达摩的批判），在某些最好的政体中甚
至违法（柏拉图的《法义》634e – 635a）。可以肯定的是，亚里士
多德表明，他不打算挑起或鼓励这样的公开争论。他强调，他邀请
我们一起做的只是一场思想实验而已。

　　挑起他当时倾向贵族制的听众的兴趣之后，亚里士多德开始了
这场思想实验。他一开场就对有德之人的理由提出了挑战——基于
一点简单实际的考虑：有无这种可能，有德之人过于稀少，［151］
以至于无法完成治理城邦的工作，或者无法构成足够大的公民阶层
（1283b9）？其弦外之音似乎是，有德之人应该承认，他们无论如何
都需要与其他人分享统治权。但是只要我们反思，我们会看到，对
于这个挑战，贵族制支持者有一条明显的反驳理由：有德之人只需
雇佣其他人，安插到严格说来是服务性的低级岗位上，就可化解挑
战。正如亚里士多德前面指出（对观 1273b15 – 17 及上下文），没

有东西能阻止一个出色的政体如一支军队运行，从发号施令的统帅到执行命令的士兵呈现一个金字塔形。

亚里士多德表面上像是接受了那样一种贵族式的回答，但我们机智的政治哲人使出柔术：立刻抛出一个"令所有关于光荣政治职位的论者"都头痛的新"问题"（1283b13 – 14）。这块绊脚石首先见于富人（然后是自由人，最后是群众）的理由："假如某个人的财富超过其他人财富的总和，那么依据同样（寡头）的正义原则，他就该做统治"——其他情况可以类推。当我们看到，"同理，在贵族制中，所依据的原则是美德"，这个问题尖锐的一点就露出来了："倘使若干贤良（好人）所合成的公民团体中有一人出类拔萃，超乎他人，这些人就应当遵循自己所主张的正义原则，让他一人来统治了"。美德最好的那个人应该统治群众和有美德但不如他的公民，把他们都当下属，按他认为最好的方式分配给他们等级和功能。因此，"很可能所有这些分析表明，各群体所凭借的要求取得对其他一切人的统治权力的标准，没有一个是正当的"（1283b17 – 30）。无论考察哪种政体（包括贵族政体）的理由所依凭的前提，最终胜出的总是君主！① 因此，在揭示贵族对正义的诉求在最高的意义上是自相矛盾之后，政治哲学一如既往指向相反的处境——再次提醒读者注意，民主制支持者"反对那些依凭美德索要治权之人"的理由"不无道理"："不作个别的比较，而以多数人构成的集体同少数人组成的精英比较，则无论在美德上或在财富上，某些时候多数群体未必不能占优。"

但是，倘若群众要求统治权的理由压倒了有德的少数人，我们将面临更深层次的问题，即根本性关怀的取舍问题。因为亚里士多德的论证接下来引我们"面对的这个问题"，我们早前已经看到，

---

① 另参见 NE1160a35 – 36；Newell 1991，206。Frede 2005，179 表达了学界通常的困惑："这种现象已经困住了许多研究亚里士多德的学者"："他让那人统治的依据是什么"；"肯定听上去很奇怪"；"但在亚里士多德的城邦概念中"，这"恰是"城邦的"目的"。

亚里士多德暗中以不同的形式纠结过，他现只不过使之更加显明而已——［152］他借用无名者的口吻提问（1283b35 – 1284a3）："假如上述条件成立（即就多数人组成的群众而言，的确较少数人组成的精英为优），那么想要制定最公正法律的立法者，在立法时会照顾哪个群体的利益呢——他应当为了少数精英的利益，还是为了多数群众的利益？"换言之，群众是否应该将自己的利益放在首位？还是应该将少数精英的利益放在首位？借用亚里士多德的类比就是：统治主要是为了"小部分细粮"的利益，还是为了"大部分粗粮加小部分细粮"的利益？这个问题要求必须做出取舍，我们也的确面临这样的抉择；两个团体的利益，必须压制和修剪五方以照顾另一方的利益。这个问题同样要求每个政体都必须做出取舍，特别是立法者的取舍，如果他要创制的政体是由群众统治。亚里士多德的回应将这个根本性问题放在我们面前："所谓公正，它的真实意义主要在于平等；如果要说平等的公正，这就得以城邦的整个利益为依据，也得以全体公民的共同利益为依据"；然而，"公民的一般意义原来是指一切参加城邦政治生活轮番为统治和被统治的人，至于其特殊的意义，则因政体而异"；"在最好的政体中，公民就应该是以与美德相符的生活为宗旨而既能治理又乐于受治的人"（1283b35 – 1284a3）。最后这句话似乎暗示，只有在最好的政体中，立法者才能把人类政治生活的最高目标当成他的首选——实现有德性的美好生活，尤其是为了那些更好的人，他们作为公民—统治者能够完全实现那样的生活。

　　这带来一个新的大问题：在真正最好的政体，"立法者"合宜吗？真正最好的政体是否是法治的政体？会不会连法治对于实现真正最好的政体也是障碍？这变成了问题，因为政治哲学立刻让我们面对最优秀之人的存在带来的挑战。亚里士多德提到了其中的危险。他让我们设想，假如某个人或某几个人，无论是美德，还是"政治才能"，① 都远远超过其他人，情况会怎样。我们首先想到的

---

① 　1284a6 – 7，10，13；参见纽曼。

是那些伟大的政治领袖，他们被认为像神一样，或事实上被当成神一样的"英雄"崇拜。在最好的政体中，亚里士多德认为，会受到如此崇拜的伟大政治领袖（1331b18，1332b18），如布拉西达斯、庇西特拉图、地米斯托克利、伯里克利、腓立比①；或者在时代上近于我们的如华盛顿、林肯、凯末尔、丘吉尔、戴高乐。但是，当我们回想起，这一整章代表了"政治哲学"的闪亮出场，它首先将"政治才能"等同于政治学或关于"正义"的学问（1282b14 - 17），然后指出［153］政治舞台上竞争统治权的那些声音中完全没有提及这门系统知识，如此一想之后，我们就会明白我们的政治哲人现在正暗中解决这个难题——在政体之间的竞争中，那些真正理解正义和政治、具有系统知识（如苏格拉底一样）的哲人，该处在什么位置？② 其中一些哲人恐怕会认为，统治不仅有时是必要的，甚至特别适合于他们的天性，因此精神上对他们有吸引力（如色诺芬、西塞罗）。

那样卓越的个体，亚里士多德说，应该不再被认为是"城邦的一部分"。假如把他们与其他人一视同仁，按应得的比重分享统治权，这样对他们不公正，因为他们像人中之神（对观《伦理学》1145a6 - 11）。同理，对于那样卓越的人就不是法律——尤其是规定统治权分配的法律，可能（在比例的意义上）平等且公平地运用于其他人的法律——所能约束的了："他们本身自成其为法律。"③

---

① 对布拉西达斯（Brasidas）的崇拜，参见 NE 1134b23 和 Thucydides 5. 11；近于神灵的 Peisistratus，参见 *Ath. Const.* 14 - 17；关于 Philopoemon，参见普鲁塔克 "Philopoemon 与 Titus 的比较" 3. 2。另参见 Vander Waerdt 1985b，264，267。

② 纽曼（ad 1284a3）："亚里士多德可能是追随柏拉图《王制》540d：'当几个人都是真正的哲人时，其中一个或几个掌握绝对权力'。"另参见 L. Strauss 1964，37；Saunders 1981，210，220；Bartlett 1994b，148。

③ 这个问题折射于 Themistocles，Pericles，Washington，Lincoln，Ataturk，Churchill，DeGaulle 等人身上：在历史紧要关头或政体变革时刻，他们获得机会完全展现政治本性；那么，如果他们不是有点节制，政体或多或少将偏离共和走向君主制，正如修昔底德（2. 65. 9）评价伯里克利统治下的雅典："理论上是民主制，实践中已变成一人统治。"

因此，很显然立法或法律的统治"只适于品类和能力（在比例上）相等的众人"（1284a3 – 17）。

　　亚里士多德的论证虽然继续前行，但一步三回头地迟疑不决，将一切法治的本性或一切正当的共和政体的本性那令人不安的意蕴显明。在民主政体中，由于平等是最热烈的追求对象，后果也最明显——常规的做法就是排斥异己，以种种形式将"公认为能力出众的人"赶走或流放。僭主也常常野蛮"修剪"最卓越的公民，但"谴责僭主的人也不应被认为绝对正确"，因为"这种做法不只对僭主有利，也不是只为僭主专有，寡头和民主政体也同样使用——某种意义上，放逐才德著称的人士远离本土，他们邦内的势力便日渐消失"。更让人不安的是，"这是所有政体共有的问题，尤其是正常的政体"——"为了共同利益"，正常的政体也必须采用这种类似于僭主使用的清除手段，将被认为是优秀的个体赶出城邦。① 政治共同体的"共同利益"，并非针对人类中最优秀的品属而言。相反，这于他们并无好处。或许毫不奇怪的是，这是亚里士多德在《政治学》中最后一次提到共同利益。② 正如在"其他的技艺和学问"领域，在政治学里，无论是共和制还是"君主制"的共同体，若想做到整齐划一，显然需要修剪最优秀的品类。亚里士多德打了几个比方。首先，好比画动物的画师，他不会允许任何部分在形或美上压倒其他部分，使整个画面过于突兀，失去了匀称。其次，好比船匠，他不会把一艘船的船头、船尾或其他某个局部造得特别高大。最后（也是最富有启迪关联的比方），好比歌队的指挥，[154] 他不会容忍某个声音特别美丽嘹亮，压倒了合声。（这就出现了以下

---

　　① 1284a17 – 1284b7；对观马基雅维利 *Discourses on Livy* 3.16；参见赫拉克利特攻击流放制，残篇，条 121（对比尼采对这个残篇及流放制的道德化阐释：没有流放制度，"希腊城邦生活的永恒基石就受到威胁"，见"荷马的比赛"，1967 – 2006，2 – 2.283）。

　　② Ambler 1999，270n13："《政治学》中有 11 处明确提到共同的利益，其中 9 处出现在卷三第 6 – 13 章。剩下 2 处出现在对可能是其他人表达的政治观念的解释中（1268b31，1276a13）。"

问题，我们该把某个人的统治视为低调的自我克制还是幸福的自我实现？换言之，它是像动物或船只的一部分，还是像在歌队唱歌？）亚里士多德最后得出谨慎的结论，至少"就对付某些公认的强人而言，采用放逐法，也不无政治正当性"（1284b7－17）。然而，对于那些真正的强人——人类中最优秀的精华，他们最能真正实现人性的完美至善，这种完美至善的人性，隐约体现于林肯、地米斯托克利或西塞罗等个体身上——这样做也正当，无可厚非吗？或者是否有可能，这些比喻中的画师、船匠和指挥，已经暗示了人类中楷模合宜的统治地位？亚里士多德接下来给出一个相当复杂的说法："在不正常的政体中，各自维护自己的立场"，排斥异己"明显是正当的，尽管同样明显的是，并非绝对正义"，但"在最好的政体中，要是也采用同样的手段，那就有大问题。问题不在于涉及的对象是那些政治势力特别大、财富特别多、人脉特别广的显贵。构成真正问题的是，倘若邦内出现拥有超凡美德的人应该怎么办？"政治哲学在此对于不是最好政体的正常的、法治的政体避而不谈。他促使我们自己思考是否有可能，这些政体既能解决这个"大问题"，又能保持现状，以区别于法治的不正常的政体。在不正常的政体中，排斥异己的做法即便是为了"私利"，也是"正当的"；但如何正当？为何正当？——似乎是在这层意义上，即如果不依法将真正高贵的强人剪掉，这些不正常的政体就难以为继，难以维系居于统治地位的、具有排他性的那一部分公民共同体的利益？但在最好的政体中会是怎样的情况呢？为什么在共和政体里这也是"大问题"？既然共和政体是最能实现一切政治生活目标——符合自然的、至善或卓越的美好生活——的政体，那么我们就不能声称"应该将真正高贵的强人驱除或流放！"当然，"也不能强使他屈服为臣民——如果强行对他实行统治，那无异于宣称宙斯也应接受统治，大家轮流坐庄！""唯一的解决办法——可能也是顺乎自然的方式——就是让全邦人乐于服从这样的人统治，于是，他便成为城邦的终身君主。"（1284b17－35；对观《伦理学》1160a35－36）

这种绝对最好的君主政体，因其顺乎自然或自然权利（关于政治生活目的的真理），是否解决了那个"大问题"，让我们看见"绝对正义"？［155］通过如此明显地提到宙斯的统治（以及"终身"的统治；对观1289a40）亚里士多德提醒我们，这一意义深远的讨论具有神学的维度和涵义。将宙斯这一最高神祇所依凭的统治理由，视为或设法视为在某种意义上符合自然卓越、分配正义和共同利益，我们也力图连贯地将这种最完美的统治形式视为实现了所有主要公民维度方面的正义。这能够做到吗？我们心目中神圣的君主政体，是否真正解决了那个"大问题"，彰显了内涵一致的"绝对正义"（对观托马斯《反异教大全》3.17）？

绝对君主制是最好的政体？

第十四章开头颇有几分犹豫的味道（1284b35 – 36）："经过这一番讨论后，或许可以转而论述君主政体"。这种心情折射出，这条我们发现是政治哲学迫使我们走入的分析线路，恰恰与《政治学》中一开始就显得高贵而正确的观点背道而驰。① 《政治学》第一页就声称，不能在品类上区分政治统治的艺术与王制的艺术，不能在品类上区分政治统治者或政治家与君王（和家务管理者），就有违高贵和正确。卷一后面的部分就是不断与混淆了其间区别的人论争——尽管我们仔细审视后发现，论争的结果不像最初的或表面的印象那样立场鲜明，而是多了妥协，有所保留。不过，王制仍然是实质上的家长制，即父亲对子女们的统治——或者说是原始时期和氏族阶段类似于家长制一样的社会统治。亚里士多德在第十四章的讨论，反映甚至（通过引用希腊诗人、政治家阿尔凯奥斯）大声呼应了这种对君主制的反感；这种制度被视为与蛮族的奴隶制无异，

---

① 相应地，一些学者也觉得很震惊：Robinson 1962，51 –52，66；Schütrumpf 1：46 –47，2：538 –539。

或者仅仅属于古代。在希腊各共和城邦中，据说广泛存在对君主制的敌意。① 因此，亚里士多德给了我们一个暗示，他此处的研究并不是想切实建议希腊各城邦采纳君主制，而是只想进行学理探讨，旨在进一步阐明共和制观念固有的问题。②

当然，现在拿来支持君主制的这个不无争议的观点，亚里士多德早在第七章就简略指出。在那里，令他支持共和制的读者吃惊和迷惑的是，亚里士多德将君主制归于正常的政体——考虑到《政治学》的开头，他又没有解释君主制如何成为正常的政体，为何是正常的政体。在第十四章这里，[156] 亚里士多德再次令他的读者想起了先前的诧异——"我们曾经说过君主制是一种正常的政体"——因此，他似乎在暗示，他现在终于要开始解释和证明这个观点。但他也让我们知道，他这样做是继续挑衅一部分读者，激励他们去思考这个根本的问题：政治统治究竟该为谁谋利。他说："我们首先应加考察的是，任何城邦或土地要取得修明的治理（managed），③ 是否以君主政体为宜，抑或应采用别的政体"。这等同于在问，什么才符合城邦及其环境——比如被统治者（不是统治者）——的利益。亚里士多德提醒我们，当初衡量正常政体——在第七章中君主制第一次被纳入正常政体——的标准是，统治者不要盯着自己的利益，而是要承担忘记私利的重负，照顾好被统治者的利益。但现在，亚里士多德对这条标准提出了质疑（1284b40）。他针对君主制补充了另一个开放式的问题。他是这样追问的："抑或君主政体对某些人（这里可能指的是某些'城邦'）有利，对某些人（或城邦）不利？"

————————

① 纽曼（ad 1284b37）评论道："亚里士多德准备好考虑王制是否权宜之策，这点与希腊的流俗观念不矛盾"，纽曼提示我们参见德摩斯梯尼 *Second Phillipic* 25——"无论君主还是僭主，他们都不受自由和法律的约束"和伊索克拉底 *Phillip* 107。另参见 SL 11.8，11。

② Mansfield 1989，41；Newell 1991，175 – 176；Lindsay 1991，495 – 496；Bartlett 1994b，149。

③ 这个动词主要指管理家务，亚里士多德认为是为了被统治者或被管理者的利益——统治者的利益只是附带产生（1278b37ff.）。

　　对于这个追问，亚里士多德采取了奇怪的迂回战术。他没有立刻分析第十三章结尾引入的神和人的绝对终身君主制，相反，他提议先简单讨论一下不同类型的君主制。然后，他按照历史和神话（英雄或半神）中的先例划分出四类，最后总结说，"如上所述，君主制就这四种形态"（1285b20）。然而，出人意料的是，他又蹦出第五种形态"绝对君主制"（1285b36，1287a8）；正如纽曼指出（对观 Bartlett 1994b，154n14），这才是"他真正想讨论的"君主制。亚里士多德不辞辛劳地绕了一大圈，布置了一出如此迂回的序曲，究竟有何教诲？

　　采取如此迂回的方式，将"绝对君主制"加于历史上才有的四种君主制类型之上，亚里士多德不仅表明（正如我们已经指出的），他的"绝对君主制"有别于希腊人的经验和习俗（那些认为宙斯是神王的人除外）；而且，他形象地指出，我们可以设想权力可以集中到什么程度（对观 Robison 1962，66）。因为这个"绝对君主"，作为"一切之人主宰"（1285b29 - 30，1286a2，1287a9 - 10），集合了历史上四类君主所有的权力——甚至比他们中任何一个都更有权力。在那四种类型，其中有两类君主的权力"接近于僭主"，属于"暴政"——甚至"专制"，将子民当"奴隶"。① 这两类君主制不是真正的僭主制，亚里士多德解释说（正如他在此引用希腊诗人、政治家阿尔凯奥斯的名言），［157］并非由于这些君主的统治是为了被统治者的利益（这个标准在此并未提及；对观 Newman 1285a22 和 Simpson 1998，181）。将它们与僭主制区别开来的两个标准，一是祖法规定了王位的继承，二是子民自愿臣服（1285a19，24 - 29，32 - 33；b3，5）。第二个标准有事实为证，君主的侍卫由公民充任，而僭主则需仰仗外邦雇来的卫士。这个细节暗示，这些君主利用特殊的武力，用恐吓性的方式强推他们的意志。② 在历史上

---

　　① 1285a18 - 23，32，37，1285b1 - 3；另参见 1295a7ff. 和 Newman ad 1285a16。

　　② 参见下文，1286b6 - 7，28 - 40 和 Newman ad 1286b27；纽曼提示我们参见伊索克拉底的 Letters 2. 6 和荷马 Iliad 1. 324。另参见 Simpson 1998，186。

的四类君主政体中，最高贵的当属"史诗或英雄"时代的王制，它赋予君主自由，在出征时不必经由审判或其他法律程序，即可使用生杀大权。[①] 因此很明显，这些君主制并不是建立在全体子民自愿臣服的基础之上；那些"自愿"臣服之人，实质上是受到死亡阴影的胁迫。最后且最关键的一点是，在那四种类型中有两类赋予君主权力执掌祭司：换言之，亚里士多德暗示，绝对君主也应该控制宗教。当然，亚里士多德强调，"绝对君主"统治整个"城邦"，甚至还统治"一个或几个氏族"，这种形式"犹如家长对家务的管理"——不受任何更高法律的制约。

同样，将"绝对君主"比作家长，暗示了君主的统治仍然被看成是为了被统治者的利益，只是偶尔关照自己的利益（对观1278b37 – 1279a2）。当亚里士多德将重心转向君主政体光谱的第五类及其对立面（就权力大小程度而言）斯巴达的（诸）王（终身）制时，这一点得到确认。然后，他抛下对后者的讨论——理由是这只是"法律"问题而非"政体"问题（因为那样的君主制在所有或许多政体中都是可能的）——回到君主政体"固有的种种问题"，同时宣布将下述问题作为起始问题："由最好的一人统治或由最好的法律统治，哪一方更为有利？"（1286a2 – 9）

由此引出一场争论，率先开锣的是"主张君主政体较为有利的人"。（持有这主张的会不会是政治哲人？[②]）对法律统治打的批判第一枪就切中肯綮，成文法就其本质而言只能订立通则，因此不能发出具体的指令，适应现实生活中的种种变化，生活中所有的特定挑战，都有其独特的法律需求。任何技艺，要是完全按照成文的通则办事，当是愚蠢的。这点在医师看病时特别显明，明智的治疗方案从来不受规则限定，总是根据具体情况、具体要求灵活变换。

---

① 1285a10；参见纽曼；ad 1285a30，纽曼引用了 Nicolaus of Damascus 的残篇，将"随心所欲杀人"的权力归为古希腊最典型的君主制的特色。

② 1286a9 – 16；回顾 1269a9 – 13；另参见 *Ath. Const.* 9. 2 和 *Rhet.* 1374a18ff.；柏拉图 *Statesman* 294aff. 和 *Laws* 875c – d；迈蒙尼德 *Guide of the Perplexed*，2. 40。

　　[158] 针对这一批判，亚里士多德以他自己的名义做了两点回应。首先，他反驳说，统治者还是必须把握相关的通则，以用于特定的个案：判断每种情况，不宜只注意其特殊性，也应关照其中理性可洞察的通则（1286a16 – 18）。潜在的含义似乎是，最有智慧的成文法促使统治者将相关（可能被忽视或放弃）的通则运用到对具体情况的处理中。这是一个支持法治的强大理由，官员由于缺乏足够的智慧，因此需要法律通则对他们提供指导和监管。尽管如此，这种反驳还不足以强大到回击打向法治的第一枪，即一切技艺的通则都有巨大的局限。而且，这种反驳几乎没有暗示，智慧的统治者需不需要或应不应该被要求服从任何那样的外在法律。①

　　亚里士多德的第二点回应是提出不受感情支配的统治所具有的优先性。他说，法律是全无感情掺杂的，而人（哪怕最有智慧的人）无一能摆脱感情。但亚里士多德立刻承认，可能有对手会说，正是有了感情（参见 Newman 1286a20 – 21），才帮助智者"更妥帖地处理个案"。亚里士多德因此提醒我们，智慧而有德的君主完全能够控制自己的感情，同时，他的感情也能使之同情地判断某个人的具体处境。而且，正如亚里士多德后面强调，圣人对感情有深刻的理解，这是法律缺少的。② 法律缺乏感情，暗示了死板僵硬的法律难以对人间形形色色的痛苦滋生同情的理解。因此，对手进一步加强了他们批判法律（文中暗示也包括"神法"或被认为是通过法律来统治的神性智慧）的火力。

　　此刻，正当支持超越法律的英明王制的观点看起来（至少说）远未被驳倒时（Yack 1993, 183），亚里士多德突然插手干预这场争论，将那位智者派到支持法律统治的一边去（1286a22 – 24）：亚里

---

　　① 纽曼 ad 1286a16 引用了普鲁塔克"To An Uneducated Prince"3 中一个相关的著名段落。

　　② 在《政治学》的结尾，亚里士多德说他采取"立法者的方式"研究情感和公民所需要的教育，只是"简单"或简化的"纲领"，不同于"精通音乐教育的哲人"著作中的"详尽论述"（1341b27 – 40）。

士多德偏袒地声称，显然这个智者"必然是立法者"。但亚里士多德没有解释这个智慧的立法者的技艺（对观《论法的精神》26，29）。相反，他立刻重新阐述法律的问题，只不过是以一种新的、更具共和色彩的法律形式。这个智慧的立法者的法律"如果运用错误，就不应是最高的法律，即便它们在其他情况下本应是最高法律"。没有给对手机会抗议他让棋，亚里士多德用一个新的、非常不同的争论，代替了关于君主政体是否有利的争论：［159］即使承认明智的法律应该统治，但要是明智的法律得不到明智的运用，遇到那样的事情，谁又该来裁决？——授权驳回法律的那个裁判，应该是具有真正智慧和美德的那个人，还是其他人（1286a24－25）？经过反思，我们看到批判法治的第一个理由，很大程度上已经悄悄让位，被包含在以下的观点中（对观《雅典政制》9－2）：至于这些问题——什么时候英明的法律被终止或取消，什么又是法外的、特殊的最高指令——即使是英明的立法者立下的法律统治，也必须服从理性审慎的裁决。（这暗示，无论是神法或自然法，还是理性的法律，都不具有绝对的约束力，都不是绝对律令。）①

接下来，亚里士多德开始了新的争论。他说，依我们现行的制度，凡遇有这样的特殊事例，就会召开公民大会来审议和裁决；他提醒我们，在成熟的共和政体中，取代信守法治的不是英明的个体的统治，而是法律所未及的公民大会。（这个冷静的观察帮助我们看见，为什么亚里士多德审慎地停止了支持没有法律的王制的声音。）亚里士多德再次使用高贵的言辞美化了群众的强大力量：只要汇集他们低下的、普通的个人才能，"群众"（正如他现在如此称呼——1286a31）"在许多事例上都比单独一人做出更好的判断"。

---

① 一则生动的证据见于 Ath. Const. 40，民主领袖阿基努斯因其"高贵的政治"获得称赞；在应对一系列突发情况时，为了杀一儆百，他直接违背了应遵守的法律条约，推翻了一道先前的法律和严肃的诺言，将一个公民未加审判即处决，但是他却说："现在他们会表明，如果他们希望保持民主制，就应该信守誓言"。在这种统治下，雅典人"似乎以最高贵、最政治的方式对待他们过去的不幸"。

他还加了两个新的理由，不是讲"群众"的美德，而是说他们更不易为恶：多数人比少数人不易腐化；单独一人容易因愤懑或其他情感而失去平衡，丧失判断力，而群众不会同时发怒，同时被蒙蔽而错断（1286a26－37）。

亚里士多德在此重新召唤出民主制的潜力——有一定的集体智慧、不那么容易腐化——但他没有就此罢手甘休。他承认，一旦群众开始凌驾于法律之上，他们就"不易"保持克制（1286a38）。他做了一个新的假设，把凌驾于法律之上的权威赠给由"有类似美德"之人组成的"贵族"团体——而非那个最好的人。他的论证采取了逻辑性最弱的反问形式。这样一个"全是好人和好公民"的小集团，和那一个最好的人相比，谁更容易腐化？当然是前者，这难道不是"明摆着的"吗？诚然，几个人在一起就有意见分歧，就容易发生党争，一个人为治就可以避免内讧；但对于这个理由，我们"可能无须另作解答"。亚里士多德争辩说，既然我们假设的小集团都是好人，那么许多好人在一起，就不会发生内讧——当然，他承认，他们的竞争者，即那一个最好的人，是不会有内讧之忧的。我们注意到，现在的争论不是建立在这个贵族小集团的英明，更别说比那个竞争对手更英明的基础上；［160］也不是说他们多有美德且不易腐化。然而，亚里士多德的总结（纽曼认为是"自相矛盾"的，1286b3）似乎在说这场争论已经成功解决，"贵族制"一方获胜，君主制一方败北——同时顺带暗示，政体的本质取决于压倒法律的权力落于谁手（1286a38－1286b7）。

亚里士多德显然竭尽全力主张共和制优于开明君主制。他是希望以一种不颠覆共和制的方式来传达他对共和制缺陷和法治缺陷的教诲。因为，正如接下来的题外话进一步表明，开明君主制要实际取代现存的共和制是完全不可能的。

亚里士多德突然抛开正题，插了一段题外话，纵览希腊政治的历史演变（1286b8－22），不仅表明"君主制的历史悠长"（如纽曼所言，1286b7），而且还指出在君主制盛行的古代，并没有精通政治智慧、道德完美的贤哲。一旦有"类似美德"的人越来越多,他们就不再甘心受治于一人。最先起来反抗的是有才德的好人。他们"要求共同治理,这样就产生了共和政体"。但由于对财富的贪婪,共和政体逐渐堕落,首先变成寡头制,继而变成僭主制。最终,越来越多日渐觉醒的群众起来推翻了压在他们头上作威作福、有权有势、腐化堕落的伪主人,建立了民主制。"现在,各邦的版图既已日益扩展",亚里士多德最后说,"除了民主制外,其他类型的政体可能不再容易存在或重新建立"(1286b21 – 22)。这句总结陈词,连同对其身后历史一瞥的眼光,不仅涵盖了此处的讨论,而且涵盖了《政治学》一书。

在上了一堂简短但有说服力的历史课之后,亚里士多德回到正题,驳斥"某个人"坚持认为"君主制对城邦最好"的主张。在此,亚里士多德给人的表面印象是,他给出更多的理由,批驳一个已经被打倒的观点,无异于是在打死老虎。他从两个方面做了回应。首先,他说这里有一个恼人的现实问题,王位继承如何处理。[①]其次,他大致说了一下君主的侍卫应该具有多大权限的"问题"。然后他突然评论道,如果君主依法而治,这"或许不成其为问题";但"倘若君主一切全凭己意为所欲为,这就成了问题,还得进行一番考察"(1286b22 – 1287a2)。兜了一个长长的、令主张共和的人士吃了定心丸的弯儿之后,现在又回到我们开始的地方:那场尚未解决的激烈争论。

[161] 然而,这场争论的术语已经微妙而深刻地转换。亚里士多德重启这场争论,上来就引用反对绝对君主制之人的观点(1287a10 – 16),他们站在分配正义或"应得"的立场,呼吁自然的正当或正义,将名位的分配视同于衣食,皆为身体"自然"所

---

① 亚里士多德声称,具有最高权力的君主不会将王位传给自己的孩子,这是不可信的,因为这种善行"太大不符合人性";对比普鲁塔克的吕库古(尤其是 29 和 31),马基雅维利,*Discourses on Livy* 1. 10。

需。这个类比暗示，统治职位现在再次被理解为是真正好的东西，是统治者的自然所需——有人会忍不住说是精神食粮。于是，只要符合自然权利或正义，分配正义的问题就是：如何按照不同诉求者的需要和能力——通过或凭借他们的统治达到精神圆满的能力——相应地分配统治权，而被统治者的利益不再是首要的考虑或明显的考虑。亚里士多德似乎暗示，归根结底，反对绝对君主制之人最深层的动机，不是他们和其他人不会从被统治中获利，而是他们和其他人没有在统治这件大好事中得到公平的份额。（统治的吸引力及其明显的巨大好处，与这一观念混淆在一起：统治即无私的服务，这才是有望的应得，正如可以再次援引医师治病的比喻来说明。）

针对这个问题——对于统治者而言具有重大利益的统治权应该怎样分配——我们听到反对绝对君主制的人说（1287a12ff.），在"那些生来就类似的人中"，"大家都该一样地统治和受治，大家轮流执政，这样才公平"；他们指出，"这种制度已是法律——建立轮番制度就是法律"；"即便"在这些类似的人中，"有人统治得更好，也要设定一些人来做法律的卫士或法律的仆人"（可以想象首先是要求统治地位轮流坐庄的法律）。当然，这些"法律的卫士或仆人"不应该被认为得到赋权逍遥法外。现在，这些反对者极力否认法律统治能够得到法外之人的智虑审慎的补充："对若干事例，法律可能规定得并不周详，无法决断，但遇到这样的情形，个人的智虑是否一定能够决断，也是未能肯定的"。至于有时明显需要改变法律或做出似乎在法律规定之外甚至与法律规定相反的特殊裁定，他们紧紧抓住亚里士多德在《伦理学》中所谓的"公正裁决"（1137a32ff.），坚持认为那样的改变或裁定，只要是正确做出的，就符合法律或符合法律的深刻精神，即符合法律之后或之中可辨别的智慧意图；他们说那样的判决是一直被法律"教育"的结果，因为法律超越了一切法律的仆人。最高意义的法治，是未成文的、更高的、神法的统治，是神作为纯粹的立法智慧的统治，神性支持和浸润了这片土地上的法律。[162] 在此，我们看见法治争论中最深刻的问题（Lindasy 1991）："谁说应该由法律来统治，就等于说，唯独神祇和理智可以统治"。这些反对绝对君主制、支持法治的人体验到法律的崇高智慧，像是从超人那里散发出来，那神圣的立法智慧，没有夹杂丝毫感情，没有受到感情任何搅扰——相比之下，人性的、一切太人性的欲望和血气，就混入了"兽性"的气息，"都困扰着统治者，使之堕落，哪怕他们是最优秀的人"。[1] 因此，他们现在回应了对法治的挑战，理由是基于与各种技艺、尤其是医术的类比，没有考虑到人性的、一切太人性的感情以及随之而来的邪恶。为什么医师不需要严守医方，他们说，是因为他们的收费有赖于看疗效；如果病人担心医师被自己的敌人收买，将加害自己时，他们会自己查找医书，按照医方来治！但"政治家就不同，他们的许多措施就不能免于爱憎"。此外，当医师自身患病时，他们常请别的医师诊治；体育教练进行锻炼时，也常常求助于别的体育教练指导；他们唯恐受到情绪的干扰，对自己的情况做出错误的判断，不能收到满意的治疗或锻炼效果；由此可见，激情及其他个人情感具有盲目的力量。

诚然如是，但这些反对绝对君主制、支持法治的人，也没有要求人们严格守法，无论是成文法还是不成文法。在这套支持更高法律统治的高尚而有力的辩词中，这不是唯一的问题。这种对法律作为神圣之物的虔诚辩护，没有提到作为立法者的人，没有提到他们在决定政体方面的至高地位。[2] 换言之：神圣法律的虔诚支持者怎么理解向我们颁布的神圣法律？答案似乎在他们这句话中已经给出，"相比于成文法，习俗所构成的不成文法，实际上还更有权威，

---

① 对观索福克勒斯 *Oedipus the Tyrant* 872："神在这些法律中是伟大的，不老的"；当然，必须（与 Vico 1971，679 和 593 一起）强调，亚里士多德在此暗示的神灵，是指神一样的哲人（英雄）。

② 参见柏克，"Letter to the Sherifs of Bristol"（1855，2.7）："立法者应该做律师不能做的东西；因为他们没有其他规则束缚，除了理性和平等的伟大原则以及人类的常识。"

所涉及的事情也更重要"（1287b5－6）。仔细检视，我们发现推崇更高的不成文法（将之视为是神圣的"理性智慧"的表达）的统治，等于是推崇继承下来的法律传统（在人们的经验中这是神圣的）智慧的统治。① 我们回想起亚里士多德在批判希朴达摩时表示出的对传统习俗的尊重。但同时，亚里士多德说，最智慧的法律不是传统的法律。这个政治哲人坚持认为，公民生活所期盼的，是人们通过最大程度的理性自治获得幸福圆满。我们注意到，祈求法治的人最终远离了他们给人留下的最初印象——所有类似的公民都应平等分享统治，似乎他们全都有同样能力借助统治实现他们的卓越；［163］推崇法治的结果是高举神圣法律的统治，理由却是没有公民足够能干或足够理性，可以委以信任去统治；法律被视为神圣统治者的解药，医治人类身上不可磨灭的非理性和邪恶。支持法治的理由的主要方面，起初可能看上去更符合强调统治是负累和牺牲。但亚里士多德把法治的支持者描绘为不愿意也不能放弃或服从这个观点：统治，即便伴随着严厉的挑战，对统治者来说也是好东西，可以滋养精神的健康、活力与幸福（即便无人相信能够达到这种至善）。毕竟上帝本人作为立法者，就是统治者；他的法律统治难道不是很大程度上被认为是其卓越、圆满或成功的一部分？看起来法律，尤其是神圣的法律，如果没有这种积极的观点——作为统治的立法对于立法者来说是善事——就难以得到真正的捍卫（对观托马斯《反异教大全》3.17）。

相应地，这种支持法治的高尚而积极的观点，得到更为现实的一些批判的补充，这些批判否认了绝对君主制的提议——前提不再需要考虑人类的邪恶倾向，甚至不再考虑平等的分配正义，现在只需要考虑有可能出现的最为卓越之人的才智局限性（1287b8ff.）。"阿伽门农"，这个荷马笔下受到神灵保佑的君王，他的"祈祷"教

---

① 参见 *Rhet.* 1373b7－13 引用索福克勒斯 *Antigone* 456；另参见 *Oedipus the Tyrant* 865－871，色诺芬 *Memorabila* 4.4.19。

导我们，仅凭一己之力，难以洞察世事；他需要许多帮手。两颗或更多颗的头脑，好过一颗头脑。

然而统治者越多，就越审慎，关于这个观点的那些明智的理由，与这样一个重要妥协交织在一起：一旦支持法治的人将目光放在统治任务真正的要求上，"他们一致同意"，亚里士多德说，"要对所有需要审议的事情都立法，这是不可能的"。因此，"需要人来对那些事情做出判决"。① 他们虽然做了妥协，但仍然坚持认为，"这种判决与其寄托一人，不如交给众人"。即便或恰恰是"君主"，他们最后辩称，也要邀请他们信任的朋友"共治"；但朋友间是平等的；所以当君主认为他应该在朋友的帮助下进行统治，他事实上就已承认，统治应该在平等人之间分享（1287b19－35）。

尽管所有这些理由都很有力，但主张法治和共和之人都回避了一个重大事实，那就是共和政体同样有必要排斥异己，亚里士多德在解释其原因时挑明了这个问题（Newell 1991，208）。主张法治和共和之人的理由都没有直面这种存在，人类中有稀世之人，[164] 其政治能力和智慧远远大于其他公民的合力：只有这些个体，才能通过绝对的统治，完全实现有德的、政治上积极的"美好生活"；这种美好生活是一切政治最高的、有意识的愿望和目标，不能以任何其他方式完全实现。② 因此，在第十七章中，亚里士多德再次阐述了在稀世之人那种情况下支持绝对君主制的理由，讨论了他们的

---

① 柏克（1855，2.28）非常贴切地说，"构成这个低级世界神祇的是审慎"，而非法律或法律思想；"合法地言说"和"审慎地言说"之间的区别，参见"Letters on a Regicide Peace"（1855，5.295）。

② 亚里士多德的政治目的观和孟德斯鸠之间的鸿沟，最生动的表述莫过于后者以下的批判（SL 11.9）："亚里士多德在讨论君主政体时（《政治学》卷3；章14），缺点显而易见。他列举了五种君主制类型。他没有按照法律形式进行区分，而是按照偶然之物来区分，如君主的美德或邪恶，或者按照外物来区分，如僭主篡位或接续僭政"。归根结底，在孟德斯鸠看来，公民美德只是（必不可少的）手段——目的是安全。因此，孟德斯鸠无条件地赞扬流放优秀公民，甚至在这里参考了亚里士多德的讨论（SL 26.17）。对照 Marsilius 1.16.24："与灵魂或灵魂的习性完全一致，这是一个人被委以统治重任的首要原因。"

继承问题。这样的情况得以出现，尚有赖于全体公民足够温顺，允许稀世之人获得其应有的绝对统治地位，以助其圆满成功。然后，亚里士多德重新表述了对"不正常"政体和"正常"政体的区分（他在第七章那里没有明确提到自然权，且认为统治是为了被统治者的利益，而非统治者的利益，甚至是牺牲了统治者的利益），代之以另一个区别的标准："反乎自然而存在的不正常的政体"对"自然正当且有利的正常政体，如专制统治，君主统治和政治统治"（1287b38－41）。由最高美德之人统治的绝对君主制，得到两个理由的支持。首先，它符合分配正义，这是每种政体的合法性依据，因为每个统治者都宣称依据某种优势应得统治。但现在，优势及其随之而来的应得，要视统治者自我实现的能力而定。这在第二个理由中变得很明显：把一个才德卓绝的人从统治位置上拉下来，让他与其他人轮流治理，"这都是不合适的"。因为假如部分超过了整体，这就违背了自然；那样才德卓绝的人，本身就是一个整体，而其他人，无论作为个体还是当成一体，便相当于他的部分，现在要他也与其他人轮流统治，就是部分超过了整体，所以违背了自然。借用亚里士多德先前的比喻，其他人只是制作笛子；那个才德卓绝的人是吹笛手。后者之所以说是一个整体，是在这意义上而言：他的幸福圆满，正是整个城邦、事实上作为整体的公民存在的终极目标。亚里士多德最后总结说，正是基于上述论证，我们才可能回答：君主政体有哪些不同的品种？是否有利于城邦？如果说有利于城邦，对城邦中哪部分人有利？如何有利？①

　　最后的第十八章非常简短。亚里士多德回到他"三个正常政体"的议题，其中"最好的政体必然是由最好的人治理（managed）的政体"②（1288a33－34；对观1279a35－36）——这种政体的统治

---

　　① 1288a30－32；对观 Bolotin 1999，166；参见 SH ad 1288a6 惊奇反应，对结果深表失望和不安，我相信这是亚里士多德希望所见，在某种意义上，他欢迎这种惊奇反应以激发深思。

　　② "managed"在这里也指家务管理。

者"或为一帮贵族，或为一个君主"（1288a41）。亚里士多德总结说，显然，"造就一个好人的那种教育和习惯，与造就治术高超的政治家或君主的那种教育和习惯，几乎是一样的"。亚里士多德还未提出或明确指出这个问题，[165] 如果深入思考他对正义统治之利益目标的洞见，会不会让明智之士泄气，认为现实的统治生活并没有那么大的吸引力，不值得选择去过。

再次突然过渡

在卷三结束时亚里士多德宣布，我们接下来要研究的是所谓的"最好的政体"——更确切地说，"研究这种政体如何才能自然产生，怎样才能建立"。"打算这样做的人，"亚里士多德告诫说，"必须对它进行适当的研究"（1288b3 – 6）。亚里士多德因此暗示，卷四中接下来的研究不是读者可能期待的研究（Jaeger 1948，264 – 268）。因为读者可能期待或希望亚里士多德研究的是"那种最好的政治共同体，人们在其中尽可能如其所愿地生活"。在卷二开头，这一研究据说将是我们选择的目标（对观 1260b26 – 28）。然而，我们上引的亚里士多德的话，暗示我们接下来研究的重心是最好的政体怎样来到现实中。这意味着我们的焦点是如何能够事实上造就最好政体（Mansfield 1989，46 – 47；Saunders 1999，136 – 137）。我们已经在卷三中知道这些重大理由，为什么绝对最好的政治——由最好个体统治的绝对君主制——在现实中实际上是不可能的；为什么即便是次好的正常政体，严格意义上的贵族制（只由最好的几个少数人统治），也是几乎不可能的。如果我们将这一切铭记于心，我们就更有准备，从亚里士多德出人意料的、因此也是发人深思的引入第四卷的方式中获取教益。在卷四中，亚里士多德将解释政治学中用于修饰"政体"的"最好"一词的意义范畴，强调绝对"最好"政体（the "best" regime simply）与其他各种"最好"政体之间（the variou regimes that are "best"）的差异。后者是就这层意义上而言，即在不同类型的环境制约下或与此环境"相契"的情况下，它们可能是最好的政体。①

———————

① 自从十四世纪的 Nicole Oresme 以来，一直有学者认为，古代有一段时期（内情完全不为人知），亚里士多德心目中《政治学》中各卷的顺序是有变的，亚里士多德想把（讨论绝对最好城邦的）卷七和八放在卷三后面，卷四至六前面。关于学界的争论史，参见 Zeller，2. 501 – 505；不过，无论如何，没有任何古代证据表明书中各卷的次序有变，Ross（1957，viii）强调，奥古斯都时代 Didymus 的一本书，其内容有可能来自 Theophrastus，可以为我们现有一切手稿中的卷次顺序作证。各卷顺序有误，这种猜测的主要依据在 Simpson 的翻译中得到很好总结和梳理，Simpson 据此做了换位（1997，xix – xx；另参见 Schütrumpf 3. 178 – 185）。这种换位最大的理由是，承接卷三结束语的只能是卷七开头，而不是卷四开头；我们已经证明，这并不正确，这个理由是建立在没有真正解读卷三的结尾，没有理解卷四从一开头就对"最好"政体的关注。主张换位的另一个强大理由是，卷四有四段文字（1289a30 – 35，1290a1 – 3，1293b1 – 7，1293b22 – 27）必须被解读为是在参考卷七和八，因此卷七和八的位置应该靠前；但是，纽曼 ad 1289a26 和 2. xxv – xxvi（尽管赞成换位）却表明这些段落并不一定非得那样解读，而是可以更方便地理解为是在回指卷三中的讨论。此外，在卷七第四章开头，亚里士多德说"我们前面已经研究过其他政体"（1325b34；参见 SH ad loc. 以及 Simpson ad loc. 对这句话的奇怪注解）。纽曼进一步削弱了他自己对换位假设的接受，他坦率承认（1. 294 – 295）卷三最后和卷七开头（他将之换到卷四位置）缺乏联系。事实上，正如我们将证明的，卷六结尾部分在许多关键方面为卷七搭建好了舞台。另参见 Krohn 1872，30n；Ross 1957，viii – ix；Bluhm 1962，747n12；Keyt and Miller 1991，4 – 5；Rowe 1991；Schütrumpf 2. 580；Davis 1996，65 – 66；Sauders 1999，136 – 137；Kraut 2002，185 – 189，427n1。

第四章　改良现实中的政体［卷四至卷六］

[167] 在卷四开头，亚里士多德即大胆将政治学归为有志于全面"研究整个问题"的一门具有疗效作用的技艺和学问。像其他技艺和学问（尤其是体育）一样，政治学的"研究"也力求"完备"。第一，它要研究"自然最好的、各方面都完备的"政体（法则）。第二，它要研究"（不同）情况下最好的"政体（法则）。第三，它要研究"在某种假设下最好的政体"："我的意思是"，亚里士多德以此强调了这方面的研究，如果某个城邦受到条件的制约，建立不了可能是最好的政体，只能实行"较低级的"政体——如同这样一个要参与"竞技"的人，找到体育老师，却不想学能让他发挥有限潜能的"合适的锻炼方法或知识"。对于这种死气沉沉的情况，"一旦这种'较低级的'政体已经创立"，政治学必须研究"法则，尽可能使之延年益寿、垂之久远"（我们必须铭记，"法律本身没有力量，要服从法律，唯有养成习惯"——1260a21）。第四，政治学像体育一样，必须研究"适合于所有城邦"的那"一种"最好的政体（法则），哪怕大多数城邦都不会采用（1288b10–38）。

因此，亚里士多德的政治学是彻底的"规范性"研究；它不只研究"政体比较"（正如在实证主义政治学中那样），而是一直在研究"最好的政体"（Kahn 1990b，370）。但"最好"绝非只意味着"绝对最好"，或对"正常的"政体最好，或在不同条件下最好。在某种意义上（直到孟德斯鸠才再次看到），亚里士多德将政治学看成是面向一切类型的政体（包括僭主政体）教导什么是

"最好"（其意义包含了最值得保留的东西）的学说。①

我们这些艰苦尾随亚里士多德走过疑难重重的卷三的读者，［168］禁不住感到吃惊，卷四开头如此自信于政治学在运用中完美的疗效。似乎（不无悖论的是），哲学对于政治生活核心中永恒的正义问题的理解，为建立一门灵活的、具有疗效作用的政治学提供了坚实的基础。

但从一开始，这种建立就模糊了根基。在卷三中，我们连续研究了三十来个问题；亚里士多德实际上将"政治哲学"——在他明确使用这个术语的地方——等同于对"问题"的研究。从卷四到卷六，他从未提及"哲学"，正如纽曼惊呼的那样（1.490），"问题完全消失了"。② 与此相关的是，提及"自然"的次数也剧减："自然"一词出现在卷三有十八次；卷四有六次，卷五有四次，卷六有两次。③ 此外，亚里士多德的话语中更多温婉的激励或劝阻，这正切合谨慎的政治治疗师的身份。

我们或许可以说，亚里士多德回到了君主们的世界，开始了他更实用的教育，何为"好的立法者"和"真正意义上的政治家"（1288b27）。这些君主强烈倾向于这种看法：贵族政体或"我们"少数几个最好的人的统治，理论上没有问题，只是实践上才有大问

---

① 生活在稳定宪政世界中的天真且爱说教的学者会觉得震惊：比如，参见 Baracchi 2008，240（卷四"似乎失去了一切伦理关联"）；Ross 1923，236（马基雅维利 *Prince* 脱胎自卷五）；Barker 1931，164；Sabine 1937，91；Wormuth 1948，61；Rowe 1989 and 1991，63 - 68；Schütrumpf 1. 39 - 67，94 - 102；纽曼的评价更公平但仍然充满迷惑（1.490 - 491）；另参见 Mulgan 130 - 131；Garver 2005，183 - 184，199，201；对照明智的评论 Morrall 1997，86；Polansky 1991，331 - 332；Lindsay 1992，115 - 118；Zuckert 1992，144 - 146；Simpson 1998，284；Kraut 2002，446 - 447。对观柏拉图 *Seventh Letter* 331d。

② 现在，亚里士多德将政治学作为一门治疗性的知识和学问，只要回顾一下，我们就能想起卷三中那个最根本的问题；在卷三第六章中，他特别强调了这门技艺的目的是为了病人的利益，只是偶尔才对医者有利。

③ "自然"在卷一出现了八十多次，在卷二有十二次；在后面的卷七中还会出现十八次，在最后的卷八中有十次。

题，那就是在不同的情况下，如何找到方式最大可能地朝贵族政体推进（哪怕是稍稍推进）。事实上，将政治学与旨在"竞技"的体育相提并论，亚里士多德似乎首先就暗示，每种政体中的政治生活应该通过训练力争上游。它们的训练受到一个明白无误的完美观念引导：绝对最好的政体类似于最完美的运动员，像一尊完美的阿波罗雕塑那样可见。然而，这种乐观的表述不无危险，它过于助长了有望成为改良者的野心，削弱了他们守法的习惯。因此，正如在第一章中，亚里士多德随即使用了谨慎的口吻，以求平衡。亚里士多德批评前贤只关注绝对的最好，而不是"可能"的最好，或"更容易的、更适合一切城邦"的最好。政体应该这样改良：在现有的条件下，能够"容易说服"人们一道参与。立意高远的改良者不应认为，他为了更低的使命而放弃了更高的使命："改良政体与创立政体同样伟大"①；"政治家应该有助于改良现行的政体。"② [169] 亚里士多德再次强调，法律是从更根本的政体现象中衍生出来的，是对这种现象的表现（1289a12–20）。他呼吁我们重新研究不同类型的民主政体和寡头政体——这些不正常但却常见的政体。

政体分类的新方法

《政治学》第二章开始渐渐展现出更富弹性的框架，引导接下来的三卷。首先，亚里士多德带我们回到卷三的政体分类：三种"正常的"政体和三种"不正常的"政体（然而，他现在闭口不谈

① 谈到"立邦"时，亚里士多德心中所想的可能不是那种现存政制的革命性变革，而是在新殖民地草创政府，这些新殖民地在希腊城邦史上有着举足轻重的作用（为柏拉图《法义》中的对话提供了戏剧性的机会）。

② 1288b35–1289a7；纽曼提示我们参见柏克（1855，2.439–440）雄辩地阐述的这部分思想；但纽曼没有注意到，柏克显示了他与亚里士多德的分歧，他忽略或者事实上暗中质疑我们在亚里士多德那里看到的对新政体的创立者和现行政体的改良者的盛赞。

共同利益，这是他当初划分正常和不正常政体的标准）。他给人的表面印象是要沿袭这种分类法。他提醒我们讨论了"贵族政体和君主政体"这两种形式的"最好政体"和"它们彼此的区别"，然后说，"留下来要讨论的"是"共和政体"——以及"其他政体，如寡头政体、民主政体和僭主政体"（1289a26–38）。要把共和政体"留下来"讨论，并且现在应该首先讨论，当然完全有理；但难道在卷三中不是已详细讨论了寡头政体和民主政体吗？换种方式问，在这部事实上是研究各政体的正义观的著述中，民主政体的正义和寡头政体的正义不是已经讨论了吗？无论如何，三种不正常的政体的所有现象现在都要接受更全面的分析。

接下来，我们将看到一个新的、（可能有人会说）更实用的视角，来打量这六分法。把焦点集中在三类不正常的政体，亚里士多德用一种新的方法对它们重新排序。民主政体是三者中"最可容忍的"（对观《伦理学》1160b19–20），而僭主政体，作为"最好、最神圣的政体"的变体，"必然是最劣的"——"离共和政体最远"；次劣的是寡头政体，亚里士多德补充说，"与之相对应的则是贵族政体"（1289a40–1289b5）。这种排序背后的思路似乎是，因为两类最好的正常政体都把治权委托给最优秀的几个人，放手让他们做与美德相合的事，它们的变体则把治权交给最邪恶的几个人，任其胡作非为；相比之下，共和政体与其变体民主政体属于"普通"群众的统治，他们有自己的缺陷，不太能做大善大恶之事。现在，因为我们已经知道，君主政体和贵族政体就其目的和意图来说在现实中是不可能实现的，所以就把民主政体抬升到次好的现实政体的位置。在他的贵族读者变得非常不安之前，亚里士多德立刻重申了他最高的标准，［170］将民主政体放在它原来的位置。他将自己新的政体排序与一个没有点名的前辈的类似排序做了区分，后者认为"一切"政体（包括寡头政体和民主政体）都有"良好的"品种：针对这种观点，亚里士多德（代表君主）说："我们认为，无论什么品种的寡头政体和民主政体，都是完全恶劣的；这里不能说某种寡头政体比另一种寡头政体'好'，只能说'没那么坏'。"①

在重新确立了高标准后，亚里士多德大胆带他的贤良读者进入他新视角的深处，包括他对政体分类的修订。他列出（1289b12－26）正待研究的程序，包括五项任务，对它们逐一执行，这构成卷四和五的结构（Simpson 1998，292）。完全丢下了当初那个我们马上要研究共和政体的乐观暗示，亚里士多德现在提议，"既然说民主政体和寡头政体各有不同的品种"，那么第一，就要"分清究竟有多少不同的政体"。第二，要分清什么是"最常见的政体，什么是仅次于最好政体的最值得选择的政体，是否碰巧有某种政体，比较接近贤良性质而又组织得体，也能为大多数城邦采用——若有，那是什么政体"。这种曲折的表述，一方面暗示出研究的复杂性，另一方面也是允许或鼓励读者发现一种可以广泛采纳的贵族政体。第三（这是处于最中间位置的任务），要考察"政体的其他类型中，哪一类适宜哪一种公民团体：譬如，某一种公民团体宁愿采取民主政体而舍弃寡头政体，而另一种公民团体则反其道而行"。第四，"倘若"，亚里士多德以贤良淡淡的不屑口吻说，"某些人希望建立民主政体或寡头政体"，我们就必须考虑它如何建立。亚里士多德列出的第三和四项任务，将以下问题摆上了台面：在多大程度上民主政体和寡头政体是可选择的，在多大程度上又是不可避免的？"最后"，也是第五项任务或我们的"目标"，是在"简短"处理了前面四项任务后，"必须尽力阐明"各个政体是怎么"毁灭"的，怎样才能"保全"这些政体。事后证明，第五项任务所花的篇幅最大（整个卷五）。亚里士多德具有疗效性质的政治学浮出水面，其目标或顶点带有强烈的保守色彩（对观《伦理学》结尾）。

亚里士多德接下来就开始了议程中的第一项任务。他解释了

---

① 1289b5－11；在此，亚里士多德（虽未成功）试图更加高贵或道德地讨论《伦理学》（1160a31－32）中那些不正常的政体，在那里他甚至说，只有三种政体，所谓的三种变体不过是它们的"遗迹"。纽曼指出，亚里士多德在此"并不总是信守这种高贵言辞"。

"为什么"有"多种"共和政体——因此我们需要扩大分类
（1289b27ff.）。"我们知道"，每个城邦都由"许多"不同的"部
分"组成——即由若干家庭组成（现在，家庭作为城邦的基本成分
再次出场）。这些家庭"必然"有富裕的、有贫穷的、有中等的阶
层；［171］但现在，亚里士多德为这种基本的分层方式增加了一点
具有深远军事影响的含义：他指出，富人有重步兵装备，而穷人没
有。穷苦大众可能务农、经商或做工匠。"名门望族"中也有财富
多少之分——再次，亚里士多德增加了一点重要的军事内涵：大富
人家有战马，他们可为骑士。他们还可按照财富之外的其他标准分
层，如按血统或美德，"如我们在讨论贵族政体时曾分析而列举了
一切城邦所必需的各要素，这些要素在显贵之间也有区别"（对观
1283a14ff.）。正是"权力"在这些"部分"（不同阶层的家庭）中
不同的分配，才产生了不同的政体。亚里士多德在此避而不谈不同
的正义观之间的竞争与争论，这原本是他在卷三分析不同政体的特
性时的焦点。现在，他将重点放在产生不同的共和政体的更世俗的
原因上——扩展了压缩在卷三中的东西，在那里，他强调了民主政
体和寡头政体的经济基础。[1]

在这语境中，亚里士多德随即介绍了一种全新的政体分类体
系，这是一种"流行的观念""恰如习俗"。[2] 亚里士多德现在暗地
承认，他的六分法是不同寻常的、很有创意的、高贵典雅的框架体
系。流行的观点认为，只有两种政体，即"民主政体和寡头政

---

① 我们在此再次看到阿伦特的观点——"根据古代思想，'政治经济'这个术语本
身就自相矛盾"，因为"凡是'经济'的东西，顾名思义，都属于政治之外的家
务"——多么错误（1958，29，37）。

② 1290a13 和 23；Hug 1881，71 - 75，基于 Henkel 1872，40，发现这种政体分类在
德摩斯梯尼时代（公认的时代分界线）很流行——提示我们参见 *Against Timocrates* 75 ff.，
Against Aristocrates 66，*On the Liberty of the Rhodians* 17；另参见 Aeschines *Against Timarchus*
4，*Against Ctesiphon* 6；Isocrates *Panathenaicus* 131 - 33；Herodotus 3. 80 - 82；Alcibiades in
Thucydides 6. 89（3. 82. 1，4. 76，8. 64 - 76）。事实上，Hug 误解了伊索克拉底；布鲁姆
（1995，15ff.）阐明了伊索克拉底对政体巧妙而富原创性的分类。

体"——其他都是这两种的"派生"或"结合"——"因为把贵族政体当成寡头政体的一种;把共和政体当成民主政体的一种"(1290a16-17)。亚里士多德将流行观念的分类法比喻为风向,甚至比喻为乐调:"因为乐调也分两种,所谓多里安调和弗里吉亚调,其它乐调都是这两种的结合"。"不过"亚里士多德立刻补充说,"我们还是认为我们那种政体分类体系更对、更好。"他因此心照不宣地承认,流俗的分类也不无道理和好处。因为流俗的分类不仅突显了这个明显事实——现实政治很大程度被多数穷人和少数富人之间的斗争主宰——而且强调了民主和寡头"结合"甚至"派生"的可能性;现在,这样的"结合"或"派生"不再被视为是"完全错误的"政体。不过,这种流行的观念也暗示,人们可能期望的最好政体,是民主政体和寡头政体之间某种平衡或妥协——在那种混合政体里,没有可资利用的更高的城邦"成分",没有具有更高目标的相关政治团体。所以毫不奇怪,亚里士多德坚持认为自己的分类体系"更对、更好"。

[172] 奇怪的是,亚里士多德现在重新对他的六分体系洗牌,某种程度上用新介绍的流俗分类来重铸。他由此创造出一种混合分类法,并以非常晦涩的方式表达:"照我们的分类,好的政体就只有两种,甚或只有一种,即最好的政体,其他都是变体——有些变体是那两种好的政体的和谐组合,有些变体直接源自于最好的政体:寡头政体更紧迫、更专制,民主政体则更舒缓、更宽容"(1290a24-29:"紧迫"和"舒缓",同"和谐"一样,都来自乐调分类)。

仔细审视,我们看到,这个简洁的分法在三种正常(现在称为"好")的政体中又实现了一次两分。这个新分法虽逻辑上不无可商榷之处,但依然重要。一边是绝对最好的政体,它包含了两种政体类型(对观1288a30-32:"研究最好的政体,等同于谈论贵族政体和君主政体")。另一边是"和谐组合"的政体,即先前所谓的共和政体,现在看来其主要特征不是(卷三中说的)军事美德勇敢,而是它在倾向于"更紧迫、更专制"的寡头政体和倾向于"更舒缓、更宽容"的民主政体之间达到良性平衡。从这种视角看，民主政体和寡头政体似乎不太像是（有德之人统治下之政体的）变体，倒像是各自纯粹的成分，需要以一种健全统一的方式与对方混合平衡。问题是，这样的视角如何与美德的视角调和，毕竟，按照后者的视角，它所渴求的是绝对最好的政体，至少是受有德之人影响的政体，因此认为民主政体和寡头政体是"变体"？因此，这种新的分类体系充满了矛盾。事实上，它提出了一个大问题：那种"好"的政体——即民主政体和寡头政体之和谐结合——是否、如何以及多大程度上会超越这两种极端的成分，不只是成为稳定的妥协，而且是一个政体，在其统治者的表率下，致力于真正的共同利益，致力于真正的、完全的美德和卓越？

当亚里士多德重述了早在卷三第八章中就强调过的观点时，他让我们有机会一观其他相关看法，让我们随之思考，如何修正流俗的观念，即认为民主政体就是多数人的统治，寡头政体就是少数人的统治。但在我们新的实用语境中，亚里士多德不像在卷三中那样，仅仅把财富或贫穷视为寡头政体或民主政体的决定性特征；他强调了多数穷人的另一个特征是自由，少数富人的另一个特征是高贵血统；偏向自由的政体就是民主政体；偏向血统的政体就是寡头政体（1290a30 – 1290b20）。在我们新的实用语境中，这些半伦理性质的特征——在某种程度上它们可能是美德的政治替代品——起到了更大的作用。

一场有意义的失败实验

[173] 与我们的期待相反，亚里士多德没有立刻前进，在这一修订后的、充满张力的分类体系的基础上，摆出各种类型的民主政体、寡头政体以及它们的混合政体。相反，让我们吃惊的是，他用

一个更戏剧性的新分类做了一场实验。① 实验一开始，他就再次明确提到产生不同种类政体的"原因"，即上一章（第三章）开头所说的城邦的"组成部分"（1290b21–24）。不过，现在他给什么是相关的组成部分做了不同的解释，同时解释了它们如何成为产生不同政体的原因。现在的重心落在那些帮助每个城邦实现其核心功能的"部分"之上——从获得食物开始，然后上升到对公共政策的审议。在此，不同的政体之所以形成，据说是由于这些普遍的、必需的功能部分组合的方式不同。最引人注意和发人深省的是，亚里士多德介绍这种新的分类框架时，打了一个重要的精巧比喻，他把这种解释和分类不同政体的方式，类比于"我们"可能解释和分类不同动物的方式（1290b25–37）。他由此暗示，这种近似于生物学的视角指引我们远离先前的政体六分法。因为，尽管我们或许会讲"高等"或"低等"动物，但我们不会说某类动物是另一类"正常"动物的"变体""变态"，甚至"完全不正常"的形式。这种受生物学启发的政体分类表明，应视每种特定的民主政体或寡头政体为其类属的一种更好或更坏的标本，应将每种类属理解为以其自然而有效的方式将必须出现在每个政治共同体中的那些核心功能部分组织起来。

依靠这种新的分类法，亚里士多德开始详细列举每个城邦所必需的功能组成部分。他先举了四个最基本的部分：第一是所谓"农人"的"群众"，他们提供粮食；第二是匠人，他们制造生活必需品和奢侈品；第三是商人；第四是劳工（1290b40–1291a6）。然后是第五部分，即防御的"战士"，他们保卫城邦以免落入外敌之手遭受奴役。这一部分之"必要"，主要是从尊严的角度讲，城邦的

① 由于对亚里士多德的游戏精神不敏感，纽曼（ad 1289b27，1290b21 和 vol. 1，Appendix A）等校注者发现"难以想象，亚里士多德在《政治学》中要把这两个研究（章三和四）放在一起"，于是诊断出是"某个校注者"或"某个后人"做了手脚——尽管在反对 Susemihl"将 1289b27–1291b13 整个段落标注出来作为伪文"时，纽曼承认"似乎不用怀疑，这些都出自亚里士多德的手笔"。

尊严在于避免成为"自然奴隶"。显然，一个像"奴隶"一样的城邦也能够生存，甚至兴旺发达（亚里士多德无疑充分意识到，在雅典帝国的威慑下，有一百五十来个那样的城邦）。但一个"无愧于其名"的城邦应是"独立的"城邦，[174] 也唯有能够成功地为自己的独立而战的城邦才是真正的城邦（1291a6 - 10；对观 1334a20 - 22）。亚里士多德因此从城邦的角度对"自然奴隶"下了新的定义，完全不同于卷一表达和捍卫的从家庭角度对"自然"奴隶的定义。

在讨论第五部分时，亚里士多德说，我们已从类似于动物身体功能的城邦部分，上升到类似于动物精神功能的城邦部分。亚里士多德以一种奇怪的方式强调了这点：他花了一些笔墨对柏拉图的《王制》做了有点晦涩的批判。在亚里士多德批判的那段文字中（《王制》369b5 - 372de），苏格拉底首先幽默地做了一个关于"第一城邦"的失败实验（《王制》369d11）。在那里，苏格拉底实验了这样一个城邦，给予它几乎一切能够满足身体需要和再生的东西；这样的第一城邦，除了面包之外，不需要任何（精神上）"高贵的"东西，不需要战士或组织机构等。亚里士多德绷着脸"抱怨"（Saunders 1999，132），柏拉图借助他笔下的苏格拉底在正儿八经地提议——城邦不需要有战士或组织机构（掌管审议和判决）——认为可能"会有城邦不以美好生活为其目的而只求生活的吃喝"（1291a11 - 19）。当然，事实上柏拉图已让苏格拉底的实验破产，他借助格劳孔之口充满激情地抗议这种他所谓的"猪的城邦"（372d）。然后，他又让苏格拉底做出回应。苏格拉底于是提出了一个改变很大的城邦，增设了战士这个特殊部分，作为城邦的"卫士"或统治者（374aff.）。在描述这些战士时，苏格拉底第一次引入了对"灵魂"的讨论。他认为作为城邦的精英，战士的特点是血气横溢（375b）。此后，血气就变成了政治心理学的核心，贯穿了那场对话的剩余部分。当苏格拉底诙谐地说（375d - 376c），战士除了有血气，还是"天生的哲人"，他们像一条好狗，对陌生人就狂吼（无缘无故地恨），对熟悉的人则竭尽忠诚（无缘无故地爱），这时主导《王制》中对最好政体的阐释的剩余部分的议程或问题昭然若揭。这预示了对话剩余部分的这个主要目的：旨在设计出一种教育，从有血气的战士中培育出几个真正理性的哲人王，形成一个（审议和判决的）统治小集团，同时教育缺乏哲人气质的其他战士对他们忠诚和顺服。然而，亚里士多德将这一切藏起来，故意视而不见——［175］他的口吻像是说柏拉图笔下的苏格拉底补充战士这个部分只是事后反思，苏格拉底完全没有再增加其他统治部分。通过装傻，亚里士多德给我们提供了另一个疑难问题。在记住了柏拉图《王制》中那个重要的政治问题之后，亚里士多德在这里还要促使我们思考什么问题？

亚里士多德是这样说的："如果说灵魂之为动物的一部分比身体更加重要，那么，凡有关城邦精神的部分应该比供应城邦以物质需要的那部分更重要"，所谓类乎动物灵魂的那部分，就是城邦的"战士、司法判决以及需要高超政治理解力的审议部分"（1291a26 - 28）。在为我们详细列出的名单中，城邦最后这两个部分是不是要理解为与战士部分一起，共同组成那个像城邦灵魂一样的第五部分？抑或战士部分就是第五部分，而判决部分和审议部分共同构成了第六部分？抑或三者各自为一个部分，战士部分是第五部分，判决部分是第六部分，审议部分是第七部分？为什么不把这一点说明（对观 Davis 1996，78）？让我们吃惊的是，亚里士多德继续说，这灵魂的三个部分是否委托于众人之身，"对于我们当前的论证并不重要"。他的理由是，我们经常看到一个公民既在田间耕作也在战场持盾拼搏。问题是，田间耕作和战场拼搏，这两种能力可以十分和谐地结合在一起（色诺芬《齐家》5.5、5.14 - 15、6.6 - 7、6.10），而上战场拼搏、做司法判决和参加"需要高超政治理解力的审议"活动，则是三种大相径庭的能力，这三种能力如何才能理性地结合在同一个人身上？亚里士多德接下来写了两句非常晦涩的话，使他列的这个分类更像是一个谜："假如，无论是前面两种能力，还是后面三种能力，都被认为是城邦的组成部分，那么结果很明显，至少上战场持盾拼搏的战士部分是城邦必不可少的部分。第七部分是以其财产来承担重任的人，即我们所谓的'富人'。"（1291a31－34）

那么，第六部分究竟是什么？为什么不明确指出？战士部分、判决部分和审议部分，这三者之间如何分配组合，构成第五部分和第六部分？现在，随着亚里士多德对前面部分的强调，后面部分遭淹没或遮蔽，使得这个问题变得更加模糊不清。

我们经过反思看到，亚里士多德正指向借助批判柏拉图《王制》而生动呈现的那个重大问题：城邦中的战士部分，这个受血气激励的灵魂部分，如何才能像自然所需要的那样坚定服从理性指引的那个部分，那个能够从事司法判决和需要高超政治理解力的审议活动的部分？所有现实中为血气战士部分压倒性倾向主宰的共和政体，会不会对审慎的贤哲进行统治，并且迫使他们为之效劳？战士美德是不是几乎一直压倒实践智性美德？①

[176] 亚里士多德继续说："第八部分是从事公务的人，他们的劳作与公职相关——没有公职，就不成其为城邦"（1291a34－36）。这样一来，第八部分会不会在从事司法判决和审议中起主导作用，或者至少与那些部分有交叉？显然不会。从事公务的人，与其说是统治者，不如说是仆人，是为那些从事审议活动服务的人：或许在最好的情况下，他既从事公务，又参与审议，正如耕田的农夫也可持盾上阵。亚里士多德继续说，担任公职的人"要为繁重的公务操心，他们要么终身、要么轮流来为城邦效劳"。②

———————————

① 品达（*Pythian Odes* 2.86－87）提出了法律或政治统治的三种形式：僭主制、动荡的"军人"制和贤人制。

② 这里反复使用指代统治"公务"的词，暗示了辛劳的牺牲，在前面卷三第六章中，亚里士多德突然将这种视角置于前景（他说这符合自然），认为统治对于统治者而言是有损失的，只是偶尔才有利，因此做统治者本身不是有吸引力或可欲的事情。我们想起亚里士多德在卷三中将此视角送上前台时，正好是在他揭示了真正的贵族政体或少数高贵之人的统治极端不现实之后。

此刻，亚里士多德转向了"余下的部分"——他似乎正走向第九部分：但他没有用这个标签。他现在明确重新介绍了那些最重要的部分，即在从来没有露面的第六部分的位置上，他觉得被战士部分遮蔽和禁锢了的部分："余下的部分就只有上面曾经顺便提及的两个部分了——审议部分和判决部分"。为什么在临近结束的时候才重新插入这两部分？我们从接下来的几句话里可以瞥见一眼答案："如果或既然这两部分的存在是一切城邦所需，并且应以一种高贵而正义的方式存在，那么，必然带有良好的政治美德"。这样说来，不同政体中的公民难道就不必承认需要有美德和"政治理解力"真正出色的统治者吗？答案是否定的："许多人都认为，同样的人可以具备许多不同的能力，比如，同样的人可以上战场，干农活，做工匠，可以在法庭做判决，在公民大会议事"；（亚里士多德加重了语气说，）"大家都宣称有美德，都认为自己能够胜任绝大多数统治职位。"① 但是，亚里士多德话锋一转说，有一件事是"办不到的"：同样的人不能"既是穷人又是富人"；"这就是为什么富人和穷人这两个部分，作为城邦的组成部分就别有意义"；（他最后说，）"这就是为什么人们认为只有民主政体和寡头政体这两种政体的原因"（1291a38－1291b13）。

亚里士多德借助近于生物学的科学类比，在政体新分类体系的基础上，完整罗列出的城邦十个功能组成部分，结果证明是一场精心设计的惨败。这个玩笑的严肃教诲，是从侧面教育爱思考的读者注意现实里共和制的"本性"问题。不同种属的政体完全不像动物或有机生物，因为在现实城邦中，对应于灵魂部分的城邦部分，完全混乱无序。对应于身体部分的城邦部分，在与对应于灵魂中血气的那部分结合在一起，获得了维系城邦自由所需的军事力量，[177] 篡夺了最高智性功能那部分的位置。自然对应于理性功能的这部分（真正政治家的圈子），没有获得应有的位置，相反却被弄

---

① 纽曼引用了喜剧诗人"克拉提努斯讽刺的诗句"："每个城邦全是圣贤。"

得四分五裂；为了对不同的遭肢解的城邦结构——在这些结构中军事力量总是很强大——产生影响，这部分必须抗争，做出种种妥协（对观 1275a34ff.；帕斯卡尔对亚里士多德《政治学》的评价）。在能够避免"自然奴役"的城邦里，总会占上风的精神品质是勇敢和守纪，体现于受训并装备好精良武器上阵的人（对观 Hanson 1996，291）。这个基本事实为后面的内容投下了阴影，尤其是卷七和八对最好共和政体的讨论（Salkever 2007，35 – 36；对观 Salkever 1990，199）。

亚里士多德现在回到上一章的观点，认为不同种类的民主政体，取决于（不同部分构成的）民众的（不同）经济基础以及（不同）家庭出身（我们从上文可得出结论，还取决于哪部分民众拥有最强大的武力[①]）。相应地，亚里士多德说，不同类型的寡头政体，取决于财富，取决于家庭、美德、教育以及其他据说属于不同成分的"显贵"的品质（同样，我们从上文可得出结论，还取决于哪部分显贵拥有最强的武力）。

各种民主政体和寡头政体

亚里士多德继续列出不同类型的民主政体和寡头政体，每种都从最严格意义到最极端意义的类型排序。第一种民主政体是（亚里士多德所称的）"据说最严格地遵守平等原则的政体"，在这种城邦中，法律规定的所谓平等，就是谁也不占便宜，穷人与富人平起平坐，谁都不是对方主宰。亚里士多德兜售这种政体共享的自由（"尤见于民主政体中"）与平等——"人人权力平等"。然而，当

----

① 参见 1297b12ff. 和 1321a5ff.；指出了军队力量和战士美德在塑造所有现实政体的决定性作用之后，亚里士多德认为让这个真相隐藏在幕后，是审慎的行为。亚里士多德最关心的是引出和培育对伦理和公民美德的反思，以及如何超越战士美德。与马基雅维利的对照是显然的：尤其参见 *The Prince*，章 12 开头和章 14 开头；*Discourses on Livy*，1. 19，21，2. 1 – 2，6。

他简洁地说"由于民众占据多数，统治权就由他们大多数人把持，这必然是民主政体"（1291b30 – 38）时，一道阴影就划过了画面。若是，那些不属于大众的少数人——他们因财富、门第、教育或美德而聚合在一起——如何才能有强大的力量取得制约平衡？① 亚里士多德似乎希望刚开始就加固守法的习俗或习惯的屏障——尽管他默默地暗示了其脆弱性——因为它们在最严格类型的民主政体中构成了富人和穷人之间的"等衡"。

[178] 在亚里士多德讨论第二种民主政体时，这种修辞策略变得更加明显。这种民主政体的特征是，只要薄有产业，就有资格担任公职。如此的规定照顾到了大多数人，也的确为作为有产者中之一部分的富人提供了参政的法律基础。但这是否实际上就不如前一种民主政体那样坚固和"平等"？第三种民主政体只规定，凡出身无可指摘（父母皆为公民）的公民都能受任公职，但其治理则完全以法律为准绳。第四种民主政体除了不问出身，其余与第三种民主政体没有区别。第五种民主政体，也是最糟糕的一种民主政体，尽管凡属公民都可担任公职，但平民大众靠命令而非法律进行治理；这些平民大众受到蛊惑民心的政客的指引或怂恿，可以为所欲为（1291b39 – 1292a7）。

亚里士多德接下来讲了一席非常精彩的话，尽管褒贬兼有，但总体看来是在赞扬（当然不是吹捧）前面四种法治类型的民主政体。他甚至宣称，在这些民主政体中，没有蛊惑民心的政客（对观1305a7ff.，1310b29ff.）——"主持公议的都是最好的公民"。② 只

---

① Simpson 1997 ad loc. 甚至说："因此，这种政体只是理论上公平的政体，但实际上是群众主导。事实上，它会堕落成某种民主政体，或许是最后一种民主政体"。另一方面，纽曼指出，倘若行政职司、法庭陪审和参加公民大会都无补贴，"穷人就不会起积极作用"，"希腊民主派就会否认这种真正将穷人和富人一视同仁的民主制形式"。总之，在这里，第一种民主制的本质含混不清；我们在卷六会了解更多。

② 我们或许会想到伊索克拉底对雅典民主传统的恭维，参见 *Panegyricus* 75ff. 和 *Areopagiticus* 20ff. 。

有在不以法律为最高权威的民主政体中，才会产生蛊惑民心的政客，在他们的蛊惑之下，"民众成为一体的统治者；他们原来是独立的普通公民，现在合并成一个团体掌握统治权，称尊全邦"（1292a8–12：这一惊人的谴责提供了一道相当恐怖的反光，打在卷三中支持民主政体的理由之上，在那里，民主政体被认为有潜力聚集或凝聚分散于公民个体身上的美德，成为一体的公民统治者没有邪恶）。在这里，亚里士多德将成为一体的民主政体等同于专制的僭主政体——他不但指责民众，更指责"蛊惑民心"的政客，要为僭主政体的出现负责。① 他同意"某人"的判断，没有法治的民主政体不算是真正的政体。他进而首次声称："凡无法治的地方，就无政体，因为法律应该统治一切"②。在此，也就是刚刚开头考察现实生活中的政体时，亚里士多德就无条件地、旗帜鲜明地支持法治，这与更加学理性意味的卷三中的观点恰成对比。同时，他也做出了表率，如何公开评价民主政体；这种公开评价的方式，最可能激励（或刺激）民主制支持者保持或走向正确的方向。③

在接下来的第五章，亚里士多德采取对应的方式，为寡头政体的基本类型排序——最坏的是所谓的"权门政治"，治权不仅为几个富家垄断，而且没有法治。与之相反，最好的寡头政体对受任公职的财产资格有较高的要求，足以将大多数平民排除在外，但只要达到财产资格的人，全都可以分享统治权（我们现在知道，这意味着最好的寡头政体包括了中产阶级）。［179］次好的寡头政体不但

---

① 对照亚里士多德将说的话（1292b41；对观 SL 8.1–4）。正如纽曼说（ad 1292a4），倘若这四种守法的民主政体不出现蛊惑者，蛊惑怎么成为它们堕落为第五种无法无天的民主政体的原因？

② 1292a32–33；亚里士多德讲的是柏拉图，*Laws*（715d，762e）和西塞罗 *Laws*（3.2.5）一致。

③ Simpson 1998，309n47 理性地解释了亚里士多德的"最后一种民主政体"可能与雅典现实的民主政体相符，尽管后者抑制或封闭了其最坏的倾向。但值得注意的是，亚里士多德本人在这几页中非常谨慎，不愿将他批判的极端民主制与雅典相联系，毕竟他是客居此地讲学的外邦人。

对任职的财产资格有更大的"限制",而且公职的"补缺"选任只限于具有法定资格的富人精英（对观1292b1－2，1293a21－25）。根据补缺方式的不同，又衍生出两种不同的亚类：凡公职补缺由全部合格的人中选任，表明其政体"趋向于贵族；倘若限于某种特定资格范围以内的人选，表明其政体偏向寡头"（1292b3－4）。在前一种亚类的有些版本中，一个钱财虽不很多但却很有德的公民，可能完全有资格入选，并最终成为统治者。

指导民主政体和寡头政体中政治家的基本原则

在第六章，亚里士多德证明，什么类型的经济基础有助于培育上文所述更好的民主政体和寡头政体，什么类型的经济基础有助于培育更坏的民主政体和寡头政体。在此我们发现，亚里士多德将以下不无悖论的原则当成首要原则，指导他对如何改善现实中的民主政体和寡头政体的讨论。一种政体内完全具备必要资格的公民，无论是平民大众还是富有的少数，假如其中越少的公民有闲暇参与政治，越多的公民为生活所迫必然专注于私业，统治阶层内部的团结和友谊越松弛，那么这种政体就越好。相反，越多的公民有闲暇参与政治，越多的公民不必考虑劳作和私业，统治阶层内部的团结和友谊越坚固，这种政体就越坏。只要农夫和家道小康的人执掌政权，这种平民性质的政体就更可能倾向于法治（法律给了他们很大的自由裁量权），更不可能被激情裹挟，因而更不可能在蛊惑民心的政客带领下走向合为一体的暴民公民大会："因为他们必须谋生，没有多少闲暇可以从政，于是他们乐于让法律树立最高权威，而且尽力将公民大会集会的次数减少，至于其他人，只要达到法定的财产资格，也全部容许分享政治权力。"① 即便民主政体中公民扩大到

---

① 1292b25－30；对观哈林顿1992，5；伊索克拉底 *Areopagiticus* 26－27（和布鲁姆的讨论1995，18ff.）。

包括那些没有财产的人，这些有益的倾向仍然能够保持。因为受雇的劳工并不乐意牺牲每天赚取生活所需的机会，抽出闲暇去参与政事，所以，还是小农和家道小康的人继续掌控（不常开的）公民大会和陪审团，继续塑造平民性质的政体及其精神。只要贫穷的劳工得不到投票的津贴补助——津贴补助为他们提供了闲暇，也鼓励他们参加公民大会和陪审活动——平民性质的政体就不会改变。然而，一旦贫穷的劳工得到了津贴补助——［180］亚里士多德说近来就发生了这样的事，因为城邦越来越大，也越来越有钱——局面就日益恶化。穷人靠参加公民大会和陪审团活动，就可轻松拿到生活费度日，自然他们要求召开的次数越来越多，更为危险的是，他们抱成一团，在公民大会和陪审法庭中占据了越来越多的席位，势力越来越大，相应地，那些或多或少有产业的人，在公民大会和陪审法庭的影响就越来越小。"获得津贴补助的穷苦大众实际上比其他人更有闲暇，他们没有必须照顾的私业，而大大小小的有产者总难免私累，经常不能出席公民大会或陪审活动"。因此，"法律渐渐失去了固有的尊严，无产者掌握了这种政体的最高治权"（1293a6 –10）。

相应地，最好的寡头政体依靠许多或大多数还不足以富到提供大量的闲暇和精力参与统治的寡头，他们需要打理农事或生意。尤其是在公民资格财产门槛较低的寡头政体，其公民阶层最具包容性，往往向新富开放；财产较少的寡头公民，往往在统治上野心不大，他们只急于轮流执政同时希望限制统治权的自由，所以"他们都宁愿安于法治，而不要各逞私意"（1293a20）。然而，当寡头数量减少，而剩下的各家财富增大，就出现了第二种寡头政体，他们不用再去照料私业，有了更多的闲暇参政，于是就"要求更多的权力"；假如他们继续安于法治，容许其他部分的人向上流动，吸纳一些新的成员，那只是因为"他们的势力还不足以废弃法律"（1293a23 –25）。"再进一步"就是第三种寡头政体，越来越少的寡头势力越来越大，他们只保留了父子世袭的法律。最后是第四种寡头政体，也是最坏的寡头政体，完全可以"同最后一种极端的民主政体相比拟"，大量财富支撑起的闲暇，外加裙带关系的"党羽"，形成了统一的或类似于"君主政体"的权门统治集团。

亚里士多德潜在的教诲是清楚的。在民主政体和寡头政体中——德性在这些政体里不是公民首要的关注（1293b12 - 13）——有智慧和美德的公民、政治家和立法者应该操心的，与其说是政治参与的量，不如说是政治参与的质，是平民大众或富人中的哪一部分人在公民大会和陪审活动中占上风。这些活动举行的频次，按照怎样的精神举行——特别是，是遵循了法治，还是有意将法律权威委托给主事者？照此理解，培育最高且可能的政治参与质量，关键在于缩减统治阶层人员（无论统治阶层是大多数人组成还是少数人组成）的闲暇时光和参政频次，以及防止统治阶层结成"友谊"共同体。

现实中的贵族政体、共和政体和僭主政体

[181] 亚里士多德在第七章开头说，"除了民主政体和寡头政体之外，还有两个类型尚待陈述"（1293a35ff.）——他很自然就滑向最初议程中第二项复杂的任务（对观1289b14 - 17）。他首次提到的一种政体，"即通常所称的君主政体，曾被列举为四种基本政体——君主政体、寡头政体、民主政体和贵族政体——之一"。亚里士多德引入（似乎基本赞同）另一种常见的政体分类——他继续说，这正好是柏拉图《王制》（卷八）中的分类。亚里士多德立刻指出了这种四分法的不足：它忽略了第五种类型政体，即共和政体——"因为它比较少见，所以往往为分析政体类型的人所忽视"（1293a40 -41）。因此，亚里士多德提醒我们，接下来关于共和政体的复杂讨论，旨在将从前普遍没有给予足够重视的各种可能的共和政体推上前台。

新出场的政体四分法让我们回想起那一种流俗的看法，认为共和政体只有民主和寡头两种基本类型。现在这种新的分类法显得更

宽容，承认了贵族政体也是一种独特的基本形态。然而，亚里士多德立刻强调，在这四分法中"所谓的贵族政体"与绝对"最好"意义上的贵族政体——"在那里只有绝对最好的人才是好公民"——有着天壤之别；那种"绝对最好的贵族政体与美德一致。"①

亚里士多德解释说，现在谈到的所谓贵族政体，地位高于寡头政体和共和政体，因为"他们选择统治者，不仅看财富，还看美德"；（他做了简要的重点补充，）"因为甚至在有些政体，尽管没有将美德规定为城邦生活的共同目的，却依然可以找到品德高尚、著有令名的好人"。令名不同于（真正的）美德。这种所谓的贵族政体，亚里士多德举了迦太基和斯巴达这样两类为代表（我们从卷二中得知，它们是有史以来最好的现实中的政体）。亚里士多德接着说，我们还得附加"第三种"（他没有提供历史先例），"即许多人所说的'共和政体'，它倾向于寡头政体"（1293b7 – 21）。亚里士多德促使我们思考，一种倾向于寡头政体的共和政体，如何提升到"所谓的"贵族政体（Mulgan 1977，71）？更为根本的是，我们不得不思考"共和政体"的本质。在卷三中，共和政体主要是以战士美德为特色的一种政体（1279a39 – 1279b4；对观1288a12 – 15）。但是，［182］如果回到卷二，我们会得到这个印象，共和政体有两个版本，一个低级的版本（良性混合政体——1273a4ff.）和一个高级的版本（拥有战士美德的公民战士掌握统治权的政体——1265b26 – 28）。看起来，亚里士多德现在谈的是低级的版本。

至此，我们已经做好准备，细察第八章和第九章。这两章专题讨论"所谓的共和政体"——以及僭主政体！亚里士多德说得很明白，他希望引起我们的困惑，为什么要这样安排讨论进程，进而让我们思考他整个议程中五项研究任务的顺序（对观1289b12ff.）。现

---

① 在柏拉图的四分法中，最好的政体是"君主制"——即哲人王或君主的统治；亚里士多德"所谓的君主政体"被柏拉图称为"荣誉政制"——即最看重荣誉和名声之人统治的政体。

在看起来我们已经开始了五项任务中的第二项，但实际上我们仍然在处理第一项，完整列出所有类型的政体。这看起来不仅尴尬，而且反常。更合理的做法似乎是，亚里士多德应该严格遵从他在第二章开头指出的讨论顺序（1289a35 – 38）：首先是作为议程上的第一项，讨论共和政体，连带处理"所谓的贵族政体"；然后，借助定下的标准，渐次朝下讨论偏离的共和政体、民主政体、寡头政体以及它们的亚类——最终讨论亚里士多德所说的与极端民主政体有交叉的僭主政体。为什么我们现在用共和政体和僭主政体来收官呢？（僭主政体留在最后讨论，显然合情合理，"因为在所有'政体'中，它完全没有法度，因而不像是政体"。——1293b29 – 30）亚里士多德给了一个颇有启发的解释作为答复（1293b23 – 27）。尽管共和政体和所谓的贵族政体并非"不正常的"政体，但它们"实际上比正常政体中最好的类型都有不足，所以依然是变体"。而且，"照卷三第七章所述，共和政体和所谓的贵族政体尽管都列于正常的政体，但那些不正常的政体都是它们衍生的变体"。亚里士多德由此指出，共和政体和"所谓"的贵族政体，与"最正常的政体"截然不同，是以寡头政体和民主政体为核心成分构成的。这就是为什么要先理解那两种变态的成分，在此基础上才讨论共和政体和所谓的贵族政体："简单地说，共和政体就是寡头政体和民主政体的混合形式"（1293b33，1294b1）；而且，"共和政体的本旨只是混合贫富，兼顾财富和自由"（1294a16，对观1307a10 – 12）。

现在，经过解释和归类，亚里士多德重新表述了他先前对共和政体的评论，这个曾经困扰我们的评论，最终却证明反映的不过是流俗的看法；"按照习惯，对偏向于寡头政体的混合政体，人们不称'共和政体'，而称'贵族政体'，因为教养和门第与富人更相关"。[1] 此外，"人们认为，富人衣食无忧，不生盗心，不做不义之

---

① 纽曼指引我们参考赫西俄德 *Works and Days* 313，柏拉图 *Rep.* 569a4，西塞罗 *Rep.* 1. 51。

事"。［183］就凭这两种原因，"他们认为，那些（富）人就是（贤良）贤达"；"他们甚至认为，寡头也多是些'贤良'"（1293b35－42）。这个流俗的看法，虽然模糊了寡头政体和贵族政体的区别，却帮助我们解决了一个越来越大的困惑（对观 Keyt 1991，256－258；Cooper 2005，72－73）：既然如我们现在所知，大多数现实的"城邦并没将美德当成城邦生活的目的"（1293b12－13），我们该如何理解亚里士多德卷三中的著名论断，"要不是徒有虚名，而真正无愧于城邦之名者，必须以美德为城邦生活之旨归"（1280b5－8 及上下文）？显然，第一个论断需要条件限定。不过，第二个论断同样需要条件限定。认为现实中的政体不大推崇（严重掺水的）美德，这应该是错误的结论。① 那样的推崇一般存在于富人和望族身上。事实上不仅如此。亚里士多德解释说："人们认为，城邦要是不由贤良统治而由坏人治理，就不可能有好的法治。"然而，"好的法治"可以有两种不同的理解（对观第欧根尼 3.103）："一、服从既定的法律；二、服从良法（因为有人服从恶法）。"服从良法，也可能有"两重意义"：服从"可能最好的法律"，或服从"绝对最好的法律"。从这些观点，可能得出下面的三段论省略式。任何服从既定法律的城邦，尤其是服从公认为是公民能够获得的最好法律的城邦，即可视为是"贵族政体的"城邦。但"大家又认为，贵族政体的主要特征是按美德来授予名位"。由此可知，在服从既定法律的任何城邦，统治者可能被认为是因为美德才当选。如果我们跟随亚里士多德，现在将平民性质的统治看成是旨在追求具有一半美德意义的"自由"，而非追求更多人的统治（这一可疑的

----

① 另参见 1328a37－1328b2："城邦只是同等的人们间的社会组织，目的是为了最可能的生活。最好的美德就是幸福，幸福是美德的实现和极致。但这在生活实践中并非人人都可获得；有些人达到了充分的幸福，有些人仅仅参与其中一部分或竟完全无份。这样的后果是明显的。由人们不同的德性，产生不同种类的城邦，建立若干相异的政体。由各种不同的途径，用各种不同的手段追求各自的幸福，于是不同的人民便创立不同的生活方式和不同的政治制度"。

华丽理由也是寡头政体和贵族政体的特征），如果我们记在心上，"大多数人认为富人已取代了贤良"，尤其是，人们"所谓的好出身"就是"美德"加"古老的财富"——这种财富可能使现在的继承者不用再去聚敛，可能象征着继承了人们公认的美德品质或在这些品质中成长——这就更能理解（对观《修辞学》1390b16 – 30）。因此，按照这些流俗之见，"我们显然应该用'共和政体'来称呼贫穷和富有这两要素混合的政体，[184] 用'贵族政体'来称呼（自由、财富和'美德'）这三要素混合的政体"——这种混合的贵族政体，虽然没有专以美德为特征的"第一种真正的贵族政体"那么好，但在某种意义上，总比其他冒充者"更符合"贵族政体的命意。亚里士多德总结说，他已经分析了"共和政体与贵族政体之间的差别，两者的确相近而容易混淆"（1294a1 – 29）。然而过了不久，亚里士多德又说，所谓的贵族政体和共和政体"应该当成同一个东西来讲"（1295a25 – 34；对观 1307a6 – 23）。亚里士多德向流俗的看法低头的同时，也表现出其隐约但强烈的道德追求。亚里士多德迅速地从他刚才对流俗的那种政体四分法的批判——没有区分共和政体与贵族政体——高地上远远后撤下来。① 出于现实的考虑，亚里士多德宁愿忍受甚至鼓励将这种理论上存在的深刻差异进行模糊化处理。现在，他甚至对先前批评过的"习惯性"的共和政体两分法也做了很大让步（1290a13ff.）。我们因此对"美德""贵族政体"和"贤良"等语词的"政治"意义得到教诲：为了改良现实的政制，我们必须与这些意义含糊的语词打交道，必须依靠这些意义含糊的语词。我们不妨将亚里士多德的教诲总结如下：这种对美德有所关心且实际的"贵族政体"是贫穷和富有两种因素良好混合的政体，这种政体诱导穷人支持"自由"（胜于支持平等），使他们倾向于选举富贵人家中最有"声名"的"贤良"当政——这些贤良为了不负重托，必将努力鞭策自己，在公共生活中推进他们声名所包

---

① 对观 1293a 38ff.，另参见 1298b7 – 11，1299b22，1301a14。

含的更高的题中之意。①

　　紧承上文所述，亚里士多德第九章立　刻转到以下问题，"我们如何建立"这种现在被理解为是民主政体和寡头政体之混合的"所谓共和政体"（1294a31 – 32）。亚里士多德认为有三种方法。第一种方法是合并寡头政体和民主政体的法则——它们从不同甚至相反的角度推行富人少数和穷人多数的统治——从中找到中道。亚里士多德以陪审团的构成为例。假如富人不参加陪审活动，寡头政体的做法是罚款（但富人不出钱补贴参加的穷人），民主政体的做法是补贴穷人参加（但不对缺席的富人罚款）。亚里士多德说，"这中间就存在一条中道"（1294a41）。他的言下之意过几页就会揭晓：共和政体的做法是，一方面补贴穷人，一方面对富人罚款，这样一来，双方都会积极参与活动，陪审团的代表性就更强（对观1297a36 – 41）。但是，考虑到穷人在表决时人多势众，似乎穷人仍然会控制陪审团，除非补贴很少，许多穷人懒得去参加。有人可能要问，这种"共和政体"是否会像第一种最好的民主政体那样温和？（1292b25ff.）

　　[185] 第二种方法是把寡头政体和民主政体的两套对立法则折衷，然后求得"平均"。亚里士多德以公民大会成员的财产资格为例加以说明。民主政体不要求财产，或只要求"低得几乎忽略不计"的财产；寡头政体要求有大量的财产。那么，它们的"平均"数就可以定为折衷的财产资格数额（1294b5）。不过，这样一来似乎就将许多无产者或只有少量财产的人排除在外。这是否会让穷苦

———————

　　① Frank（2005，尤其是章5）强调这种政体和亚里士多德在卷五（1308b32ff.）中预示过并在卷六阐明的那种"民主贵族制"之间的关系。Frank 将这种政体重新命名为"卓越民主制"，使之在现代人的耳中听起来更舒服；但她也切除或遮蔽了其中与民主相违的精英成分，最明显的是过于看重血统、出身或家世。对观白芝浩（1974，5. 263）："推崇世家风范，就是推崇可能拥有的伟大能力"；"高贵的等级也起巨大作用，不仅在于它所创造的东西，而且在于它所预防的东西。它阻止了财富的统治；财富就是黄金的宗教，是盎格鲁 – 撒逊人明显的自然偶像"。另参见丘吉尔1899，2. 179。

大众无法忍受？

第三种方法是只择取寡头政体和民主政体这两套法则中兼容的部分。比如，官职靠抽签决定，不设财产资格，是民主政体的（平等）做法；官职由选举产生，设下财产资格，是寡头政体的做法；因此，"共和政体"或混合式的"贵族政体"就取两套法则中兼容的部分，即不设候选人财产资格的选举（这与1288a12 – 15处提到的共和政体特征相反）。在此，我们有了一个超越其成分的综合：因为这种做法，可能导致选战，其中决定性的因素除了候选人的财富，还有其美名和其他值得尊崇的品质。（这不是否认选举往往对富人或传统意义的贤良有利——他们的财富给他们提供了更多的闲暇和更好的资源用于选战，他们有更好的教育和更多的人脉。）

回顾这三种方法，我们看见有一条悄悄上升的轨迹：亚里士多德首先提议建立与克制的民主政体有交叉的共和政体；继而提议朝着扩大的寡头政体偏离；最后提议建立低级的贵族政体（与扩大的寡头政体有血缘关系）。在第九章结尾，亚里士多德说，他已经说明了如何建立共和政体和"所谓的贵族政体"（1294b41）。可以肯定，亚里士多德强调的重点是，一个"混合得好"的政体，既可称为民主政体，又可称为寡头政体，但其实既不是民主政体，又不是寡头政体，而且该政体中没有人希望换成另一种政体。亚里士多德拿出来（详细分析）的"混合得好"的唯一历史先例，是斯巴达的政体——我们回想起他说过，斯巴达更像是贵族政体而非共和政体（1265b26ff.），或者说是"具有共和政体特色的贵族政体"（1273a4 – 5）。亚里士多德似乎在推进穷人和富人之间的妥协，这两类人都倾向于温和的寡头政体，同时又促使政体超越穷人和富人各自的愿景。

在简短的第十章中，亚里士多德讨论了剩下的最后一个现实政体类型，即僭主政体——他敷衍和鄙夷的讨论方式，几乎让人可以想到他捂住鼻子做出臭不可闻的样子。[186] 他一开始就避免讨论绝对意义上的僭主政体。他明确回到卷三所讨论的两种非常专制的君主政体，重述了其要点：他现在明确将它们归为"僭主政体"，因为"按照他的判断"，君主就是在"专制"统治，尽管君主可以"依法"对"愿意臣服"的子民进行统治。正是在这种前提下，亚里士多德将我们的注意力最终引向了"大家尤其公认的僭主政体"，即作为"绝对君主政体"反面形式的"第三种僭主政体"。在这种"僭主政体里，由一人单独统驭全邦所有与之同等或比他更好的人民，施政专以私利为尚，对于被统治者的利益毫不顾惜，而且也没有任何人或机构可以限制他的权力"。它与绝对最好的政体——由绝对最好的人施政的"绝对君主政体"——之间的反差，毋需赘叙。①

最好且可行的共和政体

在第十一章，亚里士多德回到一个更合意的主题，即我们议程上第二项任务的一部分（对观 1289b14 - 17）。他现在将要讨论的问题重新表述如下："对于大多数的人类和城邦，究竟哪种政体和哪种生活方式最好？"然后，他立刻提到了在第八章和第九章讨论过的"所谓的贵族政体"和"共和政体"——但（让我们吃惊的是）他说这不是答案。② 更让我们吃惊的是，他没有继续讨论那种以战士美德为特征的更好版本的共和政体（对观 1279b1 - 2）。相反，他却突然宣布，有一种实际的政体，完全契合至善，即"幸福"。（他现在解释说）　"倘若我们认为《伦理学》中所说的确属实（1106a32ff.），幸福的生活就是免于烦累且契合美德的生活；倘若美德就在于道行中庸"；那么，"适于大多数人的最好的生活方式必然就是道行中庸，行于每个人都能达到的中庸"；（接着，亚里士多

---

① 对比弥尔顿 1991，84 - 85，199；另参见曼斯菲尔德 1989，48 - 49。

② 紧接着亚里士多德不会把中间阶层的政体称为"共和政体"或"混合"政体；他以此巧妙地强调中间阶层的政体多么不同于前面讨论的内容。

德跨出了决定性的一步）"与城邦生活方式相同的善恶标准，必然也适用于城邦和政体"（1295a25－40）。

上文的意思是否是有一个政体，适用于大多数城邦，主要关心的是公民的伦理美德和教育，通过完全发挥他们极不平等的个人能力，从而实现他们幸福圆满的目标？答案是否定的。这证明不是其意义之所在。亚里士多德以一个惊人的飞跃从上文得出如下结论：对大多数人来说最好的政体和生活方式，是道行"中庸"① 美德的政体；[187] 在这种政体里，经济意义上的"中间"阶级具有决定性的、变革性的作用；他们站在富人和穷人这两个对立阶层之间，深刻地改变了其中巨大的张力。亚里士多德现在认为，中间阶层具有八种优点，极大地化解了穷人和富人之间阶层冲突，有力地促进了统一、团结和稳定——这些可以说是作为整体的城邦"自然"追求的目标。（亚里士多德不露声色地让我们看到，城邦作为共同体的目标，与个体天生要追求的目标——卓越或完善——之间，有着巨大的差异。）

亚里士多德恭维中间阶有的第一个优点是他们身上潜藏的优秀美德。他说，中间阶层之人从命运手中获赠的财富量无疑"最为适当"，因为"处于这种境界的人们最能顺从理性"② ——过于富有之人，常常逞强放肆，犯下重罪；过于贫穷之人，往往懒散无赖，易犯小罪（1295b5－11：我们注意到，中间阶层易于避免的邪恶远比他们所能达到的美德要清晰）。

亚里士多德指出，中间阶层的第二个优点是很少野心，他们更关心私务，"最不喜欢统治，也不渴望统治"，"喜欢统治和渴望统

---

① 希腊词"meson"含混的词义有助于亚里士多德话题腾挪。

② 纽曼没有忽视这段话中的反讽："我们不会奢望发现亚里士多德在 2.7. 1266b28sqq. 和 1267a41sqq. 处说完后要断言一定量的财产和愿意被理性打动之间有如此密切的关联"；纽曼继续说，在《伦理学》1124a20ff. 中，"人们认为大量的财富产生了灵魂的大度（最高的美德）"（我们或许还可补充说，大量的财富对于《伦理学》中的宏伟美德也至关重要）。

治对于城邦都有害"——理由我们在第六章已经看到（1295b12）。

中间阶层的第三个优点与第二个密切相关；由于缺少野心，他们做出了更积极的贡献（1295b13－28）：城邦作为共同体"总是希望尽可能由平等而同质的人构成"；"就一个城邦的自然配合说，唯有以中间阶级为基础才能组成最好的城邦"；"中间阶层比任何其他阶层都较为稳定"——因为他们避免了以下种种的邪恶，这些邪恶使得富人和穷人作为自由人无法学会统治和受统治：富人生来奢侈骄横，不愿也不能受人统治，穷人生来卑贱，难以施展权威。（我们注意到，亚里士多德没有说，中间阶层会出才德双全的好领袖。）

亚里士多德认为，中间阶层的第四个优点是他们"稳定"，他们有足够的财富，所以不必像穷人那样嫉妒、觊觎乃至威胁富人的财富，他们的资产也不像富人那么多得足以引起穷人嫉妒、觊觎乃至威胁。所以，不像上层和底层，中间阶层既不会想法害人，也不遭人算计陷害（1295b29－33；我们注意到，中间阶层免于的邪恶主要是穷人的邪恶）。［188］亚里士多德促使我们读者得出结论，中间阶层及其精神越强大，共同体的安全感越多，就越可压制富人和穷人这两个对立群体容易感染的互不信任和怀疑，亚里士多德很快就要这样指明。但现在——此时恰逢他所列举八种中间阶层优点的中途——他给了一个相当不同的、出人意料的评论。"正是由于（稳定）这种原因"，亚里士多德认为，诗人福西尼德的"祈祷文"实在是出于至诚，代表着成为城邦中间阶层之一员的心愿："无过不及，庸言至祥，生息斯邦，乐此中行。"（1295b33－34）显然，诗人更多想到的是城邦作为安全之地对个体的好处，而不是对于作为共同体的城邦的好处①——他也根本不属于中间阶层一类的人物，而是一个在诗歌智慧方面卓有成就的人（或许遭人嫉妒和威胁）。

---

① 对照另一个伟大的格言诗人 Theogins，219ff. 和 331ff.；参见讨论，West 1978，166。努力保持"超然"的极大难度：梭伦"看见城邦经常内讧，有些公民意志薄弱，随波逐流，逆来顺受，有鉴于此，他就制订了一道特别的法律：城邦内讧之时，凡不愿操戈却坐山观虎斗之人，将遭人唾骂，不得允许再次参加城邦事务"（*Ath. Const.* 8. 5）。

在中间阶层的权力和具有卓越才华却未选择政治生涯的稀世之人的安全利益之间,似乎有某种巧合。

在高调回到什么是最好的"政治共同体"这一问题之后,亚里士多德指出,中间阶层的第五个优点是,无论什么时候,都支持富人和穷人这两个敌对阶层的弱势一边,以"防止极端情形的出现"。所以,"如果公民都有充分的资产过上中产的生活,实在是一个城邦无上的幸福"(1295b38-40)。中间阶层的第六个优点是,"僭主政体常常出于极端的民主政体和寡头政体",而"中间阶层掌握统治权的政体就很少发生这样的事情"——亚里士多德说(1296a3-6),他在后面讨论政体的演变时会再说明原因。

亚里士多德说,最能"明显"表现中间阶层掌握统治权的政体是"最好的政体"的,是其第七个优点:有史为证,"只有"这种政体"免于内讧"(1296a7-9)。这导致亚里士多德补充了两点总体看法,修订他刚做的评论。首先他说,"大邦一般派系冲突少,也是由于中间阶层人数多"。对此,有人可能想,一个有贵族倾向的读者会跳出来反对说,在大的城邦里,正如亚里士多德已指出,穷苦大众更多,因此民主制更不可避免;此外,更多的公共财富会被拿去补贴穷人参加陪审团和公民大会,这样一来民主政体就会践踏法治(对观1293a1-2)。但亚里士多德没有理会这样的反对意见,而是继续说,"只要民主政体中存在较大规模的中间阶层,分享较多的统治权和名位,就比寡头政体更安全、更持久"——(他承认)"但如果民主政体中没有中间阶层,穷人为数众多,占了绝对优势,内乱就会很快发生,邦国也就旋即归于毁灭"(1296a9-18)。[189]对中间阶层的赞扬暗示了一个很大的现实利益:(包容性的)民主政体胜过寡头政体。同时,亚里士多德也指明,明智的民主人士应该对中间阶层持欢迎态度。

中间阶层的第八个也是最后一个优点——亚里士多德在此的表述颇令人困惑——"必须相信这样一个信号,最好的立法者都出身于中等公民的家庭"。这是一个什么信号?为什么我们必须相信?

我们经过琢磨明白，幽默的亚里士多德在这里近乎承认，中间阶层及其生活方式具有培育卓越的能力，这种卓越可以体现于个体性格、智慧，甚至教育或名声。借助此地对中间阶层及其政体的褒扬，使他之前对这些品质避而不谈的做法更引人瞩目。亚里士多德悄悄否定了中间阶层是一个平庸的阶层，"生活平淡"。[①] 而就中间阶层的卓越而言，亚里士多德最想说的是，在该群体中成长或生活，可能为某些稀世的、完全不属于中间阶层类型的个体提供一个有利的制高点理解政治。

从这张中间阶层的优点清单中，亚里士多德却得出一个不和谐的、令人失望的结论（1296a22 – 1296b2）。他说，显然我们可以推想，"为什么绝大多数政体不是民主政体就是寡头政体"——换言之，为什么中间阶层掌权的政体要么"从来（！）没有产生，要么只在极少的城邦出现"。表面原因是，中间阶层往往势单力薄，要被富人和穷人这两个倡导挤压，他们无论谁占上风，都要排斥中间阶层。深层的原因是，穷人和富人之间的阶层斗争时时发生，异常残酷，结果就是你死我活的压迫统治，根本没有中间阶层上台的机会和余地。换言之：只要看清了中间阶层的八个优点，就能明白，无论少数富人，还是多数穷人，都很少具备这些品质，也不太赏识这些品质。因此，即使中间阶层统治的政体与绝大多数城邦都相宜，也是绝大多数人能力所及的最好的政体，由于民主派和寡头派之间可悲的党争，在现实中也几乎难产。

尽管做出了悲观的评价，亚里士多德最后总结时还是跨出了戏剧性的一步。他以"接近"中间阶层掌握统治权的政体——现在他反复称之为"最好的政体"（1296b2 – 8）——的程度，作为新的标准来判断一切"其他政体"。可想而知，民主政体和寡头政体（以及贵族政体？）能够"接近"的"方法"就是，有时候在开明领袖

---

① Barker 1959，473 – 474；另参见 Sabine 1937，113；Mansfield 1984，174；Rowe 1991，67；Davis 1996，83；Kraut 2002，438 – 441。

的带领下，统治阶层逐渐习染可见于中间阶层身上的某些优点，[190] 有时候可能吸纳中间阶层或与之结盟。现在，将中间阶层当政的政体当成通则之后，亚里士多德补充说："我们也需要注意'特例'；我所指的'特例'是，有些政体的确更值得选择，但某些城邦往往要顾及其内部的情况，却不宜采用，而以施行另一种政体为宜。"（1296b7－12）于是，我们不得不反思：贵族政体，不管是最低还是最高意义上的贵族政体——它本是我们祈愿的政体——现在是否只是理论上的更好或"最好"的政体？在接下来的第十二章开头，亚里士多德提醒我们，"教育"和"好出身"在与自由和财富竞争城邦的主导权；他因此指向了那些关心，它们早就埋伏在对共和政体和所谓的贵族政体的讨论之中，在将中间阶层执政的政体提升为最好的政体时，它们也遁入背景。从公民个体的美德和完善而言，最好的现实目标似乎是作为最好共和政体的所谓贵族政体；从城邦的稳定和统一而言，最好的现实目标似乎是中间阶层执政的政体，或者中间阶层的力量至少要最大化，由此产生出的那种共和政体。由此，亚里士多德从实践的角度让我们听到卷三中讨论的那些非常复杂的问题传来的沉闷回声。

在第十二章，亚里士多德开始回应最初研究议程中第三项也是核心的一项任务："我们应当考虑哪一类和哪一种政体适宜于哪一城邦和哪些人的问题"（1296b13）。正如前述（1289b17－18），这个问题关系到"其他政体"，即除了"仅次于最好的那种绝大多数城邦都适宜的且值得选择的政体"之外的其他政体。先前，亚里士多德暗示，有些城邦可能有"必要"施行民主政体和寡头政体。现在，亚里士多德在第十二章开头就告诉我们，必须把握一条适用于一切政体的原理："城邦之内，愿意维持其政体的部分必须强于反对其政体的部分"。他解释说，城邦的力量既来源于"量"（如人口），也来源于质（如自由、财富、教育和门望）。他低调地继续说，"量"的力量和"质"的力量可能系于城邦不同的组成部分，因此，两者之间必然"相互"博弈。如果无产者"量"的力量占了上风，"自然就是民主政体"——按照先前的分类法，民主政体也有许多不同的亚类，区别在于"量"的力量主要在于哪类穷苦大众手中，他们以经济及其附带的公民属性（务农、付费劳工等等）进行分类。[191] 同理，如果财富和门第的"质"的力量占上风，自然就是寡头政体——按照先前的分类法，寡头政体也有许多不同的亚类。

那么，我们是不是要被迫得出结论，认为在几乎所有能够共和治理的城邦，自然就"需要"形形色色的民主政体和寡头政体？亚里士多德努力使我们不要这样理解他的分析，突然①插了一句话："顺便讲起，立法者应注意到，在他所创制的政体中，总是应该把中间阶层包含在内；如果他订立的是寡头政体的法律，他应关切到中间阶层的利益，如果他订立的是民主政体的法律，也应该照顾到中间阶层的利益。"（1296b35）亚里士多德呼吁他的学生（未来的立法者或创制者）反对上文显示出来的共和的压倒势头。亚里士多德的口吻就像中间阶层的提倡者、鼓吹者、领导人和顽强的改革者。不过，他在此没有给他的学生提供更多的建议，如何在既存的民主政体和寡头政体中推进中间阶层的事业。他现在不再谈民主政体和寡头政体——将他在讨论议程中的核心部分当成一个未完成的诱惑留下。就在（有人可能想说）他对中间阶层当政的政体抱有希望和激情之时，亚里士多德回到他讨论议程中的第二项："倘使中间阶层的人数超过另外两个阶层，或仅仅只超过其中之一，就有可能建立一个持久的共和政体"（1296b40）。以此方式，他第一次把中间阶层与将贫富混合得很好的"共和政体"联系在一起。在这种联系中，亚里士多德为强大的中间阶层补充了另一个重要的、全新的、值得称赞的公民角色，作为其第九个优点。他首次讲到中间阶层是富人和穷人两个阶层的"裁判"，得到这敌对双方的信任。

---

① SH ad loc. 很吃惊，他们接受 Buechler 的观点，认为这段文字被人动了手脚，其中有些话是从前文移植过来。

但这似乎暗示，前面描绘的混合得好的共和政体有了令人迷惑的改变。现在看来，倘若没有一个强大的中间阶层作为催化剂，给它一个坚固的立足点，混合政体的平衡性就岌岌可危。亚里士多德很快就会说（1304a38 – 1304b2），"倘使城邦中富人和穷人势均力敌，完全没有或仅有为数很少的中间阶层处于其间，为之缓冲，也会发生政体的转变"（反之，"如果双方都明知各自的力量不足抗衡，较弱的一方就必然敛手而不敢贸然与较强的一方争胜"，政体就会保持稳定）。考虑到需要（或期待）存在或补充一个强大的中间阶层，第九章中推荐的混合政体看来就需要修订或补充（Frank 2005，164 – 168）。我们注意到另一个引而未发的重要暗示：如果具有独特的、包容的或善于妥协的阶层意识，中间阶层作为裁判将更有效。[192] 那样的阶层意识将阻止中间阶层的成员融入另外两个阶层，成为入门级的富人或最顶层的穷人。亚里士多德的整个讨论可以说促进了那样的中间阶层意识——也可以说，这是他最强调的对参与式共和政治的治疗干预。事实上，我们越是反思亚里士多德提倡的中间阶层及其政体，我们越可能发现，在亚里士多德的提倡中，与其说是重新提起过去的希腊经验，不如说是提议一个尚未完全挖掘的潜力，可能利于后世的政体。到那时，共和政体将重生，亚里士多德的作品将持续发挥影响力。②

① 对观白芝浩 "Not a Middle Party But a Middle Government"（1974，7. 198 – 210）和 *The English Constitution*（1974，5. 248 – 249）。

② 对观 Frank 2005，164 – 165。历史上希腊城邦的中间阶层的真实状况（经验证据十分匮乏）可能界于对立观点之间某个地方，一方是 Cartledge 1977，24，Ste. Croix 1983，71 – 72，Ober 1985，19 – 28 and 1991，119 – 120（他们贬低中间阶层的重要性），另一方是 Hanson，1995 and 1996（他认为中间阶层主导的政体"在古典时期肯定非常普遍"——1996，290）。看起来，决定性的因素在于，重装步兵队是否以及在多大程度上自认为是"寡头"或"中间阶层"。另参见皮奥夏政体，Moore 1975，127 – 33。伟大的君主制理论家博丹抗议说（Bodin，1577，2.1，345），"在《政治学》卷四中"，亚里士多德"根本没有说'共和政体'如何实现，也没有给任何例子。相反，"亚里士多德"承认，'共和政体'在他那个时代不存在，在以前也没有发现存在，即便据说他收集了上百种政体"。我们承认这种抱怨有一定道理（亚里士多德承认共和政体很稀罕，另参见

　　亚里士多德第一次在《政治学》中明确批评那些有志于建立贵族政体的人们的错误",因为"他们不仅分配太多实权给富人,而且还用虚假利益欺骗平民",此时,亚里士多德反对上流阶级,推崇中产阶级达到了高潮。亚里士多德尖刻地总结说,"富人手伸得太长,其为患于政体远胜平民";① 此外,他们对穷人的欺骗迟早会败露,因此终将遭到穷人的憎恨,惹祸上身（1297a1 - 13）。

　　第十三章讨论了议程上第三项任务的最后一个方面,揭示了立法者常用的几种"智术",在立法时,表面上看起来穷人平等参与了城邦事务,而实际上立法者却处处——在公民大会、行政职位、陪审法庭、武装和体育训练等方面——偏袒富人。亚里士多德说,既然有寡头立法者的智术,相应地也有"民主立法者的智术",表面上照顾了阶层平等,而实际上采取经济刺激的手段,保证穷人在富人缺席的公民大会和陪审团中占上风（1297a14 - 38）。"因此很显然",亚里士多德说,"若想创造出公正的混合,就该兼取双方措施"——采取经济刺激的手段保证"所有人"参与（1297a38 - 41）。

　　如果我们回顾亚里士多德对最好且实际上可达至的共和政体——这是指导我们实践改革的北极星——的分析路径,我们发现越来越明显的张力（它在更现实的层面上折射出卷三已引出的深层问题）。首先,我们会注意到由寡头政体和民主政体混合得好的一种政体,它偏向于寡头政体,所以它主张选举上层中的名流精英。这似乎是实践中最好的方式,以塑造一个某种程度上将个人美德和

Davis 1996, 81, Kraut 2002, 472, *Ath. Const* 33. 2 - 34. 1), 但我们必须说, 博丹的话过于夸张, 忽略了1297b14 处提供的例子（Malia and early Greece）以及暗示到的 Sparta 和 Carthage（1293b14 - 15, 1294b18ff.）; 而且, 博丹的眼光只盯在卷四, 忽略了卷五给出的例子:1303a3 - 6（Tarentum）, 1303a18 - 20（Oreus）, 1304a18 - 21（Athens）, 1304a29（Syracuse）, 1305b10（Massalia）。另参见 *Ath. Const.* 13. 4。

　　① *Ath. Const.* 5. 3 中说, 梭伦"通常将内讧的责任都算在富人头上", 同时引用了一首梭伦的诗, 表达了他对"追逐金钱和狂妄无知"的恐惧。

卓越当成重大目标的政体。但亚里士多德已改变航向，转向另一种以中间阶层为基础的混合政体，［193］它偏向于民主政体，因此培育更具包容性的城邦共同体和公民友谊——明显淡化个体的声名与美德，不让其凭之超越中间阶层或平民百姓。在我们现在抵达的地方（1297a41），正是这种包容性的中间阶层主导的政体，似乎成了"最好的政体"。但恰是正当他似乎一直在强调为了创造一个"所有人都参与"的"混合得好"的政体包容穷人多么重要时，亚里士多德再次改变航向。

他说："共和政体（或混合制城邦）的公民团体应只限于拥有重型武装的人们（即需要财产资格）"。（1297b1－2）这意味着其成员应具有独立的资源，① 因此属于中间阶层和富人阶层（亚里士多德很快指出，这种政体的公民团体甚至只局限于拥有战马的骑士阶层），从而排斥了穷人；亚里士多德现在说："倘使对待穷人不横施暴虐或剥夺其生计，则穷人虽不得享政治权力，他们也可安分守己"。他承认："这种局面也不容易出现；因为掌握了统治权的那些（中上阶层的）人不会常行仁政"。但如果执政者宽待剥夺了公民权利的穷人，"如果予以资助"，只要需要，穷人也是会乐意出战，为

---

① 重装步兵队既有别于穷人 1289B31（参见纽曼），也有别于平民或群众 1305b33；亚里士多德（1321a12）说："凡境内丘陵适宜于重装步兵队的城邦，倘若组成次一品种的寡头政体也是合乎自然的；披甲持盾的士兵一般卫宁取之于小康之家，而不收录贫民。"另参见 Ath. Const. 4 关于雅典第一个重装步兵队政体；修昔底德 8.97 谈到了雅典一个有五千人的重装步兵队政体；塞拉门尼斯谈论重装步兵队政体，载色诺芬 Hellenica 2.3.48；色诺芬 Const. Ath. 1.2 和 2.14；Ed. Cyr. 1.2.13，以及 Rowe 1991，68－69；Raaflaub 1996，154－159；Keyt 1999，87（论 1303a8－10），99－100，225。重装步兵队盔甲重达七十磅，需要随从携带：Pritchett 1971，49－51；Hanson 1991，78nl；Jackson 1991，229。纽曼说（1.471），"除非有钱购置适合的装备，有闲进行必要的训练，否则不可能成为重装步兵。"大多数重装步兵是农民，有些是有钱的工匠：最著名的如苏格拉底，他父亲就是石匠（参见 Burnet 1911 ad 60a2 和 1924 ad 23c1，评论苏格拉底自称是穷人的说法——"他早年根本就不可能是真正的穷人，因为他从公元前 432 到 424 年［实为 422 年：Keyt1999，92］在重装步兵队服役，这意味着他有必要的财产资格或被认为有资格"）。

城邦效命。

因此在这即将结束他对各种实际的政体的讨论的重要关头（1297b29－34），亚里士多德事实上勾勒出一种中间阶层当政的新政体——其核心成分只限于拥有重型武装的公民，他们有能力凭借重型武装充分展现公民素质（特别是在战场上，他们齐心协力，愿意为城邦的自由战斗至死），亚里士多德在卷三说过，这些公民素质是"正常"形态的大众统治的"共和政体"之特征（对观1279b1－2；1288a12－15；1265b28）。亚里士多德在此没有提"中间阶层"，也没有提"美德"。由此，他帮助我们看出，这最后一种类型的"共和政体"既不同于与先前"所谓的贵族政体"有联系的政体，也不同于先前所谓的"中间阶层当政的政体"。

那么，所谓的最好的现实政体或共和政体，就有了三种相当不同的含义，三个相当不同的目标。这三种共和政体在实践中有部分交叉，但其优势和目标之间很大程度上存在张力——这使得选择将谁定为改良某一给定现实共和政体的主要目标，成了巨大的挑战。[194] 这也意味着，如果有某种共和政体欲将以上三者的特征——即选举著名贤良当政，由中间阶层主导、仲裁、巩固贫富混合得好的政治共同体，公民资格只限于拥有重型武装参战的富人——结合在一起，它将发现自己深陷内在张力的冲突（要真正从亚里士多德的角度来分析美国国父们创立的政体，这应该是起点）。

三种组织功能

卷四的最后几章讨论的是议程的第四项任务，但却不是以我们所期待的方式。起初，亚里士多德允诺我们，第四项任务是"倘若要建立政体——我指的是各种民主政体和寡头政体——应该怎样进行"（1289b20－22）。然而现在他却说，我们要讨论"政体的通则，并分别论列各个政体"。由于一切政体都有"三个基本部分（审议、行政和司法），好的立法者必须认真考虑，怎样才能适合他所创制的政体"（1297b36 – 39）。考虑到前一章所述，我们随即倾向于认为，这种讨论方式的变化标志着（或来自于）这个事实，我们经过劝诱，将注意力从对民主政体和寡头政体有利的东西，转到如何创立或改良民主政体和寡头政体，以便走向这种混合的或中产阶级主导的，甚至是由拥有重型武装的富人当政的共和政体。但让我们吃惊的是，在下文中，喜欢激发我们思考的亚里士多德讨论的重心既不是如何改良民主政体和寡头政体，以使中间阶层发挥更大作用，也不是何为对各种共和政体有利的东西。相反，他的重心首先是适于或利于民主政体（包括最极端的民主政体）的东西，其次是适于或利于寡头政体的东西，最后才附带讨论适于或利于共和政体（以及贵族政体）的东西。由此，亚里士多德悄悄地放弃或软化了先前的立场，不再强调改良中间阶层。他也劝我们接受建议，因为现行的政体有种种缺陷。他甚至宣称，如果城邦的三个基本部分"组合得好，政体就必然是好的政体"。可以肯定的是，我们的目标已经调低。我们从卷四开头对政治生活的现实局限性已有了更深的理解。在那里，亚里士多德说服他的贤良读者放弃可能有"正常"民主政体和寡头政体的想法，并且完全同意他们的判断——寡头政体和民主政体是"完全不正常的政体"（1289b5 – 11）。

在接下来第十五章对行政机构的讨论中，［195］亚里士多德提出了这样一个问题："关于行政机构的种类和数目，哪些为维持城邦存在所必需，哪些虽并非必需，但却是（伦理上）好的政体之所求？"这是卷四中第一个且是唯一的"疑难"问题。亚里士多德补充说，"所有政体"都面临这个难题（1299a31 – 34）。在此，亚里士多德的悬而未答分外引人注意（对观 1299b10ff.）。不过，他打开了这道可能性之门，使所有政体都可能期盼成为"好的政体"（对观 1332a31 – 36）——尽管他在下文会说，监护妇女、儿童以及其他事务的职官，只属于贵族政体，不属于民主政体或寡头政体（1300a4 – 8）。

与所有政体都有可能成为"好"的政体这种开放性相一致，亚里士多德对审议和行政两个组织结构的讨论并不旨在提供任何普遍的原理，订立经典的准则，以区分组织结构的高贵或卑贱、合法或非法。因此，他对这两部分的理解，没有预示——相反倒是对照并质疑——美国人都熟悉的"立法"和"行政"的分离，这些"部分"被认为应该放在"不同群体"手中，让它们互相牵制和制衡，防止像"僭主"一样权力集中。① 亚里士多德在此形成的与其说是原理，为各部门的权力"立法"，倒不如说是他对观察到的作为一种人类行为形式的现实共和政府运作的提炼（对观《伦理学》1112b16 - 1113a9）。② 每种政体都把某种生活方式设定为其首要目标；政权的核心是谁承担审议的职能，审议一切的政治问题，找到实现首要目标的最好方式，找到实现对首要目标有重大贡献的那些次要目标的最好方式。审议职能最充分地表现于"统治者"发号施令（往往就是法律，但有例外；统治者可经过法律授权，组建下级的审议机构，再颁布或执行法令：1298a3 - 6，1299a26 - 28）。正如亚里士多德随后表明（1298a6 - 9），最高的审议权往往部分或全部独立于接下来贯彻执行的主事者之手，尽管并非必然如此。（亚里士多德认为，要预防政府权力过于集中，不是让立法和行政功能人为分离，而是相反，应该采取"混合"的方式，在立法和行政机构

---

① SL 11.6；*The Federalist*，尤其47 - 51；另参见 Storing 1981，2.209 n.29. 引的反联邦党人文章。孟德斯鸠承认，亚里士多德的"共和政体"显示出"对三权分配的真正构想"；但权力的"分配"，即使是"真正的分配"，对于孟德斯鸠来说，也不同于权力的"分离"（对观 SL 卷11.11 结尾，11.6 段5，11.7，11.9 结尾，11.12 标题，11.14 标题，11.18 开头和页425b，11.19 开头，11.20；12.1）。波利比奥斯提议的对亚里士多德的主要补充，以及波利比奥斯与孟德斯鸠的关键区别，参见 T. Pangle，1973，117 - 138；Mansfield 1989，75 - 81。在新亚里士多德主义基础上对现代行政观念的重要预示，参见 Mansfield 1989，100 - 118 对 Marsilius 的阐释。

② 曼斯菲尔德1989，52ff. 。与此相关的是哈林顿（1992，9）对霍布斯批判亚里士多德和西塞罗的反驳，指责他们的政治学不是来自"自然"原理，而是只来自对古典共和国的观察："就像有人告诉著名的哈维医生，他的血液循环论不是来自自然原理，而是对不同身体的解剖。"

内部安置彼此竞争但互补的来自不同阶层的公民。［196］可以想见，亚里士多德会认为，现代议会制因其代表不同阶层利益的政党之间的制度化竞争——这是美国的国父们和孟德斯鸠的政治理论远未预见到的——比起分权论，更为自然或可行，更为符合共和实践真正永恒的本质。①）

在讨论城邦的审议功能部分时，亚里士多德首先用了最大篇幅讨论民主政体。他说，民主政体中一切事务"均需全体公民审议"，因为"平等是全体公民的追求"（1298a10 - 11）。不同的民主政体往往采取以下三种方式之一做出安排（1298a11 - 33；对观《论法的精神》2.2）。第一，设置各种小的委员会取代全体公民大会的职能，公民就可以轮流参加议事，所议的事项只限于立法、讨论有关制度以及听取行政人员报告。第二，全体公民参与公民大会，所议的事项只限于选举或抽签方式选任和审查行政人员，通过法律讨论有关战和的大事，其他事务则交由行政部门处理。第三，全体公民参加公民大会，专门审议两项大事，即执政的选任和审查战争、结盟等对外事务；其他事务交由行政人员代理，这些行政人员应该对所执掌的事务具有经验和知识，他们往往是选任（而非由抽签决定）。除了以上常见的三种方式，不幸的是，还有极端民主政体采取的第四种方式：一切事务悉由全体公民大会审议，行政部门人员只能对一切事务预先有所研究而提供建议，完全没有任何裁决的权力。

但正是考虑到最后一种方式的"好处"，即便他此时再次认为这种做法堪比"僭主政体"，亚里士多德还是提供了治疗建议（1298b14 - 26）。他首先推荐他先前蔑视的寡头"智术"：有声望的（富）人若不出席公民大会就罚款。这一招对于民主政体的公民大

---

① 对不同于英国的美国宪法进行的亚里士多德式的精彩批判，参见白芝浩（1974）*English Constitution*；另参见白芝浩论美国政治的文章"Defect of America"等，以及"Prince Bismarck on Cabinets"和"A Suggestion for the Future Government of France"。白芝浩的分析得到 Wilson 1885 的呼应。

会有利，因为"让有声望的（富）人混合于平民大众共同审议，所得结果一定比较恰当而周到"。亚里士多德的第二个建议"与代表大会制类似"（纽曼，1298b21）。亚里士多德认为，将议事的职能交由一个群体——他们由选举或抽签决定，穷人和富人阶层的代表各半——对极端民主政体是有利的。作为第三种可能使用的改良措施，亚里士多德建议，先确定有声望的（富）人参与公民大会人数，再用抽签或其他手段决定人数相等的平民，确保两部分人数均衡。在此，亚里士多德避而不谈中间阶层，委婉地暗示了他们在这些机构已经淡出或放弃。

[197] 当亚里士多德从民主政体转向寡头政体时，建立在中产阶级之上的共和政体的确进入了画面。寡头政体如果"带有共和政体的性质"，审议职能就得到最好的组织，主要的办法是"放宽"选举进入公民大会的财产资格——言下之意，就是把中产阶级包含进去（1298a39；对观 1292a39 - 41）。亚里士多德激发我们思考：为什么他不谈民主政体，其公民大会也包括中间阶层，因此"带有共和政体的性质"？他是否想指示我们注意寡头数量很少这个基本事实的潜在含义——从中可推论，假如中间阶层被纳入寡头政体的权力圈子，由于人数占优，因此可能占据更重要的地位？在极端民主政治的全体公民参加的公民大会里，不太容易发生这样的情况。不过，在严格限制的、更极端的寡头政体的议事机构中，的确同样不会把中间阶层包括在内（1298a40 - 12b5）。

简短地提及了更坏类型的寡头政体的议事机构后，亚里士多德进而简短地讨论了"共和政体的本式"和"带有贵族政体性质的共和政体"的最高议事机构设置（1298b5 - 10）。这些设置最后证明与据说是第三种克制的民主政体的特征没有区别。所以，这表明温和的民主政体的议事机构的确与共和政体交叉，甚至与带贵族政体性质的共和政体交叉。这使以下事实变得更加明显：最近的或达到历史顶峰的民主政体形式不再与共和政体如此交叉。在这种民主政体的终极形式中，审议职能太多落在公民大会里的大众手中，无论公民大会是全体公民参加还是选举部分公民参加。亚里士多德在讨论行政职能时说，终极民主政体——其中公民的"闲暇"不健康，因为他们靠补贴参加公民大会——废除了在更温和的民主政体中为公民大会提供建议和指导的议事预审会，这时平民大众掌握审议权力就更加明显（1299b31－1300a4）。

亚里士多德在即将结束他对审议职能部分的讨论前，对寡头政体提出治疗建议。他建议采取种种方法，让大众发出更多有意义的，尽管往往只是参考性的声音，同时又不从富人手中夺走控制权（1298b26－40）。他的结语指出了一个明显的矛盾，将接受了良好建议的寡头政体与共和政体区别开来：在前者那里，大众虽然没有立法权，但他们可以有否决权，因此有权要求修订法律；在后者那里，只有少数人有否决权，能够要求修正法律——亚里士多德说，否决权原本"总是交由多数人（群众）"手中（1299a1）。共和政体作为混合政体，倾向于多数人统治。它能维持自身的平衡吗？

[198] 当我们跟随亚里士多德开始讨论不同政体选举行政和司法人员的模式时，我们不由自主地冒出以上问题。民主政体通过选举或抽签的方式选择行政人员，每个公民都有选举权和被选举权。共和政体每个人都有选举权，但却不是同时进行，而是采取分批选举或轮流执政的形式，并且对某些职司有资格限制。只有在寡头政体或贵族政体中，公民的选举权有资格限制，他们要么从全体公民中选举行政人员，要么从符合候选资格的那部分人中选举（1300a31－1300b5）。类似地，人人都可入选陪审团成员，这是典型的民主政体——尽管亚里士多德暗示更多可能是通过选举而非抽签的方式决定（这与希腊的做法相反，也不符合梭伦的愿望——1273a5；Newman 1301a11）。

在亚里士多德讨论司法机构，尤其是讨论不同种类的司法内容时，我们看见，他的宪政思想在主要且明显的关切及其人类自由观方面，与我们继承的孟德斯鸠的宪政思想有很大差异。孟德斯鸠将他所谓的"政治自由"或"公民自由"压缩为个体的"自我安全观"——使得这样的自由成为宪政的主要关切。自然，"民主政体和贵族政体从本质而言根本不是自由政体"；这特别明显地表现于民主政体中大众评审团的惊人权力；相反，只有君主政体自然倾向于维持司法独立这一"高贵的法袍"。① 孟德斯鸠讨论的也是极力想限制的第一类司法内容，是对"反宗教"罪行的审判（《论法的精神》12 - 14）：孟德斯鸠本人及其他"哲人"深受这一罪行指控之威胁。我们再回到亚里士多德，发现他列出了八类主要的司法内容，前四类是关于作为整体的政体（一、审查行政人员；二、审判违反共同体利益罪；三、审判颠覆政体罪；四、审判民事和刑事纠纷，包括由行政人员或由私人控诉的讼案），后四类是关于所谓的个人安全（五、关于私人间重要契约的纠纷；六、杀人案件；七、外侨审判；八、私人间细小的契约纠纷）。亚里士多德故意忽略了其他主要的司法内容，如纽曼（ad1300b18）敏锐地指出的审判渎神的罪行——这也是亚里士多德本人（及其他生活在民主雅典的哲人）被指控的罪行，为了逃避受审，他逃离了雅典。在列出了四类非政治的司法内容后，亚里士多德说："这些我们无须再作申述，值得重视的是有关政治的司法内容，这些案件如果裁断失当，往往引起社会内讧和政治骚乱，颠覆政体。"（1300b35 - 38）关于司法的重要标准，亚里士多德谈的比孟德斯鸠少许多。［199］亚里士多德的宪政思想首要关心的显然是防止社会内讧和政治骚乱，维护共享的共和政体的安全，使公民通过参与其中找到他们最完整的政治自由；至于（孟德斯鸠主要关心的）次于政治的个人安全，特别是像他本人一样的哲人的安全，在亚里士多德的司法理论中，倒是次要的，甚至被忽视。

---

① SL 6.4 - 8；11.2 - 4，6；12.1 - 3；20.22。正如反联邦党人、特别是自称为布鲁图斯的那个作者抗议，美国宪法中规定的司法权以前所未有的方式综合了君主、贵族和大众的各部分权力，结果大大削弱了传统公民陪审团的权力，包括剥夺了他们解释法律和判决事实的决定性权力。即便孟德斯鸠也没有预见到这种戏剧性的综合创新。

共和政体的毁灭与保全

卷五的全部篇幅都用于亚里士多德最初讨论议程中最重要的一项（1301a19 – 25；1289b22 – 26）：政体"改变"（等同于"毁灭"）以及"每种政体如何尽量保全"。哲人强烈的保守立场始终如一，清晰可见（1307b29 – 30）。尤其是在他讨论僭主政体和由暴民统治的类似于僭主政体一样的极端民主政体时，这种立场更加触目惊心——在那里，问题不是如何取代或推翻僭主政体或暴民统治的民主政体，而是如何尽量延续它们的生命（即使亚里士多德一笔带过历史上有共和政体起而推翻了僭主政体成功的先例——Miller 1995，305；Keyt 1999，xv）。尽管亚里士多德没有让我们忘记坏的政体有治疗好的可能性，但他现在明显对此不抱太大希望。[①] 他给人的印象是，他认为那样的成功太偶然，因为法律和秩序太脆弱，所以危险太大。他让我们牢记："法律能见成效，全靠民众的服从，而遵守法律的习性须经长期的培养。"[②]

亚里士多德首先解释现实共和政体中司空见惯的、令人痛惜的"内讧"的"源泉"。[③] 他带我们回到那些相互冲突的诉求，比如"比例相称的平等原则"，或谁"应当获得"平等的或更多的财富或光荣。提出这些诉求的人来自不同竞争性政体的愤愤不平的支持者，尤其来自富人和穷人这两个敌对阶层。派系之间的敌意折磨着

---

① 1301b9 – 10 和 15 – 17，1304a18，1305b10 – 12，1306b21，1308b9 – 10；纽曼 1. 527 和 4. 277；Miller 1995，305 – 308。

② 1269a20；Miller 1995，185 – 186；Keyt 1999，xiv。

③ 1301a25 – 1301b5，1301b26 – 1302a2，a22 – 34；回顾 1296a7（对比色诺芬 *Cyrop.* 开头）；城邦中几乎无所不在的内讧，在亚里士多德最先给的具体史例中就已体现：就连有史以来最稳定的（据说是父权制的）斯巴达共和国也难免：1301b19 – 21。印象更深的是亚里士多德现在的分析中大量增加了具体的史例。在整个卷四，他只举了约二十个例子，但在卷五的前九章（只占全卷三分之二的篇幅），就举了九十来个城邦内讧和革命的具体史例。

共和政治，不是因为道德激情太少，而是因为对道德激情没有充分
的自我批评和反思。①

　　当我们考虑有德之人如何适应这种局面时，整个问题就完全暴
露出来。"那些才德卓著的人，抱团起来反抗，那是最正当的，"亚
里士多德承认，"因为只有他们有充分的理由，只有他们的确属于
卓异"。但他立刻补充说："他们却是最不可能首先发难的。"为什
么？是不是正如马西利乌斯所说（1.16.21），"因为他们很审慎，
所以不想参与叛乱，除非受到非常不公的对待？"这位意大利思想
家随后补充说，［200］完全可以避免对待他们的不公，因为执政者
也"很审慎"。亚里士多德本人没有给出这种理由，也没有（首先）
给出任何其他理由。相反，他提到了另一个阶级，我们在前面（卷
四第八章）已经知道，他们在政治上代表了缺乏美德的那类人：
"他们凭借特殊的门望，要求超越平等的权利"——因为（亚里士
多德提醒我们），"大家认为，门望是祖辈才德和财富的嗣承"。接
下来，在解释了愤愤不平之感如何滋生出不同程度的派系欲望（有
时旨在代之以一个全新的政体，有时只是巩固或削弱现存的政体，
或只是改变政体中的某一部分，甚或只是让某个人物下台）之后，
亚里士多德最终明白无误地给出一个更根本的（更令人沮丧的）理
由，解释此处"有门望的人与有美德的人"的联合为什么没有内
讧。他说，"有门望的人和有美德的人总是少数"；事实上，"没有
一个城邦能够找到一百个有门望的人和有美德的人；若要找一百个
富人，那就容易得多"（1302a1 - 2）。当然，真正有德之人就更少。
正如亚里士多德最后说，"这就是为什么真正有美德的人不构成帮
派②：直接说吧，他们人少，敌不过众人"（1304b4 - 5）。亚里士多

_____

　　① 另参见 1316a39 - 1316b3 及 b21 - 24。对比马基雅维利对共和病因（少数人和多
数人的冲突）非常不同的诊断（和治疗）；在马基雅维利的分析中，对于正义的激情微不
足道：*Discourses on Livy* 1. 5. , *Prince* 9, *Florentine Histories* 2. 12 and esp. 3. 1。

　　② 亚里士多德这里的表达用于"限制和修饰一种绝对的论述"：纽曼指引我们参见
Bonitz 827a34ff。

德没有说，有美德的人就不会形成某种意义的圈子——或者在某种意义上不"敌视"其他人。事实上，他说，"最深的派系沟渠可能存在于美德和邪恶之间"（1303b15－16）。但在人数上，有德之人被绝望地压倒。屈指可数的有德之人——华盛顿和梭伦等——必须谨小慎微，与有门望的人组成联合阵营，对抗人数上处于压倒性的且精神上自以为是的富人和穷人这"两个阵营"的夹击（梭伦的名言——《雅典政制》12－15）。

尽管（或因为）存在这种现状，亚里士多德却马上又说，"可是，这里还得承认，民主政体较少发生内讧，比寡头政体较为安全。"① 这是因为在寡头政体中，除了与民主派的争斗之外，寡头内部也自相倾轧；而在民主政体中，主政的民众往往团结一致，反对富人和有声望的人，不会内耗。此外他说，民主政体还有一个优点："就是它比较接近共和政体，而共和政体以中间阶层为基础，是（不正常的）政体中最为稳定的。"亚里士多德虽不再谈如何推进中间阶层，但他绝非就此忘记。

只要我们理解了这些相互冲突的道德激情和目标——它们使政体成为派系之争的火药桶——多么根深蒂固，就会明白亚里士多德为何将重点（正如他在第二章中指明）放在更表层但也更可控的导火索上，这些导火索会突然或渐渐引燃冲突的深层根源，[201] 产生毁灭性的运动（亚里士多德表明，这些运动往往是以暴烈方式出现，但有时候也悄悄地甚至不知不觉地发生）。"内讧虽起于琐细的事件，但却并非源于琐细的动机，其背后争夺的总是大利，因此战火总是乘势扩大。"（1303b17－18；对观1307b1）

亚里士多德首先列举并解释了常见于政体的十二条革命导火索（第二到四章），然后重点分析了不同共和政体特有的革命源泉（第五到七章），最后用了两章开出治疗药方（第八到九章）——尽管正如他所说（1307b27－30），有些药方早就隐藏在对导火索的分析

---

① 1302a8ff.；参见1289b4－5，1290a27－28，1296a13－15，1297a11－12。

中。亚里士多德的讨论非常审慎，充满了经验的例证——许多对于今日的我们来说相当有诱惑，因为它们通过精心安排，列阵以待，供我们读者检阅。据说，亚里士多德收集了历史上一百多种政体（第欧根尼 5 - 27），但（除了《雅典政制》中的残篇）许多未能流传下来；不过，从他参考的"一条条的文献"，"我们对大多数政体也有相当惊奇的了解"。①

亚里士多德的讨论大都旨在提醒读者，留心易遭忽视或未引起充分注意的"小"变化。因此，亚里士多德反复警告，合法的道德习俗（特别是消遣）中的一些小变化，往往有难以逆料的颠覆效应。在（极度珍稀的）"贵族政体"和"混合得好的共和政体"中，这些小变化更加危险（1303a20 - 25，1307a40 - 1307b1，b30 - 34）。同样，对于上流社会中（爱情与家庭）的私人纠葛，亚里士多德也建议要密切关注、迅速解决或切割②："显贵间的失和，往往殃及全邦"；"一般人难以注意变乱的先兆，只有真正的政治家才具有远见，察恶于未萌"（1303b18 - 1304a17，1308a34）。他反复呼

① Keyt 1999，xvi - xvii 其注解很有用；另参见 Schutrumpf 卷 3。
② 在此，也只有在此，借用引出一场革命的家庭纠纷，亚里士多德说明了宗教（或迷信）是内讧的工具（1303b37 - 1304a4）；这一孤立事件突显了亚里士多德对宗教作为城邦内讧因素的沉默（Bradley 1991，17）。Marsilius（11. 3 和 1. 19. 3）强调，亚里士多德不可能洞察到公民冲突的关键宗教根源，因为这根源是反常的观念，只有在"异教圣人"（1. 16. 15）时代很久之后才能被接受，作为神灵奇迹般地干预城邦社会和城邦社会转型的结果；亚里士多德忽略宗教激发的公民冲突，折射出他对人类自然政治状况的准确理解。出于同样原因，"意识形态"在亚里士多德对内讧的讨论中没有任何地位（对观 Newman 1. 526 和 4. 277）——尽管他指出不同政体的邻邦会展开你死我活的斗争（1312a40 - 1312b3）。正如休谟（1985，60，465）说："按照原理尤其是抽象原理组成的党派，只是现代才有的现象"（他不无困惑地补充道"或许这是人类历史上出现的最奇特、最莫名其妙的现象"）；"在现代社会，没有一套哲学或思想体系，将政治原理和实践活动有机结合起来，一个政党就完全无法立足"。政治研究变成了"意识形态"，直接明确地指引政治生活；这一切发生在现代（马基雅维利）政治哲学在文化—政治上战胜了亚里士多德政治哲学之后；而现代政治哲学建立在一种反圣经的激情之上，这种激情彻底扭曲了理论和实践之间自然健康的关系。因此，尽管有着种种醒目的遗漏，亚里士多德的《政治学》对于我们仍然有教益（对观施特劳斯 1953，34）。

吁，警惕城邦中某些部分"非常态"的"增长"，日积月累终将遗患无穷。他举了两个例子说明：由于"经常忽视"穷人数量增加，极端的民主政体最终取代了温和的民主政体和共和政体；由于不太注意上层社会人口和财富的缓慢增长，寡头政体最终取代了那种珍稀的民主政体。亚里士多德指出，家庭产业的变化可能逐渐改变公民身份的财产资格，扩大或收缩公民团体，最终不知不觉就产生了新的政体。作为补救措施，亚里士多德建议制定一条法律，定期评估财产资格条件并做相应的调整。①

[202] 亚里士多德小心翼翼地避开了更正面的可能性：由于中产阶级慢慢的、可能不为人注意的（也可能故意避人耳目的）生长，最终出现一个共和政体以取代原有的民主政体或寡头政体。他后来明确地说，"如果城邦的某个统治职位或某一部分声名鹊起或快速生长"，政体也可能转换成"寡头政体、民主政体甚或共和政体"。他只举了寡头和民主的革命为例。在寡头革命中，上层起了至关重要的作用；在民主革命中，平民大众居功至伟，为推翻僭主立下汗马功勋。亚里士多德留给读者去发现，无论是战争（哪怕失败），还是暴力反抗僭主，都有可能将僭主政体、民主政体或寡头政体变成建立在具有重型武装的中间阶层之上的共和政体（对观《雅典政制》33；修昔底德8.97）。可以肯定，这一明白表述出来的教训是审慎的、保守的："历史的陈迹证明了一个通理，我们应该记住这一教诲，任何人或团体——或为个人、执政机构、部族，或为民众之一部分——凡能与人争斗而树立其政治权力者，也会引起后人的争斗。"（1304a17 - 38）

亚里士多德的教诲是不是就像梅特涅的教诲一样，完全没有煽动意图（我们敢说吗？），就如他在开头留下的印象？他难道不是在用一种政治策略进行书写吗？他苦心孤诣的书写方式，都是为了转

---

①　1302b33 - 40，1303a1 - 12，1306b9 - 16，1308a35 - 1308b10；纽曼 ad 1307b30 贴切地引用了柏克1855，1.448。

移所有当权者——包括多疑的僭主和激进的民主派——的注意力，避免在《政治学》中找到口实，借以指控该书及其读者图谋颠覆政体。① 不像天真的现代学者，寄生于安稳的自由政体的蚕茧中，亚里士多德从未忘记，在他的书写可能抵达的那些当时和未来的政体中，大多数（如果不是所有）的政体对政治研究都保持压制性的威胁。并非巧合的是，他对政体变革的研究，紧承对城邦司法部分的讨论，在那里，他强调无论哪种政体，对于煽动颠覆现有政体及其统治者的罪行，都会严惩。因此，正如我们现在和将要继续看到的，亚里士多德只建议改良（或修正）现有的政体。在此，亚里士多德难道不是在树立一个榜样，教导渴望改变政体的审慎的有德之人如何表达自己？亚里士多德给高贵的改革者的教诲，是小心翼翼、含蓄委婉的，往往只有凭推断才能获得。②

　　杰出人物权力的非常态增长将我们带回到共和主义更深的理论问题。这个问题正是卷三的核心。亚里士多德以此奇怪的方式精心布局，来安排他对这种特定危险的讨论，为的是吸引有心读者的注

---

　　① 我们或许会想到孟德斯鸠开始他更革命性的著作时所使用的狡猾而具反讽的修辞策略（*SL* 序言）："倘若我能做到这点，世人有新的理由热爱其职责、君主、祖国、法律；人们在每个国度、每个位置都能更加感受到幸福……服从统治的人在服从统治的过程中找到新的快乐，那么，我就相信自己是最幸福的人。"霍布斯（《利维坦》章46，段35；拉丁版，章46，段23）有名的一件事，就是公开谴责阅读亚里士多德的《政治学》对生活在君主制下的年轻人有副作用。

　　② 正如纽曼 1306b17 说，有时"不难"推断；对观 Mulgan 1977，134，137；Polansky 1991，331–332；首先是 B. Strauss 1991，尤其 216–217。Simpson 1998，364 评论说，有德之人"宁愿选择不慌不忙的有节制的改良之路，尽管毫无疑问，如果有机会他们也会采取不同途径……Demetrius of Phalerum 可为证，他是亚里士多德学派中的一员（可能是亚里士多德的学生），他在雅典进行了重大改革，将政体从民主制变成了共和制"（Simpson 提示我们参见 Williams 1987）。Simpson 还引用了 Peter of Auvergne（Thomas）ad loc.，后者说，有德之人即使时机合适，也宁愿错失良机，不愿发起革命。这样的事情亚里士多德本人绝对不会说出口：正是这种有失审慎的亚里士多德主义的写作方式，导致霍布斯谴责亚里士多德是煽动叛乱和宗教战争的罪魁祸首：《利维坦》章21，段9；章46，段11，35–36；拉丁文版，章46 结尾。

意。① 在此，他比别的地方都更直白地表示，[203] 应竭力阻止杰出政治人物（无论一个还是几个）的出现，"因为君主政体往往就是从中产生的"；亚里士多德补充说，"这就是为什么有些地方要施行流放制"。在讨论现实防范政体变化的措施时，亚里士多德对流放制唯一严肃的批评是："与其容许这种杰出人物产生后才加以补救，毋宁防微杜渐，设法不让邦内有产生他们的土壤。"② 当亚里士多德后来重复应阻止杰出人物的出现的教诲时，其中隐含的严肃意义更加显豁。他认为这是"民主政体、寡头政体、君主政体的成规；实际上这一成规可以适用于一切政体"。然后他简略地补充说："一个人成为革命家，与他的私生活也是有关的，因此，有必要设置一种监控私生活的职司，监管那些私生活上同现行政体不相协调的人，看看是谁在民主政体中放浪于非民主的生活，谁在寡头政体中不守寡头生活的常态，谁在其他类型中违背了那里一般的习俗。"（1308b10–24）换言之，每种政体为了自身的安全，多少需要是个严厉的封闭社会；所以真正卓越的人——我们知道，在任何现实政体中，都不可能是个全心全意的好公民或忠诚公民——必须委曲求全，

---

① 1302a34ff. 。亚里士多德开始时说，引起内讧的原因，就常理而言"可列举七条"，倘若从另一方面来看，并就偶然的事例而言"其数还会更多"。他立马列了十一条，阐明完后又讨论了一两条！我们爱开玩笑的老师为什么要用那么明显的错误来说"可列举七条"呢？他先说的第七条，后来在第十三条重复谈起，是政体的某一部分增长失调。在讨论前面七条原因时，他做了两次变动：原本列在第三位的原因（倨傲）现在放到第一位，原本列在第二位的原因（荣誉）退居第三位；然后，他将处于最中间的第四位的原因（恐怖）移到第五位，将原本第五位的原因——来自特别出众之人（当然是热爱荣誉的人）的威胁——提升到中间的第四位，紧随现在排在第三位的荣誉。

② 1302b15–20。亚里士多德在此的观点，连同他先前对中音阶层的美德的赞扬，为孟德斯鸠简化地、因而以不同于亚里士多德的方式分析共和国的健康提供了起点："个体的常识和幸福很大程度上取决于资质普通，运气一般。法律培育出的普通人越多，公民越明理，共和国就越清明；公民幸福，则共和国也就幸福"。"在共和国里，美德是很简单的事：就是热爱共和；这是一种感情，不是理解的结果；共和国中最底下的人，像最上面的人一样，都有这种感情"。这与孟德斯鸠无条件地接受审慎的流放制作为一种健全的共和制度相吻合。SL 3.3，7；4.5；5.2–4，6，7；26.17；29.7。

安于活在一定程度的监控之下。①

　　当亚里士多德开始讨论民主政体特有的革命导火索时，他将重心完全放在蛊惑民心的人身上，并无一言直接指责身为统治者的大众。② 他尤其强调这些政客用诽谤的言辞，煽动群众怒火打压富人阶级，将拥有财富的个人告上法庭；在革命到来时，他们又心怀恐惧，单独或共同与上层社会联手。但亚里士多德指出，这些蛊惑民心之徒走上革命之路，欲以一己统治来取代民主政体，这一现象随着民主政体日渐成熟就变得不那么普遍。只有在早期的民主政体，这些人中才往往产生出僭主，因为那时候修辞术还不发达，领袖的民望更多依靠行军打仗的才能而非摇唇鼓舌之口才；因此，过去的蛊惑民心者要想秉政，必有一支武力誓死效忠，方能驯服和主宰大众；此外，早期的民主政体通常规模不大，更需要将有权的职司托付给个体而非集体领导；更何况以务农为主的公民经常缺少闲暇参加公民大会，难以对其领袖驾驭鞭策。结果显示，这种古老的、美好的、以农人为基础的、小规模的、节制的民主政体（对观1292b25ff.）有致命的缺陷——而新近的、极端的民主政体，即使有种种缺陷，至少不那么容易被蛊惑民心之人完全颠覆，变成臭名昭著的僭主政体（对观1304a38 – 1304b3；《论法的精神》8.2，351）。

　　［204］吊诡的是，正是在寡头政体中，蛊惑者更具革命的威胁（1305b22 – 36）。这是最明显的事实，因为当大众得到不公正的对

---

①　比如参见修昔底德8.68（安提丰的情形）。现代自由民主社会中的从众心理是托克维尔 Democracy in America 的重要主题。另参见 L' ancient regime et la Revolution 3.2 和 L. Strauss 1991，22 – 23，27（以及施特劳斯对麦考莱的引用）。

②　1304b20ff. 这是我们先前所见亚里士多德例子的延伸，他以此教育他那些贵族学生，在面对民主政体和民主派时，要用恭维的话语言说。正如我们注意到，无论在《政治学》还是在《雅典政制》，亚里士多德从来不说雅典或任何现实城邦是"极端"或"终极"的民主制，尽管他显然认为雅典在这条道路上已经走得很远（B. Strauss1991，216 – 17）；雅典民主中有益的底线似乎是议事会在公民大会中起了作用。1299b38 – 1300a3，1317b30 – 34，1322b13 – 18 与 Ath. Const. 43. 2ff. 。

待时，就会催生出革命领袖；尤其是如果蛊惑者出身于老练的、有武装的寡头上层社会，他会诱骗下层的追随者，在他小圈子的帮助下成为僭主，统治平民大众及其他上层人士（对观马基雅维利《君主论》第九章）。我们同样不安地得知，在节制的寡头政体中，蛊惑者也会构成威胁。因为只要允许下层人士参与一些选举或陪审活动，这种仁政就会给出身上层阶级的野心家留下机会，他们通过收买穷人，甚至收买拥有武装的中间阶层（我们现在不无莞尔地听到，中产阶级也不能免于蛊惑），埋下革命的祸根。最意外的是，寡头式精英统治集团内部，即使人数很小，也会出煽动革命的野心家（亚里士多德给我们的例子是臭名昭著的查里克利，他通过蛊惑民心，将据称是贵族统治的雅典政体转变成三十僭主制）。借助修辞的狡猾操纵，并不只局限于庞大的、混杂的、未受教育的听众前演说。在寡头政体中，上层成员对于现行的名位分配经常表现出道德义愤——这往往成为出身精英阶层的蛊惑者煽风点火的火药桶。亚里士多德更直白地反复表明，比起民主政体，寡头政体往往更不稳定，因为富有的上层内部的争斗埋下更多革命的隐患，有些是想当僭主的野心，有些是为了个人的骄奢淫逸而窃取国库。在平民百姓中，这样的冲突就少得多。[①] 不过，亚里士多德也的确穿插了一句评论，"凡团结一心的寡头政体，就不易从内部颠覆"（1306a9-10）——问题是，寡头政体往往不是"团结一心"。

只是在第七章开始讨论贵族政体与共和政体特有的革命源泉时，亚里士多德才没有提到来自蛊惑的威胁。然而，如果我们反思一下他对笼罩着贵族政体和共和政体之危险的描述，如果我们记得他刚才举的例子，雅典臭名昭著的三十僭主政体是如何凭蛊惑民心诞生的，那么我们就不难发现，他的沉默中不乏（教化的）恭维味道。因为亚里士多德提到"在贵族政体中，引起骚乱和变革的一大

---

① 1302a8-13，1303b18-1304a17，1305b2-18，1305b37-1306b5；回顾1297a11-13。

原因，是只有很少人分享名位——事实上"，他继续说，"我们前面说过，这正是在寡头政体中引起风波的一个原因；贵族政体在某种意义上既然具有寡头政体性质，自然也会发生相同的影响。两个政体的统治阶级虽出身不同，但为数之少，实属相同"（1306b22－26）。事实上，［205］因感到光荣遭剥夺而革命，其危险在贵族政体比在寡头政体还严重：我们现在知道，只要满足以下四个条件之一，贵族政体中就"很可能发生"此类革命：其一，"如果平民群众认为自己有类似的美德"；其二，"如果有人确有卓越才能或美德而为在上者压抑或凌辱"；其三，"如果勇健的人得不到名位"；其四，"城邦内贫富加剧"（1306b27－37）。亚里士多德表明，他是在区分这些革命的源泉，不同于"政体偏离正义"造成的革命（后一类革命的导火索将在本章第二部分以更长篇幅讨论，从1307a5－7开始）。尽管这些历史例子全都来自斯巴达（严格说来也远非贵族政体），我们经过反思看到，这四种革命的源泉——表现出骄傲之人因未能获得足够的光荣而产生出的迷茫和义愤——甚至会在比斯巴达纯净得多的贵族政体中出现。这是因为那样一个贵族政体致力于培育和尊崇符合严格分配正义的伦理美德，即便它免于了蛊惑（亚里士多德避而不谈贵族政体中的蛊惑因素，真正的原因是要指引我们批判反思最好的贵族政体中这种非常不同的革命源泉）。特别是在贵族政体中第二种革命的源泉中，亚里士多德再次让我们听到卷三中藏得最深的那个疑难的模糊的隐约回声。我们因此做好准备体验亚里士多德补充的第五个条件的意义，这是贵族政体中另一条可能的革命导火线："虽居高位而犹心怀不满的人，也可图谋变革，以求成为君王，独断统治。"（1307a2－5）

　　在开始讨论"偏离正义"——"这是共和政体和贵族政体解体的主要原因"——导致的革命时，亚里士多德所想到的明显不是严格的贵族政体，而是所谓的贵族政体，即民主政体和寡头政体的混合，但又不同于倾向于寡头政体的共和政体，因此这种"混合"政体包含了某种成分，明显关系到由传统的"贤良"来统治（1307a5－16；对观，卷四第七章）。这种"贵族政体"没有共和政体稳定，一方面是因为，倾向于民主政体的共和政体包含了许多对自己有利的因素；另一方面是因为，如果所谓的贵族政体让富人占了上风，他们"会行为嚣张，多吃多占"。正如亚里士多德几行之后补充说，政体变革在贵族政体中时有发生，"因为一切贵族政体某种意义上都是寡头政体，其中特别是那些显贵抢占了太多的份额"。[206] 我们再次面对贤良阶层代表的那种美德的局限性；这个阶层在所谓现实的"贵族政体"中占有主导地位。

亚里士多德对保全政体的讨论，首要放在抗击民主制之外的其他共和政体日益明显的衰老方面。尽管他再次警告欺蒙大众的智术靠不住，但亚里士多德仍然指出，"一个政体（共和政体？）固然可以因为远离毁灭的源泉得以保存，有时也可由于靠近毁灭的源泉而求生：恐惧使人依附这一政体（共和政体）"；他大胆建议："那些为共和政体考虑的人，应该把远祸看为近忧，制造恐惧，使全邦人民常常为之戒备。"① 不过，亚里士多德最多的笔墨落在一个更高贵的预防措施上：寡头政体和贵族政体得以维系，与其说是因为政体内部的稳定，不如说是因为统治者精明，他们知道如何防止内讧，及时排除有威胁的人（1308a3ff.）。就被排除者而言，这意味着避免对更多利益相关者不公，也意味着尊重少数人对光荣的热爱——这种尊重尤其体现于吸收那些出身于被剥夺了光荣的阶层中产生的领袖进入政体（对观马基雅维利《论李维》1 – 32，37，51）。至于那些包括在内的人，这意味着"得到民主的待遇"；因为"大家都一样，这不仅公平而且有利"。② 因此，只要寡头政体或贵族政体有

① 1307b40 – 1308a2，130825 – 30；孟德斯鸠明显走得更远（SL 8.5）："正如一定的自信创造出君主国的光荣和安全，相反，共和国必须要担心点什么……担心一样东西！共和国越安全，就越容易像止水一样败坏，因为流水不腐。"

② 孟德斯鸠甚至认为，"贵族政体"充满活力的"原理"或"源泉"是"一种次要的美德，是某种节制，至少贵族之间保持平等，从而保全自身。因此节制也是这些政权的灵魂"。但是，"伟大的民主共和国"的精英"受伟大美德的激发，发现某些方面与人民平等"（SL 3.4）。孟德斯鸠否认，即便是在贵族政体中，共和生活会将美德视为目的。

许多公民，对"许多合法的民主政体的机构都是有利的"——尤其是短期的职司，便于"人人有份担任"。我们再次看到，共和政体中的公民根本上倾向于平等，这也是更民主的共和政体更稳定的主要原因。但亚里士多德没有让我们忘记这一负面效应：在寡头政体和贵族政体中，"平等人已经类似于大众——这就是为什么如前所说，他们中间常出蛊惑分子"。传统的平等做法，即使（或者尤其）是在精英中间，不但未能消除，反而在某种意义上加剧了政治争斗中必然出现的自然的巨大不平等带来的痛苦——从而为蛊惑民心准备了土壤。因此，亚里士多德认为，职务短期制的另一个好处是限制了当权者的财力，"即使最伟大的人要做僭主，也得仰仗财力"（对观马基雅维利《论李维》1–46，52）。

当亚里士多德提出所谓的"最伟大"的建议时，关于预防措施的讨论达到了一个奇怪的高潮（1308b32ff.）："一切政体都应订立法律和其他规章，在位者不得假公济私，谋取私利"——"尤其是寡头政体，更应防范贪污问题"。因为"群众对自己不得担任公职，不一定感觉懊恼"；他们"甚至乐于不问公务，有闲暇照料家业"；[207]但"一旦听到在位者在偷窃公产，他们就深恶痛绝；他们因此才感觉自己名利两亏"。亚里士多德甚至更进一步，突然打开一个令人吃惊的美好的愿景。"如能完成这样的安排，受任公职都不能获得私利，民主政体和贵族政体不就可能兼得吗，若是这样，贵族和平民就可以各得其所，各安其位"——他近乎是在倡导刚警告过不要用的智术："因为人人都可能统治，这是民主政体的特征；官职由名流显贵充任，这是贵族政体的特征。假如官职不能带来金钱回报，穷人就不会想去做官，宁愿希望忙于私务"。他继续说："结果将是，穷人专心于私务，逐渐致富；富贵阶层也不用担心受来路不明之人偶然统治"。但他补充道："为了保证不出现以权谋私，有必要立法奖励以廉洁著称的官员。"我们禁不住会想：亚里士多德凭什么认为，穷人被排斥出名位之外而不会骚乱？

退后一步，我们也许会注意到，亚里士多德朝着现代共和理论推进的方向走了一步：努力削弱大众的政治野心，将其注意力转移到——由此获得他们的默认——由一个更富有、更有闲暇和受更多教育的精英阶层统治。① 但在亚里士多德那个民主政体和贵族政体特色兼备的城邦，当政的名流显贵并没有被看成是人民的"代表"或"公仆"。换言之，亚里士多德没有建议，降低"贵族政体"对统治者的公共要求，这些过着完整的政治生活，发挥统治美德的人，必须要有卓越的美德、高贵和光荣。正如我们说过，这使得亚里士多德美丽的愿望变得问题重重。当然，亚里士多德没有止步，而是继续给出建议，调和（因此巩固）非贵族的民主政体和寡头政体。

亚里士多德主要呼吁权力更大的阶层——无论是穷人还是富人阶层——要有大度精神，以便阻止其城邦的政体陷入每种政体都易陷入的自毁倾向。民主政体需要注意保护富人的财产，削减上层人士无偿但代价很大的公务。② 寡头政体不仅需要防止财富的进一步集中，还要"好好照料穷人"，"分配穷人担任一些无关痛痒的职位，以便获取补贴"（1309a20 – 31）。

至于统治职位，则需把持在这样的公民之手；他们必须具备三个条件：第一，"忠于现行政体"；[208] 第二，"足以胜任岗位"；第三，（最重要的是）"有适合于该政体的美德和正义"——亚里士多德着重补充说，"因为如果各个政体的正义在原则上各有不同，各邦

---

① 正如 Coby（1988，910n23）指出，亚里士多德在此勾勒出的一个淡化版的政体，展现于本杰明. 富兰克林在美国制宪大会上的重要演说，富兰克林提议，联邦政府行政职司不得有报酬，他举了乔治. 华盛顿为例，在独立战争期间他没有领取报酬，富兰克林暗示，华盛顿也将乐于接受总统一职并且不要报酬，因为"在公共服务中，好处越少，光荣越多。"麦迪逊回忆说这条建议"得到高度重视，与其说是由于其显见的便利性或可操作性，不如说是由于富兰克林德高望重"；同样参见平克尼的反驳和富兰克林随后的建议，尤其是议员应该不要报酬，因为"这部分职位应该由富人担任"（麦迪逊 *Notes*，June 1 and 26，1787）。

② 为了城邦的和平稳定，亚里士多德毫无愧色地建议，在民主政体中应当压制光辉的善行。

公民的正义也必然相异"（1309a32 - 38）。我们在此更清楚地看到，
卷三那一句重点强调的话的真实效果，"凡订有良法而有志于施行善
政的城邦，就得操心全邦人民生活中的一切善德和恶行"
（1280b5ff.）。每个现实的共和城邦，由于追求多少有些扭曲的名位正
义分配观念，必然以同样扭曲的道德和人品来寻求统治者。

　　亚里士多德继续指出缓解这种扭曲的政治必要性和急切所需的
东西。首先，亚里士多德在卷五中第一次抛给我们一个"问题"
（1309a39，b8），当然事后证明这是有教育意义的。他说，要是一
人不能兼备三个条件，那就有怎样为之选择的疑问。譬如，某个候
选人有所需的才干，但美德不佳且对政体未必友善，而另一个候选
人有美德且对政体忠诚，但却缺乏能力，那该如何取舍？亚里士多
德特别要求我们考虑这种情况的取舍，一人"正义"兼忠诚，而另
一人是将才但"邪恶"（如果政体需要后者，那么一个真正的有德
之人可能生活在最卑贱的政体中）。亚里士多德承认，"很可能城邦
会看重"那种因稀少而显得更为需要的特质——"将才为世所稀，
而善德则比较易觅"。其潜在的更广含义有些不祥：每个政体，由
于其高位——特别是最重要的军事统帅一职——需要具有稀世才华
之人，因此，就不得不冒险将最高统治权放在那些或好或坏、或多
或少与政体并非一心的个体手中。① 同样，（亚里士多德继续说）某
些重要岗位，比如司库，所需要的技能是普通的，但所要求的美德
是超越常人的。其潜在的更广含义是，每个政体都会存在重要的岗
位，会有很大的诱惑，就需要由美德卓越的个体来担任。熟悉《修
辞学》的读者可能会想（1378a6ff.）：对于所有的政体来说，所有
那些具有卓越美德的个体，是否都足够忠诚，可以成为值得信赖的
统治者？亚里士多德继续提出了另一个疑问，他说这是"有些人"
可能要问的。这个问题挑战了以下命题：有些统治职位需要卓越美

---

　　① 参见修昔底德笔下：雅典民主政体与 Themistocles，Demosthenes 和 Alcibiades 的
关系；斯巴达共和政体和 Brasidas 的关系；叙拉古民主政体与 Hermocrates 的关系。

德才能担任——假使某个职位只需要有能力和对政体忠诚，还有必要额外要求美德吗？① 挑战者似乎怀疑亚里士多德，[209] 在好公民的标准或适宜该政体的特定公民美德已经足够的情况下，仍然霸道地强行要求有超越政体的美德。亚里士多德以反问作为回击：世上不是有那样的人吗，他们有能力，对政体忠诚，热爱城邦，相信要做的事情对城邦有利，但由于缺乏自制，做的事还是不靠谱——正如他们缺乏自制，没有办法完成他们认为对自己最好的东西？亚里士多德因此不无迟疑地指出，若将有能力且对政体忠诚，但却缺乏自制的人放在高位，这种政体就会受到威胁；因此至少在某种程度上，每种政体都必须考虑真正的绝对的美德。②

其次（1309b17ff.），亚里士多德提醒说，除了我们刚刚讨论的保全措施以及"屡次提到的基本原则"——即"愿意维持政体的人"必须超过"不愿意的人"——还有一条"绝对不应该忽略的至理，而今日正是遭许多不正常的政体遗忘，这就是中庸之道"。在即将结束他对政体存废之因的讨论时，亚里士多德大胆而明确地推荐了一些改良现实政体的深远措施。他谴责现实的民主政体和寡头政体受制于这个观念，所谓"唯一美德"，就是无条件地信守各自错误的原则。误信各自的政体是唯一合理的类型，民主政体和寡头政体往往易于（或通过法律手段）趋向极端——变本加厉地剥削被统治的阶级——因此最终自掘坟墓，毁于贫富之战。在《政治学》中，唯有在此处谈到政体的保存时，亚里士多德才明确对现存的法律提出了批评（尽管他小心翼翼地避开了批评任何特定城邦的法律：1310a1－2）。民主政体和寡头政体通过各自法律所推进的，作为城邦美德来培育的，其实是城邦的邪恶。真正的城邦美德（以及真正的政体私利），其关键成分是一些思想、感情和行为的习惯，

---

① 像这样的观点在民主政体中的风靡，纽曼提示我们参见色诺芬 Const. Athens 1.7，2.19 和 Lysias 13.10。

② 纽曼提示我们参见修昔底德 2.60.5 中伯里克利的言辞，以及普鲁塔克的 Aristides 传 24 中 Aristides 与 Themistocles 的对话。

以抗击这种伪装成"唯一美德"的邪恶。① 具体而言：保全民主政体的良方，是一种特殊类型的"蛊惑者"："看起来总是在为富人说话"的"平民领袖"。同样，保全寡头政体的良方，是看起来总是为大众说话的寡头领袖。

这种非凡的领袖能力，更何况还要公民的拥戴，要求一种很大程度上是前所未闻的、适合于各自城邦的、净化公民的伦理教育（1310a12ff.）：[210]"在我们所讲到的保全政体的诸多方法中，最重大的一项，还是按照各自政体的精神实施公民教育，而这也是被当代各邦所普遍忽视的"。不过，所谓"按照各自政体的精神实施公民教育"，不等于"做取悦寡头派或民主派的事情"。这里所说的公民教育，是教育政体或共同体要自制②："因为城邦犹如个体，缺乏了自制，就会失于放逸"。民主政体的公民应力戒民主的邪恶习气，寡头政体的公民应力戒寡头的邪恶习气。但正如亚里士多德（以一种几乎可闻的叹息）说，"在寡头政体中，统治者的子弟骄奢淫逸之时，平民的子弟却因劳作和锻炼而志气日强，体力日壮，一旦有机可乘，就会奋起而实行变革了"；在"民主政体中，特别是在极端的民主政体中"，他们将"自由和平等"等同于"为所欲为"。

正是在这几乎是愤怒的讨伐声中——这与整个研究过程中体现出的那种冷静的改良者的声音并非不协调——亚里士多德结束了对政体覆灭根源和保存办法的研究。若能引以为戒，吸取教训，支持共和政体的人应能更加有效地缓解阶层冲突，这些或明或暗的阶层

---

① 纽曼评论说，"梭伦这样做，正如亚里士多德可能记得——*Ath Const.* 5，'他两边都不赞同，两边都不偏心，就这样战斗和论战。'"亚里士多德进一步反复强调，结果，梭伦遭到穷人和富人的敌视（6.3，11.2，12.1，12.4-5）——"我像孤狼一样站在中间，四周全是猎犬"。

② 亚里士多德心目中为民主派设想的那种教育，一个光辉的榜样就是托克维尔的 *Democracy in America*。对观 Ruderman 1997，419。

冲突弥漫于现实的共和生活中。① 但是考虑到接下来的内容,我们看见亚里士多德实际上也打开了这道问题之门:君主政体会不会更值得追求?②

君主政体的毁灭与保全

第九章结束时宣布,已概括地说明了"政治的政体"(the polutical regimes)的毁灭原因及保全办法。接下来第十章的开头则说,"关于君主政体的毁灭原因及保全办法还须继续讨论"(1310a39 – 40)。亚里士多德在第十章从头到尾(1315b40 – 41)都在讨论君主政体的毁灭和保全。讨论过程中,他重新求助于这个强烈倾向共和政体的政治观;这个政治观在《政治学》开篇就已高调登场:政治的政体不包含君主政体;只有(广义的)共和政体才属于政治的政体。亚里士多德在第十章开头的口气,似乎只是想给我们一则简短的附录,放在第九章的内容之后。他说:"君主政体和僭主政体的存废,几近于政治的政体。"

但令我们吃惊的是,亚里士多德没有紧承这句话,立刻讨论第九章的研究如何能够推广到一人统治。[211] 相反,他开始分析一人统治的起源和运行,生动地展现了其中截然相反的两种类型:一类是辉煌万丈的君主政体,一类是臭名昭著的僭主政体(1310b2 – 1311a22)。一旦开始理解使得现实的共和生活如此脆弱的"自然原因",我们就不得不认真考虑君主政体作为另一种现实的选择,即便我们对共和政体充满依恋。我们不再像卷四第十章那样,几句话

---

① (保全措施)"这部分值得注意的是缺乏具体例证"(Polansky 1991,339)。

② 汉密尔顿(*Federalist* No. 9)勘查了亚里士多德讨论过的"被动乱搞得乌七八糟的城邦历史"之后,得出如下结论,"倘若说设计出更完整结构的模型不现实,那么热爱自由的开明读者应该放弃追求建立那类统治,因为那种事业站不住脚"。(汉密尔顿明显没有提到有美德的开明读者会怎么想。)另参见休谟 1985,15 – 18,406 – 408,414 – 416。

就打发了一人统治，将君主政体与僭主政体混为一谈。

　　亚里士多德现在告诉我们，僭主政体在成熟的城邦中产生，实际上是共和阶层斗争极端但并非异常的结果——僭主出身于平民群众，僭主初兴时总是装扮成平民群众的保护人，利用造谣中伤，蛊惑民心，反对权贵阶层。（这里不同于亚里士多德先前对民主政体下蛊惑者的复杂描述，而是用最庸俗的色彩简化出僭主政体；尽管亚里士多德的确补充说，过去的僭主更多出现于王室和最高权力机构，他们盗用权力用于独裁。）恰好形成对照的是，君主政体源于克服了阶层之间的敌对——"君主来自于民众（对观 Simpson 1998，403－470），对于高尚大有助益；王制以功业为基本，无论这功业是德性还是善绩"。设置君主政体的用意是"给社会安排一个保护人，使有产者免于恐惧，使无产者免于欺凌"。至于僭主政体，"兼具寡头政体和民主政体的弊端"，"对被统治者最为有害"；君主政体，相反，"同贵族政体的性质相似"，"依托于美德，依托于善业，或依托于美德、善业和权力"。① 亚里士多德甚至认为，"凡受到爱戴而登上王位的人们，必然是他们的恩德业已遍及城邦或民族，或他们的令名已使人相信他们能嘉惠于城邦或民族"——现在，我们突然听到许多这样的例子，君主将城邦、民族甚至帝国从败亡中"拯救"出来，走向辉煌。为了完全了解君主政体的魅力，必须兼顾民族甚至帝国这两个维度。

　　如果说亚里士多德没有带我们回到卷三的观点，将有德的"绝对君主政体"（pambasileia）视为绝对最好的政体，他肯定给了我们一个提示——折射于一种看来更现实的载体。但在这现实的载体中，理论上潜在的问题以及实践中存在的大问题很快将显现。僭主，"正如常言道，除了自己的私利，不关心任何公共的东西"（所

---

　　① 考虑支持君主政体的理由——之所以更好，部分原因是它按个体的美德而非民望来分配统治的光荣——伊索克拉底借一个有德的君主之口说出了这个观点：*Nicocles or the Cyprians* 14－16；另参见 *Panathenaicus* 138。

以僭主不仅不关心共同利益,还会把共同利益当作他谋取私利的手段)。[212] 君主与僭主的区别在于对个人目标和满足的理解不同:"僭主的目标是享乐,而君主的目标是高贵"。亚里士多德继续说,这就是为什么"他们所企求的更大目标也各有不同,僭主日谋积累他的财富,君主但求声名永垂"(对观《伦理学》1160b2 – 7)。亚里士多德然后指出,僭主必须时常流放显贵,准显贵视之为敌人,因为他们是"统治技艺的对手",留在身边只会遗患无穷——"贵要们也的确可以不利于僭主,他们要么联手作乱,要么一心图谋"(1311a2 – 22)。在这一重要的方面,君主政体和僭主政体有何区别,亚里士多德保持了惊人的沉默(参见马基雅维利关于阴谋的论述:《论李维》3.6)。接下来,当亚里士多德(终于)开始讨论一人统治中"革命的源泉"时,君主政体和僭主政体之间巨大的鸿沟突然令人吃惊地缩小。

亚里士多德首先讨论一般的一人统治面临的威胁(1311a22 – 1312a39),这种一人统治兼具僭主政体和君主政体的特征。亚里士多德以历史为证,其中有四个或五个例子威胁的是僭主,七个或八个例子威胁的是君主。接下来,亚里士多德分别讨论僭主政体和君主政体中的革命原因。两者内部的威胁几乎大同小异(1312a39 – 1313a15);只有面临邻邦的不同政体的威胁时,才出现很大的区别:君主政体很少为外邦仇视和"摧毁",而僭主政体常因遭邻邦的民主政体、贵族政体和君主政体鄙视而覆灭(1312a39 – 69,1312b38 – 39)。关于内部的威胁,亚里士多德(奇怪地变了个说法)再次强调,"我们曾经讲过,必须相信君主政体中发生革命的原因与其他政体一样";但这句强调的话更加突显了这个事实,君主政体中实际上被讨论和证明的那些内因,只代表广义的共和政体中的革命原因中很小一部分。① 值得注意的是,亚里士多德对于公

---

① 这点被以下奇怪事实的所突显:亚里士多德在 1311b23 – 30 将 Mytilene 的 Penthilides 寡头政体当成例子,但该寡头政体覆灭的诱因往往出现在君主政体中。

民阶层——无论是部分或全部的富人、大众或士兵等等——起而反抗君主政体的共和革命完全避而不谈（对观 1304a29－33，1315a31－34）。这无疑切合亚里士多德的修辞策略，避免给人留下怂恿叛乱，特别是反对君主的印象。但它也加深了我们对于君主政体特有的、颇具问题的本质的理解，指引我们注意不妨称之为是心理的威胁；这种心理在君主政体中培育，被君主政体培育，因为"君主政体"正是名副其实的"塑造灵魂"的政体。亚里士多德用大量生动的故事，将我们的注意力引向充满爱欲和"血性"的个体对君主或僭主的攻击（1312b30）；这些个体常伴君主左右，［213］他们出于对个人统治和光荣的渴望，出于对自己光荣遭剥夺的愤怒，有时出于对他们所认为的不像男人的君主的鄙视（这在君主和僭主世袭的情况下特别容易出现），他们就变得野心勃勃，伺机抢班夺权。

　　就在即将结束对君主政体毁灭原因的讨论时，亚里士多德随即插了一句话（1313a3－10）："君主政体如今业已不复存在，现世所谓的君主政体，不过是僭主政体而已，因为真正的君主政体是基于公意的统治，君主执掌着邦国要政。目前各邦既然倡导平等，再无人如此卓越堪当君主大任，因此人们一般也都不会同意谁来做他们的君主了"。他补充说，倘使有人靠欺骗和武力登上大位，"就会立即被视为僭政"。因此，君主政体作为现实的解决办法这一图景或其潜在理由，顿时变得朦胧暧昧。有人可能会猜测，亚里士多德当初用君主政体的迷人全景来诱惑我们，目的就是让我们更加信服他接下来的冷静审视。

　　然而，君主政体作为一种现实的选择，其理由并没有因此完全被驳倒，正如第十一章对如何保全一个人统治的方法的讨论中明显可见。亚里士多德的首要建议是，君主的权力越小，越是与人分享或放弃权力，特别是融入甚至仅仅变成共和政体中首席执政官的职位，其统治就越长久。亚里士多德举了长达几个世纪的斯巴达的政体为例（1313a18－33）。但正如我们在卷三（1285b33－1286a7）所知，将斯巴达的政体当成典型的君主政体，等同于说君主政体应该让位给共和政体。这并没有说明如何保全君主政体；真正讨论事实上如何保全一人统治，等于是讨论如何保全僭主政体。

至于如何保全僭主政体，亚里士多德现在声称，可以有两个途径，这两个途径是截然相反的。其一是"传统的"途径。亚里士多德以典型的鄙夷方式描述了这些可鄙的僭术。僭主通过僭术培育民众三种可怕的特性：其一，奴颜婢膝，鼠目寸光，阿谀奉承；其二，告密成风，互不信任，彼此嫉妒，相互轻视；其三，生活贫穷，忙于生计，缺乏闲暇。僭主的对立面或死敌，是"高尚的人"或贤良——他们的特点是有自尊，鄙视朋友间阿谀奉承，凭独立的生活得享闲暇（1313b32 – 1314a2 – 4，19 – 22；对观《论法的精神》3.8 – 9）。不言而喻，将僭主政体作为参照背景，贤良的政体或统治将变得明亮清晰。然而亚里士多德明确指出，传统僭主打击贤良的手段［214］与极端民主政体中抱成一团的群众维护自身统治的手段，有着惊人的相似性——由于他们的财富、闲暇、自尊和独立"自由精神"，由于他们拒绝讨好"人民"，高尚的贤良遭到群众的深深嫉恨。结果表明，极端的民主政体不仅是僭主的孵化器，而且是维系僭主政体的关键病理的孵化器。① 亚里士多德描述僭主政体维系自身的传统途径，显然旨意不在极力推荐使用；相反，是为了让人警惕那些病理，为了强调贤良是抵抗那些病理的核心力量（Polansky 1991，340 – 342；Keyt 1999，171）。

僭主政体的传统保存途径，其丑陋令人不寒而栗，它犹如反面镜子，映照出亚里士多德继续讨论的"几乎全然相反"的途径更有诱惑——有人甚至可能希望那是开明的僭主采取的途径（1314a31ff.）。这种高贵的途径的要旨是，倘若君主政体转成僭主政体是毁灭君主政体的一个原因，那么使僭主政体转成君主政体，就应该理解为"保全僭主政体的方法"。可以肯定，这初听上去很有讽刺意味。但亚里士多德罗列了一连串建议，围绕一个核心，僭

---

① 1313b32ff.；托克维尔 *Democracy in America* 多处可见。

主一方面要维持对那些不服从的对象的统治权力，另一方面应该"以高贵的方式扮演君主的角色"。这意味着，他应该首先以某种方式"看起来"关心城邦的经济；这种方式使他"显得"像是共同体的而非自己私有的城邦财富的看护人和保管者。其次，他应该"看起来"威严而非严厉，以使人敬畏而非恐惧。第三，假如他遭人鄙视，令人敬畏也就无从谈起，所以他不但必须培育点"名声"，而且事实上还的确要些美德，"即使别的美德没有"，至少也要具备军事美德（在这点上角色扮演开始与现实合二为一）。第四，为了减少所有僭主都会面临的遭某个气急败坏的家伙谋杀的可能性，他（和家人）必须避免"显得"蛮横无理、蹂躏属下。第五，在一般的肉体享乐，尤其是酒食和睡眠方面（这些方面使人非常脆弱），他需要"特别有节制"，或至少"在他人看来很有节制"。

亚里士多德总共给了十一条建议，就在即将罗列到最中间的一条时，他突然退后一步，将整个计划朝更极端的相反方向推进："实际上，一个僭主所做的，恰应反其道而行"（1314b36－37）。当亚里士多德给出第六条也是最短的一条建议时，我们看清了这方向：僭主不应该糟蹋城邦，应该像君主一样"装点城邦，让人认为他是城邦的管家，而不是城邦的僭主"。接下来的第七条建议也很重要：［215］他应该"在诸神的祭礼方面常常显示自己的虔诚"，但"又避免给人愚昧迷信的印象"。在此，亚里士多德突然暗示，法治会有些力量，让人们觉得僭主是"统治者"："如果人们相信这个统治者畏惧神（即'迷信'神），他们就不会太担心他做出非法的事情；他们也一定不敢轻易同他作对，因为诸神会保佑他"。然而，正如在接下来的第八条建议表明，人民不是生活在自己的法律下，也就是说，法律不是由他们制订的：亚里士多德说，那些在某些方面变好的人应该得到奖赏，让他们觉得"所受的奖赏超过了自己所订法律下公民所能获得的奖赏"。而且，这些奖赏一定要由统治者亲自颁发，而惩罚则交由其他下属和法庭来执行。亚里士多德潜在的暗示是，人民对于光荣的崇拜，可能会缓解他们对自我立法的渴望。这引出了给智慧之人的第九条建议，明显是对"一切君主政体"（包括僭主政体）进言：切勿让某人单独晋升到特别高的名位；倘使必须有所升迁，应当若干人一起晋升，这样，他们之间便各思奔竞而互较短长；若有不独予提拔者，就得仔细审察其性情，不是胆壮一派才可予以重任，要是其人胆壮，就难免有非分之举；此外，若已决心撤除某人显职，罢黜应该逐步实行，不宜在旦夕之间骤然削夺他所有权势。

就在此时，亚里士多德回头重述（修正）了他的第四条建议，反对僭主"显得"对他人蛮横无理。现在，"显得"（phainesthai）二字被取消①："僭主应避免任何形式的无理行为"。亚里士多德还说，僭主要特别注意与好名的人搞好关系。在此业已表明，在可预见的属下中，有"好名的人"，而且正如亚里士多德现在继续补充说，有"高尚的（贤）人"。对于这些年轻精英，僭主必须避免施行凌辱；在不得不责罚时，他至少要使之明白，他是如同严父训教，目的不在凌辱；在过从盘桓时，他应使之认识到，他心存爱心，并无仰仗特权，作威作福。亚里士多德坚持认为，我们必须从赫拉克利特的话中得到教训，那样的年轻人如果热血沸腾，必然奋不顾身，因此"最为恐怖，更需慎之又慎地加以提防"。亚里士多德这样一个教导灵魂、特别是血性的哲人，在第十条即倒数第二条建议中，突然大步登台，提供心理智慧，教导如何处理有德的一人统治面临的最大和最深的威胁。

在第十一条即最后一条建议中，亚里士多德的教诲变得更加明显，他是想把具有僭主倾向的学生，逐渐朝贤君的目标感化②。[216]因为在开头，亚里士多德强调，保全僭主政体的办法是维护僭主的统治权力，不管被统治者同意还是不同意——"因为倘若放

---

① Keyt 1999，175："这一节 phainesthai 只有一次使用复数（1315b1）；其他地方出现时都带有冠词"。

② Keyt 1999，177："在此，亚里士多德没有提出困扰任何真正君主的忠告或建议"。另参见181。

弃了统治，他就放弃了做一个僭主”。然而，亚里士多德最后一条复杂的建议是，僭主不妨让公民拥有武装，不妨拉拢公民中实力最强的阶层作为自己的权力基地，甚至必要的时候还可解放奴隶，给他们武装；亚里士多德闭口不谈雇佣外族来做护卫，而这却是僭主统治不服从的属下必用的手段。[1] 这些僭主倾向的学生将在保留或放弃僭主政体之间做出的选择取决于是否需要雇佣军。亚里士多德最后说：如果接受他的建议，“统治者就会成为显贵的同道和群众的领袖”，统治者的德性也必“日趋完善”，即使达不到完善，“至少可得半善，要是说他已转成半善半恶，那么至少已经不是全恶的了”。因此，亚里士多德高贵的策略有两个目标。倘若成功，结果要么是一个明显不那么邪恶的僭主政体（对观《雅典政制》中庇西特拉图的形象，14 - 17），要么是把僭主政体转化为君主政体。后者可能提供了一个角度，管窥亚里士多德心目中最好且可行政体的候选（对观修昔底德 6.54）。

卷五第十二章开头即冷静宣布，僭主政体和寡头政体是“最短命的政治的政体”。为了从经验上加以证明，亚里士多德重点强调了几个特例——因此揭示了有些僭主政体可以存在几十年甚至上百年。这些特例全都有“同样的原因”：僭主们“治民温和”，施政“大体上遵循法律”，拥有武德，能投民之“所好”，深受大众的欢心。一个著名的例子是科林斯的普塞卢斯，他甚至解散了私人雇佣的卫队——尽管他的儿子“精通僭术，但却殒命沙场”（换言之，普塞卢斯精通的是治术，而非僭术）。

亚里士多德在结束第五卷前，对不切实际的《王制》进行了严肃批判——这次批判的是“那个苏格拉底”在对话中关于政体变革的观点（纽曼，1316a1）。亚里士多德指出，如果不批判柏拉图笔

---

① 1315a31 - 40；回顾 1311a7；对比 *Ath. Const.* 14. 3，15. 1 和 15. 3 - 5；参见色诺芬 *Hiero* 10 和 Keyt 1999，173。

下的苏格拉底，他自己关于政体变革的教诲就不完善。① 他的批判
包括了九点质疑。其中第五点即最中间的一点质疑是，"那个苏格
拉底"没有说明，他建议僭主政体要变成什么政体。亚里士多德指
出，按照"那个苏格拉底"提出的政体循环模式，虽避而不谈但明
确可见的暗示是，僭主政体要变成绝对最好的政体。亚里士多德抗
议说，事实并非绝对如此。［217］不过他承认，僭主政体可以变成
贵族政体，正如有史以来所知的两个最好的城邦斯巴达和迦太基
（对观《法义》710c–d）。我们再次注意到，亚里士多德最为诚挚
的忠告体现于这一暗示，开明的一人统治需要听取理解灵魂特别是
血性的哲人的教导。事实上，亚里士多德讨论政体变革的结束语正
是"那个苏格拉底"。②

民主政体和寡头政体的反思

随着卷五的结束，我们似乎已完成卷四第二章中罗列的讨论议
程。亚里士多德在简短的第六卷的开头就是如此承认的，但他马上
指出还有未尽事宜——他用奇怪而含混的话对这些事宜做了概括，
但结果证明是对第六卷下文不准确的描述。③ 亚里士多德故意躲闪
遮蔽这个事实，他在此将继续讨论当初议程上第三项（即最中
间的一项）和紧随其后的第四项内容；细心读者已经注意到，
这两项尚未完全展开，因此难以令人满意。换言之，亚里士多
德要讨论：为什么说民主政体和寡头政体是必要的，如何充分
利用这种必要性。借助他在卷五中对非民主的共和政体的脆弱
性的教诲，亚里士多德帮助他爱思考的贵族学生做好准备，逐
渐接受民主政体和寡头政体是必要的这个观点——尤其是考虑到

---

① 1315b40–1316a2；学界的困惑：比如参见 Keyt 1999, 182。

② "结尾即使有些突然，也并非不合宜"：Simpson 1998 ad loc.；参见他的讨论。

③ Newman ad 1316b36, 1321b1；Simpson 1998 ad loc.；Keyt 1999, 192–193。

这个老师的品性足以让人相信和信任，特别是因为他已充分证明，他对可能性更小的那些更高贵的政体抱有殷切的希望，并且一直在努力提倡。

但接下来要展开的新的论证脉络却不易辨别。我们具有挑战精神的老师从一开始即强调（1316b40 – 1317a9），需要研究因彼此相反而可能被视为不相谐的那"两对"政体——贵族政体与寡头政体，共和政体与民主政体（在前几页，我们已经知道僭主政体如何可能变成君主政体）。最初那六种政体分类，一边是三种正常的政体，统治者服务于共同利益，一边是三种不正常的政体，统治者追求个人利益。现在，这种简明的分法进一步被遮蔽，变得模糊。

在此基础上，亚里士多德要求我们反思民主政体及其多样性。亚里士多德说，我们已经考察了民主政体多样性的一个重要原因：各邦人民的生活方式不同。但我们还没有充分研究另一个重要原因：各邦人民的素质有差异，从而形成不同的组合。这些素质，特别是"人品和自我认知"，"源于或属于"民主政体的"原理"或"精神"。[218] 亚里士多德提醒说，我们在上一卷刚刚研究了政体的覆灭和保全，看到那些创立政体的人想包括一切源于或属于该政体的基本精神的东西，这种想法大错特错；智慧教导我们，应该明智地挑选（1317a18 – 39）。

亚里士多德接下来表明，就民主政体而言，这种明智的挑选之所以有用，是由于民主政体的精神充满了深刻的矛盾。因为民主政体的精神是自由。直到现在，我们的注意力主要在作为要求参与统治的民主自由；按照这一种意义，民主性质的正义认为，不管有无功德，人人权力平等。这似乎是要求大多数人的统治——但在实践中，则意味着无产者的统治。但现在，亚里士多德要求我们更加冷静地（对观1310a31 – 34）看看另一种意义上的民主自由，即"随心所欲生活的自由"，或事实上"不受任何人统治的自由"；如果这不可能，那么也可以换成人人有轮番统治的自由（以此捍卫个人自由，尽可能不受人统治，尽可能随心所欲的生活）。① 亚里士多德现在说，我们必须理解一切带有民主特征的政治实践活动，都导源于这两种截然不同的自由观；随后，亚里士多德详细讨论了导向或构成极端民主政体的大多数可悲的特征（他遗漏了蛊惑民心这一点，1317a40 – 1318a2）。但在引导我们看完这一串令人伤心的特征之后，亚里士多德说，按照民主的精神，也可能得到不同的投票规则：富有的少数人的声音和票数尽管被贫穷的多数人压倒，但他们还是有与财富优势相匹配的投票权力，足以使他们平衡群众在数量上的优势（1318a6 – 40）。我们回到了亚里士多德先前所说的第一种民主政体，也是最节制的民主政体（对观 1291b30 – 38）；但正如我们那时就注意到的，很难明白为什么亚里士多德会认为那样一种民主政体能够抵抗朝着大多数人的统治位移。现在，他似乎指向最新强调的第二种民主自由观的一个潜在的、建设性的公民含义。只要民主政治（和统治）的重心在于获得这种意义的自由，即每个公民尽可能随心所欲地生活而不受人统治，按照这种民主自由的精神及其所需要的正义，贫穷的大多数人可能会宽容甚至同情地承认富有的少数人要求投票权的正当性，以保护他们免于不受制约的大多数人统治。

[219] 在播下了这种民主理论的新种子之后，亚里士多德要求我们反思他先前对其他民主政体的四分法和排序（1318b6ff.；对观 1292b24ff.）。他提醒我们，最好的似乎是那种古老的以农耕为基础的民主政体，因为农民没有闲暇常去参加公民大会。现在，亚里士多德引入了一个重要的新因素，与先前强调的第二种民主自由观有关：这些终岁辛勤的老百姓"乐于田亩之间的作息，参政和担任公

---

① "伯里克利在葬礼言说中（修昔底德 . 2. 37. 3）提到两方的自由观"——纽曼；我们不妨说，亚里士多德在此认识到人类对自由的次级需求；不过，在现代的个人主义的自由主义思想和生活中，这种次级需求变成了最主要的核心需求：Simpson 1998，428n6 和 Keyt 1999，198："他心底里将民主派当成无政府主义者，这些人不愿意接受统治，除非轮流统治。"

职既然没有实际的收获，他们也就不想染指；因为许多人都好实利而非荣誉"。亚里士多德说，对于古代僭主政体的容忍，可为农民知足的证明，"寡头政体倘使对于他们的农事不加扰害，对于他们的收益不去侵掠，他们也是继续容忍的；让他们安于耕耘，他们不久就能脱离穷乏，或者竟然仓廪充盈，达到小康"。"此外"，亚里士多德继续说，"即使群众喜欢荣耀，只要给予他们选举权和审查权，他们就会满足了"。他举了个例子为证："实际上，有些地方的群众没有选举权也可能感到满足，譬如在曼提尼亚，选举由从全体公民中轮番推定的选举团体进行，他们只保留了议事的权力。"事实上亚里士多德强调："这也应该被视为是民主政体。"他由此得出结论，在这种民主政体中，"这是有利的、常见的，全体公民都有选举行政人员、审查行政人员和参加陪审团活动的权力"，但"最重要的统治职位"必须由选举产生，候选人必须符合严格的财产资格，甚至还应有对才德的要求。我们看到，亚里士多德正在为他先前看起来过于乐观的暗示进行解释——可能存在这样一种政体，"兼备民主政体和（低级）贵族政体的特色"（对观1308b38－40）。只要充分（不完全是恭维）理解了有产的民主的劳动人民的典型心态，理解了他们的欲望、抱负和自由观念，这种暗示就会变得切实可信。亚里士多德朝前跨出了更重要的一步。他说，这种民主政体里的公民"必然有高贵的政治生活"，不仅因为"统治职位常常委任给贤良，大众对贤良本无嫌忌，也乐于他们以民意为依归来治理"；而且，贤良在这个体系中也必然能得到满足，因为他们既然常常担任公职，也就不至于被他人或比他们低劣的人统治；民众持有审查行政工作的权力，这又保证了执政人员的一切措施必须遵循法度且合乎正义。人间互相依赖而又制衡，谁都不得任性行事，这在实际上对各种人都属有利。人人倘若任性而为，难免不施展内在的恶。[220]事情有利于任何政体的政策，莫过于责任分明：把政务托付给有才德的人，而让群众拥有应有的权力，就足够限制官吏的任何过错了。（1318b32－1319a4）

需要对传统"贤良"的政治权力进行制约的理由，在前面两卷就已变得越来越明白。① 有鉴于此，现在提出的这种民主政体似乎是一个候选答案，回应亚里士多德最初作为他讨论议程中第二项任务中的部分问题："是否碰巧还有某种其他的政体（也就是除了这种仅次于最好政体的最值得选择的政体），比较近于贤良性质且又组织得比较好的，也一样可为大多数城邦采用。"（1289b14 – 17）

当然，中间阶层没有被排除在这种高贵的民主政体之外，但同样肯定的是，中间阶层没有当成关键因素被提及。亚里士多德的态度表明了这一点。（我们现在看到）他有点过于热心，力求弥补他所发现的中间阶层已经被降级到可有可无的地位这一事实。亚里士多德强调，现在关键的阶层是薄有家业的大多数人。为了维持这个阶层在人民中的主导地位，亚里士多德建议应该以历史为镜并加以创新，制定财产法，禁止出售或抵押各家配给的份地，以免土地过度集中在大地主的手中。亚里士多德进一步呼吁从根本上修正现行的法律和政体，"事实表明，有必要借助法律推动改革"——制订重新分配土地的法律，"确保穷人获得的那份最小的土地，也足够达到公民身份的财产资格。"（1319a4 – 19）

亚里士多德指出，作为民主政体的基础，次于农业人口者，当属牧业人口为最优良，此时，他对"这种民主政体"的推崇的新的维度就浮现出来：他随后补充说，旷野生活的习惯把他们（以及小农）都锻炼得特别适于战争。因此，即使他们没有重型武备，却足够勇敢，可以持着轻便武备上阵（对观 1321a10 – 14）。相反，如果民主政体的基础是其他类型，如"工匠、商贩和佣工"这些群众，他们"各操贱业以糊口"，他们的"劳作几与美德无涉"——更何况，他们整日徘徊于市井，更便于参加公民大会。相比之下，以小

<hr>

① 对观 1289b4 – 5, 1290a28, 1293a12ff., 1293b1 – 13, 23 – 27, 1295b6 – 7, 1297a1 – 13, 1302a8ff, a34ff, 1306a22ff, 1306b27 – 37, 1307a2 – 16, 1308a3ff, 1308b10 – 24。

产业者为基础的民主政体，出于其军事美德，显得更为高贵。那样的民主政体即便不与共和政体（这里再次被提及）重叠，在这方面也与之接近（1319a21－35；1317a3）。

　　[221] 在说明了"如何建立第一种最好的民主政体"之后，亚里士多德指出，如何建立"其他"民主政体的途径一般来说也就清楚了（1319a39ff.）：随着民众的素质逐渐降低，相应的民主政体也越来越糟，"最终"就产生了最后一种民主政体，其行事（亚里士多德再次指出）就像僭主政体。但是，基于这个忧伤的事实，亚里士多德的最后一种民主政体从长远来看往往是共和政治的结果，他不仅解释了统治者建立这种民主政体的三种主要手段，而且在第五章中对他在卷五所给的保全建议进行了补充。他列出七点改革建议，使"最后一种"民主政体避免其常见的宿命：陷入无政府状态或内战（1319b6ff.）。他召唤"珍惜这种政体的人"担任"立法者"，利用"成文与未成文的法律"，"反击取媚和蛊惑民心之徒"（1320a4－5）。前三点建议旨在保护富人免于被没收私财，以调和他们与政体的关系。处于中间位置的第四点建议最长，其核心是替换现行的日常公共救济的做法（亚里士多德形容为民间常说的注水于漏船），代之以购买土地赠与穷人，或者采取次好的办法，提供必要的资源给穷人做佃户或经商；为了筹集这类政策所需的府库花销，应该免除富人花哨但无补于实际的公益捐款和节庆赞助，把这部分资财用于补贴穷人参加某些必不可缺的公民大会。第五和第六点建议是两条未成文的法律，针对生活在最后一种民主政体下的富人而言：历来人们都希望他们心存博济、胸襟开朗，尽可能帮助穷人谋生立业；同时，人们也期待穷人可以利用他们的产业。最后一点即第七点，亚里士多德从经济改革转向更严格的政治改革，建议"把所有的统治职位分成两类"，每个职位由一到多人承担，一类职位的人员选举产生，另一类职位的人员抽签产生：穷人可轮流供职后一类职位，而那些因众所周知的才能而选举出来担任前一类职位的富人仍能保证较好的统治和稳定的秩序。哲人亚里士多德透露了

他心目中所期盼的最有节制的民主政体之后，就力图教育激进的民主立法者如何保持民主政体（哪怕是最后一种最不节制的民主政体）的稳定和节制。

亚里士多德对寡头和寡头政体的忠告或建议，显然源于他对民主政体的反思，因此，相比于他先前的口气，多了训诫、规范或改良的味道。[222] 对于"第一种混合得特别好的寡头政体，即与所谓'共和政体'密切接近的寡头政体"，他建议采用两级财产资格制，"高级"岗位的财产资格要求高，"低级"岗位（其突出特点将在第八章中谈到）的财产资格要求低；这样大多数群众都能充任低级岗。后一级财产资格要求应该合理，确保大多数群众进入公民阶层，在与上层联手时，"势力足以压倒没有政治权利的人"。此外，还应注意从"群众中较好的部分"如农民和牧民中选择新公民。至于其他形式的寡头政体，亚里士多德建议仿效以上措施，只是"将任官的资格稍稍提高"。最后一种近于僭主和"门阀政治"的寡头政体，因其脆弱，亚里士多德严厉地将之比作病体和漏船："经受不了一点儿风险。"

亚里士多德退后一步说，"民主政体一般以数量为本，其得以保全，通常就在于人口众多"（他提醒我们，"这同凭功绩分配权力的正义恰好相反"）；但"寡头政体显然要从与之相反的因素上寻求保全的办法，这就在于建立良好的组织"（1320b29 – 1321a4）。寡头政体，作为少数人对多数人的统治，如同在薄冰上跳舞，但正是这个原因，才要求高明的统治能力，方能保全（《论法的精神》3.4，5.7，7.3）。在第七章，亚里士多德提醒我们，统治能力是一个关键的军事问题或困局（对观 1290b22 – 1291b13）。凡境内地形适宜骑兵战斗的城邦，"自然"可以建成雄强的寡头政体；住在这种地区的居民需要骑兵为之防御，只有富人家才有战马、盔甲和马伕（对观 Spenser 1993，272 – 286）。凡境内的丘陵适宜重装步兵队的城邦，组成次一品种的寡头政体（亚里士多德在此似乎把"共和政体"包括在内）也是合乎自然的：因为披甲持盾的重装步兵"一般取之于小康之家而非贫民百姓"。一个大的问题是，骑兵和重装步兵的优势，可能被庞大的"人民"军抵消甚至压倒：无论是大量灵活机动的轻装步兵（他们尤其适合城邦内讧时的街头巷战——Keyt 1999，226-227），还是桨手众多的海军，还是轻装步兵和海军的联手。为了弥补骑兵和重装步兵的缺点，亚里士多德提出的补救方法是，依从某些将军的做法，布置轻装的机动部队，密切配合和协助骑兵队和重装队。倘若这意味着武装穷人（亚里士多德明显怀疑由奴隶和雇佣军组成的机动部队是否够用），这就构成了真正的危险，因为一旦发生内讧，"穷人就会战胜富人"。① 因此，寡头们必须避免组建轻装部队，或严格限制轻装部队的人数，至少控制来自平民百姓的轻装部队的军官人数，[223]同时应该要求自己的子弟"练习"轻武器，熟悉轻装战斗。正如纽曼指出的（1321a22），这一改革建议"非常大胆"，"可能冒犯"希腊上层社会持有的"偏见"。而且，有人会问这能否解决问题，或者亚里士多德是否只是靠这种纸上谈兵，巧妙地揭示出民主政体为何往往比寡头政体更有"必要"的主要原因。

　　亚里士多德给寡头政体的最后一条建议是，担任最重要职位的人，应该拿出一些个人财富，负担公益义务，捐资"丰盛的"献祭、节日庆典、雕塑、公共建筑等等。这样，"平民自然不抱高官显职的奢望，他们看到煊赫一时的重任原来要付出这么多的代价，也就认为无可艳羡了"；他们"乐见城邦布满精神的点缀和堂皇的建筑，自会安心容忍寡头政体的长久统治"。这些显贵人物慷慨解囊，把自己的财物转化为世代的纪念，也应志得意满了。亚里士多德最后说，可惜遍观当今寡头的作为却恰恰相反："他们既贪盛名，更贪厚利；从尚利的观念下判断，这样的政体只是'渺小的民主政体'而已。"（1321a41-b1）亚里士多德由此提醒我们，民主派和

---

　　① 亚里士多德所述现象的历史证据，参见纽曼详细注释；对比马基雅维利，*Art of War*，卷2。

寡头派优先考虑的是经济利益，而非大度的伦理美德和通过各种艺术展示的美好而高贵的公民生活。

在卷六的最后一章，这种提示——民主政体和寡头政体的缺失或缺陷——变得更加强烈。在此，亚里士多德重新回到他在卷四结尾对统治职位未完成的论述，最终解决了他明显留在那里悬而未决的"问题"：哪些职位必不可缺，"没有它们，就不称其为城邦"；哪些职位"保证社会安全，美化公民生活，没有它们，就不称其为美好而高贵的城邦"（1321b6－8；对观1299b31ff.）。卷四至卷六对于现实政体的治疗，最终以对后一类职位的简短讨论结束，表明它们最好在所有城邦中都能长期占有一席之地，而不仅是在某些稀有的城邦中才有席位。这些稀有的城邦"除了更多的闲暇和特别富裕之外，还审慎地有考虑到美好的妆点"。最有特色的是设置"法律监护"等统治职位，监护妇女和儿童的行为规范，经办体育竞赛和戏剧竞赛——"以及其他相似的文化活动"。亚里士多德最后说，"法律监护"的职位适宜"贵族政体"，不适宜"寡头政体"或"民主政体"。由此，他为最后两卷搭建好了舞台，讨论最好的理想政体；这种最好的理想政体，可能引导和隐现于（稀罕的）现实的贵族政体。

[224] 现在，我们回头再看亚里士多德对第一类所有政体都必不可少的职位的梯级划分。他首先讨论了最基本的三种监护职位。第一种理所当然是负责商市管理，因为买卖是城邦都必不可少的事业，"人类要达到经济自给自足的境地，这是最便捷的方式，而自给自足正是人们所有集合而共同组成政治共同体的主要目的"。第二种和第三种职位分别监护城区和郊区。然后，亚里士多德讨论了三种更具挑战性的管理职位，其中第六种"实为最为必需且最为艰难的职位"——执掌刑罚。接下来，亚里士多德讨论需要"丰富经验和深刻信任"的三种更高的政治职位：分别负责军事指挥、审计监察其他官员和召集公民大会。亚里士多德更上一层，讨论了两种至关重要的职位，掌管与神明有关的事务：祭司以及负责维护和修

葺坛庙并管理有关祭祀的一切公产的监寺；最后，即梯级顶端的
"君王或执政"，主持全邦公祭的神圣仪式（对观《雅典政制》
57.2）。出人意料的是，亚里士多德随后重新对职位高低做了排序：
他把对"神明"的关心放到首位，其次是对战争事务的关心（原本
排第七），再下来是对财务收支的关心（原本排第四）：我们推断，
这是大多数人心目中的排序；至于他们最关心的第一项，可以说与
哲人不谋而合（对观《形而上学》卷一）。这种巧合并非不重要。
与在卷四末尾对统治职位的讨论——亚里士多德在那里否认祭司、
传令员和外交使节是"行政人员"（1299a14 – 19）——形成明显反
差的是，我们的哲人现在承认或事实上强调了超越政治的城邦等
级。然而，正如纽曼敏锐地指出的，我们的哲人依然闭口不谈先
知、占卜者和经师的权威或作用（对观索福克勒斯《僭主俄狄浦
斯》）；有人可能想说，亚里士多德把负责向公民解释神灵引导的那
个职位故意空着。马西利乌斯暗示，这可能是哲人在现实的政体中
脆弱的立足点。① 可以肯定的是，亚里士多德由此搭建好舞台，为
在卷七的开头几章公开宣示他重要的公民—神学主张。

---

① Marsilius 1. 6. 9，1. 5. 10 – 13；Plato *Apology of Socrates*；NE 1145a6 – 11；Bodéüs
1992，266。

第五章　绝对最好的共和城邦［卷七至卷八］

[225]《政治学》最后两卷带我们超越现实的政治生活，开始研究亚里士多德在卷二开头为我们"选择"的目标："什么才是最好而又符合人们生活所愿的政治共同体"（1260b26–28；对观1288b23）然而，亚里士多德现在谦虚地说，要"合适地研究最好的政体"，就得考虑到"在现实情况下所可达到的最好的政体"。① 当然，我们已经知道"最好的政体"以及"在现实情况下最好的政体"等说法有着非常宽泛的含义（对观1288b33，1289a2）。尽管亚里士多德"设想"过"所愿的城邦"应有的"配备"（1325b35–39；1327a4，1330a26，1331b21，1332a29），但他没有将第五和六卷中阐明的政体称为"所愿的政体"。可以肯定的是，他现在阐述的也不是绝对君主政体：尽管在卷三的最后部分，他已表明绝对君主政体是最好的政体；在卷四中，他又暗示了这个观点。② 卷七和卷八阐明的是最好的可想象的共和城邦——即对于具有"相似"公民能力的大众来说最好的政治共同体。因此，这意味着那些稀有的、出类拔萃的个体——他们作为人类最优秀的品类本应作为君主统治——要一如既往地待在幕后或舞台之下（1332b16–28；对观Miller 1991，304）。

问题是，在最好的可想象的共和城邦中，如何能够排除那样一

---

① 1323a14–19（回顾1260b22–24，1288b5–6）；纽曼表达了他的困惑："我们没有想到亚里士多德会补充附加条件，因为生活得最好的人必然是生活在绝对最好城邦的人——1288b25。"

② 1289a26–38；NE 1160a35–36；Bradley 1991，54；Schütrumpf 2.580–581。

个或几个稀世之人的出现?① ［226］倘若他们出现，这种最好的共和城邦会不会遇到亚里士多德在一切共和城邦中就已发现并在卷三后半部分讨论过的那些问题（对观 1283b13ff. ）?

这些问题因以下事实而变得没那么尖锐。当初，绝对君主政体被表现为是最好的政体，首先是因为只有作为绝对君主进行统治，最优秀的人类品属方能实现作为政治动物的卓越与圆满（受其统治的人也将因仁政而受益，因为对最圆满政治卓越的实现做出贡献而感到精神满足）。然而与此相对的是，在卷七开头，亚里士多德提供的一场争论引出这个结论，政治统治的生命活动仍然不圆满，除非它意识到自己属于更高的、包含自我的、体现智性美德的生命活动——这些智性美德与其说指向任何行动，不如说是为了快乐而宁静地沉思和理解世界。正如 Coby 说，"如果政治家在政治王国之外有更高的存在等待着他，那么于他而言，放弃权力不是牺牲，也不是伤害"。不过，在接近人类顶峰的那个层次还有一个重大"问题"冒出来：有没有"可能"存在这样的政治人物，"他们具有至高的实践美德"，"同时有能力且喜欢思考哲学?"有没有"希望利用闲暇变成柏拉图和亚里士多德的丘吉尔和林肯?"毕竟，"统治者下野后写的不是哲学著述，而是回忆录"。②

无论如何，不能排除这种可能性，真正最好的可想象的政体仍然是绝对君主政体。这种君主政体或许由最有政治美德的一个人来统治，他将为同道提供一个最高的目标和满足，这些同道更具神圣的哲思天赋，他在一定程度上也具有这样的天赋;③ 或者，这种君

---

① 我们会看到，在最好城邦的大地上，有望建立起的神庙，不仅祭祀诸神，还祭祀不朽的英灵（1331b18，1332b18）；亚里士多德会不会唤起其中一个或几个最有抱负的杰出青年渴望成为那样不朽的英雄? 对观 Simpson 1998，236；Kraut 1997，135。

② Coby 1986，496 - 497（Coby 忽略了西塞罗，但可能会认为他是证明了这个规则的一个例外）；另参见 499 论丘吉尔——Coby 引用了 Emmert 1976，306 - 308，后者提示我们参见丘吉尔 1956，78，80 - 81，129，229，233 - 236，241。另参见普鲁塔克的 Themistocles 3 - 4。

③ 对观 Themistius *Orations* 8. 107c - 108b；另参见 Vander Waerdt 1985b，252 - 253。

主政体存在于这样的城邦，在那里同时出现多个西塞罗或色诺芬，因此他们有可能轮流在君主位置上操劳，再轮流幸福地从事不受羁绊的哲学研究。

有人可能会从另一方加以反驳（如马基雅维利等思想家表达了反驳的理由），我们现在用来阐明体现于统治的美德的理由不充分，它立足于武断且未经证明的含混前提，如伦理美德的需要，哲思体验的满足以及神性等。作为回应，我们认为尽管必须承认在此给出的明显的"显白"理由是基于某些尚有争议的伦理和神学前提，但是，那些典型的特征已指引我们（和马基雅维利）回到我们可能或应有的体验，就像我们酣畅淋漓地体验了亚里士多德的辩证分析之后，不断回味，最后产生了变化。［227］亚里士多德在卷三中辩证分析了内在于前哲学的正义、高贵和神灵等观念中的问题——我们认为，这些原始的、未加分析的朦胧观念，对于明显体会到的、好的（神或人的）政治统治的美德与生活都至关重要。现在，卷七开头几章补充和扩展了卷三中的辩证分析。这不是要否认在此提出的正方观点——超越政治的沉思生活自然具有更高的满足感——有赖于并指向现实生活中尚未且不可能被推理证明，而只能被分享和推导的哲思体验（正如亚里士多德和马基雅维利在他们作品中每一页所做的那样：对观《伦理学》1179a17–22）。

回到一个较低的层面，我们可以补充说，卷四到卷六的冷静教诲（不要对现实公民生活抱有过高的期望）已经为卷七所承认的"显白"论点（神圣的沉思生活更好）做好了铺垫，也不妨说，后者是前者所需要的安慰性结果。现在，亚里士多德那些有德性的读者做好了从中获益的准备，他们需要一次迷人的邀请，参与和捍卫一个公民低级版的沉思生活；在某种程度上，无论身处怎样的现实政体中，公民在自己生活中都可模仿这种版本的沉思生活（对观Polansky 1991，331n，341）。

最值得选择的生活

亚里士多德在卷七开始就设下颇有挑战性的两重任务："首先有必要达成一致，什么是人人都最值得选择的生活"；"其次"，还有必要达成一致，"共同体最值得选择的生活是否等同于个体最值得选择的生活"（对观纽曼）。一开始，亚里士多德就摆出这个问题：对共同体中所有人或几乎所有人来说的最好的生活，是否有别于某些（内心或精神）疏离的个体的最好的生活？然而，在提出这个问题之后，亚里士多德立刻说，"关于最好的生活这个论题"，业已详见于某些"显白"（通俗）的"讲稿"，"我们认为以前所说大体尚属适当，现在可以简单地重提几句"（1323a19 – 24）。因此，他只花了第一章作为"引言"，得出这个高贵的结论："人类无论个别而言或合为城邦的集体而言，最好的生活是足以行善的有德生活"。不过他承认，"这个结论的相关论证"尚待补充；[228] 但我们在此不做深入论辩，"日后另作答复"。而且，他强调已注意到某些人持不同意见，对他的相关的挑战未及充分回应（1323b37 – 1324a4）。由此，亚里士多德刺激我们批判地思考，哪些人持反对意见，他们的理由是什么？（Lord 1982, 182）

亚里士多德"显白"的观点基于这些据说没有遇到任何反驳的前提："幸福"的人不但要与人分享身体和身外之物的诸善，还要分享灵魂的诸善；关于灵魂的诸善，"倘若没有勇毅、节制、正义或审慎，谁敢说他是幸福之人"（1323a24 – 34）。容易引起争论的是，这四种核心的美德，有多少是可欲的；与其他利益相比，它们有何价值？亚里士多德摆在我们面前的那些反对者没有谈到"幸福"，他们认为，灵魂的诸善只要一定量就够了，至于"财富、金钱、权力、名誉"等物则"多多益善，没有限度"。对此，"我们"可以如下答复："请注意可靠的事实，事实不难帮助你们明白真相。"亚里士多德提供了两点对人类行为的观察，都可运用到那些庸俗的反对者身上：灵魂诸善的形成并保持德性，不依赖于外物；反之，外物的效益一定依赖于灵魂诸善才显露，凡德性不足而求乐于外物之人，终将明白过多的外物无补于人生，"而修炼美德和思想，其为幸福更加充实"（1323a35 – 1323b5）。显然，有想法的享乐主义者的潜在观点还是没有遭到反驳，他们承认美德和思想非常重要，但坚持认为，最好生活的目标不是伦理美德，而是精神与身体的快乐；这种快乐要么见于远离政治的私人生活，要么见于所获得的大量财富、权力和名声。亚里士多德对这些挑战没有进行彻底反驳。他只是用了三个演绎推理（1323b6 – 20）。这些推理显然支持了灵魂及诸善的价值高于身体和外物的价值；但是，这些论证根本没有办法证明，精神的圆满更别说幸福（这些推理中没有提）是靠伦理美德的活动获得。爱思考的喜欢享乐的反对者可能会反问，亚里士多德所说的贤良凭什么要相信，更值得选择的生活要求放弃或牺牲另外的成功和快乐，如退隐之后悠游于友朋之间，或勇敢应对君临天下的危险挑战及其随之而来的名誉和力量，包括享受为所爱的人谋取利益的力量。①

　　亚里士多德没有再举例说明，而是径直宣布："我们大家可以确认，各人所得幸福的分量，恰好应该相等于他的美德和审慎以及他所做善行和所显智慧的分量。[229] 神的本性正该是这一真理的见证。神是快乐而幸福的（对观《伦理学》1178b8）；但神之所以快乐而幸福，并不凭借于外物诸善，他一切由己，凡是他觉得快乐而能带来幸福的诸善，自然已存在于他的本性中了。"（1323b21 – 26）所以，为了让"我们"看见快乐和幸福的真正含义，我们制造出神的观念，神是完全自足的，不凭借于外物，永垂不朽。亚里士多德是否在暗示，"我们"隐约希望分享某种神的存在，是为了获得"我们"求助于神时所希望"落在各自身上"的追求或奖赏，某种程度上恰好等于我们善行的分量？我们在此会不会感到一道闪

---

① 参见 Rhet. 1360b14 – 16；另参见格劳孔对苏格拉底的挑战：柏拉图 Rep. 卷 2 开头。

电，瞬间照亮亚里士多德当时的读者以及我们灵魂中深层的、重要的、隐蔽的希望和渴望?[①] 正如我们可以想见，神的快乐和幸福绝对不受邪恶的诱惑，也不与公民的和善行有牵连，它们是更高层面的自给自足的美德。追求享乐的挑战者可能问：怎么相信有美德的人令人羡慕地分享了神一样的快乐和幸福? 这种分享是否被认为只出现于这样一个人的生活——亚里士多德不久将称之为"幸福岛"上的生活——作为对其操劳的、节制的、自我牺牲的伦理公民美德生活的延续和回报（他说这种生活尤其需要"哲学"、正义和节制，作为道德约束的源泉，因为生活在幸福岛上，充满太多幸福的诱惑)?[②] 有德之人拒绝了无德之人屈从的享乐和物质的诱惑，是否他们就应该或貌似有理地希望得到奖赏，分享那种无德之人得不到的、超越伦理的神一样的幸福? 或者是否有一种可获得的尘世生活，专心于快乐的、严肃的、自我超越的这类接近于神一样的精神活动，因此他们或许可以得到神的厚爱甚至奖赏?（《伦理学》1177b19–1179a32）这种生活在有限的人生中尽量少地仰赖他人，是否消除或压制了不道德的诱惑（对观 1267a10–12，1253a27–28)? 亚里士多德接下来所说没有否定上述的任何可能性："显然，幸运不同于幸福；因为获得灵魂之外的诸善，靠的是偶然和幸运，但谁也不能仅靠偶然和幸运，就能获得正义或节制。"（1323b26–29）我们意识到，亚里士多德默默地吸引爱思考的读者反思道德严肃之人的美德与善良观念中的深刻矛盾：德行应该被认为是一个人最大利益和个人幸福的组成部分；或德行首先应该

[①]　对观，章3，120–121，130–131；对比伊索克拉底 *On the Peace* 34："抱着虔诚和正义生活的人，在现世的生活中也更安定，更有希望获得永生"；另参见 *To Demonicus* 39 和 *Antidosis* 282。

[②]　1334a30–34；纽曼提示我们参见赫西俄德 *Works and Days* 170ff.（The Isles of the Blessed 的出处），据说，有英雄在岛上获得了永生（比如 Harmodius：参见 Bergk 1843，871 搜集的第二首酒歌；纽曼误为第十首）。纽曼还提示我们参见 Diog. Laert 6.39；普鲁塔克的 Sertorius 8；Horace *Epodes* 16.41ff.。另参见普鲁塔克的 Cimon，18 结尾和19 结尾。（纽曼指出，荷马没有提到 The Isles of the Blessed，但提到 Elysian Plain 作为不朽英灵的极乐世界：例如 *Odyssey* 4.563。)

被认为是高贵的自我超越，甚至是自我牺牲？［230］是否唯其如此，一个人才应该分享那种无德之人得不到的、随之而来的、作为奖赏的神一样的幸福？为什么这个问题一直作为谜语出现？

亚里士多德从个体的生命转向城邦的生命。他让我们相信，正是通过前面的论证，我们才认为"凡能成善而邀福的城邦，必然是最好的城邦"。但一个城邦的善行看起来必然是公民的活动，不是神的活动。亚里士多德继续说，"人如果不做善行，就不能获得善业；城邦亦然，倘使没有美德和审慎，就不能获得幸福"；但在人和城邦之间，有如下微妙但并非不重要的区别。我们认为"勇毅、正义和审慎之于城邦，其力量和形式正如公正、审慎和节制之于个人"（1323b30－36）。在我们认为可以帮助城邦获得幸福的诸善中，勇毅打头阵，正义是核心，所以居中，审慎必不可少，因此殿后；节制则没有提及。① 恰成对比的是，在我们认为可以帮助个体获得幸福的诸善中，所谓的"公正"名声居首，而所谓的审慎位于核心或中心，殿后的是必不可少的所谓节制；② 勇毅则没有提及。③

因此在第二章开头，亚里士多德坚持认为，还有一个问题有待商量，城邦幸福和个体幸福是否一样。但让我们莞尔的是，诙谐的亚里士多德立刻宣布，答案"好像很明确，因为大家都认为是一样的"。他举例说，凡是相信个人的幸福寄托于财富者，也就相信城

---

① 伯里克利的葬礼演说（修昔底德 2.35－46）避而不谈节制，但允诺了雅典和雅典人获得永恒的名声，因为雅典战士们为了城邦的公共利益（被理解为是追求霸权）浴血奋战，视死如归。另参见 Nichols 1992，211n5。

② NE 1140a25－27，b11－12："大家都认为，审慎之人能够明断是非，选择对自己有利的东西……过上好生活……这就是为什么我们用'节制'来相称，因为它保全了审慎。"

③ 亚里士多德在《伦理学》1117b7－17 指出，不可能说最高贵的勇毅行为（这种美德在公民美德活动中非常重要）就构成了展示这种行为之个体的快乐或幸福——除非我们要超越它们寻求一种尚未指明的目标或奖赏。托马斯·阿奎那评论说，"我们必须考虑到，对于一些有德之人，死亡是可欲的，因为有希望获得来生。但廊下派不谈这个问题，本书中的哲人也不谈属于来生的问题"；另参见 Grant 1877，107－108；Jaffa 1952，33；Collins 1999，134－135，155n6，156－157n13。

邦必须富裕才有幸福；"凡是崇拜僭主的生活幸福之人"，也就认为版图最大的城邦"最幸福"。显然，好像在这基础上很"明确"的答案，在这个哲人的眼里并不牢靠——因此，亚里士多德用明显带有保留意见的含糊语气补充说，"凡是以赞同的态度欢迎有美德的人，也一定会认为有美德的城邦更幸福"（1324a4 - 13）。然而，因美德而受到"欢迎"的个体，据说不一定幸福。个体身上受欢迎的美德，是否与城邦及其公民赖以变得更好因此"更"幸福的那些品质相同？抑或我们在谈两种不同但有交集的美德？——在多大程度上交集？抑或我们可能在谈两种截然不同、遥遥相望、彼此尊重的美德？

因此不奇怪，亚里士多德现在宣布：［231］"由此引起两个应加考虑的问题：其一，参与城邦政治生活，或像局外人那样远离政治共同体生活，哪种更值得选择？"① 其二，"城邦的政治生活，假定所有人都愿参与，或假定有些人不愿参与但大多数人都愿参与"，依据这两种假定，城邦应以哪一种政体为"最好"的政体？问题才提出，亚里士多德就立刻说，第二个问题与"政治思想理论"有关，恰好是我们现在选择的研究主题；至于第一个问题，对于我们这些政治理论家来说，只是次要的"课题"。那个对我们的生存来说至关重要的根本的问题，关乎我们每个个体最合宜的生活，在此必须马上讨论，旨在为最好的政体设定目标——亚里士多德现在把最好的政体定义为"必须是使人（无论何人何地位）尽其所能就可以过着幸福（makariws）生活的政治组织"。②

但即便是缩小了研究范围，这个根本问题——"不"参与政治对个体来说是否是最值得选择的生活——也不会立刻浮出水面（Kraut 1997）。为什么？亚里士多德解释说，"同意有美德的生活是最值得选择的人"，对于"是积极的政治生活，还是摆脱一切外物

---

① 这让人想起柏拉图《王制》中苏格拉底谈到哲人走出政治责任的洞穴。
② 1324a14 - 25。"makariws"在希腊语中包含了"幸福的无知"之意。

的生活——比如某种理论研究生活（有些人说就只有哲学研究的生活）——更值得选择"，尚存在公开的争论。以下事实加剧了这场争论，"无论过去和现在，一切以美德为尚的最伟大的贤者"，明显在这两种生活方式之间做出了"选择"。无论是城邦、政治生活，还是政治理论，都不能关起门来，躲避那种超越政治的哲学生活的挑战，因为共同体中有些心性异常高远的人之所以声名远播，是因为他们沉迷于自认为是更好的生活——"远离政治共同体的生活"（1324a25 – 32）。

当亚里士多德继续描绘发生在贤人中间的这场争论时，争论背后的意义变得更加清晰。他首先让批评政治生活的贤人登场（1324a36 – 38）。在亚里士多德笔下，这些人与其说是"相信"哲思的幸福，不如说是"厌恶专制统治，他们指斥用权力干涉邻邦最为不义"，认为"政治生活妨碍了"个人的"快乐"（对观 Kraut 1997）。相对于亚里士多德先前所说的取代政治生活的途径，他们甚至走得更远：[232] 他们似乎在暗示，不仅仅超越政治的生活"更值得选择"，而且只有在胁迫的情况下，政治的生活才值得选择。因为他们似乎认为，政治的生活不能解决极度不义的专制统治的丑陋，至于正义的统治，他们显然认为那是为他人效劳，因此除非迫不得已才可为之——尤其是意识到追求高贵的美德胜于营造日常快乐的人来说，更是如此。① 但是，这些支持超越政治生活的人，亚里士多德没有将他们刻画为是"相信快乐"，更别说是"相信幸福"的人。为什么没有呢？这是否与他们没有提到哲学或高贵有关，与他们看起来主要是因逃避极端的不义才关心正义有关？他们有没有对正义和高贵的魅力进行了哲思？抑或他们的沉默恰恰是源自哲思的朴素表达？亚里士多德是否可能暗示，那些主张超越政治的生活更值得选择的人，还可以继续分成不同的两类？

亚里士多德接下来让反方出场。他们首先用这个"观点"来反

---

① 1324a26 – 38；回顾 1278b37ff. 和 NE 1141b34 – 1142a11。

驳："务实的政治生活正是人生的本分；人如果离世绝俗，就无法行善，诸美德实际上就包含在政治和共同体的活动中。"（1324a39
–1324b1）这种辩护似乎将有德的政治活动视为是勇敢的自我提升，而非为他人辛苦的效劳；但是，这些主张政治生活更值得选择的人，没有直接提到他们自己的利益，更没有提到他们的快乐或幸福——他们也没有提到正义。在勇敢的自我提升中，他们是否忽略或放弃了思考他们自己的正义、幸福和利益？若是，这有助于解释他们对诸美德先后的奇特排序。

　　亚里士多德没有把留给支持政治生活的人把持的舞台让渡给最先登场的正方代表。让我们吃惊的是，他引入了主张政治生活最好的人中的另一派。他们给了正方不同的反驳，强调城邦的快乐而非个人的快乐："他们认为，唯有专制的僭主政体才是快乐的政体"。在这场"大家都同意有德的生活最值得选择"的争论中，亚里士多德为什么要让这样一种观点露出其丑态，霸占舞台呢？这第二种令人吃惊的支持政治生活的人，与第一种人有何联系或关联？最初，亚里士多德只是简短地说，"世上有些城邦"事实上就以"奴役邻邦"为"其政体和法律的宗旨"。但他随后竟然说，这种观点表达了席卷一般政治共同体和法律的潮流：［233］"无论什么城邦，即使大部分法律的确不过是些芜杂的条例，但也有一个目标，就是成就霸业"——譬如在"斯巴达和克里特这两个最受尊崇的希腊政体中的教育制度和大部分的法律"，就是依据从事战争这一目的制订的；另外，据说更好的迦太基的政体，其主要特征就是提倡称霸的"武德"。（亚里士多德在此不需要提奉行帝国策略的民主雅典：《雅典政制》23–24）而且，"所有强盛而力量足以征伐邻邦者，皆推崇霸权"。亚里士多德通过耸人听闻的例子，包括他熟悉的马其顿，表明文明的政治生活所推崇的美德观和盛行于蛮族中的原始的武德观和光荣观之间存在连续性（1324b2–22）。他最终发现，帝国霸权主义和帝国主义，犹如根深蒂固的无边欲望，埋伏于文明政治生活高贵的欲望身边；那种高贵的欲望激励了认为政治生活及其美德更好的人们。

当然，我们的政治哲人表明了他觉得有必要反对这种将政治生活推崇为不义专制和帝国霸权的普遍倾向。不过他也显示，他期待他的读者感到有点困惑。因为他接下来说，"可是，对于一个清明而能时常反省的人看来，一个精通政治技艺的政治家，竟不顾他人的意愿，专心于制服并统治邻邦的策划，这是很可诧异的"——"这种统治实际上是不合法的"，亚里士多德问，"这种不合法的东西怎么属于政治或立法的技艺？"（1324b22 - 28）由此，亚里士多德大声提醒，在真正的政治统治中，无论成文还是未成文，道义始终居于核心地位。但他似乎觉得有必要反驳一些反对者。这些人可能打着更高权威的技艺或知识的名义，质疑法律的终极权威地位：政治统治的技艺或知识甚至超越了法律的限制。因此，亚里士多德从实践技艺或知识的本质的角度补充了论证。他提醒读者们注意，政治技艺或知识与其他相关学科——特别是医学和航海——有着根本的相似性，这体现于技艺高明的从业者的利益和他们客户或他们用技艺关照之人的利益之间的关系（1324b29 - 31）。正如我们从亚里士多德先前利用过的著名比喻所得知的（对观 1278b37ff.），他的言外之意是，技艺高超的政治统治可看成为被统治者而非为统治者谋利，甚至可以视为是牺牲统治者的利益（统治者只是偶然附带获利）。然而，这种对政治统治的看法，虽建立在有德之人所提倡的超越政治的生活之上，恰恰否认了政治生活的资格！［234］此刻，亚里士多德当然没有说，对于统治者而言，统治即幸福或圆满。我们的哲人是否在暗示，要顽强抵抗帝国霸权和专制统治的不义潮流，不能靠把正义的政治统治视为幸福生活的核心，必须靠把正义的政治统治视为服务他人的观念正是——持有这种消极的正义统治观的，正是将超越政治的生活视为幸福之所在的人？亚里士多德刺激我们思考，为什么必须是这样？这意味着什么？究竟什么东西居于这种诱惑力的核心，吸引勇毅而有德之人，将正义的政治生活视为幸福生活，视为是实践那些美德的人的最大利益？

此时，亚里士多德突然开始转而批判流俗的观点。他指责大众将政治统治与专制统治混为一谈，指责他们彻头彻尾的虚伪："人们对于异邦人，往往采取在自己人之间认为不义或不宜的手段，却不以为可耻；他们在自己人之间，处理内部事情的权威总要求以正义为依据，逢到自己以外的人，他们就不谈正义了。"① 他接着说，"大众"忽略了自然需要接受专制统治的人和自然需要接受政治统治的人之间的本质区别。但是，考虑到"大众"执拗的愚钝和虚伪，他们的观点对这场正反双方"都同意有德的生活最值得选择"的争论有何关联和影响？

当亚里士多德突然邀请我们一起做个奇怪的思想实验时，我们的困惑没有丝毫减少。他要我们设想一个与世永绝的幸福城邦，虽四境无邻，却"国泰民安"。神神秘秘的亚里士多德说，"倘若可能有这样的城邦"，那么显然"其政体就绝对不会以战争为宗旨而倾心于征服敌人——因为按照我们的假定，这个独立的城邦不会存在敌人"（1325a1 – 5）。我们注意到，这个城邦将完全以自我为中心，没有任何人做慈善，也无需与他人大度合作。为了找到不依靠战争来实现霸权的清晰的城邦样板，难道有必要设想这样一个以自我为中心的世外桃源？② 这样一个与世隔绝的城邦，如何作为整体的城邦过政治的生活？作为一个整体城邦，选择政治生活难道不意味着将这种国际的政治活动视为城邦存在的最重要的维度——正如作为选择政治生活的个体，需要与共同体内的其他人打交道，接受有利的统治和被统治的挑战和互动，同样一个城邦难道不需要与其他

---

① 1324b32 – 41；在此，亚里士多德主要关心的是外交政策，但他提到的到处都是虚伪。在前面的国内政策中业已表明，我们在那里看到，严格限制有能力获取的人很难称得上公道——这促使亚里士多德说，"总是弱者在追求平等和正义，强者对这些毫不在意"（1318b1 – 4）。

② 为什么不举一个与世隔绝的现实城邦为例，长期奉行独立自主、中立的不结盟政策——比如克基拉？答案见修昔底德1.32 克基拉人的话——这是对亚里士多德观点的生动历史说明。

城邦打交道，接受有利的统治和被统治的挑战和互动？［235］我们回想起，亚里士多德最初在反省最好的可想象的政体时如是说："城邦的政治生活既不能同四邻隔离，立法者也不可遗忘邻邦关系这个问题，譬如说，城邦所备的武装，应该不仅可以保证境内的安全，还须有时用到境外"。无论是个体还是城邦，除非"拒绝政治生活"，才无需考虑用于境外的武装。（1265a20ff.）像现在设想的这个城邦，一个在与世隔绝中找到幸福生活的城邦，或一个将之作为样本，尽可能保持孤立的城邦，就如同这样的个体，他在尽可能像神一样的独立自足中找到幸福，他从事政治纯属迫不得已。再次，我们看到亚里士多德暗示，只有在这基础上，弥漫于公民生活中的帝国霸权冲动才能有效遏制。

帝国霸权冲动真能有效遏制吗？亚里士多德从他设想的与世隔绝的城邦中，为现实的、不可能保持孤立的城邦的生活得出一个奇怪而含混的结论："那么从以上这些论证，显然已经可以明白，倘使大家认为战争也是高贵的，终究还是不能将之当成超乎一切的最高目的，它只是用以达到最高目的的手段而已"。无疑，亚里士多德邀请我们思考，现实城邦的最高目标应不应该、可不可能是近似于完全与世隔绝的城邦那种以自我为中心的生活。不过，他也没有排除这种可能性，现实城邦的最高目标可能是对其他城邦进行仁善的统治，为此最高目标，出于保护和惩罚而发起的战争，可能是高贵而必要的手段。[①] 亚里士多德为什么要继续以此方式，让有德的城邦生活的目的或目标保持含混呢？

我们经过思考后明白，亚里士多德在此通过外部或外交关系——这种关系表达了作为整体的城邦的政治生活，在某种城邦的共同体中与其他城邦互动——的层面，引出他最初在卷三第四章揭

[①] 1325a5–7；这种高贵政治生活的意义已被伊斯兰世界的柏拉图主义和亚里士多德主义政治哲人在发展他们自己独特的圣战理论时挪用：尤其参见 Alfarabi 2001b，Aph. 57–58 和 67；Avicenna 2005，卷 10，章 5；Averroes 1974。

示的城邦内部政治层面上的东西（他很快将明确提到这点），即在高贵的个体中，政治统治和被统治的竞争无可逃避，因为参与者都受这个观念激励：统治是最圆满幸福生活的核心。如果作为整体的城邦认为政治生活最值得选择，那意味着城邦首先会在与其他城邦组成的共同体中认真参与政治统治和被统治。但是，作为对美德的展示和演绎，统治比起被统治来说更好、更受欢迎；政体最好的城邦，最有资格也最应当获得善治其他城邦的权力。正如亚里士多德现在说的，"好的立法者应该操心城邦、种族或共同体如何获得他们可能有的幸福"；［236］因此，"一个城邦若接壤于若干邻国，立法者就得熟虑国情，而使其人民预做相应的操练（poia），①安排好各种适当的措施，以分别应对每一邻邦可能发生的挑衅"。在此，（良性的）帝国霸权冲动明显可见。难怪亚里士多德在第二章最后一句话里充满了惊人的悬念："但这里所说的最好政体所应具有的宗旨，以后再进行适当研究。"（1325a8 – 15；Cooper 2005，88）

　　亚里士多德第三章开头（1325a16 – 34）即说，"我们"需要研究"争论双方"的意见，（亚里士多德提醒我们）尽管他们"都同意有德的生活最值得选择"，但对于如何过有德的生活则针锋相对。"我们"应该告诉他们的是，双方各有对错。正如亚里士多德的解释，他似乎倾向于拉我们赞同提倡政治生活的一方，甚至不惜粗暴地扭曲其批判者的观点。因为他借我们的口说，批判政治生活的那一方认为，独立的自由人生活胜过做若干奴隶的专制主人，这当然是对的，但他们"认为一切统治都是专制统治，这就不对了"。这个证据提示我们回头看卷三第四章对专制统治和政治统治所做的仔细区分，我们立刻就会发现问题。这里所描述的政治生活的批判者，什么时候说过他们认为一切统治都是专制统治？他们提倡政治

---

　　① 纽曼评论说，"Poia 的意思既指好战的，也指和平的……我们不妨推定……立法者会教导……军事知识……对付应该被奴役的邻邦"；这里的关键是"与邻邦有关的……一切事情"，包括"哪些应该受到霸权统治，哪些应该受到专制统治"。

生活是最好的生活，这难道不是亚里士多德认为的所有邦国大众的错误认识？接下来，亚里士多德继续借我们的口说，批判政治生活的那一方竟然认为"无为"胜于"有为"，这也是不对的。（问题是，这里所描述的政治生活的批判者，什么时候说过"无为"胜于"有为"？）"幸福就是有为的活动，富有正义和节制之人的活动包含了许多高贵目的"。（政治生活的批评者说过任何否认这点的话吗？）

在以偏袒的方式把我们与那些认为政治生活最值得选择的人拉到一起之后，亚里士多德却给我们指出反方向的路径："基于我们刚才的论点，"（即将富有正义和节制之人的活动看作包含了许多高贵的目标），"有人可能会说，最好的东西就是统治一切；权力越大，统治的人越多，从事的活动越高贵。"① 亚里士多德继续说，似乎我们已经踏上光滑的斜坡，滑向可怕的深渊："推而广之结果将是，人们一旦执掌权力，便永远不应该让渡给他的邻人；反之，他还得尽其所能，从邻人那里争取更多的权力；既然最好的东西最值得选择，既然人间的至善在于实践，而实践有赖于权力，那么凡是遇到权力关头，就得当仁不让，谁也不要顾及谁：父不必让其子，子不必管其父，朋友间也不必相互关照。"（1325a37 – 40）。亚里士多德是不是在故意夸大其辞，[237] 希望我们看透这是他在暗地反驳？难道帮助朋友和所爱的人不是实践有德的幸福统治的一个方面？与那些应该统治的人一起分享统治权，难道不是实践有德的幸福统治的另一个方面？②

---

① 1325a34 – 36；回顾 *Rhet.* 1366a36 – 38。纽曼 ad 1325a32 认为，僭主 Jason——其激进的观点在卷三第四章中起着关键作用——在此再次被暗示到，这次与亚里士多德在 *Rhet.* 1373a25 引用过的那句话有关，证明那些做出不义之举的人也有道理，因为"他们先遭不义，所以才报复；只有做了不义之事，才能做正义之事，愈合伤口，正如 Jason the Thessalian 说，他不得不做些不义之举，为的是能够完成许多义举"。这句话很出名：参见普鲁塔克"Precepts of Statecraft"24。Jason 的称霸野心，参见 Robinson 1995, 316 和 Lindsay 2000, 439。

② 著名的例证，纽曼提示我们参见普鲁塔克的 Aristides 5, 8, 以及 Aristides 和 Cato 5 的比较。

让我们不安的是，亚里士多德代表贤良意见进行的反驳，但不像人们期望的那样明确。他首先承认，前面极端的观点"其中也包含了真理"——"那么，暴徒对他们所做的恶行，也未尝不可托辞为怀有某种高贵目的，所以使用了最值得选择的暴力手段"；他接着说，"但这终究不是事实所能容许的；倘使他们固执己见，这就不对了"。然而，他给的理由包含着非常含混的弦外之音："人们如果想有所作为，则他必须确定拥有某种程度的优胜，例如丈夫胜于妻子，父亲胜于子女，主人胜于奴隶，其所作为才能获得尊敬"（我们回想起，丈夫对妻子的统治是亚里士多德政治统治的典范——1259b1-10；对观《伦理学》1160b32-1161a2）；"只有在同样的人组成的共同体里，轮流统治才高贵而正义"；事实上，"如果对同等的人给予不同的待遇，这是违反自然的"，"凡违反自然的东西，都无高贵可言"。于是（即就自然权而言），"我们可以做出结论，世上如果出现这样一个人，他德才盖世，而且兢兢业业，一心行善，那么我们追随他就是高贵的，服从他也是正当的"；"他仅有美德是不够的，我们还应把权力交给他，他才能更加积极行善"（对观1255a13）。现在，"如果上文说得没错，幸福在于行善，那么无论是对作为共同体的城邦而言，还是对个体而言，必然以有为的生活为最好的生活"（1325a41-1325b16）。似乎必然的结果是，正如只要共同体内出现了那个最好的人做统治，良善的绝对君主政体在此再次被证明为最符合自然（对观1288a15-32与1284b25-34），同样对于最好的城邦（它可能不得不使用武器、暴力或恐吓来教训桀骜的、独立的、具有不正常政体的城邦），追求良善的普世霸权似乎也最符合自然。良善的帝国欲望内在于这个观念，政治生活作为正义统治的生活，因为最幸福，所以最值得选择。[1] 为高贵统治的生活所吸引的品德高尚的学生，如果紧随亚里士多德的论

---

① Lord 1978 and 1982，189-202；Salkever 1990，148；Alfarabi 2001b, Aph. 57-58 and 67；Avicenna 2005，卷10，章5；Averroes 1974。

辩过程,可能不会非常惊讶。但亚里士多德是不是想刺激我们自问,为什么我们会吃惊?无疑,某种程度上答案就是,良善的帝国会蹒跚着进入一道光滑的斜坡,滑向专制统治,由此很可能伤害大众,贬低大众,当然也会伤害专制者本人。[1] 但是,即便没有滑入专制统治,我们也有理由逃离良善的帝国。这是为什么?我们退缩是否因为我们看到,对于统治者而言,高贵的统治没有我们想象中的那么幸福享受?[238] 抑或我们更明显地退缩,是否因为高贵的统治太无条件地关心统治者自己的幸福享受,没有向统治者要求足够的、高贵的、自我超越的效劳——恰恰需要这种为他人的效劳,我们方能在此基础之上,渴望永久的幸福?抑或我们的观念含糊不清、彼此冲突,不知道正义的统治最应关心谁的利益?

无论如何,亚里士多德关于高贵的"有为"的慧见,提供了一条出路,远离得出良善的帝国生活是最好的生活这一逻辑;因此,亚里士多德给了贤人一个根基,提前而坚定地抵抗通往专制的逻辑。睿智的哲人否认了流俗将有为或有为的生活等同于政治行动或政治生活的观念:"有为的生活,并不完全像有些人设想的那样,必须牵涉到人与人之间相互的关系。也不能说人的思想只有在指向外物,由此引起他对外物的活动时,才说他正在有所思想。思想要是纯粹为了思想而思想,只自限于它本身而不外向于它物,方才是更高级的思想活动"。对于这个重大的观点,亚里士多德提供了一些支持,他说尽管政治活动指向他人和外物,但"我们可以说",正是具有"最高思想"的人,"在最高的意义上从事政治活动":在政治中我们所说的最完整意义上的有为活动,正是最高统治者高瞻远瞩、洞察一切、指挥万物的思想活动(我们再次看到,在把政治活动视为最值得选择的生活这一观念中,有着多么强烈的冲动,促使人们追求更高更广的责任)。我们的哲人似乎促使我们接受这个

---

① 参见色诺芬 *Cyrop.*;丘吉尔1899,1. 19–20,149–150,169。

结论，纯粹的思想活动，只自限于本身，不以外物为目的，不受目的束缚，因此是最无条件的、最为自由的思想活动；如果考虑到思想活动是一切活动中最重要的部分，那么纯粹的思想活动也是最圆满的活动。但这引起许多问题，特别是：纯粹为了思想而思想的活动，其内容或主题是什么？我们怎么知道那样的思想活动是存在的？难道所有的思想活动不都最终指向目的，指向有待满足的需要，甚至指向超过或先于我们思维和理解的目的？最高的思想活动——即最高统治者的思想活动——会不会有力地宣称，自己是最圆满的精神活动？对于在此给出的问题，亚里士多德唯一的答复，或唯一有关的证据，是再次援引神为据，同时也以宇宙知识为例（宇宙似乎被认为自成一个生命体，参与了实践活动）①——我们猜想，宇宙在不断运动变化，是亚里士多德自身审慎沉思和体察的主要对象和结果。但问题是，[239] 亚里士多德哲思发现的终极证据是什么，可以证明神的主要活动不是像受缪斯启示的荷马与赫西俄德的那样，对宇宙进行偶然的、最高的政治统治？②跟随苏格拉底所给的线索，我们或许倾向于得出推论，提供终极证据的，是那种有记载的、经验到的"灵魂皈依"。亚里士多德最好的那些学生把哲人对政治事务（即正义而高贵的事务）的分析铭记于心后，会体验到这种"灵魂皈依"。无论如何，亚里士多德断言，思想既然本身也是一种行为活动，那么，"人们选择独立生活，专心内修，完全不干预他人"，也并非算是"无为"（因为个体内在"各部分"组成的"共同体"在互动）。亚里士多德用下面的话支持他的观点："倘使否认内在的活动，那么完全自足于己而不务外求的神和宇宙也将

---

① SH ad loc. 认为这里与亚里士多德其他作品中的神学思想不合，因此认为不可能是亚里士多德的手笔；他们忽略了被认为是亚里士多德对话录 *On Philosophy* 的教诲（Effe 1970）。

② 对观 1259b10 – 16；NE 1160b1 – 6，24 – 27；在卷七接下来的一章，亚里士多德提到了"神维系着整个宇宙万物"的"法律秩序"（1326a30 – 33）。

是不完美的。"① 他最后说，因此显然，"既然存在对个体而言最好的生活方式，若把全邦看成一个共同体，那么它对全邦所有的人民而言也一定是最好的生活方式"。我们的哲人再次构想那样一个（现在或许是许多）虚幻的城邦，"它们自愿与世隔绝地生活"，但也未必"无为"，因为它们内在各部分"可能"有互动（1325b16 – 32）。

对于城邦来说，最值得选择的生活似乎同样是自足的生活，纯粹为了思想而思想（只限于自身，不在乎其他城邦）——或至少是最近似于那样的生活。但问题是有多近似（施特劳斯1964，49）？城邦是有机体吗？它有能思考的心灵吗，它能思想，并且专心致志地为了思想而思想吗？反过来问：如果城邦过着思想生活，正如个体过着那样的生活，要是组成城邦的每个人都精神独立，主要都从事思想活动，老死不相往来，那么会是一个怎样的城邦共同体？② 对于这个问题，斯威夫特笔下的慧骃国算是从喜剧的角度做了深入探讨。但是，如果城邦的活动不是哲思活动，而是有德的政治统治活动——这种政治活动虔诚地尊神圣的思想活动为更好的活动——公民难道不会选择政治生活，放弃真正有为的哲学生活吗？他们对于超越伦理的思想活动虔诚的敬仰，能否遏制那种吸引每个人高贵地竞逐共同体内最高的思想活动的冲动？同样，他们虔诚的敬仰，能否遏制他们（这些抱负远大的政治家）组成的共同体的冲动，[240] 能否遏制其集体去挑战最高的责任，统治天下万邦构成的这样一个世界共同体的冲动？或者，有无某种优良的公民活动和意识，如同我们感受到的路途中间歇脚的小客栈，吸引公民专注于超越而又有限制的精神生活；之所以说有限制，是因为不能把政治生活留在身后（或许只允许几个人完全超越政治），尽管这种精神生

---

① 另参见 NE 1178b8ff. 。

② Solmsen 1964, 25 – 28；Rees 1990, 216 – 217；SH 对整个讨论非常困惑，他们认为第二章和第三章均非出自亚里士多德手笔，而是他人的文字。

活也不要求真正研究宇宙所需要的珍稀的神一样的疏离、天性和教育？或者，我们是否忽略或模糊了这个事实，亚里士多德在卷七前面三章最深切的关怀，与其说是为想象中的最好政体铺路，不如说是帮助贤良的读者找到生活的根基：在这种生活中，贤良们必须有节制地独立于现实政治，当然其中部分人也会有保留地参与哲学活动（对观 Lord 1982，33）？亚里士多德急忙打住话题，这些问题最后证明是（有点喜剧色彩的）续集。

最好共和城邦的前提条件

紧承"引言"之后，亚里士多德开始详细说明需要预先给定的"假设条件"，供"政治和立法技艺"形塑"如其所愿的理想城邦"。亚里士多德强调，最好的城邦是理性建构的艺术品，"按照自然"制作（1325b35 – 1326a8；对观 1253a30 – 31）。尽管重点提到了如其所愿，但亚里士多德避而不谈立法者需要什么，祈祷神灵支持、引导、同意或保护他什么。① 在与其他建构性的技艺如纺织进行了类比之后，亚里士多德首先从政治和立法技艺的"原料"谈起——在这种情况下，当然是人口、土地以及它们的数量与品质。他强调说："原料准备得越好，则凭他们的技艺所制造出的成品也愈佳"。根据第一章"引言"，我们可以预料，立法者需要人口与土地是为了培育和平的自我克制的城邦生活，而非好战的、扩张性质的城邦生活。

亚里士多德警告，立法者所需要的（人口和土地的）数量，不是简单的"最大"，而是具有完成适合于城邦活动能力上的"伟大"。从这个角度看，尽管"各邦大都居住着很多奴隶、客民和外侨"，但真正构成了伟大的，"限于组成城邦主要部分的人"。他说，这些人与其说是"鄙俗的工匠"，不如说是"能够出战的重装步

---

① 　纽曼对比了色诺芬 *Cavalry Commander*：参见开头，1.1 和 6.1。

队"。我们不安地听到，出战是最好共和城邦中公民的首要活动（1326a9 – 25；对观 1290b25ff.）。

[241] 我们接下来听到，战士公民（对观 1329b36 – 37）的数量与其说取决于战争的需要，不如说取决于"维持良好的法律秩序"的需要。这时，我们的不安之心才稍为放下。亚里士多德指出，"凡以政治修明著称于世的城邦"，无不对公民数量有限制。这个经验性的观察得到良序背后的逻辑支撑。因为数量越大，良序越难维系——除非，亚里士多德令人吃惊地补充说，这是"神的创制"，"神维系着整个宇宙万物"。亚里士多德刚开始用话语建构最好共和城邦的基石，就稀释或放大了他关于神的教诲，走向了传统的天命和"政治"。这是否是亚里士多德的伏笔，暗示最好共和城邦的战士公民的特点就是对这些东西很虔信（对观 Simpson 1998，230 和 Susemihl1330a8）？当然，据说维系良好法律秩序的活动指的是"统治者和被统治者"的活动，其中，"统治者审时度势、做出抉择并发号施令"。城邦的人口限度首要需考虑"如何判断正义，如何按照各人的才干分配行政职位，因此公民之间必须互相知悉品性"。亚里士多德最后说，从这些分析，我们可清晰地见到"最好"的城邦"最适当的人口限度"（1326a25 – b25）。但是，他只字未提公民超越政治统治的思想生活。

在结束了对人口数量的讨论之后，人们自然期望第二个讨论的话题应该是人口的质量；但出人意料的是，亚里士多德跳过这一关，直奔土地的质量和数量（Simpson 1998，216n；Kraut 1997，84 – 85）。这是为什么？原来，对土地必要的质量进行反思，可以揭示出城邦的需要，很大程度上有助于定义人口必要的质量。

亚里士多德说，首先，土地必备的性质是能够保证城邦自给自足。在最好的城邦里，这意味着土地必须"产出一切"，就土地量而言，应当足以"使居民过上自由、节制的闲暇生活为度"。说完这句话后，亚里士多德立刻回到正道："我们所拟的这种限度是否确当，等到今后在研究财产和致富的一般问题以及财产的掌管和利用问题时，另行详述"（1326b26－38）。卷一，尤其是第十一章对家庭管理、财富获得和政治经济等技艺所做专题讨论中出现的问题，现在重新回来纠缠着对最好政体的论述。倘若城邦只限于从事所谓获得的"自然"技艺，能否就保证足够的闲暇？［242］公民要过闲暇的生活，必然要求亚里士多德在前面坦言的"居民"中有"很多奴隶、客民和外侨"。

其次，城邦的地形应该易守难攻，即敌人难于进入邦内，而本邦公民组成的重装步兵队便于出征、侦察、防御和战斗。地理位置的战略意义，必须是最好共和政体的立法者关注的重点，更不用说，是其公民关注的重点（对观1328b7－11）。而且，"最理想的"是应有海陆两方面的"地利"——这首先意味着，城邦"每一部分"在战争中更利于防御，而且交通便利，易于货物集散（1326b39－1327a10）。最好的共和城邦当然不可能与世隔绝。①

当我们立法者的导师接下来考察临海的利弊时，这点看得更清晰。尽管考虑到许多人业已提出警告，成长于外邦礼法的客民和大量商人的涌入，会对良好的法律秩序产生危险的影响（对观柏拉图《法义》704d－705b，949eff.），亚里士多德有点迟疑，但他最终还是提出临海有着压倒性的战略形势和商业利益——只要城邦严格限制商业活动，在口岸中"订立法律，分别外来的商旅，限定谁可以入内，谁不得入内从事交易"（1327a11－40）。

但这随之产生一个影响更为深远的要求：需要海上力量。这不只是为了城邦本身的防御。"海上力量不仅足资自卫，在邻邦关系上也很重要，它可以威慑强邻，在友邦受威胁时，则能在陆路以外，从海上驰援。"（1327b1－2）捍卫邻邦这种高贵的关心可以推广到多远？亚里士多德（令我们吃惊地）说，这要看最好的政体选择怎样的生活方式："海上实力的大小，要考虑到立邦的抱负而后

---

① 正如纽曼指出，西塞罗教导说（*Rep.* 2. 10）："罗马因为这种地位才在帝国中独树一帜。"公民政治生活高于疏离政治的哲学生活，这种观点的严肃意义参见 *Rep.* 1. 3。

加以制定。"因为"如果城邦要过称霸的政治生活,那么海上力量就必须达到足以匹配称霸的规模"(1327a40 – 1327b6)。最好的城邦是否会或能否过与霸权生活相反的自我克制的生活,在多大程度上会或能过这种生活,尚悬而未决(对观1325a14;Kraut 1997,90 – 91,95)。即便是最好的共和城邦,也没有放弃帝国的欲望与梦想。①

但是,我们不是已经知道,强大的海上力量要靠大量的桨手,最终结果必然是平民获得压倒性的政治权力?亚里士多德现在有点偏袒地说,不一定会出现"海上暴民",因为桨手"可以取之于公民团体之外",如可吸收邦内的农奴和劳工,只要保证舰上的主体是来自公民阶层的水兵即可。[243] 在讨论最好共和城邦的海上力量这一章,我们得到的第一个暗示,城邦所祈祷的人口最突出的特征是:平民完全被切除,而代之以农奴和劳工;这些农奴和劳工从事一切耕作、划桨以及其他必要的劳动,但他们不属公民,在城邦中没有任何地位。② 但问题是,一旦他们开始体会到靠齐心协力划桨取得海战胜利之后,如何确保这些贱民不会获得政治的阶级意识(对观1332b29 – 30 与 B. Strauss 1996)?

只有在复杂而重要的武力(特别是海上武力)问题出现之后,在最好共和城邦的生活方式的问题即将开启之后,我们才回到原本以为是第二个的话题:立法者理想中的人民,需要具备怎样的"天性"③,"才易导向美德"(1327b37 – 38)?这里所谓的"天性",亚里士多德说,可以通过考察"希腊著名的城邦",将之与希腊以外的城邦进行比较后找到。(希腊最为著名的城邦当然是那些外交和

_____

① SH ad 1333b41:"这是一次奇怪的坦白,证明亚里士多德在设想他的理想城邦时,不是没有对外征服,而是靠战争打天下,成为一群城邦的盟主";另参见 Salkever 2007,32。

② 1327b7 – 15;1329a26,1330a25 – 33;L. Strauss 1964,36 – 37。经常被译成"农奴"(perioikoi)一词的含义,参见 Kraut 1997,116 – 117。

③ 这里特别密集地提到"天性"(自然)。

军事政策上都很出色的城邦。）我们的哲人说，人民首先需要的天性是像"希腊人"那样——或更确切地说（亚里士多德自己更正），像"希腊人"中"完美兼具"激情和理智这两种鲜明气质或力量的人。许多生活在默默无闻的城邦里的希腊人，他们不是偏于激情，就是偏于理智，就像亚细亚的人或欧罗巴北部的人。亚细亚的人擅长机巧，深于理解，但精神卑弱，激情不足，因此他们常常成为屈从于人的臣民，甚至沦为奴隶；寒冷地区的欧罗巴人，"充满激情但欠缺巧思"，因此能长久保持"己身自由，但缺乏治理他人的才德"。而"完美兼具"两种天性的人，"既有激情也有理智，所以能永保自由，除了善于自治，也有能力治理世上其他人"——如果具有如此优良天性的人"碰巧组成一个城邦"，自然就能够治理世上其他城邦。换言之，走向良善的、无所羁绊的帝国这一冲动，并非是展示了这种冲动的人"先天"政治美德中的"缺陷"。恰恰相反，这不是缺陷，而是优点。（对观 Lord 1982，191－196）

　　亚里士多德对于好公民天性中激情这种成分的教诲，是对柏拉图《王制》中苏格拉底教诲的挑衅回应。"激情（或血气）"是柏拉图用于指代灵魂力量的术语，最基本的表现就是愤怒，灵魂在捍卫和获取其欲求和关怀时，如果遭遇挫折和威胁，［244］这种愤怒就会燃烧起来，勇敢无畏地朝障碍发起进攻（对观 1315a29）。但更深刻的是，"血气"是追求霸权和自由的心理动机："对于每一个人，这种力量是霸权和自由的源泉，因为血气是统治性的力量，不可屈服。"（1328a6－7；对观 1264b6－10）柏拉图笔下的苏格拉底第一次使用血气，是在一个意味深长的玩笑中，他认为最好政体的卫士的本性应该如同忠诚的狗，他们的血性使之对不认识的外人凶猛，但他们"对知识或智慧的哲学之爱"节制了他们的血性，使他们温柔地关爱认识的人（《王制》375bff.）。亚里士多德尽管欣赏苏格拉底的玩笑，但他指出，事实上在这幅"卫士"的画像中，"正是血性构成了爱的力量"；他特别补充说，因为"这是我们能够依托去爱的力量"（1327b39－1328a1）。亚里士多德似乎一直牢记，正是当我们必须战斗，防止我们失去关切的东西时，我们的关切才变得尤其强烈和浓厚。但亚里士多德在这里没有清晰解释最初关切的是什么。① 至于苏格拉底，当他调侃地将"哲学"指定为卫士的友爱和柔情的源泉、因此作为节制身上的血气的心理力量时，他阐明了前面的暗示：对卫士的教育，最终是对美的爱欲，这种美不但见于"音乐"（由缪斯统治的美好艺术——《王制》400ff.），亦见于彼此之身。在此，亚里士多德明显忽视了爱欲，或者说忽视了除血性之外的其他更普通的爱的根源。为了证明爱是根植于血气的观点，亚里士多德举例说，在朋友和爱人之间争吵和仇恨更加激烈：因此，如苏格拉底一样，他也强烈呼吁，应该节制和驯服公民的血气。表面上看是在（不点名地）批判柏拉图的苏格拉底，亚里士多德继续引入《伦理学》中谈到的两个最重要的伦理美德——"灵魂的大勇"和正义："卫士对于不相识者应该凶猛相待，这种说法殊非良训"；因为"他们对于谁都不应该如此；实际上，凡灵魂大勇之辈，其性情必不致流于残暴；当然，对于罪行和恶人自当另眼相看"——"至于罪恶，如上面曾经说过，他们如对自己素来熟识的人们犯了罪恶，引起的反感也将更加强烈，这也是理所当然"。我们的哲人补充说，按照这种心理逻辑，"人们在遭逢这样的事情时，除了实际的损害以外，还会感到忘恩负义的隐恨"。他继续说，关于灵魂大勇之人的这份真相，解释了为什么"'兄弟相争，其戾尤烈'；[245]'爱之愈深，恨之愈切'。"亚里士多德在这里揭示了以心理上血气为中心的伦理美德，容易导致对朋友和同志产生强烈的义愤和严厉的惩罚，因为有伦理灵魂的人激情洋溢地相信，他有正当的理由要求重大补偿，以弥补费心为他人谋利时招致的损失或

---

① *Topics* 113a 35 – 37："有人说，如果仇恨紧跟着愤怒，那么仇恨也属于血气的一部分；因为愤怒属于血气。倘若如此，我们应该再研究一下仇恨的对立面爱是否也属于血气的一部分。假若爱不属于血气的一部分，只属于欲望的一部分，那么仇恨就不一定紧随愤怒。"

代价。① 然而，伦理美德本身是否足以节制或教育血性，似乎值得怀疑。

政体的本题

在卷七第八章，亚里士多德奇怪地过渡到用这些最好的原料来构建的城邦。他要求我们将这种城邦视为"犹如其他自然组合物"，同时指引我们注意：自然组合物所赖以存在的必要前提条件不同于其组成的各部分，无论这些部分"是否平等"。亚里士多德说，在这两类成分之间，实际上"没有任何共性，前者属于手段，后者属于目的"。因此"显然，我们不能把城邦所必不可少的条件，误设为城邦的各个部分"。城邦作为一种共同体，其目的是"幸福"，而"幸福就是美德的实现，是美德的活动。"亚里士多德然后提议，我们现在就该列举"城邦赖以存在"的必要条件或主要活动，因为他（公认与刚强调的观点唱反调）说，"我们刚才说的组成城邦的各部分，也必然就在其中"（1328a21 – 1328b4）。正如在其他自然组合物中一样，我们发现，城邦这种组合物，即便有最好的政体，其前提条件和真正部分之间基本的区别也日渐崩溃或变得模糊。

这种区别被抹杀，其潜在的意义随后将显明。亚里士多德列举出城邦必不可少的六种主要活动，再次表明真正"分享"城邦的那些人一大重要活动是操持重型武装，"镇压平民叛乱"，维持境内秩序，同时为了"抵御外敌侵略"（1328b7 – 10）。其他五种必不可少的活动分别是：获取食物（农业）；兴旺百工；经商（以供平时和"战时"所需）；"第五种——就其德性而言应该放在首位——关照诸神，即所谓的祭祀"；[246] 最后的第六种，"实为城邦中最必要

---

① SH 提示我们参见 *Posterior Analytics* 97b15ff. 亚里士多德论述到灵魂大度的人（或神）时，频繁提到他相信自己的应得，他的应得甚至远远超过了任何人可能给予他的：NE 1123a34ff. 。另参见 Lord 1982，161 – 164。

的活动，是裁决公民之间的利益和正义"——或者毋宁（亚里士多德马上改口）说是，"裁决必要的事务和有利的事务。"① 问题是，在这六种活动中，为了城邦的存在的活动——在最好政体的城邦，这些活动被认为是具有完美的美德，实现完美的美德这个过程本身即是幸福——在哪里？莫非只有在关照诸神的祭祀活动中，城邦才超越了维持境内秩序、防御外敌侵略、裁断世俗利益和必要事务等活动？这是否就是将祭祀活动置于首位的原因（Kraut 1997，102）？

亚里士多德从第九章开始讨论这六种活动中哪些是公民需要从事的。他首先强调了他们不必承担的活动。一个城邦要"获得绝对正义而非相对正义的人"，显然不能以鄙俗的工匠和商贩为公民；忙于田畴的人们也不能作为理想城邦的公民（这是亚里士多德最好共和城邦超越了柏拉图《法义》中的城邦最突出的一点）；因为"他们没有闲暇，而培育美德从事政治活动，却必须有充分的闲暇"。亚里士多德没有忘记，美德从产生那一刻起，就是超越了政治活动的东西。但是，作为超越城邦的美德，其产生能否变成最好共和城邦生活的一部分？会不会是这样，最好共和城邦之所以能够产生美德，不是通过直接推广或法律规定，而是通过要求公民过闲暇生活，扫除产生美德的障碍？如果存在这些障碍，美德是不是只能在公共生活的边缘产生（Lord 1982：50，66）？亚里士多德继续说，"武装部门及裁决利弊和正义的部门，显然应该是城邦的主要部分"。问题是公民是否应该参与这些部门的活动？若应该，又该如何参与？"美德的产生"作为超越"政治活动"的东西，刚刚冒了一次头，立刻又消失在军事和政治的统治之后（1328b24 – 1329a6）。

关于政治统治，即使在最好的政体，"也不能使攻守兼备、力能胜任战斗的人长期自安于从属的地位"；"那些执掌着最强武力的

---

① 1328b6 – 23；这里故意明显没有提到正义，许多校注者据此认为，需要修订手稿，才能消除谜团，即将"必要的事务"改为"正义的事务"：参见纽曼。

人也执掌着政体的命运"。① 为了解决这一严峻的问题，亚里士多德不无反讽地求助于自然权的标准：重型武装自然适于操持在青年之手，而政治权力无论如何更适合交给年长的人，所谓的理由就是实践智慧随年岁递增；因此，人们期望手握军事大权之青年，会乐于等到年岁大了之后才接掌政治大权。[247] 这一策略若能成功，必将提升议事的审慎这一品质在政体中受尊崇的等级，超过武力和勇毅的地位；它也可能使没那么有才华和野心的青年安于从属地位（有人会问，三十岁时的地米斯托克利、伯里克利、林肯或丘吉尔对这一制度会如何反应！毕竟要记住所有这些青年天生都有血性，都很聪明）。然而，要获得这些利好，前提就是确保最高的议事机构完全要由年长的军人充任，按照政体的原则，人们相信他们凭年岁自然就拥有实践智慧，因此由于"利好和公正"，他们自然就应该"得到"最高权威（1329a6 - 17；Susemihl 1329a23）。如此说来，莫非最好的共和城邦是老年统治？再次，我们几乎能听到（享年仅三十九岁的）帕斯卡尔轻轻一笑。

不过，给予老人的最高权威有一个限度。现在，亚里士多德温和但却坚定地将这个限度定位于祭祀的权力，也就是公祭仪式的权力："这种掌管诸神事务的权力应该交给老迈的祭司，他们年近迟暮，倦于津梁，恰好在这里觅得了安息。"② 然后，哲人论述了城邦这六种必不可少的活动中属于城邦的真正部分。他只提了军事和议事两种活动，明显对祭祀活动避而不谈（1329a27 - 39）。于是，这个问题变得更加迫切：在最好的城邦里，超越军事统治和政治统治的有德活动在哪里？我们看到，亚里士多德越来越想让我们看到回答这个问题的难度——他在进一步促使我们思考，填补这一空缺的是否是传统的宗教祭祀？为什么是？（对观 1280b36 - 1281a4）

---

① 1329a10 - 14；回顾 1264b6 - 10，尤其 1290b21 - 1291b13。参见 Kraut 1997，106 和 Salkever 2007，35。

② Kraut 1997，108 - 109 指出，这代表了与希腊宗教和正统观念的分野。

此时（卷七第十章或 1329a40ff.），在宗教祭祀从据称是城邦真正的部分中被明显忽略之后，亚里士多德在讨论中第一次明确提到了政治哲人。亚里士多德断然将他自己对城邦阶层划分的观点，特别是——驰骋疆场的公民不应躬耕于田畴，换言之最好共和城邦的公民主要不是贤良的自耕农（这些人的生活重心在于自己农活和家庭生活）——归于"对政体进行哲思的人"。要看清亚里士多德现在的观点偏离古典的实践和原则有多远，我们只需回顾亚里士多德在卷一中关于家庭的教诲，更不用提参考色诺芬的和亚里士多德本人的《齐家》等作品。亚里士多德现在用了相当可观的篇幅论证①，[248] 公民不是农民，即从事战斗的人要同农作划分开来，这种观点并非"对政体进行哲思的人"的近代发明或炮制。亚里士多德坚持说，政治哲人只是接受了悠久的传统，这个传统尤其显见于古代克里特岛米诺斯王时代的法律（亚里士多德在此没有提到，克里特法律之所以闻名，是因为据说立法者受到宙斯的启示——对观柏拉图的《法义》）。亚里士多德补充说，克里特的法律也规定了传承已久的男性公民的会餐制度。我们现在知道，明显使战士公民脱离他们家务和家庭的会餐，将是公民日常生活中的一项核心制度。"所有人都同意"，亚里士多德说，"会餐制度对于良好构建的城邦意义重大"。至于"为什么我们也同意"——"我们将在后面另行说明"。事实上，亚里士多德从来没有说明其中的原因。此外，亚里士多德暗示，他和其他政治哲人据说是遵循的那些最古老的传统，事实上与这些哲人的观点并不一致：最古老的那些立法者认为会餐制度适合耕作的公民！② 在这个语境中，亚里士多德明显闭口不谈斯巴达：③ 因为斯巴达在这方面的制度不是亚里士多德的榜样。

---

① 学界往往一遇到困惑，就不管所有的手稿面目，急忙宣称，这一段落不是亚里士多德手笔，而是后人植入：参见 SH 和纽曼。

② 1329b14–16；纽曼指出，希腊语中"会餐"一词可能暗示了与农业的联系。

③ 纽曼 ad 1329b23，1330a21，对照 1271b40ff. 以及 Plutarch, Isocrates 和 Pherecrates 著作中可比较的段落。

由此，我们的政治哲人促使我们思考：大大降低了祭祀在他最好共和城邦中的地位之后，亚里士多德为什么强调将战士公民与家务、家庭和农耕等活动分离，却故意装出这种哲学方案来源于最古老的传统？

接下来，亚里士多德讨论了如何分配土地、农产和农奴，确保每个战士公民远离家庭，与其他战友会餐，确保"公共祭祀的花费也应该由城邦的收益支出"。① 尽管没有废除私产，但由于私产已经最小化，所以家庭和个人的祭祀实际上已遭废除（对观 1336b17－19）。同时，私产分配明显经过精打细算，尽量减少城邦防务造成的公私利益的冲突。因此，最好的共和城邦中日常生活，尤其是日常宗教生活的最根本的特点，现在已清晰可见：有闲的、自豪的战士公民将要一起度日，② 参与由年迈退役的战士公民（祭司）主持的雄壮而骄傲的公共祭祀活动。特别是如果这个城邦的外交政策是防御性的，其公民阶级很少直面战场上的暴死，那么，很可能祭祀时他们所祷告或祈愿的将是勇毅，而非生活所需、恐惧和怜悯。[249] 这可能有利于引导公民接受这样一种神或神命的观念，它接近于或会包容卷七第一章（即关于最好共和城邦的引言部分）中哲学的朴素而虔诚的神的观念。由此，城邦在某种程度上分享了哲学和科学的理性发现的关于人在宇宙中位置的真理。在最高的精神意义上，这种城邦事实上就是最好的可想象的城邦。我们在此看见背后最深层的原因，以解读为什么这些政治哲人在他们的思想实验中设想出的最好城邦，是由尽可能远离他们女人、子女和财产的战士

---

①　1330a8－9；但是正如纽曼 1267b33ff. 敏锐地指出，"亚里士多德没有像希朴达摩将城邦的土地分成三类——神圣、公有和私有——而是只分成公有和私有两类。"

② 亚里士多德建议立法者制订一条法律，规定男子三十七岁成婚（1335a28－30），这进一步强化了公民与家庭的间离；正如纽曼评论说，亚里士多德认为男女生理/生殖的高峰分别是三十二岁（参见 1335a32－35）和二十一岁（*History of Animals* 582a16－29）——但他故意尽可能延迟男性的最低婚龄，为的是成年公民结婚时单身的生活习惯更加根深蒂固。

公民组成的城邦。① 在提醒了我们正在设想一个"如愿"的城邦之后，我们的政治哲人讨论了另一种截然不同的、缺乏激情的、不合群的"天性"；这种"天性"正是那些耕作之人——如果他们像奴隶或来自异邦的农奴一样的温顺——所具有的。不过，亚里士多德推迟了解释奴隶如何分配，为什么"应该给予所有奴隶自由作为报偿"（1330a25 – 33）：他允诺这些问题也将在后面另行说明，但事实上并无下文。如今，徘徊于背景中的是这个即将登场的、具有政治性的平民问题（对观 1332b29 – 32）——这些贫穷的贱民既有虔诚的美德，也有卑陋的恶习（1337b14 – 15）。

在接下来的第十一章，亚里士多德重新开始讨论城邦的地形（1330b17 – 1331a18），似乎在暗示前一章对城邦"内部关系"——即其精神的生活方式——的讨论代表了某种高度。城邦的地形在第五章已经讨论过；现在亚里士多德补充说，必须保证"城邦本身按照地形的内部设计②如我们所愿"。亚里士多德说，我们的理想应着眼于四个要点（亚里士多德的措辞有意强调了四这个数字——纽曼1330a36）。"第一，最重要的"是应该顾及健康，东面朝阳，常得东风吹拂，最适合于健康。接下来"应加注意的两点是适宜城邦政治活动和军事活动的地形"。我们顽皮的老师似乎已忘记了如何数到四！他只字未谈第二个要点，何为适合政治活动的地形，而是直奔第三个要点，长篇大论何为适宜军事活动的地形。首先，他在先前第五章（地形便于军事行动）的考虑基础上补充了需供应良好的饮水。他然后解释说，考虑到健康，这也是绝不可轻忽的事情。我们注意到，亚里士多德先前已经讨论过城邦选址的生产性质和地

---

① 柏拉图《王制》和《法义》；回顾页 77；对观 Lindsay 2000，445 – 46 和 Salkever 2007。我们在此看到伊斯兰政治哲人发展出的圣战学说（他们将之归于希腊政治哲人）的深层目的和意义：Alfarabi 2001b，43 – 44（Aphorism 67）；Avicenna 2005，374 – 78；Averroes 1974，26.5ff，46.10ff，60.5ff. 。

② 1330a36；各家校注对这个奇怪的术语迷惑不已：参见纽曼。这个术语是对柏拉图玩笑似的回应。

形：他现在可以说是在从自然哲学的四个要素——土、风、火（太阳）和水——角度完善他对城邦地理的论述。［250］正如纽曼指出，这部分令人联想到亚里士多德《论问题》中的一些内容（941b，943b，946b）以及他的前辈希波克拉底的科学著作《论风、水和地方》。从土、风、火和水等角度对地理进行的科学研究，原本只是作为一种手段进入我们的视野，现在对于一些公民来说，这种手段是否容易变成一种目的，甚至是超越政治的目的，即城邦生活一直隐身未见得第四个要点？

然而无论如何，亚里士多德留在前台讨论的还是第三点那个庞大的话题，考虑到战争及其"德性"和"高贵"，什么样的地形最好。这不是说不考虑战争之外的其他方面：私人住房和街巷布局应该兼取两者之长，既要如"古人"迷宫般的布局，利于军事防御，也要有"今人"几何式的布局，宜于"观瞻"而且"便于平时活动"。亚里士多德提醒我们，"今人"几何式的布局是自然科学家、政治学家希朴达摩设计的（对观1267b22）；在亚里士多德的最好共和城邦中，希朴达摩做了一次巧妙的"回归"：对城邦建筑几何之美的欣赏性沉思，无论多么谦卑，与战士公民对于军事防御的核心而巨大的关注并行不悖。因此，在用了大量篇幅讨论完保卫城邦的垣墙之后，亚里士多德得出的结论是应该建造"力求其宏壮美观而又适于御敌"。

就在此时，亚里士多德突然第一次引入哲思作为公民阶层所需要的活动。军事技术的进步这个事实要求，我们的哲人宣布，即便是采取防御性军事守备的城邦，"也应殚精竭虑"，思考如何生产新的发明。在这个基础上，哲学和科学强行挤入最好共和城邦的战士公民文化（对观 Salkever 2007，38）。

在将哲学强行送入城邦之后，我们的哲人指出，他的规划——将最高行政官员会餐的地点放在祭祀的地方，由此让宗教权威服从于政治权威——受到传统的神法（对观1336b16）和德尔斐的神谕的限制。同样，我们的哲人在第十二章结尾时还指出，乡村四郊也

得散布若干祠庙，有些供奉诸神，有些祭祀英烈（对观 1332b17 –
18）。但是，亚里士多德说，"详述这些规划的细节并加以说明，恐
怕徒费光阴"；关于这些，"不难唱高论，可是要把这些高论付诸实
践，就殊非易事"；原因是"我们尽可祈愿，然而怎样可偿宿愿，
却得靠机缘"。①[251] 那些宗教传统、神法、谕令、圣地，亚里士
多德不但没有祈祷它们远去，相反他还必须与它们携手，共同构建
城邦；它们总是"机缘"巧合存在，作为制约性的因素，存在于每
种人为的建构，即便最好的可想象的城邦也不例外（对观柏拉图
《王制》427b – c 和《法义》738b – e，848d）。倘若这些因素一直
存在，那么亚里士多德有什么权利或在什么样的坚实基础上将之归
于"机缘"？②

在第十三章的开头，亚里士多德宣布，"我们现在应该来讨论
政体的本题了"——即"它应该由谁和哪类人构成"。其实，在第
十二章中讨论已开了头，在那里我们知道，老年人和青年各自有
（不同的）体育场。他们的锻炼要受统治者的监管，因为"只有受
到监管，自由人才会真正感到羞愧，有所畏惧，而慎自收敛"
（1331a40 – 41）。最好的共和城邦，正是因为到处弥漫着畏惧和羞
愧的气息，所以绝非纯粹的老年统治（对观柏拉图《法义》，卷
二）。"最高的统治者"将是极少精挑细选出来的老人，其权威地位
显见于他们在年迈的祭司身边会餐，会餐地点接近神庙，地势明显
抬高，可以俯瞰监管其他老人和年轻的战士公民在"自由广场"上
的日常活动。这种"最高统治者"的选举方式和任期，亚里士多德
按下未表。这或许是因为其答案要视下一个问题如何回答而定。

---

① 在希腊原文中，有人认为，亚里士多德写这个句子时以故意押韵的方式来增强
喜剧效果。

② 参见 1332a29 更强烈、更醒目的悖论表述："我们希望这个理想城邦在各方面都
具有足够的配备——外物的圆满既寄托于命运，在命运成为主宰的范围内，我们就只能
虔诚地祈愿。"可以肯定，"命运"（tuche）一词也指代"命运女神"，首先是指任何神的
行为（参见 LSJ s. v.）。

因为时机已经成熟，可以阐释决定作为一种生活方式的政体之宗旨。最好政体追求的目标是"城邦的幸福"。至于什么是幸福，亚里士多德提示我们参考他的《尼各马可伦理学》和《优台谟伦理学》①——不过，他用这句话表达了一丝疑虑："假如我们在那些地方所持的论旨是有益的"。毕竟，那些地方讨论的主要是个体的幸福而非城邦的幸福。亚里士多德说，两部伦理学著作中都认为幸福是"善行的极致和善德的圆满"——这种实现是出于"本然"而无需任何"假设"。在以此方式准确复述了他在两部伦理学作品中的高贵命题后，亚里士多德奇怪地给这个命题敷了一层庸俗的脂粉。"我所说的善行"，亚里士多德强调说，不是施行公正，惩罚恶行，而是"带来光荣和财富的善行"；这些才是"绝对最高贵的善行"，因为"它们带来或产生了好东西"；［252］而且，"幸福"总是见于与"贫穷、疾病等不幸"恰好"相反"的那些东西。从这种功利的教诲回到伦理学作品中的教诲之后，亚里士多德非常含混地解释说，我们在讨论伦理问题的篇章中，屡次说明，"一个真正善良而快乐的人，其本性的善一定是绝对的善②"；他接着补充说，"当他发扬其内在的善德时，一定能明白昭示其行善的真正的高贵或绝对的价值"。问题是，（在最好城邦的眼里）有绝对价值的善行，究竟是手段，还是目的？在此，亚里士多德在美德的地位方面再次吊诡地制造出混乱，甚至引诱读者进入这种混乱；这也是人们尤其是最有名的那些城邦的公民容易进入的状态；③他由此帮助我们看见，正如他现在所说："这就是为什么人们相信，身外之物是幸福的原因；这恰好犹如听到一曲佳音，人们竟忘记了乐师的妙手，却赞叹那把笛子的美丽"。但是，让我们吃惊的是，亚里士多德没有进一

---

① 《优台谟伦理学》与《政治学》这部分的关联，以及前者中观点的回声，参见 Bendixen 1856，578－581；Wilson 1881，85；SH ad 1331b22；Dirlmeier1969，132－133；Cooper 1986，73n，143n；Vander Waerdt 1991，235；Kraut 1997，128－130。

② 亚里士多德用了含混的介词"dia"，其宾格既指手段，也指目的。

③ 美德和幸福之间含混而流行的观点，参见 *Rhet.* 1362b2－3，1366a36ff. 。

步哪怕是三言两语（正如在《优台谟伦理学》1248b35ff.）地交待美德和外物之间的正确关系。相反，他宣布，"从以上的分析可知"，城邦必须预设某些要素或外物，只有这些外物齐备和充足，公民的生活才不因外物的匮乏和需要而受到诱惑。亚里士多德是否在暗示，即便是最好共和城邦中的公民，也不可避免地只是他在《优台谟伦理学》中所称的具有"公民"德性观念的"好人"，因此还不算是"贤良"（高贵而善好）？① 当然，亚里士多德肯定了科学和选择能使城邦变"好"；由于全体公民对政治有责，所以"全体公民"都应该是"好人"。接下来，我们的哲人开始讨论公民得以"变得善好"的三个要素②："天性、习惯和理性（话语）"。他强调，人是唯一具有理性（话语）的动物，因为"通过劝导"什么更好，人们就能够挑战他们的天性和习惯，促进三者之间的"和谐"。亚里士多德提醒我们，我们在前面已经论到，在理想的城邦中公民应有怎样的天性，方才适合于立法者施展其本领；公民既都具备那样的素质，"其余的种种就完全寄托于立法者所订立的教育方针"，公民可以由习惯的训练养成部分才德，另一部分则有赖于理性地"倾听"教诲。倾听并不必然要求提问或争论。问题是，最好共和城邦中的公民教育在多大程度上是真正理性（辩驳和科学）的教育，在多大程度上是修辞—劝导的教育（对观《修辞学》1370a25－26）？

接下来的第十四章表明，现在讨论的教育主要是城邦统治和被统治的教育，按照前面所说的年龄划分来组织实施。但亚里士多德首先揭示的是如何教育公民衡量他们作为被统治者和统治者的角色。[253]"青年都不会妄自认为才德胜于前辈而不甘受人治理"，

---

① *Eudemian Ethics* 1248b35ff.。

② 纽曼指引我们参见 *Rhet.* 1387b7，在那里亚里士多德说，那些"美好而高贵"的人往往容易产生义愤，"认为自己才真正配得别人都不配得到的东西"。

因为"他们明知自己达到适当年岁就要接替统治位置①"。青年认为受人统治是代价或损失，但这种代价或损失在他们以后的统治岁月中会获利或弥补。但我们的哲人立刻说，如前所言的声音，"我们认为"，只有专制统治才对统治者有利，只有政治统治才对被统治者有利。但他又提醒我们，"我们认为"，"作为统治者的公民的美德，应与好人的美德一致"。再次，亚里士多德像举起一面镜子，映照出好人—统治者自觉的美德目标，存在巨大的混乱。统治者认为是为了实现自我，还是自我牺牲，服务他人？最好共和城邦的公民—"好人"是否弄清了他们作为统治者的最高目标？亚里士多德提醒我们，行为是否高贵，区别不在于行为本身，而在于自觉的目标：事实上，真正的高贵有赖于一贯且清晰的自知。亚里士多德随后声称，确立"最好生活的目的"，首先"当属立法者的事务"（1332b12 – 1333a16）。

在这个关键问题上，似乎是为了教导立法者②和我们（如果说不是教导未来的公民），亚里士多德简略谈到了明显有点教条的道德心理学。灵魂分成两部分，一部分有理性，另一部分没有理性，但能够"倾听理性"。"我们认为"，一个人只要拥有两部分的美德，"就可以说他是某种意义上的好人"——换言之，并非绝对的好人。"有理性的那部分更好"，"没有理性那部分是因有理性的那部分而存在"，这"在自然世界和人类世界中明显可见"。（纽曼所谓的这条"影响深远的原理"，似乎仅仅暗示了倾听这部分的"美德"，与其说是目的，不如说是手段。③）而且，"按照我们的习惯"，有理性的那一部分可以进一步划分，将其活动分成"实践理性活动和理论理性活动"。因此，关键的问题就变成，这两种活动中，哪种"自然更好"，因此更值得选择，作为城邦及其公民可以抵达的"顶

---

① Simpson ad loc. 指出："希腊语中 eranos 意为期待以某种方式偿还的借品或礼物"。另参见纽曼和 Lord ad loc.。

② 这个影子人物的地位，参见 Kraut 1997，66。

③ 纽曼提示我们参见 *Magna Moralia* 1208a 12 – 13。另参见 Lord 1982，39。

峰"（1333a16 - 30；对观 1337a38 - 39）？

亚里士多德没有直接回答这个问题，却转而谈论"全部人生"的三组划分。正如勤劳是为了闲暇，战争是为了和平，必要而实用的行为是为了更高贵的行为。因此，关于灵魂及其活动的各部分之间，精通政治技艺的立法者也必须做出同样的选择：在为公民特别是为还不成熟的年轻公民设计教育制度时，[254] 他必须顾及"更好的、更高贵的目的"（1333a30 - 1333b5）。但同样的问题是，实践和理论这两种理性活动，对于城邦及其公民而言，哪种更好，哪种是终极目的？为什么？这些问题仍然没有回答（1337a38 - 39）。

对于政体的终极目的，哲人亚里士多德依然采取逃避的态度，没有正面回答，而是对同时代的希腊公民文化发起了激烈的攻击和反驳，"在我们今日的希腊，以治理优良著称的城邦"，显然不把最好的那些美德作为政体、法律和教育的宗旨，相反"却崇尚鄙俗的趋向，力图培养那些可见实效和容易获得近利的各种品性"。而且，"当代某些作者"也怀抱同样意志，表现着相似的精神，居然称颂斯巴达的立法者将战争和霸权视为整个政治体系的目的。亚里士多德要他的学生相信，这种流俗的观念"不难凭理论加以指斥，而且早已为事实反驳"——为了证明自己的说法，亚里士多德列举了六条反驳意见。首先，现在斯巴达已经失去了霸业，不是一个幸福的城邦，因此其立法者不足称颂。其次，这个城邦的人民世代谨守他订立的法律，结果却没有过上高贵的生活，这难道不荒唐可笑？第三，那些倾心斯巴达的人，"对于立法者理应所知抉择的政体类型总是看错了"——因为"自由人的政体比任何专制统治都高贵、更有德"。第四，称颂那些以霸权为志业的立法者和城邦之所以有害，是因为这意味着，任何有能力成就霸业的公民，必然会以暴力强取本邦的政权，君临天下。第五，战争的技艺不应用来奴役那些不应被奴役之人，而是为了让他们避免奴役；建立霸权是为了他们的利益，奴役那些应被奴役之人。最后，"立法者应该严肃对待战争技艺和其他立法，务必以求取闲暇与和平为终极目的"，这个观点业已为历史证实，许多城邦在战争年代靠暴力取得天下，但在和平年代却失去了锋芒，最终逐渐湮没（1333b5 – 1334a10）。当我们想起亚里士多德曾经说过，最好城邦的政治活动或统治仍然需要闲暇，[①]我们就可以做出判断，这六种辩驳远远不能廓清城邦公民生活的目的。一个爱思考的霸权捍卫者或许会问，[②] 倘若有这样一个城邦，它追求的是审慎的、节制的、良善的霸权或帝国，在所有公民得享闲暇的同时，还能展现以和平的、贵族的或君主的政治统治为主的美德，并以此作为实践理性的最高善行，那么面对这样的城邦，以上六种反驳意见不都灰飞烟灭吗？一个城邦及其公民能够从事什么比这还圆满的活动呢？

[255] 在第十五章开头，亚里士多德再次强调，对于城邦和政体而言，正如对于个体一样，"诸美德必须属于闲暇，因为闲暇与和平才是目的"；但他继续将重点放在城邦的诸美德上，因为只有它们"属于""有用"（即作为手段）的闲暇；现在，他将城邦诸美德第一次与"娱乐"联系在一起。[③] 亚里士多德说，城邦诸美德要派上用场，必须与"若干必要的娱乐结合"——有些必要的娱乐在闲暇中进行，有些必要的娱乐在繁忙中进行。这就是为什么"城

---

① 1329a1 – 2；另参见 1269a34，1273a35；Newman ad 1333a30；Kraut 1997，86。这与 NE 1177b6 – 19 存在张力或矛盾。

② 参见纽曼 ad 1333b26 和他对亚里士多德的抗议 ad 1333a35，他举了 Pitt（带领大英帝国反抗拿破仑）和 Stein（带领普鲁士反抗拿破仑，为日耳曼帝国奠基，部分是靠解放农奴，提升非贵族阶层的地位）为例。纽曼 ad 1334a8 还敏锐地指出，亚里士多德在此对斯巴达的批判与伊索克拉底（*Peace* 95ff.）形成了对比：伊索克拉底将斯巴达的衰亡归于追求帝国霸权，而亚里士多德则认为是由于教育的缺陷。纽曼写道，亚里士多德的意思是，"要是历史重来，斯巴达人应该在闲暇时候采取措施，以免失去亚里士多德所说的'节制'"。

③ "娱乐"（1334a17）早在 1280b38 即出现，在那里它与城邦的宗教节庆有关（对观 Pieper 1965）；它即将用于指代婴儿的度日方式（1336a40）；另参见 NE 1127b34，在那里，正如 Lord 1982，57 强调，它与"玩乐"一起，构成了"放松"，使适宜于这种放松（不是闲暇）的伦理美德得到展现。考虑到下文，我们注意到，亚里士多德这里的强调涉及许多伦理美德，首先是正确欣赏喜剧。

邦应该具备节制、勇毅和坚忍的品德"：它们可以防止城邦陷入奴役的命运。"因此"，勇毅和忍耐是"为繁忙准备"的娱乐；但"哲学"——亚里士多德说——是"为闲暇准备"的娱乐。哲学在此突然被作为有用的伦理美德引入，作为为城邦的闲暇准备的娱乐：我们的哲人解释说，哲学在伦理上的用处在于，它与正义和节制一起产生合力，防止可耻的倨傲，而高傲正是那些"运气特别好"——无论是在此生，还是在如诗人们咏叹的来生的幸福岛上——"享尽一切幸福"之人易犯的毛病。这也是为什么（亚里士多德最后说）最好的城邦"培育美德"时不能师从斯巴达，因为斯巴达不懂"利用闲暇中的好东西"。我们仍然没有一个清晰明白的结论，以探求最好的城邦以什么善行作为其存在的终极目的，而非只是有用的手段。抑或亚里士多德是在暗示，即使最好的城邦，也不可能找到那样的公民活动，因此即使最好的城邦，也不可能超越这种心态，即主要关心的是使用和享受人人（包括斯巴达人）都认为是明显好的东西，但在这样做的时候，又能够利用伦理诸美德（包括"哲学"），避免倨傲。因为大家都相信，倨傲会招致毁灭，尤其是因受到神的惩罚或（无论是在此生还是来生）失去神的支持或奖赏而毁灭？在此，我们的哲人打住话头，突然宣布我们仍需"思考"的是，"应该怎样，并以什么为依据，才可普遍造诣于全部诸美德"（1334a11 – 1334b5）。

　　接下来，亚里士多德转而讨论如何教育公民，因为"照我们先前的论证，尤其应该重视内善，即理性（话语）和心灵"（他没有具体指明是从事实践理性还是理论理性，最终是为了快乐还是为了美德：对观 1337a38 – 39）。在第十六章，亚里士多德按照人类生育的自然时序，为了家庭和谐和如何最有可能繁衍出强健的后代，建议立法者应该首先关心婚配、性生活的"适度"以及遗传。[256]我们的哲人明确表示，他的建议扎根于自然科学以及实践智慧和经验，他建议立法者和每对新婚夫妇都要学习研究与生殖有关的科学知识（1335a39 – 1335b2）。恰成对照的是，亚里士多德只字未提新婚夫妇应该求神保佑，或去求教祭司、神谕或先知。当亚里士多德建议，立法者可以规定，孕妇每日须到专司育儿的诸神（亚里士多德都懒得点名）① 坛庙进香一次，养成经常运动的习惯，确保身体的健康后，这种沉默变得更加明显。接下来他继续建议，孕妇应避免劳神苦思，保持安静的情绪。②（我不能确定帕斯卡尔在此会不会发笑。）顺此思路，我们的哲人还推荐立法者订立法规，凡属畸形与残废的婴儿可以抛弃，为了控制人口可以堕胎；至于允许堕胎的时间，"堕胎是否渎神，当以胚胎的感知和生命是否显现来判别"。在这个重大的问题上，亚里士多德毫不迟疑地将他关于理性，因此是关于自然正当的知识当成是否渎神的准则。③

在卷七的最后一章即第十七章，亚里士多德给了立法者一些粗略建议，如何在家中抚育婴儿至七岁。在这期间，孩子的身体应该通过合理的膳食和锻炼来调养，为将来从事"战争技艺活动"打基础——他建议希腊传统的育儿法应该纠正，同时应该参考其他好战民族的育儿法。至于儿童的心智，只有等待未来的教育，不过可以通过做游戏、讲故事等娱乐方式，为他们未来的追求铺路。正如纽曼（1336a30）吃惊地指出，亚里士多德与柏拉图笔下的苏格拉底截然不同的是，"似乎没有为儿童提供宗教教育"。亚里士多德最关心的，是需要法律授权监管家庭，因为童年时期容易受到熏染，任何卑鄙的见闻都可能养成不良的恶习，所以应该杜绝儿童见闻可耻的言行；这使得他指出，有必要对社会中一切言辞、书写和艺术进行审查，若有违禁，应施行惩戒——"因为人如果轻率地口出恶

---

① 1335b14－16；此处传统的希腊神祇应是三位女神：Eileithyia，Artemis，Demeter；然而，正如纽曼指出，亚里士多德用的是阳性，所以指的是男神而非女神。

② 1335b17－19。亚里士多德是否会想到，有些爱思考的女人，在孕前听从了立法者的法令，和丈夫一起学习了气象学、生理学和医学等知识，在孕后可能不受管束，不再接受立法者的法令，前去祭祀据说掌管怀孕和生育的神灵？

③ 1335b19－26；纽曼指出，亚里士多德建议堕胎违背了希波克拉底誓言：医生发誓不做堕胎手术。对照 Peter of Auvergne（Thomas）ad loc.。

言，他就离恶行不远了"。不过，统治者对于描绘可耻形象的禁令，也有一大例外。突然，亚里士多德史无前例地表明要服从希腊的宗教传统，要服从这条"礼法"，在某些祭神的节庆中，可以有鄙俗的节目。[257] 我们的哲人只是坚持这个保留意见："青年在未得参加会餐席次与前辈传杯共饮之前，立法者应该规定他们不得观听俚歌或滑稽喜剧；只要到了年龄，他们业已受到充分教育之后，这些表演的不良影响，便不足为虑了"。因此，酒神节日中的俚歌和喜剧——阿里斯托芬在这些节目中对一切神圣或渎神的权威都嬉笑怒骂、质疑拷打——似乎成为生活方式中受到认可（尽管是用警戒线围住）的一部分。这是我们第一次听到亚里士多德指明共同体生活方式中一个重要的思想艺术内容。严格说来，这条法令违反了亚里士多德灵活机智的伦理美德，滑稽喜剧因言辞可鄙而被他这种伦理美德排除在外，不准我们欣赏；更何况，滑稽喜剧放纵了说大话和反讽等伦理邪恶（对观《伦理学》1127a13 – 1128a8）。难怪亚里士多德要补充说，他这条提议只是临时的，"等讨论到城邦对这些事项究属应否加以管理，以及管理应采取怎样的方针和法规时，我们还得重加考虑，再行论究"（对观《伦理学》1128a30 – 31）。这些问题如果得到最终解决，可能对最好政体的精神生活产生重大影响：到时，阿里斯托芬以及他所代表的一切是否还是生活方式的一部分？这是个新问题。

教　育

卷八开头即强烈认同最好共和城邦及其教育的集体属性："我们不应假想任何公民可私有其自身，我们毋宁认为任何公民都应为城邦所公有"，因为"每个公民都是城邦的一部分；自然，任何对于个别部分的照顾必须符合于全体所受的照顾；在这方面，斯巴达是应该受到称颂的"（1337a27 – 31）。但恰是在这个基础上，那些根本的有待解决的问题必须重新打开："考虑到美德或最好的生活，青年需要学些什么"，迄今还有"争论"（换言之，美德与最好生活的关系是什么，还没有统一的意见）；"同样，教育的正确目标是理智还是情操，依然含糊"。如果审视一下现世的实况，亚里士多德说，更是"迷离恍惚"，无可折衷，谁知道"设教的方针是关注人生实用的业务，还是专心于美德的修炼，抑或志在促进一切卓越的智能？"①

　　亚里士多德的讨论从"明摆着的方面"开始："教育当然包括那些有用而且确属必要的知识"。这些必要的知识又分成适宜自由人的知识和不适宜自由人的知识或"贱役"；自由人受过（自由）教育之后，"不再降格从事贱役"。［258］亚里士多德所谓的"贱役"意义很宽泛，"任何职业、技艺或知识，只要影响自由人的身体、灵魂或心智，无益于美德的操修"，都属"贱役"。如此定义的教育与美德有关。但关乎哪种美德——是伦理（实践）的美德，还是精神（理性）的美德，抑或两者兼备？一方面，我们的哲人说，那些有害于人们身体的技艺，以及一切受人雇佣赚取金钱的活计，因为"劳心损智"，所以"我们"就称之为贱役。但另一方面，亚里士多德又说，在"适合自由人学的知识中，有些也应该做某种程度的限制；这些知识要是过度的着意用力，以求专精"（哪怕是其中一门），"也会有上述的危害"（劳心损智）。这似乎在暗示，教育公民要习得的"自由"美德，会使自由人受到的（自由）教育简化或业余化；更加值得注意的是，这还意味着，有些人（如亚里士多德）一意苦求这些知识，以求专精（对观 1341b30），在城邦的眼里，不但劳心损智，而且缺乏灵魂的伟大。这是不是因为现在所谈的教育，是自由公民的教育，培育青年服务城邦，要他们理解自己是城邦的组成"部分"，其行动和生活不是为了自己，而是为了城

----

　　①　1337a35 - 42；正如 Kraut（1997，176）指出，亚里士多德在《伦理学》（1141b3 - 8）中使用了"非凡之物"来指泰勒斯和阿那克萨戈拉知道的"无用的"科学知识；另参见 Simpson 1998，256。

邦的利益？但恰是在这时刻，我们的哲人补充说："人们所行或所学，当凭其目的来论高卑——人们所行或所学，如果是为了自身，[1] 或为了朋友，或为了美德，这不能说是贱役；但同样的所行或所学，倘若是依从他人的要求，这就未免卑贱而近乎奴性了。"（1337b4—21）问题是，假如是为了城邦的缘故会如何？在此，美德和生活的目的——主要是为了自身，还是为了他人（或城邦）——这个根本的、有待解决的问题再次浮现。不过，我们现在瞥见，在这个问题上，亚里士多德这样的哲人与（最好的）城邦，或与认同城邦及其立法者的观点的那些哲人之间，存在根本的差异。"为了美德"的行动能否超越这种根本的差异？但亚里士多德后面会说（1341b11），个人所求的美德是"自己的美德"，这是自己的幸福或自己的最大利益的核心。

　　在卷八第三章，亚里士多德再次回到那个更大的、有待解决的问题：最好的公民教育的宗旨是服务人生还是培养美德？他解释了先前的观察，现实的教育状况是指向两个方向：读写和绘画，在人生许多实务上有用；体育活动用以培养勇毅的美德；至于"音乐"[2]，那就"令人颇为困惑"。现在，人们研习音乐，目的大都在于娱乐。[259] 但我们的哲人再次求助于那些"以前"把音乐列为教育课程的人，以抗拒这种流俗的观念。前人这样做，他说，因为"自然本身"，作为"一切的本源"，"不仅追求正当的勤劳，而且操持高贵的闲暇"——后者才是真正的"目的"。现在，操持闲暇（休闲）不能意味着玩乐（娱乐），因为"这样一来，玩乐必将是我

---

① 纽曼贴切地引用了 NE 1124b13（具有伟大灵魂之人"不会为了别人生活，除非是为了朋友"）和 *Metaphysics* 982b25："正如我们声称自由的人是为了自己而不是为了他人，同样只有这种学问是自由的：因为它只为了自身。"

② "musike"指的是缪斯女神掌管的诸种技艺，因此比我们现在英语中的"music"词义更广；不过该希腊词的核心语义是指有音乐伴奏的诗歌，因此翻译成"music"还是最为保险——尤其是在这个语境中，考虑到亚里士多德的讨论内容（参见 Simpson 注，155n5）。

们生活的目的"。但是，"假如这是不可能的"（假如我们不是神的玩物：柏拉图《法义》803c－804a），假如"玩乐在人生中的作用应同勤劳相关联"，那么玩乐应慎重规定在适当的季节和时间才举行；正如"用以消除疲劳"的药剂，玩乐用快感使勤劳的人们得到解乏。相反，"人们认为休闲是另一回事，自有其内在的快乐和幸福"。"人们操劳，总是为了外在的目的"；但"幸福就是目的——唯有休闲，才是完全没有痛苦的快乐"。现在，最好的快乐（休闲）的重要性猛然放大。正是由于"最好的人将最好的快乐当成目的，从最高贵的事物中感应快乐"，因此，"显然，有必要设置一些科目，专以教授和学习如何休闲；凡有关休闲的科目都出于自主而切合人生的目的"。但为什么休闲是公民生活的目的？这些教育的科目为什么都出于自主？亚里士多德没有直接回答，而是回头谈论古人，他说，我们的祖先把音乐作为教育的一门，不是因为音乐为生活所必需，也不是因为音乐如读写和绘画那样务实，更不是因为如体育活动有益身体健康、培育勇毅的美德，而是……为了什么？（参见 Susemihl）"音乐被列入教学科目的原因"亚里士多德说，是古人认为音乐"对休闲"——"自由人的休闲"——有用。为了生动表现他所认为的古人的意思，亚里士多德引用了荷马的诗文，荷马不但赞扬邀请游吟诗人参加会饮助兴的礼俗，还让笔下的奥德修斯道出了名言，"最好的休闲"莫过于"华堂开绮宴，共听诗人吟；列座静无喧，清音自雅存"。亚里士多德由此总结说，"诸子应该接受一种既非实用也非必需，但却自由而高贵的教育。"战士们在会饮时共听诗人的清音，似乎既不会挑战他们的心智，也不会完善开阔的心灵教育。纽曼不无困惑地评论说，"亚里士多德应该不会同意荷马和奥德修斯的观点，欢宴是自由人的休闲"；毕竟，"亚里士多德认为欢宴（饮酒）只是放松的玩乐方式而已"（1339a16；对观 Lord 1982，81－85 和 Susemihl）。若是，亚里士多德开这个玩笑到底有什么严肃的意义？会饮中共听诗人的清音对心灵有无重要意义？在亚里士多德引文的原始出处（《奥德赛》9.5，17.32ff.），可能找得到答案。[260] 在那里，诗人"受到神的启示"，有着"神一样的声音"——另外据说，先知也可能获得邀请来参加会饮。亚里士多德故意掩盖了荷马作品中这些关键因素。正如纽曼指出："亚里士多德没有注意音乐在敬神中的用处"。但是，通过明显的缄默和掩饰，哲人亚里士多德指向了那种用途，换言之，被哲学排斥的荷马所代表的诗的另一用途，也在宣扬一种重大的、理性的、休闲的活动，能够在最好的理想城邦中的战士公民中，找到一席光荣之地。问题是，亚里士多德认为他能把这条上山之路修多远？荷马为作为诗人的智者在城邦中找到或被打造为一个受人尊崇的地位，既能娱乐许多人，形塑他们的虔诚，也能通过苏格拉底所谓的诗的"弦外之思"（柏拉图《王制》378；色诺芬《会饮》3–6）启发小部分有潜力的青年；亚里士多德真的以为他能踩着荷马的肩膀上行？亚里士多德说，他建议的自由教育"是一门或几门，究竟有哪些，又如何研习，所有这些问题以后另述"。现在，"我们已达到的结论没有违背古人的传统，音乐这样一门不切实用亦非必需的科目很早就被古人列入教育内容了"。他补充说："某些为了实用而授予儿童的科目，例如读写，也并不完全因为只是切合实用的缘故；无关实用的其他许多知识也可凭所习得读写能力从事进修"。同样，教授绘画也并非只为了人生实用，它还能养成人们对于"物象的审美观念和鉴别能力"。① 毕竟，"事事必求实用，这有悖于灵魂大度的自由人"。至此，我们的哲人觉得有必要开始讨论七岁儿童的教育。他首先建议儿童从事体育锻炼，训练好身体。

在卷八第四章，通过对斯巴达教育的另一种批判，我们知道"身体的训练与心智的训练天然就相反，相互牵制"。所以，最好的共和城邦中的公民只能在青春期开始后的三年才可学习与心智有关的科目，此前和此后的年岁都应该彻底禁止心智教育，要全身心投

---

① 正如 Koeplin 指出（2009，124），在《优台谟伦理学》（1245a23）中，亚里士多德区别了"音乐研究"和"哲学研究"（同时也将两者联系起来）。

入体育和身体训练，为在二十一岁时开始严格的军事训练和政治训练打下基础。

亚里士多德建议，在青春期开始后的三年教育中，将有一段时间用来学习音乐（显然还包括读写和绘画①）。所以在第五章，亚里士多德重新出发，"再次论述有关音乐的若干问题"——并且十分低调地说，是为了创作"序曲，② 以引出他人更好谈论音乐的主调"。[261] 但是，亚里士多德仍然继续小心翼翼地探讨音乐的本质。他说，音乐不仅是教育青年的一部分，而且也是正当年的成人关心的东西；要确定音乐的力量或目的，是不容易的。亚里士多德摆出了三个可选答案供讨论。音乐的第一个目的是为了玩乐和解乏，像睡眠和沉醉——本身无所谓好坏，但却给人怡悦："正如欧里庇得斯说，断绝忧思。"亚里士多德引了欧里庇得斯《醉酒的女人》中的一段名言（381－387）。在那里，虔诚女神抱怨酒神狄奥尼索斯非礼，但酒神是宴会的主神，又有权力，她奈何不得。这时，（在舞台上边唱边跳的）歌队邀请女神"一起舞蹈"，"和着音乐节拍一起大笑"，"断绝忧思"，只要有酒助兴，欢歌笑语，定能一醉方休。再次，亚里士多德不动声色地指向他明显忽略的对立的宗教路径。音乐的第二个（即中间一个）目的是，通过培养高贵享受的习惯，有助于伦理美德。音乐的第三个目的是"有助于休闲和审慎"（1339a11－26）。

音乐所谓的这三个目的，无论哪一个都有很大问题。首先，亚里士多德告诉我们，青年受教育不是为了玩乐，因为学习不是靠玩乐，而是靠吃苦（1339a27－28）。这个精心布局的观点很奇怪，为的是让我们这些学生觉得吃惊。诚然体育训练会吃些苦头；但为什么青年在学习读写和绘画时就不能甘之如饴呢？更何况还要学习弹

---

① 正如纽曼注意到 ad1337b23，"显然没有提到数学"；对观柏拉图的《法义》卷七。

② "endosimon"是音乐术语——亚里士多德的口吻像在说，他现在象征性地创作简短的"序曲"，激发其他人创作更长篇幅的主调：参见 Lord 1982，69。

里拉琴——正如亚里士多德将马上强调的，音乐教育因为其快乐的性质而与青年的本性契合。① 经过反思，我们看到，答案是明显的。经过多年的体育训练，孩子们已经习惯了吃苦（对观《论法的精神》5.2 与 4.8）——更别提，他们知道父辈们每日都在体育场活动（对观 1331a30ff.）。因此毫不奇怪，大多数青年会觉得中间插入的那三年心智教育一样很苦。体育训练才是公民教育中最大的部分。他们渴望回到体育场或操场，他们知道在那些地方兄长们正在接受更高难度体育活动的考验。最好的公民教育制度不会青睐或培育我们所谓的艺术感和精神气息。

其次，亚里士多德继续说，此处说的"休闲"是指不适合青年的东西，因为休闲有目的，而青年还没有目的。现在，亚里士多德承认有人会反对：有人可能认为，[262] 儿童学习音乐是为了真正成年（即有了目的）后的玩乐。这种反对意见假定，公民音乐教育的目的是为了成年后的玩乐；让我们奇怪的是，亚里士多德没有反驳这个假定。相反，他问，若是只为这个目的，既然能够通过观看艺人的专业表演来享受和学习音乐，青年为什么还需要学习音乐表演？亚里士多德继续反驳，要说他们需要学习表演，等于说烹饪是青年自由教育的一部分那么荒唐！现在的假定似乎是由前面荷马引出来的：会饮时听诗人的清音，这是成年公民生活的目的。这个印象接下来变得更强烈。亚里士多德宣布，那种认为音乐教育有益于伦理美德的观点，"一样有问题"。（青年何必自己学习演奏，让他们多听别人对音乐的鉴赏，不是一样可以养成欣赏音乐的能力？）然后，亚里士多德转而批判音乐教育"有助于我们自由人的日常幸福和休闲"的观点。我们的哲人求助于"我们有关诸神的知识"所设定的标准，这个标准见于荷马对宙斯听弹琴的描述。在诗人的笔下，宙斯仅仅享受琴音，但不愿入下身段加入表演；如同"我们"相信宙斯（这个统治的、政治的、君王一样的神）是最高的典范：

---

① 1340b14 – 17；Koller 1956, 38n116, 40n23；Kraut 1997, 188。

"我们认为音乐表演者是卑贱的，我们认为他的活动不是一个真正的人的活动——除非喝醉了或在玩乐"。亚里士多德提醒读者，他引用荷马和欧里庇得斯把音乐描绘为会饮的一部分所蕴含的更丰富的意义；那样的活动，在狄奥尼索斯有益的参与下，可理解为隐约带有最高形式的存在，因此是生活的指针；那种存在或生活轻松而幸福，因为在宙斯统治下的奥林匹斯山神是不朽的。倘若说亚里士多德现在向荷马①的幸福观低头，那他也没有完全信服。他说："关于这些问题，姑且留待以后研究。"（1339a29 – 1339b11）

　　亚里士多德回到他所谓的"首要问题"。但他现在换了个说法："音乐应不应该是教育的一部分？若是，那在三种复杂科目（我们的哲人现在指明是'教育、玩乐和休闲'）中，音乐有着怎样的力量？"他首先表示，完全有理由相信音乐"在这三种科目中都有一席之地，给人印象为三种科目所共通"。因为玩乐是为了恢复身体，"必须具有"快乐的要素，如同"药剂"消除劳动的痛苦。而"休闲"，一般认为则应兼备快乐和高贵的要素，［263］因为幸福的心灵是这两种要素合成的心灵。音乐是"我们都同意是最快乐的事物之一"（不是最高贵的事物之一）。接下来，在引用了传奇诗人、圣人缪色奥（Museaus）的诗句——"令人快乐，莫若歌咏"——之后，我们的哲人总结说："由此我们可以知道，为什么对于聚会休闲，世人往往以音乐助兴，因为音乐确能鼓动人心，使之欢快"，"正是出于这个理由，我们才可主张，青年应该接受音乐教育；因为一切没有后患的快乐，不仅有助于人生的终极目的（幸福），也可借以为日常的解乏"。如此说来，除了作为药剂，帮助人们解乏，娱乐性的、快乐的音乐是否只是对人生终极目的的一种无害的、不可或缺的补充？或者，亚里士多德暗示，音乐与醉酒和睡眠一样只是药剂，首先是治疗我们感到必朽的忧思？倘若如是，考虑到心智的澄澈，快乐的音乐怎么可能是完全无害的呢？当然，我们的哲人

---

① 纽曼指引我们参见 *Odyssey* 14. 463 – 467。

继续指出快乐的音乐带来的更严重、更广泛和更深层的困惑。他说，由于人们很少实现他们终极的目的（幸福），因此他们为了日常解乏，经常利用包括音乐在内的娱乐，只为追求快乐。结果，人们把这些娱乐当成了终极目的——亚里士多德解释说，终极目的（幸福）可能包含了某种快乐，但幸福不是偶尔的快乐；在追求终极目的（幸福）时，人们误将娱乐中的快乐当成了幸福。亚里士多德重点强调，有人或许会认为，这种对于我们人生终极目的的误会，很可能是人们通过这些快乐来追求幸福的主要原因——尽管，他补充说，音乐可能给人们带来被误为是幸福的快乐，对解乏而言也属有益（1339b11－42）。问题是，前面这段论证到底是支持还是反对把音乐放在教育科目之内？我们的哲人是否暗示，音乐是独特的力量源泉，会产生迷醉的幻想，令我们上当，使我们看不见作为生活真正目的的美德和幸福？（卷八的最后一段，也是流传至今的《政治学》的最后一段宣布，亚里士多德最好共和城邦中的成熟公民应该学习音乐；在柏拉图的《王制》中，苏格拉底摒弃了音乐，因为音乐会使灵魂进入醉乡，所以不适合哲人的卫士：1342b23至结尾。）

　　但（亚里士多德继续说），或许音乐的解乏只是"偶然"的效果："音乐是否另有比先前所说的更为高尚的本性；只要有感受力，人人都能从中得享共同的快乐？"此外，音乐还应对我们的性格和灵魂有所影响。音乐的确影响了"我们"的性格，这已从多方面获得证明；特别是我们的哲人说，[264]奥林匹斯的某些音乐，能使"灵魂激荡，如神灵附体"。① 事实上，"所有人仅仅听到一些模拟的声音就会有所动心而表现出同情"。亚里士多德由此表明，他完全意识到音乐的精神力量会带来多大问题。但是，他继续论证如下

---

　　① *enthousiastikos*, *enthousiasmos*（1340a11）；参见柏拉图 *Symp.* 215c 和纽曼，后者指引我们参见 *Magna Moralia* 1207b4——"那些灵魂激荡、如神灵附体的人，对有些活动有着非理性的冲动"；1190b35——在那里，"灵魂激荡、如神灵附体"之人是显得勇敢但实际并不勇敢的典型，因为他们完全被没有理性的激情驱使。另参见 Kraut 1997，193。

（1340a14－1340b17）。既然美德在于养成习惯，从高尚的人物和行为中得到快乐，既然音乐（与精神穿透力和感染力稍逊的视觉艺术）能够模拟各种感情（如愤怒和温柔），能够模拟充分表现这些感情的德性——诸如"勇毅、节制、怯懦、放纵等一切伦理品质"——那么，在教育青年的时候，就应该"利用音乐模拟的形象，使他们养成正确判断悲欢的习惯"；因为"青年不愿意忍受任何不快乐的东西，而音乐天生就是快乐的东西"。换言之，音乐就是糖衣，包裹着伦理教育的苦涩药丸。然而，前面的论证揭示出的一个明显的大问题是，音乐（乃至视觉艺术）也有力量诱导人们对模拟的或真实的不伦之情产生暂时的甚或习惯性的快感。把音乐甚至视觉艺术当成教育手段，如同玩弄精神的烈焰。因此，有必要禁止青年观看鲍桑那样画家的手笔，有必要严格区分"乐调"，[①]哪些不宜青年听，哪些他们能听（或在有人陪同下听）。这就要求对不同的乐调及其精神效果要有精深的研究。对于这个复杂的任务，亚里士多德建议我们尽可遵循那些对"音乐教育素有研究的人的先进意见"。这些人似乎近于"智者"（亚里士多德用奇怪的闲笔指出），他们教导人们，研究乐理，可以洞察人心。由此，哲人或他们的书写或许可以借一条小道进入城邦的教育体制：为城邦的公民教育者提供急需的意见和建议，以应对音乐对青年的种种不良影响；这是一件非常重要的任务，需要慎重应对，因为对手是如此强大的精神武器。[②]鉴于亚里士多德所表明的风险，[③]人们禁不住问，他推行音

---

① 这些主要是乐器的音阶。古希腊乐调和乐论是否仍可理解，对这方面博学的推测和总结的有用介绍，参见 SH 624－638；Winnington－Ingram 1936；Henderson 1960；Anderson 1966，25－29，34－35；Lord 1982，章3；West 1992。

② 对观 Lindsay 1991，506－507。纽曼说："其中一个哲人是柏拉图。"正如 Lord（1982，68n，追随 Immisch 1909，ad 1339a11）指出，那本题名为"论音乐"的作品见于 Diogenes Laertius 和 Hesychius 的亚里士多德著作目录中。

③ Kraut1997，202 指出了不同的风险："如果理想城邦的有德公民前往戏院听音乐，他会听哪类人演奏？"显然，需要"有不属于公民阶层的演奏者，他们没有被庸俗的音乐竞赛败坏，但城邦不能确保有那样的演奏者"。

乐教育，是否只是一定程度上（或主要是）将之作为一种手段，把哲学研究——音乐理论与心理学相关——迂回送入城邦？①

音乐教育有益于公民的伦理美德还是知性美德，对此问题亚里士多德完全没有认真对待，[265]这在第六章中更加明显。因为他说，青年要学习一些演奏，部分原因是，不学演奏，成年后就无法欣赏音乐；他更强调的是，青年之所以要花时间练习音乐，是因为他们要靠这样的身体活动来保持平静，免得他们整天在城邦里调皮游荡——正如儿童需要玩些响器，免得损坏室内东西！"音乐教育就是青年的响器。"②在回应那些将学习音乐表演贬低为乐工贱业之人时，亚里士多德半道相迎，要他们相信，青年长大成人后，就不必再行登场了，除非有些人适合"研习政治美德"（政治一词得到强调——纽曼注）；此外，青年音乐教育的安排绝对不能有碍他们成人期的事业，也不能把身体"搞坏，以免他们适应不了军事训练和政治训练"。他用更多的篇幅强调了青年要选传统而简朴的乐器，如里拉，不要选高难度的竖琴或其他近代的弦乐，也不要选吹笛。而且他强调，没有哪种公民的音乐教育是像时下希腊流行的那样——音乐教育成了技能教育，或培养"专长"，或是为了竞赛，因为"在公开的演奏中，乐人并不在意修养美德，只是一心取悦听众"。（《政治学》在即将结尾时提到美德，是要我们记住美德这个反复出现的问题；美德既被视为共同体的优点，同时也被视为个体的优点。）

亚里士多德以此方式减少（因此也是吸引我们注意）这种疑

---

① 正如纽曼 ad 1340b10 说，亚里士多德显然避而不谈"1339a25 处提出的问题，音乐是否有助于培育审慎"。

② 1340b25 – 33；孟德斯鸠在评论《政治学》这部分时说，这里真正的意思是，音乐不过是成年战士的响器，音乐教育不能当真理解为可以培育美德（SL 4.8）："因此，有必要把希腊视为由运动员和战士构成的社会。体育锻炼和战争活动野蛮了其体魄，现在他们需要其他一些移风易俗的活动来节制。音乐通过身体器官抵达灵魂，正是非常适宜的手段。尽管我们不能说，音乐会激发美德，毕竟那难以想象；但音乐的确产生了文雅其精神的教育作用。"

虑——音乐教育或许会转移最好共和城邦对军事美德和政治美德的关注——然后在卷八第七章中回到了我们先前认为伦理上更微妙且哲学上更深奥的问题，即乐调和韵律的属性及其对心灵的影响。说："有人若欲深究，不妨参阅音乐专家或者碰巧精通音乐教育的哲人的著述"；"我们在这里只是提纲挈领，有如立法者对于万事仅仅举其大要而已"。这种类似立法者的做法，并没有阻止我们跟随哲人将音乐和乐调区分为三种。第一种是"伦理"音乐——青年聆听、甚至演奏"最具伦理"的音乐，目的在于教育。第二种是"实用"音乐——这种音乐由不属公民阶层之人演奏，公民聆听为的是"休闲——我们这里所谓的休闲是指解乏，缓解紧张情绪"。① ［266］第三种是"灵魂激荡、如神灵附体"的音乐——也是由不属于公民阶层之人演奏，公民聆听为的是净化感情。关于第三种音乐，我们的哲人告诉我们，现在只是"简单"提一下，"等到我们讲授《论诗术》时再详解"（亚里士多德让"欲深究"具有净化感情作用之音乐的人去读"哲人"的著述，而他本人正是那样的"哲人"）。

　　亚里士多德教导我们，任何情感，如果对某些人有强烈影响，必须可以理解为在我们每个人身上多少有些存在的——特别是怜悯、恐惧以及令人灵魂激荡、如神灵附体的那些情感，更是如此。现在吊诡的是，"我们可以看到"那些听了第三种"灵魂激荡"音乐之人，最后苏醒过来，回复宁静，好像碰巧服了药剂，顿然消除了病患。似乎暂时沉溺于模仿宗教情感的音乐，起到了情感宣泄的作用，允许某种表达宣泄，消耗或削弱了过度沉溺的倾向。我们的哲人认为，用相应的音乐，也可以在另一些特别容易感受怜悯、恐惧或其他任何情绪的人们身上，导致同样的效果；而对于其余的

---

　　①　各家校注者因为没有跟上亚里士多德在卷七和卷八中玩笑式的徒劳挣扎，所以对于此处消闲和玩乐之间区别的消失感到震惊，于是强行修订原文：参见纽曼，Kraut 1997，209。

人，依各人感应程度的强弱，实际上也一定发生相应的影响：于是，所有的人全都由"某种情感净化，继而感受到解脱的快乐"。同样，只有净化情感的音乐（即使不是圣乐）才能给我们大家以纯正无害的快乐——这也是为什么参与戏剧竞赛的人可以采取这种音乐。考虑到《论诗术》的教诲，我们不妨大胆猜测，哲人之所以特别关注怜悯和恐惧等情感，是因为这些情感与神圣的命运或对那种命运（特别是家庭的神圣命运）的渴望和期待相关。在此，出于精神治疗的原因——为了净化宗教狂热和其他接近或导向宗教狂热的情感（以及为了缓解疲劳）——亚里士多德突然将一种不属喜剧的戏剧表演（悲剧）当成公民生活方式的一部分。此外，这些戏剧音乐的缓解疲劳和净化情感的功效，也将提供给公民阶层之外的人，尽管这些人灵魂中渴求的是鄙俗乃至无节制的戏剧表演。（要净化全民中普遍存在的宗教激情，就有必要大幅降低公共的美学标准。）如果我们再次考虑到亚里士多德《论诗术》的教诲，我们不妨猜测，悲剧起到的"净化"效果影响广泛：从大多数观众的直接情感反应，到少数观众或多或少情感的巨变；这些巨变是他们持续思考诗人借悲剧传达出的微妙教诲的结果。

[267] 在回到这种明确的音乐教育功能之后，亚里士多德强烈反对柏拉图《王制》中的苏格拉底在音乐教育中区分许可的乐调和不被许可的乐调。他不惜有点儿顽皮地扭曲柏拉图笔下苏格拉底的观点（对观《王制》398e – 399e），夸大了哲人们在这个问题——城邦应该依靠谁来引导它处理音乐这种具有教育作用和心理治疗作用的危险精神武器——上的不一致。我们的哲人亚里士多德由此强调，音乐教育及其哲学顾问闯入公民教育之后，会出现多少头痛的纠纷。

至此，亚里士多德对最好的共和城邦及其教育的论述戛然而止——如此结局，究竟是有意而为，还是限于时间，还是传统作梗，我们难以猜测。同样，我们难以断定，在这场关于谁是公民教育最好向导的竞赛中，亚里士多德是否真心向他的诗人对手——从荷马、欧里庇得斯到阿里斯托芬——认输。不过可以肯定的是，亚里士多德思想实验最重要的结果已经清晰传达。他让我们明确看见，在向精神生活或哲学生活的美德敞开时，最好的共和城邦及其公民美德为何根本上或天然就有局限性。因此，我们获得重要的导引，进入亚里士多德关于人类灵魂的哲学和政治学。

参考文献

除特别注明外，非英语文献均由我本人译出。对首要文献的引用均采用标准编码和行码或标准分节。引用存在异文或所引版本的页码有重要意义时，我会标出具体版本。

常引用作品名称缩写

Bonitz = Bonitz, Hermann. 1870. *Index Aristotelicus*. In *Aristotelis Opera*, vol. 5. Berlin: G. Reimer.

Dreizehnter = Dreizehnter, Alois, ed. 1970. *Aristoteles' Politik*. Munich: Fink.

LSJ = Liddell, Henry George, and Robert Scott.1953. *A Greek-English Lexicon*. Oxford: Clarendon. Revised by Henry Stuart Jones.

Lord = Lord, Carnes, trans. 1984. *Aristotle, The Politics*. Chicago: University of Chicago Press.

Marsilius = Marsilius of Padua, *Defensor Pacis*.

Newman = Newman, William L., ed. 1887–1902. *The Politics of Aristotle*. 4 vols. Oxford: Clarendon.

SCG = Thomas Aquinas, *Summa Contra Gentiles*.

Schütrumpf = Schütrumpf, Eckart, with Hans-Joachim Gehrke. 1991–2005. *Aristoteles Politik*. 4 vols. Berlin: Akademie Verlag.

Simpson = Simpson, Peter L. Phillips, trans. *The Politics of Aristotle*. 1997. Chapel Hill: University of North Carolina Press.

SL = Montesquieu, *Spirit of the Laws*.

ST = Thomas Aquinas, *Summa Theologiae*.

SH = Susemihl, Franz, and Robert D. Hicks, eds. 1894. *The Politics of Aristotle*, *Bks. 1–5*. London: Macmillan.

Thomas = Thomas Aquinas, *Commentary on Aristotle's Politics* (left incomplete at book 3, chapter 6; completed by Peter of Auvergne—see below); and *Commentary on Aristotle's Nicomachean Ethics*.

其他首要文献

Adams, John. 1851–56. *Works*. Edited by C. F. Adams. 10 vols. Boston: Little, Brown.

Agamben, Giorgio. 2005. *Homo Sacer: Il potere sovrano e la nuda vita*. Torino: Einaudi.

Albertus Magnus. 1960. *Metaphysica*. Edited by Geyer. Münster: Aschendorff.

Alfarabi. 2001a. *The Philosophy of Plato and Aristotle*. Edited and translated by Muhsin Mahdi. Ithaca: Cornell University Press.

———. 2001b. *The Political Writings: "Selected Aphorisms" and Other Texts*. Edited and translated by Charles E. Butterworth. Ithaca: Cornell University Press.

———. 2011. *The Political Regime*. Selections. In Parens and Macfarland, 36–55.

Avempace (Ibn Bajja). 2011. *The Governance of the Solitary*. Selections. In Parens and Macfarland, 97–105.

Averroes (Ibn Rushd). 1562–1574. *Aristotelis opera cum Averrois commentariis*. Venice: Junctas.

———. 1974. *Averroes on Plato's Republic*. Translated by Ralph Lerner. Ithaca: Cornell University Press.

Avicenna (Ibn Sina). 2011. "On the Divisions of Practical Science." In Parens and Macfarland, 75–76.

———. 1973. *The Metaphysica of Avicenna (the Danish Nama-i 'ala'i)*. Translated by Parviz Morewedge. New York: Columbia University Press.

———. 2005. *The Metaphysics of the Healing (the Shifa)* Translated by Michael Marmura. Provo, Utah: Brigham Young University Press.

Bagehot, Walter. 1974. *The Political Essays*. In *Collected Works*, vols. 5 8. Edited and with an introduction by Norman St. John-Stevas. New York: Oxford University Press.

Bergk, Theodore. 1843. *Poetae Lyrici Graeci*. Leipzig: Reichenbach.

Bodin, Jean. 1577. *Six Livres de la Republique*. N. P.

Bismarck, Prince Otto von. 1898. *Gedanken und Erinnerungen*. Berlin: Cotta.

Burke, Edmund. 1855. *Works*. 8 vols. London: Bohn.

Churchill, Winston S. 1899. *The River War: An Historical Account of the Reconquest of the Soudan*. London: Longmans, Green.

———. 1947. *Marlborough: His Life and Times*. 4 vols. London: Harrap.

———. 1948. *The Second World War*. Vol. 1. *The Gathering Storm*. Boston: Houghton Mifflin.

———. 1949. *The Second World War*. Vol. 2. *Their Finest Hour*. Boston: Houghton Mifflin.

──. 1953. *The Second World War*. Vol. 6. *Triumph and Tragedy*. Boston: Houghton Mifflin.

──. 1956. *Savrola*. New York: Random House.

Galen, Claudius. 1822. *Opera omnia*. Vol. 4. Edited by Charles G. Kühn. Leipzig: Cnoblochii.

Haffner, Sebastian. 2002. *Defying Hitler: A Memoir*. New York: Farrar, Straus and Giroux.

Harrington, James. 1992. *The Commonwealth of Oceana and A System of Politics*. Cambridge: Cambridge University Press.

Hegel, Georg W. F. 1840–1844. *Vorlesungen über die Geschichte der Philosophie*. Edited by K. L. Michelet. In *Werke*, vols. 13–15. Berlin: Duncker und Humblot.

──. 1995. *Lectures on the History of Philosophy*. 3 vols. Translated by E. S. Haldane and F. Simson. Lincoln: University of Nebraska Press.

Houssaie, Amelot de la. 1685. *Histoire du Gouvernement de Venise*. Paris: Federic Leonard.

Hume, David. 1985. *Essays Moral, Political, and Literary*. Edited by Eugene F. Miller. Indianapolis: Liberty Classics.

Husserl, Edmund. 1965. *Phenomenology and the Crisis of Philosophy: Philosophy as Rigorous Science, and Philosophy and the Crisis of European Man*. Translated by Quentin Lauer. New York: Harper.

Jefferson, Thomas. 1943. *The Complete Jefferson*. Edited by S. Padover. New York: Duell, Sloan, and Pearce.

──. 1944. *The Life and Selected Writings of Thomas Jefferson*. Edited by A. Koch and W. Peden. New York: Random House.

──. 1950–. *The Papers of Thomas Jefferson*. 22 vols. to date. Edited by J. P. Boyd et al. Princeton, NJ: Princeton University Press.

──. 1966. *The Family Letters of Thomas Jefferson*. Edited by E. M. Betts and J. A Bear. Columbia: University of Missouri Press.

Kant, Immanuel. 1970. *The Political Writings*. Translated by H. B. Nisbet. Cambridge: Cambridge University Press.

Locke, John. 1963. *A Letter Concerning Toleration: The Latin and English Texts*, ed. M. Montuori. The Hague: Martinus Nijhoff.

Metternich, Prince Clemens von. 2004. *The Autobiography, 1773–1815*. Welwyn Garden City, UK: Ravenhall.

Milton, John. 1991. *A Defence of the People of England*. In *Political Writings*, edited by Martin Dzelzainis and translated by Claire Gruzelier. Cambridge: Cambridge University Press.

Montaigne, Michel de. 1967. *Oeuvres complètes*. 1 vol. Edited by Robert Barral. Paris: Editions du Seuil.

Moore, J. M. 1975. *Aristotle and Xenophon on Democracy and Oligarchy.* Berkeley: University of California Press.

Nietzsche, Friedrich. 1967–2006. *Werke.* 25 vols. Edited by Colli and Montinari. Berlin: de Gruyter.

Parens, Joshua, and Joseph C. Macfarland. 2011. *Medieval Political Philosophy: A Sourcebook.* 2nd ed. Ithaca: Cornell University Press.

Pascal, Blaise. 1963. *Oeuvres complètes.* 1 vol. Edited by Louis Lafuma. Paris: Editions du Seuil.

Peter of Auvergne. 1940. *In octo libros Politicorum Aristotelis expositio* [Continuation of the unfinished commentary on Aristotle's *Politics* by Thomas Aquinas; see above]. Quebec: Tremblay et Dion.

Pieper, Josef. 1965. *Leisure the Basis of Culture.* London: Collins.

Shaftesbury, Anthony Ashley Cooper, 3rd Earl of. 1964. *Characteristics of Men, Manners, Opinions, and Times.* 2 vols. Indianapolis: Bobbs-Merrill.

Storing, Herbert J. 1981. *The Complete Anti-Federalist.* 7 vols. Chicago: University of Chicago Press.

Taine, Hippolyte. 1899. *Les origines de la France contemporaine.* 3e Partie, Tome Premier: *Napoléon Bonaparte.* Paris: Hachette.

Toland, John. 1720. *Clidophorus, Or, Of the Exoteric and Esoteric Philosophy; That is, Of the External and Internal Doctrine of the Ancients.* In *Tetradymus.* London: J. Brotherton et al.

Trendelenburg, Adolf. 1868. *Naturrecht auf dem Grund der Ethik.* 2nd ed. Leipzig: Hirzel.

Vico, Giambattista. (1744) 1971. *La Scienza Nuova.* In *Opere Filosofiche* (1 vol.). Firenze: Sansoni.

Washington, George. 1931–40. *Writings.* Edited by J. C. Fitzpatrick. 39 vols. Washington: U.S. Printing Office.

Westerwink, L. G. 1962. *Anonymous Prolegomena to Platonic Philosophy.* Amsterdam: North-Holland.

Wilson, Woodrow. 1885. *Congressional Government.* Boston: Houghton Mifflin.

二级文献

Ahrensdorf, Peter. 1994. "The Question of Historical Context and the Study of Plato." *Polity* 27:113–32.

Ambler, Wayne. 1984. "Aristotle on Acquisition." *Canadian Journal of Political Science* 17:487–502.

———. 1985. "Aristotle's Understanding of the Naturalness of the City." *Review of*

———. 1985. "Aristotle's Understanding of the Naturalness of the City." *Review of Politics* 47:163–85.

———. 1987. "Aristotle on Nature and Politics: The Case of Slavery." *Political Theory* 15:390–410.

———. 1999. "Aristotle and Thrasymachus on the Common Good." See Bartlett and Collins 1999.

Anderson, Warren. 1966. *Ethos and Education in Greek Music*. Cambridge: Harvard University Press.

Arendt, Hannah. 1958. *The Human Condition*. Chicago: University of Chicago Press.

Aubenque, Pierre. 1962. *Le problème de l'être chez Aristote. Essai sur la problématique aristotélicienne*. Paris: Presses universitaires.

———. 1980. "Sur la notion aristotelicienne d'aporie." In *Aristote et les problèmes de méthode*, edited by S. Mansion. Louvain: Press universitaire.

Aubonnet, Jean. 1960. *Aristote, Politique: Livres I et II*. Paris: Budé.

Barker, Ernest. 1931. "The Life of Aristotle and the Composition and Structure of the *Politics*." *Classical Review* 45:162–72.

———. 1947. *Greek Political Theory*. London: Methuen.

———. 1959. *The Political Thought of Plato and Aristotle*. New York: Dover.

Baracchi, Claudia. 2008. *Aristotle's Ethics as First Philosophy*. Cambridge: Cambridge University Press.

Bartlett, Robert C. 1994a. "The 'Realism' of Classical Political Science." *American Journal of Political Science* 38:381–402.

———. 1994b. "Aristotle's Science of the Best Regime." *American Political Science Review* 88:143–55.

———. 1995. "A Controversy." *American Political Science Review* 89:152–56.

Bartlett, Robert C., and Susan D. Collins, eds. 1999. *Action and Contemplation: Studies in the Moral and Political Thought of Aristotle*. Albany: SUNY.

Bates, Clifford Angell. 2003. *Aristotle's "Best Regime": Kingship, Democracy, and the Rule of Law*. Baton Rouge: LSU Press.

Bendixen, J. 1856. "Übersicht über die neueste des Aristoteles *Ethik* und *Politik* betreffende Literatur." *Philologus* 11:351–378, 544–582.

———. 1860. "Die aristotelische *Ethik* und *Politik*: Jahresbericht." *Philologus* 16:465–522.

Bernays, Jacob. 1872. *Aristoteles' Politik. Erstes, zweites und drittes Buch mit erklärenden Zusätzen*. Berlin: Hertz.

———. 1881. *Phokion und seine neueren Beurtheiler: Ein Beitrag zur Geschichte der Griechischen Philosophie und Politik*. Berlin: Hertz.

Bien, Günther. 1968–69. "Das Theorie-Praxis-Problem und die politische Philosophie bei Plato und Aristoteles." *Philosophisches Jahrbuch* 76:264–314.

———. 1973. *Die grundlegung der politischen Philosophie bei Aristoteles*. Freiburg: Alber.

Bloom, Allan. 1995. "An Introduction to the Political Philosophy of Isocrates." In Michael Palmer and Thomas L. Pangle, *Political Philosophy and the Human Soul: Essays in Memory of Allan Bloom*. Lanham, MD: Rowman and Littlefield.

Bluhm, William T. 1962. "The Place of 'Polity' in Aristotle's Theory of the Ideal State." *Journal of Politics* 24:743–53.

Bodéüs, Richard. 1991. "Law and Regime in Aristotle." *See* Lord and O'Connor.

———. 1992. *Aristote et la théologie des vivants immortels*. Paris: Les Belles Lettres.

———. 1993. *The Political Dimensions of Aristotle's Ethics*. Translated by Jan Edward Garrett. Albany: SUNY Press.

———. 1999. "The Natural Foundations of Right and Aristotelian Philosophy." See Bartlett and Collins 1999.

Bolotin, David. 1998. *An Approach to Aristotle's Physics: With Particular Attention to the Role of His Manner of Writing*. Albany: SUNY.

———. 1999. "Aristotle on the Question of Evil." See Bartlett and Collins 1999.

Bornemann, Eduard. 1923. "Aristoteles' Urteil über Platons politische Theorie." *Philologus* 79: 70–158, 234–57.

Bousset, M. 1938. "Sur la théologie d'Aristote: monothéisme ou polythéisme." *Revue Thomiste* 44:798–805.

Bradley, A. C. 1991. "Aristotle's Conception of the State." See Keyt and Miller 1991.

Bremond, André. 1933. *Le dilemme aristotélicien*. Paris: Firmin-Didot.

Broadie, Sarah. 2003. "Aristotelian Piety." *Phronesis* 48:54–70.

Brunt, P. A. 1993. "Aristotle and Slavery." In *Studies in Greek History and Thought*. Oxford: Clarendon.

Burger, Ronna. 1995. "Aristotle's 'Exclusive' Account of Happiness: Contemplative Wisdom as a Guise of the Political Philosopher." In *The Crossroads of Norm and Nature: Essays on Aristotle's Ethics and Metaphysics*, edited by May Sim. Lanham, MD: Rowman and Littlefield.

———. 2008. *Aristotle's Dialogue With Socrates: On the Nicomachean Ethics*. Chicago: University of Chicago Press.

Burkert, Walter. 1985. *Greek Religion*. Cambridge: Harvard University Press.

Burnet, John. 1900. *The Ethics of Aristotle*. London: Methuen.

———. 1911. *Plato's Phaedo*. Oxford: Clarendon.

———. 1924. *Plato's Euthyphro, Apology of Socrates, and Crito*. Oxford: Clarendon.

Cambiano, Giuseppe. 1987. "Aristotle and the Anonymous Opponents of Slavery." In *Classical Slavery*, edited by M. I. Finley. London: Frank Cass.

Cartledge, Paul A. 1977. "Hoplites and Heroes: Sparta's Contribution to the Technique of Ancient Warfare." *Journal of Hellenic Studies* 97:11–28.

Chroust, Anton-Hermann. 1972. "Mystical Revelation and Rational Theology in Aristotle's *On Philosophy*." *Tijdschrift voor Filosofie* 34:500–512.

———. 1973. *Aristotle: New Light on His Life and on Some of His Lost Works*. 2 vols. Notre Dame, IN: University of Notre Dame Press.

Coby, Patrick. 1986. "Aristotle's Four Conceptions of Politics." *Western Political Quarterly* 39:480–503.

———. 1988. "Aristotle's Three Cities and the Problem of Faction." *Journal of Politics* 50:896–919.

Cohen, G. A. 1978. *Karl Marx's Theory of History: A Defence*. Oxford: Clarendon.

Collins, Susan D. 1999. "The Moral Virtues in Aristotle's *Nicomachean Ethics*." See Bartlett and Collins 1999.

———. 2006 *Aristotle and the Rediscovery of Citizenship*. Cambridge: Cambridge University Press.

Congreve, Richard. 1874. *The Politics of Aristotle*. 2nd ed. London: Longmans, Green.

Cooper, John M. 1986. *Reason and Human Good in Aristotle*. Indianapolis: Hackett.

———. 1999. *Reason and Emotion: Essays on Ancient Moral Psychology and Ethical Theory*. Princeton: Princeton University Press.

———. 2005. "Political Animals and Civic Friendship." See Kraut and Skultety.

Corbett, Ross J. 2010. "Aristotelian Kingship and Lockean Prerogative." In *Recovering Reason*, edited by Timothy Burns. Lanham, MD: Lexington.

Dahl, Robert A. 1970. *After the Revolution? Authority in a Good Society*. New Haven, CT: Yale University Press.

Davies, J. K. 1979. *Democracy and Classical Greece*. Atlantic Highlands, NJ: Humanities.

Davis, Michael. 1996. *The Politics of Philosophy: A Commentary on Aristotle's Politics*. Lanham, MD: Rowman and Littlefield.

Derenne, Eudore. 1930. *Les Procès d'Impiété Intentés aux Philosophes à Athènes au Vme et au IVme Siècles Avant J.-C.* Liège: Vaillant-Carmanne.

Develin, Robert. 1973. "The Good Man and the Good Citizen in Aristotle's 'Politics.'" *Phronesis* 18:71–79.

Diels, Hermann. 1888. "Zu Aristoteles' Protreptikos und Ciceros' Hortensius." *Archiv für Geschichte der Philosophie* 1:477–97.

Dietz, Mary G. 2012. "Between Polis and Empire: Aristotle's Politics." *American Political Science Review* 106:275–93.

Dirlmeier, Franz. 1956. *Aristoteles, Nikomachische Ethik*. Darmstadt: Wissenschaftliche Buchgesellschaft.

———. 1962. *Aristoteles, Eudemische Ethik.* Berlin: Akademie-Verlag.

Dobbs, Darrell. 1994. "Natural Right and the Problem of Aristotle's Defense of Slavery." *Journal of Politics* 56:69–94.

———. 1996. "Family Matters: Aristotle's Appreciation of Women and the Plural Structure of Society." *American Political Science Review* 90:74–89.

Dufour, Médéric. 1991. *Aristote. Rhétorique.* 2 vols. Paris: Budé.

Dufourny, Maurice. 1932. *Aristote: Etudes sur la "Politique."* Paris: Beauchesne.

Düring, Ingemar. 1957. *Aristotle in the Ancient Biographical Tradition.* In *Studia Graeca et Latina Gothoburgensia* 63:2. Göteburg: Universitets Ursskrift.

———. 1966. *Aristoteles: Darstellung und Interpretation seines Denkens.* Heidelberg: Winter.

Effe, Bernd. 1970. *Studien zur Kosmologie und Theologie der Aristotelischen Schrift "Über die Philosophie."* Munich: Beck.

Emmert, Kirk. 1976. "Winston Churchill on Empire and the Limits of Politics." *Interpretation* 5:288–308.

Finlayson, James G. 2010. "'Bare Life' and Politics in Agamben's Reading of Aristotle." *Review of Politics* 72:97–126.

Forrest, W. G. 1975. *The Emergence of Greek Democracy 800–400 BC.* New York: McGraw-Hill.

Frank, Jill. 2005. *A Democracy of Distinction: Aristotle and the Work of Politics.* Chicago: University of Chicago Press.

Frede, Dorothea. "Citizenship in Aristotle's *Politics*." See Kraut and Skultety.

Fülleborn, Georg G. 1802. *Die Politik des Aristoteles.* Vol. 2. Breslau: Korn. (Vol. 1 is the German translation by Garve, below.)

Fustel de Coulanges, Numa Denis. 1956. *The Ancient City.* New York: Doubleday.

Garve, Christian. 1799. *Die Politik des Aristoteles.* Vol. 1 (in two parts). Breslau: W. G. Korn. (Vol. 2 is the commentary by Fülleborn, above.)

Garver, Eugene. 2005. "Factions and the Paradox of Aristotelian Political Science." *Polis* 22:181–205.

Gautier, R. A. and J. Y. Jolif. 2002. *Aristote—L'Éthique À Nicomaque.* 3 vols. Louvain: Peeters.

Gewirth, Alan. 1956. *Marsilius of Padua: The Defender of the Peace.* 2 vols. New York: Columbia University Press.

Gilbert, Gustav. 1895. *Constitutional Antiquities of Sparta and Athens.* Translated by E. J. Brooks and T. Nicklin. New York: Macmillan.

Goldberg, Robert. 2010. "Civic or Human Virtue in Aristotle's *Politics*." In *Recovering Reason*, edited by Timothy Burns. Lanham, MD: Lexington.

Goldschmidt, Victor. 1973. "La Théorie aristotélicienne de l'esclavage et sa méthode." In *Zetesis: Album amicorum E. de Stryker*. Antwerp: Devijver.

Gomperz, Theodor. 1973. (Orig. publ. 1893–1902.) *Griechische Denker: Eine Geschichte der antiken Philosophie*. 3 vols. Berlin: De Gruyter.

Göttling, Karl W. 1855. *Commentariolum de Aristoteles Politcorum loco*. Jena: n. p.

Grant, Alexander. 1877. *Aristotle*. London: Blackwood.

Grote, George. 1853. *History of Greece*. 2nd ed. Vol. 4. New York: Harper.

———. 1872. *Aristotle*. 2 vols. London: Murray.

Gutas, Dimitri. 1988. *Avicenna and the Aristotelian Tradition*. Leiden: Brill.

Habermas, Jürgen. 1977. "Hannah Arendt's Communications Concept of Power." *Social Research* 44:3–24.

Hanson, Victor D. 1991. "Hoplite Technology in Phalanx Battle." In *Hoplites: The Classical Greek Battle Experience*, edited by Victor Davis Hanson. London: Routledge.

———. 1995. *The Other Greeks: The Family Farm and the Agrarian Roots of Western Civilization*. New York: Free Press.

———. 1996. "Hoplites Into Democrats: The Changing Ideology of Athenian Infantry." See Ober and Hedrick, 1996.

Henderson, Isobel. 1960. "Ancient Greek Music." In *New Oxford History of Music*, vol. 1. Oxford: Oxford University Press.

Henkel, Hermann. 1872. *Studien zur Geschichte der Griechischen Lehre vom Staat*. Leipzig: Teubner.

Hildenbrand, Karl. 1962. (Orig. publ. 1860.) *Geschichte und System der Rechts- und Staatsphilosophie*. Vol. 1: *Das klassische Altertum*. Aalen: Scientia Verlag.

Hug, Arnold. 1881. "Demosthenes als politischer Denker." In *Studium aus dem classischen Altertum*, 1.51–103. Freiburg: Mohr.

Huxley, George. 1971. "Crete in Aristotle's *Politics*." *Greek, Roman, and Byzantine Studies* 12:505–15.

Immisch, Otto. 1909. *Aristotelis Politica*. Leipzig: Teubner.

Jackson, A. H. 1991. "Hoplites and the Gods: The Dedication of Captured Arms and Armour." In *Hoplites: The Classical Greek Battle Experience*, edited by Victor Davis Hanson. London: Routledge.

Jaeger, Werner. 1948. *Aristotle*. Translated by R. Robinson. Oxford: Clarendon.

Jaffa, Harry V. 1952. *Thomism and Aristotelianism*. Chicago: University of Chicago Press.

Janssens, David. 2010. "Easily, At a Glance: Aristotle's Political Optics." *Review of Politics* 72:385–408.

Johnson, Curtis N. 1988. "Aristotle's Polity: Mixed or Middle Constitution?" *History of Political Thought* 9:189–204.

———. 1990. *Aristotle's Theory of the State*. New York: St. Martins.

Jowett, Benjamin. 1885. *The Politics of Aristotle*. 2 vols. Oxford: Clarendon.

Kahn, Charles H. 1990a. "Comments on M. Schofield." See Patzig 1990.

———. 1990b. "The Normative Structure of Aristotle's 'Politics.'" See Patzig 1990.

Keyt, David. 1987. "Three Basic Theorems in Aristotle's *Politics*." *Phronesis* 32:54–79.

———. 1991. "Aristotle's Theory of Distributive Justice." See Keyt and Miller 1991.

———. 1993. "Aristotle and Anarchism." *Reason Papers* 18:133–52.

———. 1995. "Supplementary Essay." In R. Robinson, *Aristotle, Politics, Books III and IV*. Oxford: Clarendon.

———. 1999. *Aristotle Politics Books V and VI*. Oxford: Clarendon.

Keyt, David, and Fred D. Miller. 1991. *A Companion to Aristotle's Politics*. Cambridge, MA: Blackwell.

Khan, C-A. B. 2005. "Aristotle, Citizenship, and the Common Advantage." *Polis* 22:1–23.

Klein, Jacob. 1985. "On the Nature of Nature." In *Lectures and Essays*. Annapolis, MD: St. Johns College.

Koeplin, Aimée. 2009. "The *Telos* of Citizen Life: Music and Philosophy in Aristotle's Ideal *Polis*." *Polis* 26:116–32.

Koller, Ernst. 1956. *Musse und musische Paideia: Uber die Musikaporetik in der aristotelischen Politik*. Basel: Schwabe.

Koraes, Adamantios. 1821. *Aristotelous Politikon Ta Soozomena*. Paris: Didot.

Kraemer, Joel L. 1986. *Humanism in the Renaissance of Islam: The Cultural Revival During the Buyid Age*. Leiden: Brill.

Kraut, Richard. 1997. *Aristotle Politics Books VII and VIII*. Oxford: Clarendon.

———. 2002. *Aristotle: Political Philosophy*. Oxford: Oxford University Press.

Kraut, Richard, and Steven Skultety. 2005. *Aristotle's Politics: Critical Essays*. Lanham, MD: Rowman and Littlefield.

Krohn, August. 1872. *Zur Kritik Aristotelischer Schriften I* (29–52). Brandenburg: Mueller.

Kullmann, Wolfgang. 1991. "Man as a Political Animal in Aristotle." See Keyt and Miller 1991.

Leaming, Barbara. 2010. *Churchill Defiant: Fighting On 1945–1955*. New York: HarperCollins.

Lindsay, Thomas K. 1991. "The 'God-like Man' Versus the 'Best Laws': Politics and Religion in Aristotle's *Politics*." *Review of Politics* 53:488–509.

———. 1992. "Aristotle's Qualified Defense of Democracy Through 'Political Mixing.'" *Journal of Politics* 54:101–19.

———. 2000. "Aristotle's Appraisal of Manly Spirit: Political and Philosophic

Implications." *American Journal of Political Science* 44:433–448.

Lipset, Seymour Martin. 1959. "Political Sociology." In *Sociology Today*, edited by R. K. Merton et al. New York: Basic Books.

Lord, Carnes. 1978. "Politics and Philosophy in Aristotle's *Politics*." *Hermes* 106:336–57.

———. 1981. "The Character and Composition of Aristotle's *Politics*." *Political Theory* 9:459–79.

———. 1982. *Education and Culture in the Political Thought of Aristotle*. Ithaca: Cornell University Press.

———. 1986. "On the Early History of the Aristotelian Corpus." *American Journal of Philology* 107:137–161.

———. 1990. "Politics and Education in Aristotle's 'Politics.'" See Patzig 1990.

———. 2003. *The Modern Prince: What Leaders Need to Know Now*. New Haven, CT: Yale University Press.

Lord, Carnes, and David K. O'Connor, eds. 1991. *Essays on the Foundations of Aristotelian Political Science*. Berkeley: University of California Press.

MacIntyre, Alasdair. 1981. *After Virtue*. Notre Dame, IN: University of Notre Dame Press.

Mansfield, Harvey Jr. 1984. "The Absent Executive in Aristotle's *Politics*." In *Natural Right and Political Right: Essays in Honor of Harry V. Jaffa*, edited by P. Schramm and T. Silver. Durham, NC: Carolina Academic Press.

———. 1989. *Taming the Prince: the Ambivalence of Modern Executive Power*. New York: Free Press.

Mara, Gerald M. 2000. "The *Logos* of the Wise in the *Politeia* of the Many." *Political Theory* 28:835–60.

Mayhew, Robert. 1997. *Aristotle's Criticism of Plato's Republic*. Lanham, MD: Rowman and Littlefield.

Miller, Fred D. Jr. 1991. "Aristotle on Natural law and Justice." See Keyt and Miller 1991.

———. 1995. *Nature, Justice and Rights in Aristotle's Politics*. Oxford: Oxford University Press.

Moraux, Paul. 1973–2001. *Der Aristotelismus bei den Griechen: von Andronikos bis Alexander von Aphrodisias*. 3 vols. Berlin: De Gruyter.

Morral, J. 1977. *Aristotle*. London: Allen and Unwin.

Morrison, Donald. 1999. "Aristotle's Definition of Citizenship: A Problem and Some Replies." *History of Philosophy Quarterly* 16:143–65.

Morrow, Glenn. 1960. "Aristotle's Comments on Plato's *Laws*." In *Aristotle and Plato in the Mid-Fourth Century*, edited by I. Düring and G. E. L. Owen. Goteborg, Sweden: Almqvist & Wiksell.

Mulgan, R. G. 1977. *Aristotle's Political Theory*. Oxford: Oxford University Press.

Nails, Debra and Holger Thesleff. 2003. "Early Academic Editing: Plato's *Laws*." In *Plato's Laws: from Theory into Practice; Proceedings of the VI Symposium Platonicum*, edited by Samuel Scolnicov and Luc Brisson. Sankt Augustin: Academia Verlag.

Natali, Carlo. 1979-80. "La struttura unitaria del libro I della *Politica* di Aristotele." *Polis* 3:2-18.

———. 1990. "Aristote et la chrématistique." See Patzig 1990.

Newell, Waller R. 1991. "Superlative Virtue: the Problem of Monarchy in Aristotle's *Politics*." See Lord and O'Connor.

Nichols, Mary P. 1983. "Women in Western Political Thought." *Political Science Reviewer* 13:241-60.

———. 1992. *Citizens and Statesmen: A Study of Aristotle's Politics*. Lanham, MD: Rowman and Littlefield.

Nicolson, Harold. 1954. *The Evolution of Diplomatic Method*. London: Constable.

Ober, Josiah. 1985. *Fortress Attica: Defense of the Athenian Land Frontier, 404-322 B.C.* Leiden: *Mnemosyne* Supplement 84.

———. 1991. "Aristotle's Political Sociology: Class, Status, and Order in the *Politics*." See Lord and O'Connor 1991.

Ober, Josiah, and Charles Hedrick, eds. 1996. *Demokratia: A Conversation on Democracies, Ancient and Modern*. Princeton: Princeton University Press.

O'Connor, David. K. 1999. "The Ambitions of Aristotle's Audience and the Activist Ideal of Happiness." See Bartlett and Collins 1999.

O'Neil, James L. 1995. *The Origins and Development of Ancient Greek Democracy*. Lanham, MD: Rowman and Littlefield.

Oncken, Wilhelm. (1870) 1964. *Die Staatslehre des Aristoteles in historisch-politischen Umrissen*. 2 vols. Aalen: Scientia Verlag.

Pangle, Lorraine Smith. 1999. "Friendship and Self-love in Aristotle's *Nicomachean Ethics*." See Bartlett and Collins 1999.

———. 2003. *Aristotle and the Philosophy of Friendship*. Cambridge: Cambridge University Press.

Pangle, Thomas L. 1973. *Montesquieu's Philosophy of Liberalism: A Commentary on the Sprit of the Laws*. Chicago: University of Chicago Press.

———. 1980. *The Laws of Plato*. New York: Basic Books.

———. 2003. *Political Philosophy and the God of Abraham*. Baltimore: Johns Hopkins University Press.

———. 2006. *Leo Strauss: An Introduction to His Thought and Intellectual Legacy* Baltimore: Johns Hopkins University Press.

———. 2011. "The Rhetorical Strategy Governing Aristotle's Political Teaching."

Journal of Politics 73:1–13.

Patzig, Günther. 1990. *Aristoteles' "Politik": Akten des XI Symposium Aristotelicum.* Göttingen: Vandenhoeck & Ruprecht.

Pines, Shlomo. 1975. "Aristotle's *Politics* in Arabic Philosophy." *Israel Oriental Studies* 5:150–60.

———. 1979. "The Limitations of Human Knowledge According to al-Farabi, ibn Bajja, and Maimonides." In *Studies in Medieval History and Literature*, edited by Isadore Twersky. Cambridge: Harvard University Press.

Pitkin, Hanna F. 1982. "Justice: On Relating Private and Public." *Political Theory* 9:327–52.

Pocock, J. G. A. 1975. *The Machiavellian Moment: Florentine Political Thought and the Atlantic Republican Tradition.* Princeton, NJ: Princeton University Press.

Polansky, Ronald. 1991. "Aristotle on Political Change." See Keyt and Miller 1991.

Popper, Karl. 1945. *The Open Society and Its Enemies.* 2 vols. London: Routledge.

Pritchett, W. Kendrick. 1971. *The Greek State at War, Part I.* Berkeley: University of California Press.

Raaflaub, Kurt A. 1996. "Equalities and Inequalities in Athenian Democracy." See Ober and Hedrick 1996.

Rahe, Paul. 1980. "The Selection of Ephors at Sparta." *Historia* 29:385–401.

———. 1992. *Republics Ancient and Modern.* Chapel Hill: University of North Carolina Press.

Rees, D. A. 1990. "Comments on C. Lord." See Patzig 1990.

Rest, E. van der. 1876. *Platon et Aristote : essai sur les commencements de la science politique.* Brussels: Mayolez.

Rhodes, Peter J. 1981. "The Selection of Ephors at Sparta." *Historia* 30:498–502.

———. 1986. *The Greek City States: A Sourcebook.* Norman, OK: University of Oklahoma Press.

Ritter, Joachim. 1969. *Metaphysik und Politik. Studien zu Aristoteles und Hegel.* Frankfurt: M.: Suhrkamp.

Robinson, Richard. 1995. *Aristotle: Politics Books III and IV.* Oxford: Clarendon.

Ross, William D. 1923. *Aristotle.* London: Methuen.

———. 1957. "Praefatio" to *Aristotelis Politica.* Oxford: Clarendon.

Rowe, Christopher. 1989. "Reality and Utopia." *Elenchos* 10:317–36.

———. 1991. "Aims and Methods in Aristotle's *Politics*." See Keyt and Miller 1991.

Ruderman, Richard. 1997. "Aristotle and the Recovery of Political Judgment." *American Political Science Review* 91:409–20.

Sabine, George H. 1937. *A History of Political Theory.* New York: Holt.

Salkever, Stephen G. 1974. "Virtue, Obligation and Politics." *American Political Sci-*

ence Review 68:78–92.

———. 1990. *Finding the Mean: Theory and Practice in Aristotelian Political Philosophy.* Princeton: Princeton University Press.

———. 1991. "Women, Soldiers, Citizens: Plato and Aristotle on the Politics of Virility." See Lord and O'Connor 1991.

———. 2007. "Whose Prayer? The Best Regime of Book 7 and the Lessons of Aristotle's *Politics.*" *Political Theory* 35:29–46.

Sandel, Michael J. 2009. *Justice: What's the Right Thing To Do?* New York: Farrar, Straus and Giroux.

Sartori, Giovanni. 1987. *The Theory of Democracy Revisited.* Chatham, NJ: Chatham House.

Saunders, Trevor J. 1981. *The Politics of Aristotle.* New York: Penguin.

———. 1984. "The Controversy About Slavery Reported by Aristotle, *Politics* I, vi, 1255 a4ff." In *Maistor: Classical, Byzantine, and Renaissance Studies for Robert Browning,* edited by Ann Moffat. Canberra: Australian Association for Byzantine Studies.

———. 1995. *Aristotle Politics Books I and II.* Oxford: Clarendon Press.

———. 1999. "Review Article—Reading Aristotle's *Politics*: Principles, Practice, and Controversy." *Polis* 16:126–42.

Saxonhouse, Arlene W. 1982. "Family, Polity, and Unity: Aristotle on Socrates' Community of Wives." *Polity* 15:202–19.

———. 1984. "Eros and the Female in Greek Political Thought." *Political Theory* 12:5–27.

———. 1985. *Women in the History of Political Thought.* New York: Praeger.

———. 1996. *Athenian Democracy, Modern Mythmakers, and Ancient Theorists.* Notre Dame, IN: University of Notre Dame Press.

Schiller, Ludwig. 1847. "Die Lehre des Aristoteles von der Sklaverei." Erlangen: Jahresbericht von der königlichen Studienanstalt zu Erlangen.

Schlosser, Johann Georg. 1798. *Aristoteles Politik und Fragment der Oeconomik.* 3 vols. Lubeck: F. Bohn.

Schofield, Malcolm. 1990. "Ideology and Philosophy in Aristotle's Theory of Slavery." See Patzig 1990.

Shulsky, Abram N. 1991. "The 'Infrastructure' of Aristotle's *Politics*: Aristotle on Economics and Politics." See Lord and O'Connor 1991.

Simpson, Peter L. Phillips. 1998. *A Philosophical Commentary on the Politics of Aristotle.* Chapel Hill: University of North Carolina Press.

———. 2006. "Aristotle's Defensible Defense of Slavery." *Polis* 23:95–115.

Skultety, Steven C. 2011. "The Threat of Misguided Elites; Aristotle on Oligarchy." In *On Oligarchy: Ancient Lessons for Global Politics,* edited by David Edward Tabachnick and Toivo Koivukoski. Toronto: University of Toronto Press.

Smith, Thomas W. 1999. "Aristotle on the Conditions for and Limits of the Common Good." *American Political Science Review* 93:625–36.

———. 2000. "Ethics and Politics; A Reply to Terchek and Moore." *American Political Science Review* 94:913–18.

Solmsen, Friedrich. 1964. "Leisure and Play in Aristotle's Ideal State." *Rheinisches Museum für Philologie* 107:193–220.

Sorabji, R. 1990. "Comments on J. Barnes." See Patzig 1990.

Spence, I. G. 1993. *The Cavalry of Classical Greece.* Oxford: Oxford University Press.

Spengel, Leonhard. 1863. *Aristotelische Studien II* and *III.* Munich: Verlag der k. Akademie.

Ste. Croix, G. E. M. de. 1983. *The Class Struggle in the Ancient World.* Ithaca: Cornell University Press.

Stalley, R. F. 1991. "Aristotle's Criticism of Plato's *Republic*." See Keyt and Miller 1991.

Strauss, Barry. 1991. "On Aristotle's Critique of Athenian Democracy." See Lord and O'Connor 1991.

———. 1996. "The Athenian Trireme, School of Democracy." See Ober and Hedrick.

Strauss, Leo. 1953. *Natural Right and History.* Chicago: University of Chicago Press.

———. 1959. *What is Political Philosophy?* Glencoe, IL: Free Press.

———. 1964. "On Aristotle's *Politics*." Chap. 1 of *The City and Man.* Chicago: Rand McNally.

———. 1966. *Socrates and Aristophanes.* New York: Basic Books.

———. 1972. *Xenophon's Socrates.* Ithaca: Cornell University Press.

———. 1989. *The Rebirth of Classical Political Rationalism.* Chicago: University of Chicago Press.

———. 1991. *On Tyranny.* New York: Free Press.

Susemihl, Franz. 1900. Review of John Burnet, *The Ethics of Aristotle. Berliner Philologische Wochenschrift* 20:1505–13.

Swanson, Judith A. 1992. *The Public and the Private in Aristotle's Political Philosophy.* Ithaca: Cornell University Press.

———. 1999. "Aristotle on Nature, Human Nature, and Justice." See Bartlett and Collins 1999.

Tessitore, Aristide. 1996. *Reading Aristotle's Ethics: Virtue, Rhetoric, and Political Philosophy.* Albany: SUNY.

———. 1999. "Socrates in Aristotle's 'Philosophy of Human Affairs.'" See Bartlett and Collins 1999.

Thurot, Charles. 1860. *Etudes sur Aristote: Politique, Dialectique, Rhétorique*. Paris: Durand.

Vander Waerdt, Paul. 1985. "The Political Intention of Aristotle's Moral Philosophy." *Ancient Philosophy* 5:77–89.

———. 1985b. "Kingship and Philosophy in Aristotle's Best Regime." *Phronesis* 30:249–73.

———. 1991. "The Plan and Intention of Aristotle's Ethical and Political Writings." *Illinois Classical Studies* 16: 231–53.

Verdenius, Willem J. 1960. "Traditional and Personal Elements in Aristotle's Religion." *Phronesis* 5:56–70.

Voegelin, Eric. 1957. *Plato and Aristotle*. Baton Rouge: LSU Press.

Waldron, Jeremy. 1995. "The Wisdom of the Multitude: Some Reflections on Book III, Chapter 11 of Aristotle's *Politics*." *Political Theory* 23:563–84.

Weil, Raymond. 1960. *Aristote et l'histoire. Essai sur la "Politique."* Paris: Klincksieck.

West, Martin L. 1978. "Phocylides." *Journal of Hellenic Studies* 98:164–67.

———. 1992. *Ancient Greek Music*. Oxford: Clarendon.

Wieland, Wolfgang. 1975. "The Problem of Teleology." In *Articles on Aristotle: Science*, edited by Barnes, Scholfield, and Sorabji. London: Duckworth.

Wilamowitz-Moellendorff, Ulrich von. 1959. *Platon: sein Leben und seine Werke*. Berlin: Weidmannsche.

Williams, James M. 1987. "The Peripatetic School and Demetrius of Phalerum's Reforms in Athens." *Ancient World* 15: 87–98.

Wilson, J. Cook. 1881. "Notes on some Passages in the *Politics*." *Journal of Philology* 10: 80–87.

Winnington-Ingram, R. P. 1936. *Mode in Ancient Greek Music*. Cambridge: Cambridge University Press.

Winthrop, Delba. 1975. "Aristotle and Political Responsibility." *Political Theory* 3:406–22.

———. 1978. "Aristotle on Participatory Democracy." *Polity* 6:151–71.

Wolff, Francis. 1988. "Justice et Pouvoir (Aristote, *Politique* iii 9–13)." *Phronesis* 33: 273–96.

Wormuth, F. 1948. "Aristotle on Law." In *Essays in Political Theory Presented to George H. Sabine*, edited by Milton R. Konvitz and Arthur E. Murphy. Ithaca: Cornell University Press.

Yack, Bernard. 1984. "Community and Conflict in Aristotle's Political Philosophy." *Review of Politics* 47:92–112.

———. 1993. *The Problems of a Political Animal: Community, Justice, and Conflict in Aristotelian Political Thought*. Berkeley: University of California Press.

———. 2007. Review of Ronald Weed, *Aristotle on Stasis. Polis* 24:382–84.

Zeller, Eduard. 1897. *Aristotle and the Earlier Peripatetics.* 2 vols. Translated by Cos-
telloe and Muirhead. London: Longmans, Green.

Zuckert, Catherine. 1983. "Aristotle on the Limits and Satisfactions of Political
Life." *Interpretation* 11:185–206.

———. 1992. "Aristotle's Practical Political Science." In *Politikos II: Educating the
Ambitious,* edited by Leslie G. Rubin. Pittsburgh: Duquesne University Press.

人名索引

Abravanel, Isaac, 277n16
Adams, John, 272n23
Agamben, Giorgio, 273n31
Ahrensdorf, Peter, 274n43
Al-Amiri, 274n41
Albertus Magnus, Saint, 270n9, 275n46
Alcaeus, 155–56
Alcibiades, 292n33, 298n72, 302n8, 309n60
Alexander the Great, 2, 271n13, 275n51
Alfarabi, 108, 269n7, 275n51, 278n30, 312n17, 312n21, 314n42
Ambler, Wayne, 35, 36, 39, 49, 54, 129, 132, 76n3, 277n11, 277n18, 278n31, 279n36, 280nn41–42, 282n57, 283n67, 293n47, 294n52, 299n84
Anaxagoras, 21, 315n60
Anderson, Warren, 316n69
Anthony, Saint, the Hermit, 278n22
Antiphon, 308n53
Archidamus, 289n15
Archinus, 300n96
Arendt, Hannah, 43, 273n31, 278n25, 279n35, 283n64, 302n7
Aristides, 59, 292n33, 309n62
Aristophanes, 84, 257, 267; *Clouds*, 30, 84, 281n51, 298n76; *Frogs*, 296n66; *Knights*, 297n68; *Wealth*, 295n56
Ataturk, 152, 299n83
Athenaeus, 42, 274n43
Athenagoras of Syracuse, 295n57, 297n70
Aubenque, Pierre, 269n5

Augustus Caesar, 301n105
Aulus Gellius, 275n51
Avempace (Ibn Bajja), 274n41, 278
Averroes (Ibn Rushd), 270n9, 275n46, 312n17, 312n21, 314n42
Avicenna (Ibn Sina), 274n41, 278n21, 312n17, 312n21, 314n42

Bagehot, Walter, 297n70, 298n72, 304n24, 305n32, 306n38
Baracchi, Claudia, 269n5, 301n1
Barker, Ernest, 275n50, 276n6, 283n66, 301n1, 304n30
Bartlett, Robert C., 86–88, 156, 295n58, 299n82, 299n88
Bates, Clifford Angell, 269n3, 286n31, 287n37, 289n16
Bendixen, J., 271n14, 314n46
Bergk, Theodore, 311n8
Bernays, Jocob, 270n13, 271n14
Bias, 113
Bible: Genesis, 285n20; Deuteronomy, 285n20; Proverbs, 280n42; Ecclesiastes, 276n9, 277n12
Bien, Günther, 269n2, 278n21
Bismarck, Prince Otto von, 294n49
Bloom, Allan, 274n38, 302n8, 303n19
Bluhm, William T., 301n105
Bodéüs, Richard, 6, 269n2, 272n24, 272n28, 274n40, 274n44, 275n49, 275n51, 276n52, 281n48, 284n1, 310n78
Bodin, Jean, 284n3, 305n33

Bolotin, David, 275n51, 300n103
Bonitz, Hermann, 103, 272n24, 277n19, 289n21, 293n46, 295n57, 296n62, 307n44
Bornemann, Eduard, 284nn2–3, 284n6
Bousset, M., 274n44
Bradley, A. C., 12, 270n10, 271n14, 276n6, 280n41, 292n37, 296n63, 307n47, 310n2
Brasidas, 152, 299n81, 309n60
Bremond, André, 269n5
Broadie, Sarah, 274n44
Brunt, P. A., 278n29
Buechler, 304n31
Burger, Ronna, 23, 269n3, 278n27
Burke, Edmund, 278n26, 289n14, 292n35, 300n99, 300n101, 302n5, 307n48
Burkert, Walter, 274nn43–44, 285n20
Burnet, John, 274n44, 305n35

Cambiano, Giuseppe, 278n29
Canning, George, 297n70
Cartledge, Paul A., 305n33
Catiline, 290n22
Cato the Elder, 52, 271n16
Charicles, 204
Chroust, Anton-Hermann, 7, 271n13, 274n43, 275nn47–49, 275n51
Churchill, Winston, 116, 152, 226, 247, 290n24, 291n32, 294n49, 299n83, 304n24, 311n4, 312n22
Cicero, Marcus Tullius, 153–54, 226, 290n22, 306n37, 311n4; *De Finibus*, 41, 276n7, 293nn43–45; *De Inventione*, 276n7, 278n23; *De Officiis*, 282n62, 290n22, 294n49; *Laws*, 8, 108, 291n29, 291n31, 293n44, 303n17; *Lucullus*, 41; *On the Nature of the Gods*, 275n48; *Republic*, 71, 120,

Cleisthenes, 106
Clement of Alexandria, 275n51
Coby, Patrick, 109, 110, 147, 226, 277n17, 286n31, 291n32, 296n63, 309n58, 311n4
Cohen, G. A., 292n36
Collins, Susan D., 312n11
Congreve, Richard, 84, 134, 289n18
Cooper, Duff, 292n32,
Cooper, John M., 128, 138, 183, 236, 293n41, 314n46
Cratinus, 303n12
Cynics, 41
Cypselus of Corinth, 216

Dahl, Robert A., 270n10
Damon, 21
David, 277n16
Davies, J. K., 287n4
Davis, Michael, 32, 175, 284n2, 301n105, 304n30, 305n33
DeGaulle, Charles, 115, 152, 299n83
Demetrius of Phalerum, 307n50
Demosthenes the general in Thucydides, 309n60
Demosthenes the orator, 290n22; *Against Aristocrates*, 302n8; *Against Ctesiphon*, 302n8; *Against Timarchus*, 302n8; *Against Timocrates*, 302n8; *Exordium* no.14, 294n49, 297n68; *First Olynthiac*, 295n54; *On the False Embassy*, 297n70; *On the Liberty of the Rhodians*, 302n8; *Second Phillipic*, 299n87
Derenne, Eudore, 274n43
Descartes, René, 2
Develin, Robert, 289n16
Diagoras of Melos, 21
Didymus Chalcenterus, 301n105
Diels, Hermann, 269n2
Dietz, Mary G., 281n48

125, 288n9, 289–90n22, 291n32, 293n43, 293n47, 294n49, 303n21, 313n28; *Tusculan Disputations*, 289n22
Cimon, 292n33
Dirlmeier, Franz, 275n47, 275n49, 314n46
Dobbs, Darrell, 16, 280n37, 283n74
Dreizehnter, Alois, 273n33, 281n47, 289n18, 290n27
Dufour, Médéric, 269n1, 269n5
Dufourny, Maurice, 273n32
Düring, Ingemar, 269n2, 274n43, 275n51

Effe, Bernd, 312n22
Elias, 275n51
Eliot, George, 270n10, 274n43
Emmert, Kirk, 311n4
Epaminondas, 120, 273n36, 292n33
Ephialtes, 273n34
Erasmus, 274n38
Euripides, 32, 115, 117, 262, 267, 289n20; *Aeolus*, 289n20; *Bacchae*, 261; *Cyclopes*, 273n30; *Iphigenia at Aulis*, 32

Federalist, The. See Publius (*The Federalist*, nos. 9, 10, 47–51, 55)
Finlayson, James G., 273n31
Forrest, W. G., 273n36, 287n4
Frank, Jill, 191, 281n48, 284n6, 296–97n67, 304n24, 305n33
Franklin, Benjamin, 309n58
Frede, Dorothea, 114, 117, 279n35, 291n30, 292n37, 293n40, 298–99n79
Fülleborn, Georg G., 285n14
Fustel de Coulanges, Numa Denis, 86, 276n2

Diodorus Siculus, 311n8
Diodotus, 18, 298n72
Diogenes Laertius, 183, 201, 271n13, 274nn43–44, 281n51, 291n29, 311n8, 316n70
Göttling, Karl W., 287n36
Grant, Alexander, 312n11
Grote, George, 296n66
Gutas, Dimitri, 275n51

Habermas, Jürgen, 273n31
Haffner, Sebastian, 279n34
Hamilton, Alexander, 309–10n66. *See also* Publius (*The Federalist*, nos. 9, 10, 47–51, 55)
Hanson, Victor Davis, 177, 305n33, 305n35
Harmodius, 311n8
Harpocration, Valerius, 294–95n54
Harrington, James, 303n18, 306n37
Hegel, G. W. F., 109, 271nn14–15, 272n23, 281n50, 289n14
Henderson, Isobel, 316n69
Henkel, Hermann, 271n14, 302n8
Heraclitus, 215, 299n, 84
Hermias of Atarneus, 270n13
Hermocrates of Syracuse, 309n60
Herodotus, 282n58, 285nn16–17, 294n49, 302n8
Hesiod, 26, 239; *Works and Days*, 5, 32, 278n24, 303n21, 311n8
Hesychius, 316n70
Hicks, Robert D., 72, 117, 154, 241, 242, 247, 257, 259, 263, 270n11, 271n15, 278n29, 279n34, 280n39, 281n52, 282n57, 283n63, 284n1, 284n5, 284n9, 285n12, 286n33, 287n34, 284n38, 288nn12–13, 291n30, 296n62, 298n74, 300n103, 301n105, 304n31, 312n23, 313n26, 313n29, 313n33, 313n37, 314n46

Galen, 269n1
Garve, Christian, 287n2
Garver, Eugene, 301n1
Gautier, R. A., 273n32, 274n44
Gilbert, Gustav, 293n46
Goldberg, Robert, 289nn16-17, 289n19, 290n23
Goldschmidt, Victor, 280n44
Gomperz, Theodor, 270n13
Gorgias, 68, 105-6, 288n6
Homer (*continued*)
    Iliad, 36, 42, 81-82, 120, 123-24, 131, 163, 293-94n49, 299n91; *Odyssey*, 13, 33, 259-60, 272n29, 311n8, 316n67
Horace, 311n8
Houssaie, Amelot de la, 292n38
Hug, Arnold, 271n14, 302n8
Hume, David, 272n21, 272n23, 297n68, 307n47, 310n66
Husserl, Edmund, 3
Huxley, George, 285n16

Immisch, Otto, 316n70
Isaeus, 276n7
Isocrates, 302n8, 314n39; *Antidosis*, 270n10, 271n18, 274n38, 294n50, 311n7; *Areopagiticus*, 286n33, 287n37, 288n10, 294n49, 297n71, 303n15, 303n19; *Helen*, 297n69; Letters, 295n54, 299n91; *Nicocles or the Cyprians*, 286n30, 288n9, 310n67; *On the Peace*, 311n7, 315n55; *Panathenaicus*, 285n16, 288nn9-10, 293n46, 294n50, 302n8, 310n67; *Panegyricus*, 123, 295n54, 303n15; *Phillip*, 299n87; *To Demonicus*, 311n7; *To Nicocles*, 286n33, 288n9, 297n69

Jackson, A. H., 305n35
Jackson, Henry, 290n27
Jaeger, Werner, 69, 165

Hildenbrand, Karl, 278n23, 289n13
Hippocrates, 250
Hippodamus of Miletus, 8, 16, 83-85, 150, 162, 250, 271n17, 285n19, 314n40
Hitler, Adolf, 279n34
Hobbes, Thomas, 39, 280n42, 293n43, 306n37, 307n49, 308n50
Homer, 13, 26, 33, 36, 37, 65, 81-82, 120, 123, 239, 262, 267, 273n30, 299n84;
Keyt, David, 183, 199, 214, 222, 270n10, 278n26, 293n41, 301n105, 305n35, 306n41, 307n46, 310nn70-71, 310n73, 310nn75-76
Khan, C.-A., 293n41
Klein, Jacob, 278n31
Koeplin, Aimée, 316n63
Kojève, Alexandre, 281n50
Koller, Ernst, 316n66
Koraes, Adamantios, 280n40
Kraemer, Joel, 274n41
Kraut, Richard, 43, 46, 118, 231, 241, 242, 246, 269n1, 271n14, 274n38, 274n45, 278n29, 279n35, 301n105, 302n1, 304n30, 305n33, 311n3, 313n30, 313nn35-36, 314n46, 315n52, 315n54, 315n60, 316n66, 316n68, 316n71, 317n74
Krohn, August, 284n9, 287n1, 301n105
Kullman, Wolfgang, 273n30

Leaming, Barbara, 292n32
Lee, Robert E., 115
Lincoln, Abraham, 115, 152, 154, 226, 247, 299n83
Lindsay, Thomas K., 5, 162, 269n3, 289n16, 296nn66-67, 298n75, 299n88, 302n1, 312n19, 314n22, 316n70
Livy, Titus, 286n34

Jaffa, Harry V., 312n1
Janssens, David, 278n23
Jason the Thessalian tyrant, 116–17, 290n25, 312n19
Jefferson, Thomas, 52, 130, 272n21, 281–82n56, 293n48
John the Baptist, 278n22
Johnson, Curtis N., 269n3, 286n31
Jolif, J. Y., 273n32, 274n44
Josephus, 288n11
Jowett, Benjamin, 274n45, 284n3

Kahn, Charles H., 45, 167
Kant, Immanuel, 9–10, 272n23, 287n2

306n43,307n47; *Art of War*, 310n78; *Discourses on Livy*, 206, 212, 288n9, 299n84, 300n97, 303n13, 306n43; *Florentine Histories*, 306n43; *Prince*, 204, 301n1, 303n13, 306n43
Madison, James, 297n68, 298n72, 309n58. *See also* Publius (*The Federalist*, nos. 9, 10, 47–51, 55)
Maimonides, 299n93
Mansfield, Harvey C., Jr., 165, 269n3, 299n88, 304n25, 306nn36–37
Mara, Gerald M., 24, 273n31, 274n38
Marlborough, John Churchill, Duke of, 200, 294n49
Marsilius of Padua (*Defensor Pacis*), 29, 199–200, 224, 270n9, 274n46, 276n6, 277n18, 278n23, 278n25, 280n41, 288n11, 297–98n72, 300n102, 306n36, 307n47, 310n78
Marx, Karl, 43, 135, 273n31, 279n35, 282n60, 292n36
Metternich, Prince Clemens von, 202, 294n49
Michel of Ephesus, 273n33

Locke, John, 39, 61, 272n22, 276n9
Lord, Carnes, 59, 228, 240, 243, 246, 259, 269n1, 272n26, 273nn31–32, 281n52, 283n63, 287n4, 288n7, 312n21, 313n33, 315n51, 315n53, 315n56, 316n65, 316nn69–70
Lycophron the Sophist, 295n59
Lycurgus, 86–87, 285nn17–18, 285n23
Lysias, 273n37, 309n61

Macaulay, Thomas Babington, 297n70, 308n53
Macfarland, Joseph C., 277n16
Machiavelli, Niccolò, 226–27,
Mulgan, R. G., 181, 283n66, 286n33, 296n66, 301n1, 307n50
Muret, Marc-Antoine, 285n12

Nails, Debra, 284n9
Napoleon, 294n49
Natali, Carlo, 27, 278n28, 282n61, 283n63
Newell, Waller R., 163, 298n75, 298n79, 299n88
Newman, William L., 18, 21, 25, 34, 42, 44, 47, 59, 60, 61, 64, 69, 84, 97, 141, 156, 157, 158, 160, 168, 196, 198, 212, 216, 223, 224, 227, 249, 250, 253, 256, 260, 265, 269n1, 269n5, 270n11, 273n37, 276n1, 276n5, 276n7, 276n9, 277n14, 277n18, 278n29, 281n55, 282n58, 283n63, 283n71, 283n73, 284n9, 285nn18–19, 285n28, 286n33, 287n36, 287n1, 288n6, 289n15, 290n27, 291n29, 292n38, 293n42, 293n46, 294n51, 294nn53–54, 295n56, 296n62, 296n66, 297n70, 298n74, 298nn77–78, 299n80, 299n82, 299n87, 299nn90–92, 300n94, 301n105, 301n1, 302nn5–6,

Mill, John Stuart, 279n35
Miller, Fred D., Jr., 199, 225, 269n2, 272n28, 301n105, 306nn40–41
Milton, John, 304n25
Minos, 86–87, 248
Montaigne, Michel de, 2
Montecatino of Ferrara, 285n12
Montesquieu (*Spirit of the Laws*), 39, 90, 93, 119, 158, 167, 196–99, 203, 213, 222, 261, 270n10, 271n14, 272n21, 280n41, 282n58, 282n62, 283n69, 285n15, 286–87n34, 294n49, 300n102, 306n36, 306n39, 307n49, 308n52, 308n56, 309n57, 316–17n73
Moore, J. M., 305n33
Moraux, Paul, 269n1
Morrall, John B., 302n1
Morrison, Donald, 293n41
Morrow, Glenn, 284n9
Olympiodorus, 275n51
Olympus, 264
Oncken, Wilhelm, 16, 34, 271n14, 276n2, 277n12, 278n23, 283n66, 284n9, 287n38
O'Neil, James L., 270n12
Onomacritus, 86
Oresme, Nicole, 301n105

Pangle, Lorraine Smith, 130, 275n51, 292n33
Pangle, Thomas L., 225, 277n16, 288n7, 306n36
Parens, Joshua, 277n16
Pascal, Blaise, 2–3, 177, 247, 256
Paul, Saint, 87, 283–84n75
Pauson, 264
Peisistratus, 152, 216, 291n31, 299n81
Pelopidas, 120, 292n33
Pericles, 127–28, 152, 247, 292n33, 298n72, 299n83, 309n62, 310n76, 311n9

302n9, 303n12, 303n14, 303n16, 303n21, 304n28, 305nn34–35, 306n40, 307n44, 307nn47–48, 307n50, 309nn61–63, 310nn75–76, 310n78, 310n1, 311n8, 312nn18–20, 313n25, 313nn27–28, 313n34, 313nn37–38, 314nn39–41, 314n43, 315nn50–51, 315nn53–55, 315n57, 315n59, 316n61, 316n64, 316nn67–68, 316n70, 316n72, 317n74
Nichols, Mary, 284n75, 296n66, 297n69, 311n9
Niciolaus of Damascus, 299n92
Nicolson, Harold, 297n70
Nicias, 273n37, 274nn43–44, 292n33
Nietzsche, Friedrich, 271n18, 278n22, 294n49, 299n84

Ober, Josiah, 305n33
O'Connor, David K., 290n25
64, 72–80, 88, 89, 91, 92, 93, 121, 126, 150, 216, 217, 242, 246, 248, 251, 259, 270n10, 271n16, 282n56, 283n68, 285nn10–11, 285n16, 285n23, 286n25, 286nn27–29, 286n33, 287n3, 288nn8–9, 288n11, 291n31, 293n43, 296n66, 299n93, 302n4, 303n17, 314n42, 316n64; *Lovers*, 276n4; *Meno*, 16, 68, 289n15; *Phaedo*, 79; *Protagoras*, 281n51; *Republic*, 19, 23, 29, 50, 72–79, 82–83, 90, 91, 95–96, 105, 148, 174–75, 181, 243–45, 251, 256, 260, 263, 267, 270n10, 274n39, 274n41, 278n28, 284nn2–9, 285n28, 286n33, 287n37, 288n9, 288n12, 288n19, 290n25, 291n30, 293n47, 296n66, 299n82, 303n20, 311n6, 312n11, 314n42; Seventh Letter, 302n1; *Statesman*, 27, 276n4, 291n30, 299n93; *Symposium*, 281n51, 316n68
Plutarch, 120, 314n39; *Agesilaus*,

Pétain, Marshal, 115
Peter of Auvergne, 297n72, 308n50, 315n59
Phaleas of Chalcedon, 80–83
Pherecrates, 314n39
Phillip of Macedon, 270n13
Philo Judaeus, 275n48
Philolaus the Corinthian, 86–87
Philopoemon, 152
Phocylides, 188
Pieper, Josef, 315n56
Pinckney, Charles Cotesworth, 309n58
Pindar, 302n10
Pines, Shlomo, 270n9, 278n30
Pitkin, Hanna, 273n31
Pitt, William, the Younger, 315n55
Plato, 2, 21, 23, 26, 27, 64, 71, 72–80, 82–83, 96, 115, 226, 271n16, 283n68, 284n2, 290n22, 312n17, 314n43, 316n70; *First Alcibiades*, 286n29; *Apology of Socrates*, 15, 148, 310n78; *Charmides*, 2276n4; *Cleitophon*, 47, 289n19; *Crito*, 287n3; *Gorgias*, 115, 148, 289n19; *Laws*, 3, 12, 13, 21, 26, 311n8; *Solon*, 287n38; *Themistocles*, 273n36, 291n32, 311n4; "To An Uneducated Prince," 300n94
Pocock, J. G. A., 273n31
Polansky, Ronald, 214, 227, 271n15, 302n1, 307n50, 309n65
Polybius, 277n14, 285n16, 286n34, 306n36
Popper, Karl, 270n13
Pritchett, W. Kendrick, 305n35
Protagoras, 21
Publius (*The Federalist*, nos. 9, 10, 47–51, 55), 196, 272n21, 297n68, 298n72, 306n36, 309–10n66. *See also* Hamilton, Alexander; Madison, James

Raaflaub, Kurt A., 305n35
Rahe, Paul, 87, 286n26

291n29; *Agis*, 285n23, 297n69; *Alexander*, 271n13, 275n51; *Aristides*, 283n68, 309n62, 312n20; *Aristides and Cato the Elder Compared*, 281n54, 289n15, 312n20; *Brutus*, 273n36; *Cato the Elder*, 271n16, 283n68; *Cato the Younger*, 273n36; *Caesar*, 290n24; *Cimon*, 311n8; *Cleomenes*, 273n36, 285n23, 297n69; *Coriolanus*, 294n49, 297n69; *Crassus*, 44, 276n4; *Demetrius*, 270n12; *Demosthenes*, 270n12; *Demosthenes and Cicero Compared*, 290n22; *Dion*, 273n36; *Caius Gracchus*, 297n69; *Lycurgus*, 12, 285nn17–18, 300n97; *Nicias*, 273n37, 274nn43–44, 297n69; "On the Obsolescence of Oracles," 313n25; *Pelopidas*, 120, 273n36, 292n33; *Pericles*, 274n43, 283n70, 297n69; *Philopoemon*, 273n36, 282n56, 283n68, 299n81; *Philopoemon and Titus Compared*, 299n81; *Phocion*, 270n12, 273n36, 296n61; "Precepts of Statecraft," 312n19; *Sertorius*,
Schiller, Ludwig, 277n12
Schofield, Malcolm, 28, 45, 48, 278n29, 280n44
Schütrumpf, Eckart, 29, 57, 101, 111, 132, 287n1, 295n59, 296n62, 296n66, 298n74, 299n86, 301n105, 301n1, 307n46, 310n2
Sextus Empiricus, 269n4
Shaftesbury, Anthony Ashley Cooper, Third Earl of, 287n3
Shulsky, Abram, 60, 61
Simplicius, 275n51
Simpson, Peter L. Phillips, 157, 170, 211, 241, 271n15, 271n20, 272n28, 276n52, 277n17, 280n37, 280n40, 280n42, 281n52, 284n6, 286n33, 293n43, 294n53, 299n91, 301n105, 302n1, 303n14, 303n18, 307n50,

Rees, D. A., 313n26
Rest, E. van der, 284n9
Retz, Cardinal de, 297n68
Rhodes, Peter J., 270n12, 286n26
Ritter, Joachim, 278n21
Robinson, Richard, 2, 156, 286n31, 299n86, 312n19
Ross, William D., 269n1, 301n105, 301n1
Rousseau, Jean-Jacques, 43, 44, *First Discourse*, 285n21; *Second Discourse*, 44, 270n10, 280n38; *Social Contract*, 43, 279nn33-34
Rowe, Christopher, 283n63, 301n105, 301n1, 304n30, 305n35
Ruderman, Richard, 146, 277n17, 309n64

Sabine, George H., 301n1, 304n30
Salkever, Stephen G., 24, 61, 177, 250, 273n31, 274n40, 291n32, 312n21, 313n29, 313n35, 314n42
Sandel, Michael, 271n20
Sartori, Giovanni, 270n10
Saunders, Trevor J., 34, 165, 174, 269n3, 271n15, 280n44, 299n82, 301n105
Saxonhouse, Arlene, 64, 269n3, 277n13, 283nn74-75, 284n3
Strauss, Barry, 243, 287n4, 307n50, 308n54
Strauss, Leo, 28, 84, 104, 141, 239, 271n17, 286n30, 287n3, 288n6, 288nn8-10, 289n14, 290n25, 299n82, 307n47, 308n53, 313n30
Susemihl, Franz, 72, 117, 154, 241, 242, 247, 257, 259, 263, 269n2, 270n11, 271n15, 278n29, 279n34, 280n39, 281n52, 282n57, 283n63, 284n1, 284n5, 284n9, 285n12, 286n33, 287n35, 287n38, 288nn12-13, 291n30, 296n62, 298n74, 300n103,
310nn74-76, 311n3, 315n51, 315n60, 316n62
Skultety, Steven C., 108
Smith, Adam, 279n33n
Smith, Thomas W., 19
Socrates, 2, 7, 18, 21, 22, 23, 28, 30, 40, 41, 45, 47, 50, 63, 65, 68, 72-79, 82-84, 91, 95, 96, 115, 153, 216-17, 239, 278n27, 281n51, 289n21, 293n47
Solmsen, Friedrich, 275n50, 313n26
Solomon, 276n9, 277n12, 280n42
Solon, 54-55, 86, 97-98, 142, 198, 200, 282n59, 287n36, 291n29, 297n72, 304n29, 305n34, 309n63
Sophocles, 68; *Ajax*, 68; *Antigone*, 35, 300n100; *Oedipus the Tyrant*, 224, 300n98, 300n100
Sorabji, R., 273n32
Spence, I. G., 222
Spengel, Leonhard, 271n14
Stein, Baron vom, 315n55
Stoics, 41
Stalley, R. F., 284n6
St John-Stevas, Norman, 298n72
Ste. Croix, G. E. M. de, 305n33
Stobaeus, 282n59, 289n20
Storing, Herbert J., 306n36
Strabo, 285n16, 293n42
273n36, 282n58, 289n15, 290n23, 293n39, 295n57, 297n70, 298n72, 299n83, 302n8, 305n33, 305n35, 308n53, 309n60, 309n62, 310n76, 311n9, 312n16
Thucydides, son of Melesias, 274n44
Thurot, Charles, 285n12
Tocqueville, Alexis De, 270n10, 308n53, 309n64, 310n69
Toland, John, 275n51
Trendelenberg, Adolf, 296n66
Trollope, Anthony, 294n49

301n105, 302n9, 304n31, 312n23, 313n26, 313n29, 313n33, 313n37, 314n46, 316n69
Swanson, Judith, 273n31, 274n40, 277n13, 283n74, 284n3
Swift, Jonathan, 239

Taine, Hippolyte, 294n49
Tessitore, Aristide, 275n51
Thales, 60, 61–62, 86–87, 315n60
Themistius, 275n51, 311n5
Themistocles, 152, 154, 247, 273n36, 290n23, 292n33, 299n83, 309n60, 309n62
Theodectes, 49
Theognis, 304n29
Theophrastus, 301n105
Theopompus, 213
Theramenes, 273n37, 305n35
Thesleff, Holger, 284n9
Thomas Aquinas, Saint, 2, 61; *Commentary on Aristotle's Nicomachean Ethics*, 275n49, 311–12n11; *Commentary on Aristotle's Politics*, 32, 35, 40, 52, 64, 68, 71, 98, 118, 271n18, 272n25, 276n9, 277n12, 277n15, 278n22, 280nn42–43, 281n49, 281n53, 283n72, 283n75, 285n22; *Summa Contra Gentiles*, 25, 155, 163, 275n49, 276n9, 277n15, 278n22, 281n49, 282n57; *Summa Theologiae*, 271n18, 272n25, 282n62
Thucydides, 18, 127, 202, 216, 270n10, 305n35; *Hiero or On Tyranny*, 52, 287n3, 310n72; *Memorabilia*, 47, 124, 276n4, 281n51, 282n57, 283n65, 289n19, 290n26, 292nn32–33, 300n100; *Oeconomicus*, 18, 27, 65, 66, 68, 175, 247, 276n4, 276n10, 277n19, 281n51, 281n55, 294n50; *Symposium*, 260, 281n51

Vander Waerdt, Paul, 274n40, 275n51, 299n81, 311n5, 314n46
Verdenius, Willem J., 274n45, 275n49
Vico, Giambattista, 52, 300n98
Voegelin, Eric, 269n5

Waldron, Jeremy, 296n67
Washington, George, 152, 200, 294n49, 299n83, 309n58
Weil, Raymond, 269n1
West, Martin L., 304n29, 316n69
Westerwink, L. G., 275n51
Wieland, Wolfgang, 277n11
Wilamovitz-Moellendorf, Ulrich von, 284n9
William of Moerbeke, 281n53
Williams, James M., 308n50
Wilson, J. Cook, 314n46
Wilson, Woodrow, 306n38
Winnington-Ingram, R. P., 316n69
Winthrop, Delba, 102, 288n6, 296n63, 296n66
Wolff, Francis, 298n74
Wormuth, F., 301n1

Xenophon, 2, 18, 27, 115, 153, 226, 273n36, 285n23, 288n8; *Apology of Socrates to the Jury*, 285n17; *Cavalry Commander*, 313n27; *Constitution of Athens*, 18, 273n36, 287n37, 305n35, 309n61; *Education of Cyrus (Cyropaideia)*, 18, 280–81n46, 286n33, 305n35, 306n42, 312n22; *Hellenica*,

Yack, Bernard, 158, 271n15, 274n38

Zaleucus, 87
Zeller, Eduard, 274n44, 284n1, 284n9, 301n105
Zuckert, Catherine, 273n31, 302n1

北京市版权局著作权合同登记号：图字 01-2014-0865 号

图书在版编目（CIP）数据

亚里士多德《政治学》中的教诲 /（美）托马斯·潘戈（Thomas L. Pangle）著；李小均译. --2 版. --北京：华夏出版社有限公司，2024.5
（西方传统：经典与解释）
书名原文：Aristotle's Teaching in the "Politics"
ISBN 978-7-5222-0628-8

I. ①亚… II. ①托… ②李… III.①亚里士多德（Aristotle 前 384-前 322）－政治哲学－研究 IV.①B502.233②D0

中国国家版本馆 CIP 数据核字（2024）第 019024 号

亚里士多德《政治学》中的教诲

作 者	[美]托马斯·潘戈	
译 者	李小均	
责任编辑	王霄翎	
审读编辑	马 飞	
责任印制	刘 洋	

出版发行 华夏出版社有限公司
经 销 新华书店
印 刷 北京汇林印务有限公司
装 订 北京汇林印务有限公司
版 次 2024 年 5 月北京第 2 版
2024 年 5 月北京第 1 次印刷
开 本 880×1230 1/32
印 张 12
字 数 323 千字
定 价 95.00 元

华夏出版社有限公司 地址:北京市东直门外香河园北里 4 号 邮编:100028
网址:www.hxph.com.cn 电话:(010)64663331(转)
若发现本版图书有印装质量问题，请与我社营销中心联系调换。

西方传统：经典与解释
Classici et Commentarii
HERMES
刘小枫◎主编

古今丛编

欧洲中世纪诗学选译 宋旭红 编译

克尔凯郭尔 [美]江思图 著

货币哲学 [德]西美尔 著

孟德斯鸠的自由主义哲学 [美]潘戈 著

莫尔及其乌托邦 [德]考茨基 著

试论古今革命 [法]夏多布里昂 著

但丁：皈依的诗学 [美]弗里切罗 著

在西方的目光下 [英]康拉德 著

大学与博雅教育 董成龙 编

探究哲学与信仰 [美]郝岚 著

民主的本性 [法]马南 著

梅尔维尔的政治哲学 李小均 编/译

席勒美学的哲学背景 [美]维塞尔 著

果戈里与鬼 [俄]梅列日科夫斯基 著

自传性反思 [美]沃格林 著

黑格尔与普世秩序 [美]希克斯 等著

新的方式与制度 [美]曼斯菲尔德 著

科耶夫的新拉丁帝国 [法]科耶夫 等著

《利维坦》附录 [英]霍布斯 著

或此或彼（上、下）[丹麦]基尔克果 著

海德格尔式的现代神学 刘小枫 选编

双重束缚 [法]基拉尔 著

古今之争中的核心问题 [德]迈尔 著

论永恒的智慧 [德]苏索 著

宗教经验种种 [美]詹姆斯 著

尼采反卢梭 [美]凯斯·安塞尔-皮尔逊 著

舍勒思想评述 [美]弗林斯 著

诗与哲学之争 [美]罗森 著

神圣与世俗 [罗]伊利亚德 著

但丁的圣约书 [美]霍金斯 著

古典学丛编

荷马笔下的诸神与人类德行 [美]阿伦斯多夫 著

赫西俄德的宇宙 [美]珍妮·施特劳斯·克莱 著

论王政 [古罗马]金嘴狄翁 著

论希罗多德 [古罗马]卢里叶 著

探究希腊人的灵魂 [美]戴维斯 著

尤利安文选 马勇 编/译

论月面 [古罗马]普鲁塔克 著

雅典谐剧与逻各斯 [美]奥里根 著

菜园哲人伊壁鸠鲁 罗晓颖 选编

劳作与时日（笺注本）[古希腊]赫西俄德 著

神谱（笺注本）[古希腊]赫西俄德 著

赫西俄德：神话之艺 [法]居代·德拉孔波 编

希腊古风时期的真理大师 [法]德蒂安 著

古罗马的教育 [英]葛怀恩 著

古典学与现代性 刘小枫 编

表演文化与雅典民主政制
[英]戈尔德希尔、奥斯本 编

西方古典文献学发凡 刘小枫 编

古典语文学常谈 [德]克拉夫特 著

古希腊文学常谈 [英]多佛 等著

撒路斯特与政治史学 刘小枫 编

希罗多德的王霸之辨 吴小锋 编/译

第二代智术师 [英]安德森 著

英雄诗系笺释 [古希腊]荷马 著

统治的热望 [美]福特 著

论埃及神学与哲学 [古希腊]普鲁塔克 著

凯撒的剑与笔 李世祥 编/译

伊壁鸠鲁主义的政治哲学 [意]詹姆斯·尼古拉斯 著

修昔底德笔下的人性 [美]欧文 著

修昔底德笔下的演说 [美]斯塔特 著

古希腊政治理论 [美]格雷纳 著

赫拉克勒斯之盾笺释　罗逍然 译笺

《埃涅阿斯纪》章义　王承教 选编

维吉尔的帝国　[美]阿德勒 著

塔西佗的政治史学　曾维术 编

古希腊诗歌丛编

古希腊早期诉歌诗人　[英]鲍勒 著

诗歌与城邦　[美]费拉格、纳吉 主编

阿尔戈英雄纪（上、下）
[古希腊]阿波罗尼俄斯 著

俄耳甫斯教祷歌　吴雅凌 编译

俄耳甫斯教辑语　吴雅凌 编译

古希腊肃剧注疏

欧里庇得斯与智术师　[加]科纳彻 著

欧里庇得斯的现代性　[法]德·罗米伊 著

自由与僭越　罗峰 编译

希腊肃剧与政治哲学　[美]阿伦斯多夫 著

古希腊礼法研究

宙斯的正义　[英]劳埃德-琼斯 著

希腊人的正义观　[英]哈夫洛克 著

廊下派集

剑桥廊下派指南　[加]英伍德 编

廊下派的苏格拉底　程志敏 徐健 选编

廊下派的神和宇宙　[墨]里卡多·萨勒斯 编

廊下派的城邦观　[英]斯科菲尔德 著

希伯莱圣经历代注疏

希腊化世界中的犹太人　[英]威廉逊 著

第一亚当和第二亚当　[德]朋霍费尔 著

新约历代经解

属灵的寓意　[古罗马]俄里根 著

基督教与古典传统

保罗与马克安　[德]文森 著

加尔文与现代政治的基础　[美]汉考克 著

无执之道　[德]文森 著

恐惧与战栗　[丹麦]基尔克果 著

托尔斯泰与陀思妥耶夫斯基
[俄]梅列日科夫斯基 著

论宗教大法官的传说　[俄]罗赞诺夫 著

海德格尔与有限性思想（重订版）
刘小枫 选编

上帝国的信息　[德]拉加茨 著

基督教理论与现代　[德]特洛尔奇 著

亚历山大的克雷芒　[意]塞尔瓦托·利拉 著

中世纪的心灵之旅　[意]圣·波纳文图拉 著

德意志古典传统丛编

黑格尔论自我意识　[美]皮平 著

克劳塞维茨论现代战争　[澳]休·史密斯 著

《浮士德》发微　谷裕 选编

尼伯龙人　[德]黑贝尔 著

论荷尔德林　[德]沃尔夫冈·宾德尔 著

彭忒西勒亚　[德]克莱斯特 著

穆佐书简　[奥]里尔克 著

纪念苏格拉底——哈曼文选　刘新利 选编

夜颂中的革命和宗教　[德]诺瓦利斯 著

大革命与诗化小说　[德]诺瓦利斯 著

黑格尔的观念论　[美]皮平 著

浪漫派风格——施勒格尔批评文集　[德]施勒格尔 著

巴洛克戏剧丛编

克里奥帕特拉　[德]罗恩施坦 著

君士坦丁大帝　[德]阿旺西尼 著

被弑的国王　[德]格吕菲乌斯 著

美国宪政与古典传统

美国1787年宪法讲疏　[美]阿纳斯塔普罗 著

启蒙研究丛编

论古今学问　[英]坦普尔 著

历史主义与民族精神　冯庆 编

浪漫的律令　[美]拜泽尔 著

现实与理性　[法]科维纲 著

论古人的智慧 [英]培根 著

托兰德与激进启蒙 刘小枫 编

图书馆里的古今之战 [英]斯威夫特 著

政治史学丛编

驳马基雅维利 [普鲁士]弗里德里希二世 著

现代欧洲的基础 [英]赖希 著

克服历史主义 [德]特洛尔奇 等著

胡克与英国保守主义 姚啸宇 编

古希腊传记的嬗变 [意]莫米利亚诺 著

伊丽莎白时代的世界图景 [英]蒂利亚德 著

西方古代的天下观 刘小枫 编

从普遍历史到历史主义 刘小枫 编

自然科学史与玫瑰 [法]雷比瑟 著

地缘政治学丛编

地缘政治学的起源与拉采尔 [希腊]斯托杨诺斯 著

施米特的国际政治思想 [英]欧迪瑟乌斯/佩蒂托 编

克劳塞维茨之谜 [英]赫伯格-罗特 著

太平洋地缘政治学 [德]卡尔·豪斯霍弗 著

荷马注疏集

不为人知的奥德修斯 [美]诺特维克 著

模仿荷马 [美]丹尼斯·麦克唐纳 著

品达注疏集

幽暗的诱惑 [美]汉密尔顿 著

阿里斯托芬集

《阿卡奈人》笺释 [古希腊]阿里斯托芬 著

色诺芬注疏集

居鲁士的教育 [古希腊]色诺芬 著

色诺芬的《会饮》 [古希腊]色诺芬 著

柏拉图注疏集

挑战戈尔戈 李致远 选编

论柏拉图《高尔吉亚》的统一性 [美]斯托弗 著

立法与德性——柏拉图《法义》发微 林志猛 编

柏拉图的灵魂学 [加]罗宾逊 著

柏拉图书简 彭磊 译注

克力同章句 程志敏 郑兴凤 撰

哲学的奥德赛——《王制》引论 [美]郝兰 著

爱欲与启蒙的迷醉 [美]贝尔格 著

为哲学的写作技艺一辩 [美]伯格 著

柏拉图式的迷宫——《斐多》义疏 [美]伯格 著

苏格拉底与希琵阿斯 王江涛 编译

理想国 [古希腊]柏拉图 著

谁来教育老师 刘小枫 编

立法者的神学 林志猛 编

柏拉图对话中的神 [法]薇依 著

厄庇诺米斯 [古希腊]柏拉图 著

智慧与幸福 程志敏 选编

论柏拉图对话 [德]施莱尔马赫 著

柏拉图《美诺》疏证 [美]克莱因 著

政治哲学的悖论 [美]郝岚 著

神话诗人柏拉图 张文涛 选编

阿尔喀比亚德 [古希腊]柏拉图 著

叙拉古的雅典异乡人 彭磊 选编

阿威罗伊论《王制》 [阿拉伯]阿威罗伊 著

《王制》要义 刘小枫 选编

柏拉图的《会饮》 [古希腊]柏拉图 等著

苏格拉底的申辩（修订版） [古希腊]柏拉图 著

苏格拉底与政治共同体 [美]尼科尔斯 著

政制与美德——柏拉图《法义》疏解 [美]潘戈 著

《法义》导读 [法]卡斯代尔·布舒奇 著

论真理的本质 [德]海德格尔 著

哲人的无知 [德]费勃 著

米诺斯 [古希腊]柏拉图 著

情敌 [古希腊]柏拉图 著

亚里士多德注疏集

《诗术》译笺与通绎 陈明珠 撰

亚里士多德《政治学》中的教诲 [美]潘戈 著

品格的技艺 [美]加佛 著

亚里士多德哲学的基本概念 [德]海德格尔 著

《政治学》疏证 [意]托马斯·阿奎那 著

尼各马可伦理学义疏 [美]伯格 著

哲学之诗 [美]戴维斯 著

对亚里士多德的现象学解释 [德]海德格尔 著

城邦与自然——亚里士多德与现代性 刘小枫 编

论诗术中篇义疏 [阿拉伯]阿威罗伊 著

哲学的政治 [美]戴维斯 著

普鲁塔克集

普鲁塔克的《对比列传》 [英]达夫 著

普鲁塔克的实践伦理学 [比利时]胡芙 著

阿尔法拉比集

政治制度与政治箴言 阿尔法拉比 著

马基雅维利集

解读马基雅维利 [美]麦考米克 著

君主及其战争技艺 娄林 选编

莎士比亚绎读

莎士比亚的罗马 [美]坎托 著

莎士比亚的政治智慧 [美]伯恩斯 著

脱节的时代 [匈]阿格尼斯·赫勒 著

莎士比亚的历史剧 [英]蒂利亚德 著

莎士比亚戏剧与政治哲学 彭磊 选编

莎士比亚的政治盛典 [美]阿480里斯/苏利文 编

丹麦王子与马基雅维利 罗峰 选编

洛克集

上帝、洛克与平等 [美]沃尔德伦 著

卢梭集

致博蒙书 [法]卢梭 著

政治制度论 [法]卢梭 著

哲学的自传 [美]戴维斯 著

文学与道德杂篇 [法]卢梭 著

设计论证 [美]吉尔丁 著

卢梭的自然状态 [美]普拉特纳 等著

卢梭的榜样人生 [美]凯利 著

莱辛注疏集

汉堡剧评 [德]莱辛 著

关于悲剧的通信 [德]莱辛 著

智者纳坦（研究版） [德]莱辛 等著

启蒙运动的内在问题 [美]维塞尔 著

莱辛剧作七种 [德]莱辛 著

历史与启示——莱辛神学文选 [德]莱辛 著

论人类的教育 [德]莱辛 著

尼采注疏集

尼采引论 [德]施特格迈尔 著

尼采与基督教 刘小枫 编

尼采眼中的苏格拉底 [美]丹豪瑟 著

动物与超人之间的绳索 [德]A.彼珀 著

施特劳斯集

苏格拉底与阿里斯托芬

论僭政（重订本） [美]施特劳斯 [法]科耶夫 著

苏格拉底问题与现代性（第三版）

犹太哲人与启蒙（增订本）

霍布斯的宗教批判

斯宾诺莎的宗教批判

门德尔松与莱辛

哲学与律法——论迈蒙尼德及其先驱

迫害与写作艺术

柏拉图式政治哲学研究

论柏拉图的《会饮》

柏拉图《法义》的论辩与情节

什么是政治哲学

古典政治理性主义的重生（重订本）

回归古典政治哲学——施特劳斯通信集

* * *

追忆施特劳斯 张培均 编

施特劳斯学述 [德]考夫曼 著

论源初遗忘 [美]维克利 著

阅读施特劳斯 [美]斯密什 著

施特劳斯与流亡政治学 [美]谢帕德 著

驯服欲望 [法]科耶夫 等著

施特劳斯讲学录
追求高贵的修辞术
——柏拉图《高尔吉亚》讲疏（1957）

斯宾诺莎的政治哲学

施米特集
宪法专政 [美]罗斯托 著

施米特对自由主义的批判 [美]约翰·麦考米克 著

伯纳德特集
古典诗学之路（第二版） [美]伯格 编

弓与琴（重订本） [美]伯纳德特 著

神圣的罪业 [美]伯纳德特 著

布鲁姆集
巨人与侏儒（1960-1990）

人应该如何生活——柏拉图《王制》释义

爱的设计——卢梭与浪漫派

爱的戏剧——莎士比亚与自然

爱的阶梯——柏拉图的《会饮》

伊索克拉底的政治哲学

沃格林集
自传体反思录

朗佩特集
哲学与哲学之诗

尼采与现时代

尼采的使命

哲学如何成为苏格拉底式的

施特劳斯的持久重要性

迈尔集
施米特的教训

何为尼采的扎拉图斯特拉

政治哲学与启示宗教的挑战

隐匿的对话

论哲学生活的幸福

大学素质教育读本
古典诗文绎读 西学卷·古代编（上、下）

古典诗文绎读 西学卷·现代编（上、下）